विवेकानंद

एक खोज

विवेकानंद एक खोज

शंकर

प्रकाशक
प्रभात प्रकाशन प्रा. लि.
4/19 आसफ अली रोड, नई दिल्ली-110002
फोन : 011-23289777 • हेल्पलाइन नं. : 7827007777
इ-मेल : prabhatbooks@gmail.com ❖ वेब ठिकाना : www.prabhatbooks.com

संस्करण
2025

अनुवाद
सुश्री सुशील गुप्ता

पेपरबैक मूल्य
सात सौ रुपए

मुद्रक
नरुला प्रिंटर्स, दिल्ली

VIVEKANAND EK KHOJ
by Shankar

Published by **PRABHAT PRAKASHAN PVT. LTD.**
4/19 Asaf Ali Road, New Delhi-110002

ISBN 978-93-5048-135-6

₹ 700.00 (PB)

समर्पित है

मेरी धर्मपत्नी

वंदना मुखोपाध्याय को।

वंदना—तुम नहीं हो, पर हरदम

लगता है कि तुम सदा

मेरे आसपास ही हो।

लेखक-निवेदन

'अचेना-अजाना विवेकानंद' नवंबर २००३ में प्रकाशित हुआ था। लेकिन उसके पीछे सात वर्ष की तैयारी थी। विभिन्न सूत्रों से खोज-खोजकर, छोटे-छोटे तथ्य संग्रह करने और जाँच-परख करने में समय लग गया। इस बार भी काफी समय लगा। जो विवेकानंद विस्मयकारी हैं, जिनकी बहुत सी कीर्ति ही अविश्वसनीय हैं और उनका समकालीन समय जिन्हें जयमाल पहनाने से पहले कारण-अकारण बार-बार अनगिनत अग्निपरीक्षा देने के लिए आह्वान करता रहा, उन्हें खोज निकालने में, जानने और समझने में काफी समय देना जरूरी हो गया।

वैसे इस कठिन काम में मुझे नि:संगता का अहसास कभी नहीं हुआ। रामकृष्ण मठ और मिशन के संन्यासी मुझे बार-बार प्रोत्साहित करते रहे। किसी-किसी ने स्नेह से लुप्त पथ का संधान भी दिया। इसके अलावा पथभ्रष्ट होने से पहले ही किसी-किसी ने गुमराह लेखक को यथासंभव सावधान भी किया।

एक बात और, इस बार स्वदेश और विदेश में बहुत से लोगों के हाथों विडंबित, विवेकानंद के आसपास और करीब ऐसे कुछ अविश्वसनीय भक्तों को खोज निकाला गया है, जिनका नि:शब्द आत्मनिवेदन दुनिया के लोगों के लिए प्राय: अज्ञात है। इन लोगों के बारे में बताते हुए अगर कहीं-कहीं जरा देर हो जाए, तो इसके लिए मुझे माफ कर दें। लेकिन हाँ, खोज-अनुसंधान के दौरान मुझे यह भी लगा है कि स्वामीजी में इन सब अद्‌भुत लोगों को यूँ अनुप्राणित करने की अलौकिक शक्ति न होती, तो संन्यासी विवेकानंद का आभामंडल इतना उद्‌दीप्त न होता। स्वामी विवेकानंद के जाने-अनजाने पहलुओं की खोज करती यह अद्‌भुत कृति आपके हाथों में प्रस्तुत है।

७ दिसंबर, २०१०

—शंकर

कृतज्ञता स्वीकार

अद्वैत आश्रम, स्वामी रमानंद, स्वामी प्रभानंद, स्वामी वामनानंद, स्वामी चेतनानंद, स्वामी बोधसारानंद, स्वामी विशोकानंद, स्वामी विभात्मानंद, स्वामी आत्मज्ञेयानंद, स्व. सुनील बिहारी घोष, श्री दिलीप कुमार डे, श्री जयंत घोषाल, श्री अभीक दत्त, श्री प्रणव गोस्वामी, श्रीमती गोपा बसुमल्लिक, श्री पवन लोहिया, श्रीमती पापिया चट्टोपाध्याय, श्री निर्मल साहा, श्री प्रदीप कुमार साहा, श्री सुधांशुशेखर डे, श्री शुभंकर डे, श्री शिवशंकर घोष, श्री रविशंकर बॉल, श्री प्रशांत नंदी, श्री विश्वरूप मुखोपाध्याय, श्रीमती रिनि सेन, डॉ. सुव्रत सेन, डॉ. सत्यजित मुखर्जी, श्री बंकिम कोनार, श्री सोमेंद्रनाथ चट्टोपाध्याय और अवश्य ही श्री अरुण कुमार डे।

अनुक्रम

तथ्य सूत्र

- सुलोचना—विश्वनाथ दत्त
- वाणी और रचना, १-१० खंड—स्वामी विवेकानंद
- रामकृष्ण देव का जीवन-वृत्तांत—रामचंद्र दत्त
- श्री श्रीरामकृष्ण कथामृत—श्रीम कथित
- श्री श्रीरामकृष्ण लीलाप्रसंग (५ भाग)—स्वामी सारदानंद
- स्वामी विवेकानंद, १-२ खंड—प्रमथनाथ बसु
- श्री श्रीरामकृष्ण पोथी—अक्षय कुमार सेन
- श्री श्रीरामकृष्ण लीलामृत—बैकुंठनाथ सान्याल
- स्वामी-शिष्य संवाद (२ कांड)—शरच्चंद्र चक्रवर्ती
- आमार जीवन कथा—स्वामी अभेदानंद
- स्मृति कथा—स्वामी अखंडानंद
- स्वामी अखंडानंद के जेमन देखेछि—संकलनकर्ता, स्वामी चेतनानंद
- युगनायक स्वामी विवेकानंद, १-३ खंड—स्वामी गंभीरानंद
- लंदने स्वामी विवेकानंद, १-३ खंड—महेंद्रनाथ दत्त
- श्री श्रीरामकृष्ण अनुध्यान—महेंद्रनाथ दत्त
- श्रीमत् विवेकानंद स्वामीजीर जीवनेर घटनावली, १-३ खंड—महेंद्रनाथ दत्त
- काशी धामे स्वामी विवेकानंद—महेंद्रनाथ दत्त
- स्वामी निश्चयानंदेर अनुध्यान—महेंद्रनाथ दत्त
- स्वामी शुद्धानंद : जीवनी ओ रचना
- स्वामीजीर पदप्रांते—स्वामी अब्जजानंद
- चिंतानायक विवेकानंद—स्वामी लोकेश्वरानंद संपादित
- स्मृतिर आलोय स्वामी विवेकानंद—स्वामी पूर्णात्मानंद संपादित

- विवेकानंदेर जीवन—रोमां रोलां
- श्रीम दर्शन (१-१६ खंड)—स्वामी नित्यात्मानंद
- सेवा—स्वामी नरोत्तमानंद
- स्वामी विवेकानंद—डॉ. भूपेंद्रनाथ दत्त
- रामकृष्ण विवेकानंद जीवनालोके—स्वामी निर्लेपानंद
- श्रीरामकृष्ण कथा—ब्रह्मचारी अक्षयचैतन्य
- विवेकानंद ओ समकालीन भारतवर्ष (१-७ खंड)—शंकरीप्रसाद वसु
- स्वामी विवेकानंद जीवनेर एक विस्मृत अध्याय—डॉ. वेणीशंकर शर्मा
- विवेकानंद चरित—सत्येंद्रनाथ मजूमदार
- अदालते विपन्न विवेकानंद—चित्रगुप्त
- रामकृष्ण मठेर आदिकथा—स्वामी प्रभानंद
- आनंदरूप श्रीरामकृष्ण—स्वामी प्रभानंद
- श्री श्रीरामकृष्ण अंत्यलीला—स्वामी प्रभानंद
- यूरोपे स्वामी विवेकानंद—स्वामी विद्यात्मानंद
- श्रीरामकृष्णलीलार शेष अध्याय—निर्मल कुमार राय
- श्रीरामकृष्ण-परिक्रमा—कालीजीवन सेनशर्मा
- संसद् चरितानिधान
- अंतिम शय्याए श्री श्री ठाकुर—डॉ. तारकनाथ तरफदार—स्वास्थ्य शारदीया संस्था
- आमी विवेकानंद बोलधि—शंकर
- अचेना अजाना विवेकानंद—शंकर
- The Complete Work of Swami Vivekanand, Vol-1-9
- The Life of Swami Vivekanand by His Eastern and Western disciples.
- The Master as I Saw Him—Sister Nivedita
- The Complete Works of Sister Nivedita, Vol 1-5
- Letters of Sister Nivedita, Vol 1-11—Edited by Shankar Prasad
- Swami Vivekanand in the West : New Discoveries, Vol 1-6—Marie Louise Burke
- A Comprehensive Biography of Swami Vivekanand Vol, 1-11—Shailendranath Dhar
- Swami Vivekanand—Romain Rolland
- Days in the Indian Monastery—Sister Devmata

- Six Lighted Windows—Swami Yogesanand
- Swami Vivekanand : A Forgotten Chapter of His Life—Dr. Beni Shanker Sharma.
- Swami Vivekanand : Patriot and Prophet—Dr. Bhupender Datta
- A Concerdance to Swami Vivekanand, Vol 1-3
- God Lived with Them—Swami Chetananand
- You will be a Paramhanse—Swami Sarbagatanand
- Western Admirers of Ramkrishna and His disciples—Dr. Gopal Stavig.

कुछ पत्र

'ईर्ष्या ही हमारे दाससुलभ जातीय चरित्र में कलंक स्वरूप है। अगर ईर्ष्या विद्यमान हो तो सर्वशक्तिमान भगवान भी कुछ नहीं कर सकता।'

३ मार्च, १८९४; शिकागो से 'किडी' को लिखा गया स्वामीजी का पत्र

'मैं लिख भी नहीं सकता; भाषण भी नहीं दे सकता। लेकिन, मैं गंभीर रूप से चिंतन कर सकता हूँ और उस फलस्वरूप जब उद्दीप्त होता हूँ, तो अपने भाषण में, मैं अग्नि-वर्षा कर सकता हूँ।'

१५ मार्च, १८९४; डेट्रॉएट से हेल सिस्टर्स को लिखा गया पत्र

'हे माधव, बहुतेरे लोग तुम्हें बहुत कुछ अर्पित करते हैं। मैं ठहरा गरीब! मेरे पास कुछ भी नहीं है, केवल मन और आत्मा है। यह सब तुम्हारे चरणकमलों में समर्पित करता हूँ। हे जगद्ब्रह्मांड के अधीश्वर, कृपा करके इन्हें ग्रहण करें। आपको करना ही होगा। अगर स्वीकार करने से इनकार किया, तो नहीं चलेगा।'

३१ जुलाई, १८९४; ग्रीन एकर से हेल सिस्टर्स को लिखा गया पत्र

'जो लोग मेरी निंदा-आलोचना करते हैं, मेरे उन मित्रों से कहना, उन लोगों को मेरा एकमात्र उत्तर है—बिलकुल चुप रहना। उन लोगों से पत्थर की चोट खाकर, अगर मैं कंकड़ मारने जाऊँ, तब तो मैं उन लोगों के स्तर पर उतर जाऊँगा।'

२७ सितंबर, १८९४; आलासिंगा पेरुमल को लिखा गया पत्र

'मैं बंगाल देश को जानता हूँ, इंडिया को पहचानता हूँ—ऐसी लंबी-लंबी बातें करते हैं, मगर काम के नाम पर शून्य होते हैं।'

९ फरवरी, १८९५; न्यूयॉर्क से बैकुंठनाथ सान्याल को लिखा गया पत्र

'परस्पर विवाद और परस्पर निंदा करना, हमारी जातीय विशेषता है। आलस्य, अकर्मण्यता, मंदसंभाषण, ईर्ष्यापरायणता, भीरुता और कलहप्रियता—ऐसे ही तो हैं, हम बंगाली जाति। ...बेवकूफों के बारे में बिलकुल मत सोचो; कहते हैं, बूढ़े बेवकूफ जैसा बेवकूफ और कोई नहीं। उन्हें जरा चीखने-चिल्लाने दो न!'

२३ दिसंबर, १८९६; फ्लोरेंस से स्वामी ब्रह्मानंद को लिखा गया पत्र

'हिसाब-किताब के अभाव में...प्रभु, मैं जुआचोर न बनूँ।'

१२ अक्तूबर, १८९७; स्वामी ब्रह्मानंद को पत्र

'काफी कम उम्र से ही मैं हुड़दंगी था, वरना यूँ बेसहारा दुनिया की सैर कर सकता था, रे?'

फरवरी, १८९८; शिष्य, शरच्चंद्र चक्रवर्ती को
नीलांबर बाबू की बगान-कोठी के पते पर पत्र

'यूरोपवासियों के साथ मेरे आहार करने पर, भारत के बहुतेरे लोगों ने आपत्ति जताई है। चूँकि मैं यूरोपीय लोगों के साथ खाना खाता हूँ, इस वजह से मुझे एक पारिवारिक पूजा-घर से निकाल दिया गया।'

१४ सितंबर, १८९९

'समर में हार-जीत, दोनों ही हुई। अब तो गठरी-मोटरी बाँधकर उस महान् मुक्तिदाता की प्रतीक्षा में बैठा हूँ। 'अब शिव पार करे मेरी नइया'—हे शिव! पार करो मेरी तरी।'

१८ अप्रैल, १९००; कैलिफोर्निया से
मिस जोसेफिन मैक्लाउड को लिखा गया पत्र

पुश्तैनी घर में पट्टीदारी-संघात का विषवृक्ष

उन्नीसवीं शती के छठे दशक में, विलक्षण विवेकानंद के जन्म के समय उत्तर कलकत्ता की जीवनयात्रा कैसी थी ? इस बारे में नरेंद्रनाथ को स्वयं कुछ बता जाने का मौका नहीं मिला, लेकिन उनके मँझले भाई, महेंद्रनाथ दत्त, भावी पीढ़ी के लिए काफी कुछ विवरण रख गए हैं। उस समय की छोटी-छोटी तसवीरें अगर याद रखें, तो भावी पीढ़ी को उत्तर कलकत्ता के ३, गौरमोहन मुखर्जी स्ट्रीट को समझने में सुविधा होगी।

आजकल जो ऑक्सफोर्ड मिशन है, वह पहले कलूबाड़ी और बाद में हाड़ीपाड़ा में स्थित था। गोसाईं गली, डोमपाड़ा और मधु राय गली, ग्वालपाड़ा था।

सिमला स्ट्रीट में जगन्नाथ घाट के बीच चूँकि कोई ऊँचा मकान नहीं था, इसलिए दत्त परिवार के पुश्तैनी घर की छत से जहाजों के मस्तूल नजर आते थे।

घोड़ागाड़ी का चलन काफी कम था। महिलाएँ घोड़ागाड़ी पर नहीं चढ़ती थीं। बाबू लोग पालकी में बिछे गद्दे-बिछावन पर लेटे-लेटे ऑफिस-अदालत जाते थे।

गृहस्थ घरों में लकड़ी जलाकर खाना पकाया जाता था। सन् १८७६ में लोगों के घर-घर प्रचार के लिए बिना मूल्य के कोयले बाँटे जाते थे। धीरे-धीरे कोयले का मूल्य एक आना प्रति मन हो गया।

गौरमोहन मुखर्जी स्ट्रीट के स्वामीजी के पुश्तैनी घर में तीन कुएँ थे। इन्हीं कुओं का पानी रसोई में इस्तेमाल किया जाता था। उन कुओं में एक-एक कछुआ छोड़ दिया

गया था। उस जमाने के कलकत्ता में बहुतेरे घरों में ही कछुए पानी साफ रखते थे। घर के नौकर-चाकर हदुआ से, बाँक में ढोकर पानी लाते थे। स्वामीजी के मझले भाई महेंद्रनाथ ने लिखा है, "हम लोग माधव पाल के पोखर में स्नान करते थे।"

उस जमाने के कलकत्ता में जमकर सरदी पड़ती थी, इसलिए सोने के समय कमरे में एक बोरसी भर आग रखना जरूरी होता था।

कमीज-पिरान का खास प्रचलन नहीं था। कमउम्र लड़के खाली बदन, खाली पैर रहते थे। निमंत्रण पर जाते समय चीनी कोट पहनते थे। बड़े-बुजुर्ग बनियान पहनते थे।

गरमी के मौसम में लालदीघी से स्वामीजी के छोटे काका, एडवोकेट तारकनाथ दत्त, घोड़े के चमड़े में मुड़े अमेरिकी बर्फ लाते थे। पुरातनपंथी हिंदू लोग और विधवा महिलाएँ, यह बर्फ नहीं खाती थीं।

सिमला पाड़ा में दारूबाजों का भीषण उत्पात मचा रहता था। इसलिए मशहूर था—'सिमला के दारूबाज और बाग बाजार के गँजेड़ी।'

उन दिनों कलकत्ता में होनेवाले शादी-ब्याह में बहुतेरे दुष्ट लोग भी पहुँच जाते थे। वे लोग जूते चुरा लेते थे। इसलिए गृह-कर्ता के साथ जूते की पहरेदारी के लिए नौकर भी जाते थे।

शहरी लोग दिन में ढाई पौव्वे चावल का भात खाते थे, रात को आधा सेर भात के साथ उपयुक्त मात्रा में दूध सेवन करते थे। एक रुपए में दस सेर से सोलह सेर दूध मिलता था।

नगर कलकत्ता की सड़कों पर दूर-दूर पर शाल काठ के खंभे में अरंडी तेल की बत्ती जलती थी। रात को तेल चोरी हो जाता था और बत्तीवाला गाली-गलौज करता था। रात के वक्त निमंत्रण पर जाते वक्त घरबारी लोग अपनी-अपनी लालटेन लेकर जाते थे।

उस जमाने का गीत था—'हरे मुरारे, मधुकैटमारे! हरि भजकर क्या होगा? चॉप-कटलेट, कोफ्ता खाओ, वत्स गपागप्! खाओ, वत्स, गपागप! हरि भजकर क्या होगा?'

गौरमोहन स्ट्रीट वाले घर में ही ढेंकी थी, बाद में बंद हो गई।

महेंद्रनाथ दत्त ने लिखा है, 'हमारे समय में आठ-नौ साल की लड़की का विवाह हो जाता था।' विवाह से पहले कच्चा-देखा का रस्म होता था। बाद में शुभ दिन देखकर विवाह पक्का कर दिया जाता था। 'कच्चा-देखा' का रस्म शब्दकोश से पिट चुका है।

शहर के बूढ़े लोगों में, बहुतेरे बुजुर्ग सिर मुड़ाकर, चोटी रखते थे। टेढ़ी माँग निकालने की प्रथा नहीं थी।

सभी हिंदू घरों में तुलसी का पौधा होना अनिवार्य था। नौकर-चाकर मूँछ नहीं

रख सकते थे। हाँ, प्यादों को यह सुविधा जरूर थी।

□

३, गौरमोहन मुखर्जी स्ट्रीटवाले घर में नरेंद्रनाथ दत्त का जन्म १२ फरवरी, १८६३ को सोमवार की सुबह ६ बजकर ४९ मिनट पर हुआ। शैशव, बचपन और यौवन यहीं बिताकर तेईस वर्ष की उम्र में नरेंद्रनाथ दत्त ने संन्यास ग्रहण किया, जो पहले विविदिषानंद, बाद में कुछ समय के लिए, सच्चिदानंद और अंत में स्वामी विवेकानंद हुए।

नामी-गिरामी वकील घराने के दुलारे बेटे थे, लेकिन ३, गौरमोहन मुखर्जी स्ट्रीट के बाशिंदे नरेंद्रनाथ की किशोर, बचपन, यौवन की कोई भी तसवीर संग्रह में उपलब्ध नहीं है। कहा जाता है कि विदेशी भक्त मिस जोसेफिन मैकलाउड, जब भारत-भ्रमण पर आई थीं, तब उन्होंने कॉलेज-छात्र, तरुणाई से भरे नरेंद्रनाथ की एक तसवीर देखी थी। लेकिन बीसवें शतक की शुरुआत में दत्त परिवार पर हृदयहीन अंग्रेज पुलिस की ऐसी कृपादृष्टि पड़ी कि सारा इतिहास तहस-नहस हो गया। फलस्वरूप यहाँ के चित्र-संग्रह में उनकी पहली तसवीर २३ वर्षीय साधक नरेंद्रनाथ की है, जो कलकत्ता के काशीपुर बगान-कोठी में सन् १८८६ में उतारी गई थी। यह तसवीर क्यों उतारी गई, इसका कोई विस्तृत विवरण नहीं मिलता।

पिता, विश्वनाथ और माता भुवनेश्वरी की गृहस्थी छोटी नहीं थी। भाई महेंद्रनाथ, नरेंद्रनाथ से छह वर्ष छोटे थे। दत्त परिवार के विविध निर्भरयोग्य तथ्यों के लिए हम सब उनके कृतज्ञ हैं। उनका विवरण अतुलनीय है—'गौरमोहन मुखर्जी स्ट्रीटवाला घर काफी प्रशस्त था। घर के अभ्यांतर में डेढ़ बीघे का अहाता था और आसपास की विशाल ज़मीन पर रैयत बसी थीं। घर का विवरण देने के लिए, पहले ठाकुर-दालान से शुरू किया जाए। पंच-कोण ठाकुर दालान पश्चिममुखी था, यानी यह पाँच कोणों में फैला था और वहाँ गोल ईंटों के पाँच खंभे खड़े थे। ठाकुर-दालान के सामने बड़ा सा आँगन। ठाकुर दालान के ऊपर दक्षिणी हिस्से में दो-मंजिला हॉल-घर। उत्तरी कमरे को 'बड़ा बैठकखाना' कहा जाता था। दक्षिणी तरफ के निचले कमरे को 'बोधन घर' कहा जाता था। उसके बाद, बाहरी आँगन में चौकोर दालान और कमरा। अंदर महल में भी दोनों तरफ दो आँगन थे और पीछे दो पोखर थे।'

उस जमाने में दत्त परिवार का खाना-पीना कैसा था? इस बारे में भाई महेंद्रनाथ की जुबानी ही सुनें—"उस जमाने में कलकत्ता में बकरे के मुंड की बिक्री नहीं होती थी। हम लोगों ने पाठावालों से ही बंदोबस्त कर रखा था कि उसकी दुकान में जितने भी मुंड हों, हमारे लिए रख दें। ...दस-बारह पाठा-मुंड और दो-ढाई सेर मटर, एक साथ उबालकर एक तरकारी बना ली जाती। शाम को जब मैं और स्वामीजी स्कूल से

लौटते थे, तो हम दोनों मटरवाली ब्रेन की तरकारी से करीब सोलह रोटियाँ खा जाते थे।''

काफी दिनों बाद दक्षिणेश्वर के शरत् को (स्वामी सच्चिदानंद) श्रीरामकृष्ण ने निर्देश दिया कि वे नरेन से मिल आएँ। 'नरेंद्रनाथ कायथ-बच्चा है। बाप वकील है, घर सिमला स्ट्रीट में।' सन् १८८५ के जेठ महीने में शरत् और भाई शशि (बाद में स्वामी रामकृष्णानंद), करीब ढाई बजे ३ नंबर, गौरमोहन मुखर्जी स्ट्रीट आ पहुँचे। पिता की मृत्यु के बाद भुवनेश्वरी परिवार की हालत शोचनीय हो आई थी। 'केवल एक अदद टूटा तख्तपोश, एक अदद तहाई हुई चटाई! कमरे के पश्चिमी हिस्से में तख्तपोश के ऊपर, रुई-उघड़ी एक गद्दी, दो-एक फटा तकिया और एक कील पर मुड़ी-तुड़ी काली मशहरी टँगी हुई! सीलिंग के कुंडे से खींचनेवाले पंखे का फटा-चीथड़ा झालर झूलता हुआ!'

इसके बाद उस घर के ऊपर से, काफी-काफी समय, कई-कई तरह के आँधी-तूफान गुजरते रहे। सन् १८८६ में स्वामीजी संन्यासी हुए, घर के पट्टीदारों का मामला ईषत् कुछ काबू में आते ही वे परिव्राजक बन गए और सन् १८९३ में मुंबई से जहाज में सवार होकर अमेरिका के लिए रवाना हो गए। विश्वविजेता बनकर पहली बार वे सन् १८९७ में स्वदेश लौटे। सन् १८९९ में वे दूसरी बार विदेश-यात्रा पर निकल पड़े और ९ दिसंबर, १९०० को वे आखिरी बार अपने देश लौट आए।

इस बीच, गौरमोहन मुखर्जी स्ट्रीट में सैकड़ों विपर्यय घट चुके थे। मँझले भाई, महेंद्रनाथ दत्त, खेतड़ी के महाराज से आर्थिक मदद लेकर बड़े भाई को सूचना दिए बिना ही अचानक लंदन जा धमके! उद्देश्य था—बैरिस्टरी पढ़ना। जब खुद अपने रहने का ठिकाना नहीं था, ऐसी हालत में असहाय-संबलहीन भाई को देखकर विवेकानंद जरा भी खुश नहीं हुए। वे चाहते थे, उनका भाई इलेक्ट्रिकल इंजीनियरिंग पढ़ने के लिए अमेरिका आए। स्वाभिमानी महेंद्रनाथ ने तय किया कि भाई से जहाज का किराया तक न लेकर वे पैदल-पैदल ही भारत लौट जाएँगे। पद-यात्रा में काफी वर्ष लग गए। इस दौरान उन्होंने घरवालों को भी कोई पत्र-समाचार नहीं दिया। ४ जुलाई, १९०२ को महेंद्रनाथ बहुत सारे देशों की यात्रा करके, कश्मीर होते हुए, स्वामी सारदानंद से बड़े भाई की मृत्यु का संवाद पाकर फौरन ३, गौरमोहन मुखर्जी स्ट्रीट लौट आए। लेकिन जननी भुवनेश्वरी के जीवन में बूँद भर भी शांति नहीं थी। दरिद्रता और शोक से लड़ते-लड़ते कातर माँ को खबर मिली कि उनका बेटा भूपेंद्रनाथ चुपके-चुपके देश के क्रांतिकारी आंदोलन में शामिल हो गया है। सन् १९०७ में राजद्रोह के अपराध में कलकत्ता की अदालत ने भूपेंद्रनाथ को एक वर्ष के लिए जेल की सजा सुनाई। जेल में उन्हें चक्की पीसनी पड़ती थी। जेल से रिहा

होने के बाद दुबारा गिरफ्तार होने की आशंका की वजह से अपनी माँ से आर्थिक मदद लेकर, सिस्टर निवेदिता की सलाह पर उन्होंने आत्म-परिचय गुप्त रखा और चोरी-छिपे, पहली बार अमेरिका चले गए। उसके बाद अपनी माँ से उनकी भेंट नहीं हुई। अमेरिका से भूपेंद्रनाथ यूरोप गए और कम्युनिस्ट आंदोलन के रोमांचक अनुभव के साथ सन् १९२५ में स्वदेश लौट आए।

चिर दु:खिनी भुवनेश्वरी मेनिनजाइटिस रोग की शिकार होकर २५ जुलाई, १९११ को स्वर्गवासी हुईं। आखिरी साँस लेने के कुछ घंटे पहले उनके सुख-दु:ख की नित्यसंगिनी निवेदिता से उनकी भेंट हुई। उनकी मौत के बाद निवेदिता श्मशान में भी मौजूद थीं। लगभग एक साथ ही नानी रघुमणि बसु का भी निधन हो गया। भुवनेश्वरी उनकी इकलौती संतान थीं।

महेंद्रनाथ का देहावसान १४ अक्तूबर, १९५६ को, 'पूजा' के दिनों में हुआ। महानवमी के दिन महेंद्रनाथ गंभीर रूप से बीमार हो गए। उन्हें देखने के लिए डॉ. विधानचंद्र राय गौरमोहन मुखर्जी स्ट्रीट में स्थित दत्त-निवास में आए थे। विजया दशमी की रात, १२ बजकर ४८ मिनट पर महेंद्रनाथ की विदा-बेला में उनके कमरे की रोशनी अचानक गुल हो गई और उसी क्षण उस असामान्य भाई और असामान्य लेखक महेंद्रनाथ ने चुपचाप विदा ली। स्वामीजी के वंश के शेष पुरुष अविवाहित भूपेंद्रनाथ दत्त ने उसी मकान में २५ दिसंबर, १९६१ को अंतिम साँस ली। दत्त परिवार नि:शेष हो गया!

□

गौरमोहन मुखर्जी स्ट्रीट में स्थित स्वामी विवेकानंद की जन्मस्थली, अंत में रामकृष्ण मिशन के प्रयासों से इस तरह सुरक्षित रह सकेगी, कुछ सालों पहले तक इस देश में उनके भक्तों को कल्पना तक नहीं थी।

असंभव को संभव करना ही रामकृष्ण मठ मिशन का स्वभाव है। उन लोगों ने यह काम एक बार फिर कर दिखाया कि अगर सपना हो, प्रतिभा हो और विश्वास हो, तो बिलकुल हीनतम हालात में भी बड़े-से-बड़ा काम पूरा कर लिया जाता है। ग्यारह से भी अधिक वर्षों से जो संन्यासी अशेष धीरज और चरम दु:साहस को अपना मूलधन बनाकर, इन प्रयासों के अन्यतम रूपकार थे उन्हीं स्वामी विशोकानंद (पार्थ महाराज) ने कहा, "आत्मनेपद का कहीं कोई स्थान नहीं है। रामकृष्ण संघ के संन्यासी के तौर पर मुझे जो दायित्व मिला था, वह अनेक लोगों, अनेक प्रतिष्ठानों और अनेक सरकारी संस्थाओं के अभूतपूर्व सहयोग से पूरा हुआ।"

इस काम-पागल संन्यासी ने अपने बारे में कुछ नहीं कहा। काफी चेष्टा करने पर उन्होंने बताया, "सन् १९९३ में त्रिपुरा से बेलूरमठ आया था।" उस समय के जनरल

सेक्रेटरी स्वामी आत्मस्थानंद ने कहा, ''हम सब इतना-इतना काम कर रहे हैं, लेकिन विवेकानंद की जन्मस्थली का उद्धार नहीं कर पा रहे हैं, हालाँकि यह हमारी जिम्मेदारी है। तुम जरा पूरी ताकत से लग जाओ न।'' ठाकुर का नाम लेकर, संजीव महाराज के साथ इस काम में जुट गया। अंत में, यह काम पूरा भी हो गया।

लेकिन जन्मस्थली के पुनरुद्धार के प्रयास तीस वर्ष पहले स्वामीजी की जन्मशती वर्ष सन् १९६३ से ही शुरू हो गए थे। डॉ. विधानचंद्र राय के जमाने में ही यह इच्छा प्रकट की गई कि आज घर का अधिग्रहण करके वहाँ स्मृति-मंदिर बनाया जाए। तत्कालीन जनरल सेक्रेटरी स्वामी वीरेश्वरानंद ने यह बात सुनी, तो उन्होंने एक और प्रस्ताव दे डाला, सिर्फ ३ नंबर ही नहीं, १ नंबर से लेकर १० नंबर तक, गौरमोहन स्ट्रीट और सिमला स्ट्रीट तक की जमीन मिलाकर, लगभग ध्वंसप्राय उस घर की मरम्मत कराई जाए, उसे आदि-स्थिति में लौटा लाया जाए और अगर वहाँ म्यूजियम, लाइब्रेरी, गवेषणागार वगैरह स्थापित किए जाएँ, तो उत्तम हो।

बाद में किसी समय राज्य सरकार ने वह जमीन और घर अधिग्रहण का नोटिफिकेशन जारी किया, लेकिन बहुत से लोग परेशान हो उठे और उन लोगों ने अदालत की शरण ली। एक संस्था ने बाधा डालने में प्रधान भूमिका निभाई और कहा, ''हम किसी हाल में भी अधिग्रहण नहीं करने देंगे।'' परिस्थिति और जटिल बनाने के लिए यह सवाल उठाया गया कि रामकृष्ण मिशन क्यों? यहाँ नेशनल म्यूजियम बनाना होगा। उस समय रामकृष्ण मिशन के संन्यासी स्वामी संबुद्धानंद ने काफी कोशिश की, लेकिन कुछ किया न जा सका।

स्वामी विशोकानंद ने कहा, ''सन् १९९३ में जन्मस्थली मामले में तदबीर करते हुए मैंने देखा कि जब भी यह समस्या किसी समाधान की ओर बढ़ती है, तभी कोई अदृश्य शक्ति अनेक लोगों को उकसा देती है और मामले को गड़बड़ा देती है।'' उन लोगों में राजनीतिक दलों के कई-कई लोग शामिल थे।

निराश होने के बजाय स्वामी विशोकानंद स्थानीय नेताओं से मिले। उन लोगों के सामने मिशन की परिकल्पना की व्याख्या की। हर किराएदार से संपर्क किया गया। उन लोगों से कहा गया कि उन्हें वैकल्पिक जगह दी जाएगी। मुरारी पुकुर में २८ फ्लैट तैयार किए गए। सरकारी हाउसिंग बोर्ड से भी फ्लैट लिए गए और पुनर्वासन की बातचीत पूरे जोर-शोर से चालू हो गई। पार्थ महाराज जब पहली बार सिमलापाड़ा में आए, 'तब घर तो दूर की बात, उस गली में भी दाखिल नहीं हो सकते थे। मुझे भी जिद चढ़ गई। अगर मैं लौट जाता, तो कुछ नहीं होता।'

काफी कोशिशों के बाद दिसंबर १९९५ में एक किराएदार को नए घर से हटाया

गया। उन्हें सरसूना के शकुंतला पार्क में जगह दी गई। 'इस तरह पहली बार उस जन्मस्थली में खड़े होने का ठौर मिला।' संन्यासी वर्ग स्थानीय नौजवानों से लगातार बातचीत करता रहा। अन्य छह बाशिंदों को भी पुनर्वासन के लिए राज़ी करना संभव हुआ और जिस दिन उन लोगों ने घर छोड़ा, उसी दिन लैंड एक्विजिशन के अधिकारियों ने सरकारी तौर पर वह जगह मिशन को सौंप दी।

स्वामीजी की जन्मस्थली में कभी क्या कुछ नहीं था? पान की दुकान, चाय की दुकान, मिठाई की दुकान, रेस्तराँ, ज्योतिषी, सोने की असंख्य दुकानें, छापाखाना, दफ्तरीखाना, प्रकाशन-संस्था, लॉन्ड्री, डेकोरेटर, साइनबोर्ड पेंटिंग कंपनी, ब्लेड फैक्टरी, प्रेक फैक्टरी, पिचबोर्ड-डिब्बे तैयार करने की फैक्टरी, लेथ मशीन, जिंक प्लेट फैक्टरी, यहाँ तक कि एक क्लब भी मौजूद था! स्वामी विशोकानंद ने कहा, "उपयुक्त पुनर्वासन के लिए ६ करोड़ रुपए खर्च हुए। किसी को भी वंचित नहीं किया गया। १४३ परिवार और व्यवसायिक संस्थाओं को अन्यत्र हटाना पड़ा। अगर और देर हो जाती, तो घर ही ढह जाता।"

यथासमय रामकृष्ण मिशन ने पुरातत्त्व विभाग और डी.सी.पी.एल. नामक अंतरराष्ट्रीय ख्याति-प्राप्त कंपनी से सलाह-मशवरा किया और मदद ली। शेषोक्त प्रतिष्ठान की प्रधान श्रीमती शांता घोष ने बिना एक पैसा लिये सारा काम बिलकुल खामोशी से कर दिया, जिसका आर्थिक मूल्य कम-से-कम एक करोड़ रुपए था।

स्वामी विशोकानंद अपना लक्ष्य संपन्न करने के बावजूद बिलकुल आड़ में ही रहना चाहते थे। काफी आग्रह-अनुरोध करने पर उन्होंने सिर्फ़ इतना ही कहा, "यह सभी कुछ स्वामीजी का काम है, वे हमसे करा रहे हैं। यह मौका पाकर हम सब कृतार्थ हैं।"

जन्मस्थली का कठिन कार्य संपन्न करने के बाद निस्पृह संन्यासी विशोकानंद नि:शब्द भाव से गौरमोहन मुखर्जी स्ट्रीट त्यागकर अन्यान्य दायित्व-पालन के लिए अन्यत्र चले गए।

□

स्वामी विवेकानंद की जन्मस्थली को जितनी कानूनी लड़ाइयाँ झेलनी पड़ीं, उसका पूरा इतिहास लिखा जाए तो एक विशाल पुस्तक बन जाए। वकील परिवार के सुपुत्र नरेंद्रनाथ दत्त कलकत्ता के एटॉर्नी मुहाल में पढ़ाने और कानून की पढ़ाई पूरी करने के बावजूद अंत में परीक्षा में नहीं बैठे और बाद में भाई महेंद्रनाथ को भी विलायत में बैरिस्टरी पढ़ने में प्रबल बाधा पहुँचाई थी। इसके बावजूद कानून ने उन्हें नहीं छोड़ा और संन्यासी हो जाने के बाद भी पारिवारिक मामले-मुकदमे के राहु ने उन्हें किस प्रकार घेरे रखा, यह एक नितांत दु:खजनक कहानी है।

फिलहाल, हम उनकी सिर्फ जन्मस्थली के बारे में कानूनी हंगामे की खोज-खबर लेंगे, जिसका विस्तार अर्ध-शती से भी अधिक समय तक रहा। जन्मस्थली के पुनरुद्धार के लिए अगर रामकृष्ण मिशन के दृढ़प्रतिज्ञ संन्यासियों की भी चर्चा की जाए, तो गौरमोहन मुखर्जी स्ट्रीट में मामले-मुकदमे की अवस्थिति उन्नीस, बीस और इक्कीस शती तक फैली हुई है।

दरियाटोना परिवार के जो इनसान (रामसुंदर) मधु राय लेन में रहने आए और जिसने ३, गौरमोहन मुखर्जी स्ट्रीट में काफी सारी जमीन समेत विशाल निवास का निर्माण किया, वे पहले सुप्रीम कोर्ट के अंग्रेज एटॉर्नी के मैनेजिंग क्लर्क हुए और और बाद में फारसी वकील बन गए। कानूनी-मुहाल से उपार्जित प्रभूत दौलत से ही दत्त लोगों की इस जन्मस्थली का निर्माण हुआ।

राममोहन के दो बेटे (दुर्गाप्रसाद एवं कालीप्रसाद) और सात बेटियाँ थीं। पैंतीस साल की उम्र में हैजे से कालीप्रसाद की अकाल मृत्यु हो गई और नरेंद्रनाथ के दादा दुर्गाप्रसाद नितांत तरुण उम्र में संन्यासी होकर, संसार-बंधन त्यागकर चले गए थे। इसके बावजूद जन्मस्थली के बारे में पहली बार फसाद उन्हीं के जरिए परिवार में दाखिल हुआ। उस जमाने में हिंदू कानून के मुताबिक कलकत्ता हाईकोर्ट में एक मुकदमा दायर हुआ, जिसका मुख्य मुद्दा था कि दुर्गाप्रसाद लापता हो गए हैं, लगातार बारह वर्षों से उनका कोई अता-पता नहीं मिला है, इसलिए अदालत द्वारा उन्हें 'मृत' घोषित किया जाए।

संन्यासी हो जानेवाले दुर्गाप्रसाद के पुत्र विश्वनाथ ने बी.ए. पास करने के बाद कुछ दिन कारोबार किया, लेकिन जब नाकाम रहे, तो सन् १८५९ में कानून-मुहाल में एटॉर्नी ऑफिस में आर्टिकल क्लर्क बन गए और बाद में हेनरी जॉर्ज टेंपल के एटॉर्नी दफ्तर में शामिल हो गए। बाद में, उन्होंने जिस एटॉर्नी ऑफिस की स्थापना की, उसका नाम था—धर ऐंड दत्त!

एटॉर्नी के तौर पर विश्वनाथ ने प्रचुर यश अर्जित किया। इसके बावजूद दत्त परिवार के पट्टीदारों ने, बाद में, पारिवारिक मामले में उन पर बेहिसाबी और धन-दौलत के मामले में संगतहीन होने का इल्जाम लगाया। विवेकानंद की गर्भधारिणी माँ के दुःख और खामोश पीड़ा की हमें जानकारी है। विश्वनाथ ने एक बार कहा था, "मैं इतनी-इतनी दौलत कमाता हूँ और मेरी ही पत्नी भर पेट खाने की मोहताज है।" विश्वनाथ की अकालमृत्यु, फरवरी १८८४ में हुई, लेकिन पट्टीदारों का झगड़ा उनके जीवन-काल में ही शुरू हो गया था। इस बारे में पहली बार आग १ सितंबर, १८७७ को लगी, जब आर्थिक जरूरत के तकाजे पर दत्त परिवार की दो-दो निस्संतान विधवाओं ने अविभक्त जन्मस्थली में अपना-अपना हिस्सा नरेंद्र की माँ भुवनेश्वरी देवी को बेच

दिया। भोलानाथ दत्त की विधवा वामासुंदरी और माधव दत्त की विधवा बिंदुवासिनी को मूल्य के रूप में जो पाँच-पाँच सौ रुपए मिले थे, वह असल में किसकी कमाई के रुपए थे, बाद में इसे लेकर अदालत में भयंकर लड़ाई छिड़ गई। नरेंद्रनाथ के काका, हाईकोर्ट के मशहूर कानूनदाँ, तारकनाथ दत्त की विधवा ज्ञानसुंदरी बनाम विश्वनाथ दत्त की विधवा भुवनेश्वरी दासी की कानूनी लड़ाई ने स्वामी विवेकानंद के बाकी जीवन को आच्छन्न किए रखा।

इस मामले के पहले भी सन् १८८० में अविभक्त घर की और एक शरीक शचिमणी दासी (गौरमोहन दत्त की पौत्री) हाईकोर्ट में घर-बँटवारे के लिए मुकदमा दायर कर चुकी थी, बाकी अन्य लोगों के साथ विवेकानंद की माँ भुवनेश्वरी भी प्रतिपक्ष में शामिल थीं। अगले साल अदालत के निर्देश पर कलकत्ता के विख्यात एटॉर्नी, रॉबर्ट बेलचेंबर्स संपत्ति-बँटवारे के लिए कमिश्नर नियुक्त किए गए और चार वर्षों तक सबकुछ खोज-खोजकर देखने के बाद उन्होंने दत्त-घर के पट्टीदारों का हिस्सा तय कर दिया। बेलचेंबर्स द्वारा हस्ताक्षरित ३ नंबर, गौरमोहन मुखर्जी स्ट्रीट का नक्शा ही बाद में विवेकानंद की जन्मस्थली के पुनरुद्धार और संस्कार में मठ और मिशन के काफी काम आया।

नरेंद्रनाथ के पिता विश्वनाथ दत्त की अकाल-मृत्यु के बाद ही वकील तारकनाथ भुवनेश्वरी के नाम खरीदी गई संपत्ति को उनकी बेनामी संपत्ति होने का दावा करते रहे। सन् १८८५ में बड़े दिन पर, घर के एक हिस्से में बाथरूम की मरम्मत करते हुए पुरानी दीवार तोड़ने को लेकर भुवनेश्वरी परिवार के साथ तारकनाथ की काफी कहा-सुनी हो गई। यथासमय इस मामले में साक्षी के कटघरे में स्वयं नरेंद्रनाथ खड़े हुए! हाईकोर्ट में न्यायाधीश का नाम था—विलियम मैकफरसन! नरेंद्रनाथ ने जब गवाही दी थी, (८ मार्च, १८८७) तब श्रीरामकृष्ण महासमाधि ले चुके थे। उनकी त्यागी संतानें उन दिनों तपस्यादीप्त वाराहनगर की मठवासी थीं। निरुपाय नरेंद्रनाथ पैदल-पैदल हाईकोर्ट जाते थे और भुवनेश्वरी देवी पालकी पर जाती थीं। नरेंद्रनाथ की ही साक्षी के कुछ अंश—'···कुछेक महीने पीहर में रहकर, जब मेरी माँ वापस लौटीं तो उन्होंने देखा कि उन्हीं की जमीन के एक हिस्से में तारकनाथ दत्त एक पक्का कमरा बनवा रहे हैं।···घटनास्थल में मैंने माँ के पक्ष से आपत्ति उठाई थी।'

लंबी सुनवाई के बाद १४ मार्च, १८८७ को हाईकोर्ट के जज मैकफरसन की सुचिंतित राय जाहिर की गई। तारकनाथ की विधवा ज्ञानदासुंदरी दासी आरोप प्रमाणित करने में सर्वथा नाकाम रहीं। यह प्रमाणित हो गया कि स्वर्गीय विश्वनाथ प्रवास से नियमित रूप से अपनी पत्नी को रुपए भेजते रहते थे। मुसीबत उठ खड़ी हुई थी,

तारकनाथ की एक चिट्ठी को लेकर, जिसमें उन्होंने अपने किसी आत्मीय को लिखा था कि उस संपत्ति के असली खरीददार वे नहीं, भुवनेश्वरी हैं।

राय के विरुद्ध ज्ञानदासुंदरी ने यथासमय अपील की थी। तत्कालीन न्यायाधीश आर्थर विल्सन और जस्टिस रिचर्ड टॅटेनहैम ने भी नवंबर १८८७ में भुवनेश्वरी के पक्ष में अपनी राय सुनाई। लेकिन यह जय इतनी आसान नहीं थी। शाखा-प्रशाखाएँ मिलकर इस मामले को स्वामीजी के जीवन के आखिरी शनिवार तक खींचती चली गईं। साथ ही, ढेरों अर्थ-व्यय और सीमाहीन यंत्रणा!

पितृहीन परिवार के ज्येष्ठ पुत्र, उस पर से वैराग्य की कठिन साधना। इस असहनीय रस्साकशी में नरेंद्रनाथ को अपने गुरु-भाइयों का अविस्मरणीय प्यार और समर्थन मिला था। दो-दो गुरु-भाइयों ने भूमि के लिए रुपयों की कड़की मिटाने के लिए वराहनगर से बाली जाकर स्कूल में मास्टरी करनी चाही। वह करुण और मार्मिक कहानी है। जीवन में अंतिम पर्व में भी स्वामीजी ने अपने प्रिय गुरु भाई से अनुरोध किया था, ''राखाल, मेरी तबीयत ठीक नहीं है। मैं जल्दी ही देह-त्याग करूँगा। तू मेरी माँ और घर का इंतजाम कर देना। उन्हें तीर्थ-दर्शन कराना। यह जिम्मेदारी तुझ पर रही।''

हाईकोर्ट की राय के बाद भी गौरमोहन मुखर्जी स्ट्रीट का मामला कैसे पल्लवित होकर स्वामीजी के तिरोधाम के दिन तक उन्हें क्षत-विक्षत करता रहा, इसका अनगिनत निदर्शन विभिन्न चिट्ठी-पत्रों और इतिहास के पन्नों में बिखरा पड़ा है। हाईकोर्ट में हार जाने के बाद उनकी काकी ने अपना हिस्सा ६ हजार रुपए में स्वामीजी को बेच दिया। अपनी मृत्यु से कुछ महीने पहले (मार्च १९०२) स्वामीजी ने सिस्टर निवेदिता को लिखा, 'यूरोप से जो थोड़े-बहुत रुपए मैं लाया था, वह माँ का उधार चुकाने और गृहस्थी के खर्च में लग गए। मामूली से जो रुपए बच रहे हैं, उनमें भी हाथ लगाने का उपाय नहीं है। जो मामला झूल रहा है, उसमें जरूरत पड़ेगी।'

बेलूर में ४ जुलाई, १९०२ को स्वामी ने महासमाधि ली। उससे पाँच दिन पहले गौरमोहन मुखर्जी स्ट्रीट की समस्या मिटाने के लिए स्वामीजी अचानक व्यग्र हो उठे। रुपयों के बदले, कई एक शरीकों के साथ स्वेच्छा से द्वंद्व मिट गया। दोनों पक्षों के एटॉर्नी (पिंटू धर और एन.सी. बसु) ने झटपट काम पूरा कर दिया, क्योंकि प्रतीक्षा करने जितना समय स्वामीजी के हाथ में नहीं था। २ जुलाई, १९०२ को महासमाधि लेने के दो दिनों पहले पट्टीदार हाबू दत्त और तमू दत्त की माँग दावेदारी अपने आप मिट गई।

स्वामीजी ने थोड़े चैन से आखिरी साँस ली। इसके बावजूद कानून के काले-काले बादल इसके बाद भी बीच-बीच में ३ नंबर, गौरमोहन मुखर्जी स्ट्रीट के आकाश को ढँकते रहे।

राजनीतिक अपराध के कारण अगर कोई अदालत में अभियुक्त होता था, तो भूपेंद्रनाथ बहुत बार घर के मालिक होने की वजह से जमानतदार बन जाते थे। ऐसा ही एक आसामी, मामला चलने के दौरान ही फरार हो गया, फलस्वरूप जमानतदार होने के तौर पर भूपेंद्रनाथ को भारी जुर्माना चुकाना पड़ा। ये रुपए गौरमोहन मुखर्जी स्ट्रीटवाले घर का हिस्सा बेचकर जुटाने पड़े थे, यह बात वर्तमान पीढ़ी के हम लोग भूल ही गए हैं।

□

पितृदेव के बेनामी उपन्यास में परिवार की गोपन कथा

अविश्वसनीय विवेकानंद को समझने के लिए उनकी जन्मस्थली के आत्मीय-स्वजन को भी समझना जरूरी है, इस बारे में कोई संदेह नहीं।

स्वामीजी के प्राक्-संन्यास जीवन की विभिन्न बातों के बारे में लोगों का आग्रह भी बढ़ता जा रहा है। नरेंद्रनाथ दत्त की शक्ल-सूरत शैशव, बचपन, किशोर और तरुण उम्र का वर्णन? कहाँ गई आदि पर्व की आलोकचित्र माला? उनके माता-पिता, भाई-बहनों के बारे में हम और अधिक तथ्य क्यों नहीं संग्रह कर पा रहे हैं? विवेकानंद के विशिष्ट शोधकर्तागण इन तमाम प्रश्नों से जर्जरित हो रहे हैं।

काशीपुर के बगान-आवास में श्रीरामकृष्ण की अंत्यलीला पर्व से पहले नरेंद्रनाथ की कोई फोटो नहीं उतारी गई, यह मानने को मन नहीं चाहता, जैसे यह विश्वास करने को जी नहीं चाहता कि सफल कानूनविद् और देश-देश में परिभ्रमणकारी, आभिजात्य-रुचिवाले पिता विश्वनाथ दत्त महाशय की कोई तसवीर नहीं खींची गई होगी। इस बारे में दत्त परिवार के घनिष्ठ लोगों का वक्तव्य है, सभी कुछ था, लेकिन सब गुम हो गया, पारिवारिक विरोध और बार-बार पुलिसिया खाना-तलाशी में!

बहरहाल, पारिवारिक मामला-मुकदमा और नरेंद्रनाथ दत्त के नितांत अपने लोगों को, अपनी जन्मस्थली से अचानक उजड़ जाने के प्रसंग की यथासमय चर्चा की जाएगी। विश्वविजेता विवेकानंद की महासमाधि के परवर्ती दशक में अंग्रेज पुलिस की विषदृष्टि

में गौरमोहन मुखर्जी स्ट्रीट के दत्त-जन्मस्थली में अनगिनत बार तलाशी का दौर चलता रहा और शासकवर्ग हर बार ही दीवारों पर टँगी तसवीर से लेकर ट्रंक में रखे कागजात, कपड़े-लत्ते सारा कुछ जब्त करके अपने साथ ले गया।

इस अत्याचार के फलस्वरूप आभिजात्यमंडित दत्त परिवार के अनेक निदर्शन नष्ट हो गए। विवेकानंद की जन्मस्थली में काठ के खिड़की-दरवाजे, ईंट की दीवारें, सीमेंट का फर्श और छत के अलावा अतीत की धारावाहिकता वहन करनेवाला कुछ भी बाकी नहीं रहा। इस घर के बारे में जितनी भी खोज-खबर, जानकारी उपलब्ध हुई है, वह लोगों की स्मृति-कथा से और अदालत के मूल्यवान रिकॉर्ड से जुटाई गई है।

दत्त परिवार की शरीकी लड़ाई, स्वामीजी के महाप्रयाण के दिन तक उन्हें क्षत-विक्षत करती रही। दत्त पदवीधारी पुरुष-महिलाएँ कभी प्राय: दिवालिया, कभी नि:स्वदरिद्र होते रहे। लेकिन सभी अमंगल का एक मंगलमय पक्ष भी होता है। स्वामीजी के अपने लोगों के बारे में थोड़े-बहुत महत्त्वपूर्ण और विश्‍वसनीय निदर्शन भक्तों ने अदालती सूत्र से ही उपलब्ध किए हैं।

इसके बावजूद, स्वामीजी की गर्भधारिणी जननी, पितृदेव और आत्महत्या कर लेनेवाली बहनों के बारे में जितनी कुछ जानकारी मिली है, उससे कहीं ज़्यादा तथ्य अजाना ही रह गया है। उनके भाइयों के बारे में हमें काफी कुछ जानकारी मिली है और नहीं भी मिल सकी है। जननी भुवनेश्‍वरी के बारे में आज भी कौतूहल में विराम नहीं है। कई-कई युगों पहले दो भुवनविदिता जननी—शंकराचार्य की माँ और चैतन्य-जननी के बारे में भी भक्तजन में इसी प्रकार की व्याकुलता विद्यमान है।

सुदूर प्रवास में भी स्वामीजी ने बीच-बीच में अपनी गर्भधारिणी जननी के बारे में कुछेक हृदयग्राही मंतव्य किया है। स्वामीजी की विदेशीनी महिला भक्त भी अपने गुरुदेव की जननी को अमेरिका से अभिनंदन भेजती रहीं।

भुवनेश्‍वरी के बारे प्राचीनतम् निदर्शन है, कलकत्ता हाईकोर्ट के कागज़-पत्र में बँगला उनका में एक हस्ताक्षर, जिसे देखकर यह अंदाजा लगाया जा सकता है कि उनकी लिखावट काफी सुंदर थी। हम जानते हैं कि उन्होंने मेम टीचर से अंग्रेजी सीखी थी और अपने बड़े बेटे को भी अंग्रेजी की शिक्षा दिलाई थी। बाद के वर्षों में स्वामीजी सागर-पार अपने भक्तों से अंग्रेजी में बातचीत करते थे, लेकिन उनकी अंग्रेजी लिखावट का कोई नमूना आज भी उपलब्ध नहीं हो सका है। अब तक विवेकानंद-जननी की एकमात्र फोटो का ही आसरा-भरोसा है। स्वामीजी के देहावसान के बाद विदेशी भक्तों के रुपयों से सिस्टर निवेदिता ने यह तसवीर उतरवाने की व्यवस्था की थी। भुवनेश्‍वरी देवी और

अपनी एकमात्र संतान के भाग्य-विपर्यय से सर्वदा-कातर विवेकानंद की नानी रघुमणि देवी की भी फोटो शायद उसी समय उतरवाई गई थी।

अभी बिलकुल हाल में ही विवेकानंद-गर्भधारिणी भुवनेश्वरी दासी का एक और चित्र प्रोफेसर श्री सुजित बसु के सौजन्य से नजर में आया है। निर्मम दारिद्रय, विच्छेद, आत्मीय-स्वजन के अपमान और अकालमृत्यु से जर्जर विवेकानंद-जननी की यह हृदय-विदारक तसवीर ब्रह्मानंद उपाध्याय द्वारा संपादित 'स्वराज' पत्रिका में वैशाख १३१४ को प्रकाशित हुई थी।

'स्वराज' पत्रिका में लिखा गया था, 'हम नरेंद्र की माता का चित्र प्रस्तुत कर रहे हैं। नरेंद्र की माँ, रत्नगर्भा थीं। इस माँ ने ऐसा रत्न खो दिया। लेकिन इसे 'खोना' कैसे कहें? व्यवहारत: उन्होंने जरूर खोया है, परमार्थत: हरगिज नहीं खोया। उनके ज्येष्ठ पुत्र के चरित्र-सौरभ से भारत प्रमुदित है। अहा, माँ की यह तसवीर तो देखो! देखकर यह साफ समझ में आ जाता है कि नरेंद्र वाकई अपनी माँ के बेटे थे और माँ वाकई अपने बेटे की माँ थीं।'

दु:ख की बात यह है कि भुवनेश्वरी देवी का लिखा हुआ या स्वयं अपने हाथ से बेटे को लिखा हुआ कोई पत्र हम अभी तक संग्रह नहीं कर पाए हैं। हमें इस बात की तो जानकारी है कि उनके मझले बेटे, महेंद्रनाथ, अपनी तकदीर आजमाने विदेश गए और अज्ञात कारणवश काफी वर्षों तक लापता रहे और काफी लंबे अरसे तक पैदल भ्रमण करने के बाद, स्वामीजी के देहावसान के कई दिनों बाद कलकत्ता लौट आए। चार-पाँच वर्षों तक माँ को एक भी पत्र न भेजकर उन्होंने अपनी माँ और नरेंद्रनाथ की फिक्र काफी बढ़ा दी थी।

पिता विश्वनाथ दत्त की कोई तसवीर आज भी उपलब्ध नहीं हो सकी है। जो मिला है, वह अंगेजी में यह हस्ताक्षर! तारीख २३ नवंबर, १८६८; उस दिन एटॉर्नी 'दत्त ऐंड धर' फर्म के अनुबंध-पत्र पर दस्तखत किए गए थे।

नरेंद्र-जननी, भुवनेश्वरी देवी अंग्रेजी जानती थीं, लेकिन हस्ताक्षर, वे मोती जैसे अक्षरों में बँगला में करती थीं।

लेकिन स्वामीजी के मातृ-प्रेम से हम अनजाने नहीं हैं। लंबे अरसे तक स्वदेश-विदेश की सड़कों पर घूमते-भटकते हुए उन्होंने अपनी माँ को एक भी पत्र न लिखा हो, यह सोच लेने को मन नहीं करता। खैर, सच चाहे जो भी हो, महेंद्रनाथ या उनके छोटे भाई भूपेंद्रनाथ ने कहीं भी अपने बड़े भाई के लिखे हुए किसी पत्र का उल्लेख नहीं किया। जहाँ तक जानकारी मिली है, स्वामीजी की दीदी स्वर्णमयी ने भी इस बारे में कोई मंतव्य नहीं दिया, हालाँकि स्वामीजी के देहावसान के तीन दशक बाद तक (१६ फरवरी,

१९३२ तक) वे जीवित थीं। स्वामीजी की दीदी के नाम को लेकर भी मतभेद है। मृत्यु-रजिस्टर में वे स्वर्णबाला हैं, लेकिन कहीं-कहीं स्वर्णलता भी हैं।

स्वामीजी दस भाई-बहन थे (नरेंद्रनाथ छठी संतान थे)। इन लोगों के बारे में आज भी बहुत कुछ अज्ञात है। हमें विश्वनाथ दत्त के पहले पुत्र और दो पुत्रियों के नामों की जानकारी मिली। शोधकर्ताओं का मंतव्य है, 'नितांत कम उम्र में उनकी मौत हो जाने के कारण, उन लोगों का नामकरण नहीं हुआ होगा या नामकरण हुआ भी हो, तो वे नाम हम संग्रह नहीं कर पाए। इससे भी ज्यादा दुःख की बात है कि उनके बहनोई आदि की कोई खबर हमारे हाथ नहीं लग सकी। पिता विश्वनाथ के आकस्मिक निधन के समय बेटियाँ ब्याह दी गई थीं या कुँवारी रहीं, यह भी हमारे लिए खास स्पष्ट नहीं हो पाया।

विवेकानंद की कुछेक पुरानी अंग्रेजी में लिखी जीवनी में, विश्वनाथ का पारलौकिक संस्कार संपन्न करके, नरेन के घर लौटने का विवरण है। इस विवरण से यह अंदाजा लगता है कि छोटा भाई भूपेंद्रनाथ, उन दिनों निरा शिशु था और कुछ बहनें भी अविवाहिता थीं।

परवर्ती समय में इन बहनों के विवाह में किसने, कौन सी भूमिका निभाई, विवाह के लिए अर्थ कहाँ से आया, यह सब अभी भी अस्पष्ट है। इससे भी ज्यादा जो अंधकार और प्रकाश से भरा है, वह यह कि एक नहीं, दो-दो बहनों की नितांत कम उम्र में ससुराल में दुखद अकाल-मृत्यु!

इनमें से एक छोटी बहन योगींद्रबाला थीं, उन्होंने कलकत्ता के सिमला अंचल से सुदूर सिमला पहाड़ में स्थित अपने पतिगृह में आत्महत्या की, यह भी स्पष्ट है, लेकिन दूसरी बहन, जिसने आत्महत्या की, उनका विवरण आज भी अज्ञात है।

एक नजर में विश्वनाथ-भुवनेश्वरी के परिवार की तसवीर आँकते हुए, हम और भी कुछेक विवरण प्रस्तुत करेंगे! संसार-त्याग के बाद और विदेश से प्रत्यागमन से पहले गैरिक वस्त्रधारी नरेंद्रनाथ को कभी अपनी जन्मस्थली में नहीं देखा गया, इसके भी संकेत मिलते हैं, लेकिन नानी रघुमणि बसु के ७, रामतनु बसु लेन वाले घर में स्वामीजी अपने गुरु-भाइयों और शिष्यों के साथ कई बार आए थे, उसका लिपिबद्ध विवरण हमारे पास मौजूद है।

चरम आर्थिक और पारिवारिक संकट के समय माँ-बाप की इकलौती संतान, भुवनेश्वरी का आश्रयस्थल रामतनु बसु लेन का यही पीहर था। कम उम्र में विधवा होकर, असहाय बेटी के साथ जीवन भर खड़े रहकर नानी रघुमणि बसु ने काफी तकलीफ उठाई थी। अपने असहाय बाल-बच्चों के साथ, स्वजन की साजिश की

शिकार, पति की जन्मस्थली से विताड़ित होकर भुवनेश्वरी को अपना अंतिम आश्रयस्थल अपनी स्नेहमयी माँ के घर में ही मिला।

दुलारी बेटी की मृत्यु-तिथि, डेथ-रजिस्टर के मुताबिक २५ जुलाई, १९११ है। पहले अपनी बदनसीब बेटी को तमाम दुःख-यंत्रणाओं के पार भेजकर, दो दिनों बाद, २७ जुलाई, १९११ को स्वामीजी की नानी रघुमणि बसु ने आखिरी साँस ली।

□

उत्तरी कलकत्ता के ३, गौरमोहन मुखर्जी स्ट्रीट, स्वामीजी की जन्मस्थली के आखिरी उल्लेखनीय बाशिंदे, छोटे भाई भूपेंद्रनाथ दत्त, अपनी जीवन-संध्या में, अपनी बँगला पुस्तक में एक छोटा-मोटा विस्फोट ही कर पाए हैं।

स्वामीजी के जीवन और कीर्ति के बारे में भूपेंद्रनाथ की अंग्रेजी पुस्तक 'स्वामी विवेकानंद : पैट्रिऑट-प्रोफेट' में तो भ्रांति नहीं है, लेकिन अपनी बँगला पुस्तक, 'स्वामी विवेकानंद' में दरियाटोना के दत्त वंश का परिचय देते-देते और पिता विश्वनाथ दत्त के बारे में बताते-बताते उन्होंने जो गुप्त पारिवारिक तथ्य उजागर किया है, उसका मर्मार्थ है—स्वामी विवेकानंद के परम प्रतिभावान पिता, अकाल मृत विश्वनाथ दत्त ने 'सुलोचना' नामक एक उपन्यास लिखा था, जो तत्कालीन पाठक-वर्ग में विशेष रूप से सम्मानित हुआ था। बहुदर्शी नरेंद्रनाथ दत्त ने साहित्य-प्रतिभा, काफी कुछ अपनी गर्भधारिणी जननी भुवनेश्वरी से, जन्म-सूत्र से प्राप्त की थी।

उनकी माँ कविता लिखती थीं, बहुत दिनों पहले ही हमें इसकी जानकारी है। लेकिन पिता विश्वनाथ दत्त की साहित्य-प्रतिभा के बारे में अनुरागी-वर्ग को खास कोई इशारा नहीं मिला था, हालाँकि नाना भाषाओं में विश्वनाथ की कुशलता और उनका पुस्तक-प्रेम किसी से अनजाना नहीं था।

'स्वामी विवेकानंद' पुस्तक के पहले संस्करण में, पृष्ठ संख्या १०१ पर, भूपेंद्रनाथ दत्त ने अपने पिता के बारे में लिखा है। उन्हें साहित्य में असीम अनुराग था। उन्होंने 'सुलोचना' नामक एक उपन्यास की रचना की थी।

इससे बाद ही विस्फोट! चूँकि उस समय उनकी अपनी आर्थिक स्थिति ठीक नहीं थी, इसलिए उन्होंने अपने दूर के रिश्ते के काका गोपालचंद्र दत्त के नाम से वह पुस्तक प्रकाशित की।

'सुलोचना' के बारे में इस किस्म का सनसनीखेज मंतव्य प्रकाशित होने के बाद और आगे कई दशकों तक यह प्रचलित रहने के बावूजद शोधकर्तागण ने इस पुस्तक के बारे में खास छानबीन क्यों नहीं की, यह भी विचारणीय है।

यह उपन्यास प्रकाशित होने के बाद, 'पाठकों में विशेषरूप से समादृत हुआ।'

परवर्ती समय में 'सुलोचना' उपन्यास दुष्प्राप्य जरूर था, मगर दुर्लभ नहीं था। स्वदेश और विदेश में, उन्नीसवीं शती में प्रकाशित बँगला पुस्तकों के संग्रह और सूची में इस उपन्यास का भी नाम शामिल है।

भूपेंद्रनाथ दत्त ने अपनी पुस्तक में विवरण दिया है, 'सन् १८८० में यह उपन्यास प्रकाशित हुआ।' लेकिन कौतूहलवश इस बारे में छानबीन के दौरान विलायत में जिस बँगला पुस्तक की जानकारी मिली, उसका प्रकाशन कलकत्ता में हुआ था। समय १८८२! बँगला वर्ष—१२८९।

उस जमाने में कलकत्ता से प्रकाशित बँगला कहानी-उपन्यासों में एक-एक अंग्रेजी और बँगला फ्लाइ-लीफ रहती थी। अंग्रेजी टाइटिल-पेज के मुताबिक उस किताब का पहला प्रकाशन सन् १८८२ में हुआ। प्रकाशक थी—२५, कॉर्नवालिस स्ट्रीट की बी. बैनर्जी ऐंड कं.। बँगला फ्लाइ-लीफ में बी. बैनर्जी ऐंड कं., बी. बनुर्जी कंपनी हो गई। बैनर्जी पदवी के उच्चारण और हिज्जे को लेकर, बँगला और अंग्रेजी में, जो लंबे अरसे से परीक्षण-निरीक्षण चल रहा है, यह उसका अकाट्य प्रमाण है।

'सुलोचना' उपन्यास के आखिर में उल्लेख है, 'कलकत्ता के वाराणसी घोष स्ट्रीट, ६९ मकान में, हितैषी मशीन पर श्री ब्रजनाथ बंद्योपाध्याय द्वारा मुद्रित।'

'सुलोचना' उपन्यास के टाइटिल पन्ने पर और भी कई खबरें हैं। उस जमाने में किताब के मूल नाम के समर्थन और व्याख्या में दूसरा कोई एक नाम देना निषिद्ध नहीं था। इस संदर्भ में लिखा गया है: 'सुलोचना अथवा आदर्श भार्या।' अंग्रेजी में लिखा है:, 'सुलोचना द एक्जेंपलरी वाइफ।'

सुलोचना
अथवा
आदर्श भार्या
(बंगवासी लोगों का सांसारिक व्यवहारावलंबित उपन्यास)
श्री गोपालचंद्र दत्त रचित
कलकत्ता
बी. बानुर्जी कंपनी द्वारा प्रकाशित
२५ नं. कॉर्नवालिस स्ट्रीट
सन् १२८९ साल
all right reserved

मूल्य—१ रुपया   डाक-खर्च २ आना
रिश्तेदार के नाम लिखा हुआ, पिता विश्वनाथ दत्त के उपन्यास का टाइटिल पेज

अंग्रेजी परिचय-पत्र में और भी व्याख्या दी गई है, 'ए स्टोरी ऑफ बंगाली फैमिली लाइफ'—जिसका अनुवाद होगा, 'बंगाली पारिवारिक जीवन की कहानी।' लेकिन दूसरे बँगला टाइटिल में उपन्यास-लेखक हिम्मत करके कुछ और आगे बढ़ गए हैं, 'बंगवासी लोगों का व्यवहारवलंबित उपन्यास।' सन् १८८२ में ढाई सौ पृष्ठों के उपन्यास का मूल्य एक रुपया; साथ में उस जमाने में डाक खर्च के बारे में भी एक अंदाजा मिलता है, 'डाक-खर्च २ आना।' (पोस्टेज—2 annas)

जाहिर है, अगला सवाल यही उठता है कि 'श्री गोपालचंद्र दत्त रचित' व्यक्ति कौन है? मूल परिचय तक पहुँचने से पहले, भूपेंद्रनाथ की पुस्तक में दरियाटोना के दत्त परिवार की जो वंश तालिका दी गई है, उस पर एक नजर डालें, तो समझना सहज हो जाता है।

गौरमोहन मुखर्जी स्ट्रीटवाली जन्मस्थली के प्रसंग में हमें जानकारी है कि नरेंद्रनाथ के पूर्वज, दक्षिणराढ़ी कश्यप गोत्र के रामनिधि दत्त अपने पुत्र रामजीवन और पौत्र रामसुंदर को लेकर वर्धमान जिले के दरियाटोना से कलकत्ता चले आए थे।

रामसुंदर दत्त के पाँच बेटे थे—राममोहन, राधामोहन, मदनमोहन, गौरमोहन, और कृष्णमोहन। ज्येष्ठ राममोहन दत्त ही विश्वविदित स्वामी विवेकानंद के परदादा थे। कनिष्ठ कृष्णमोहन के मँझले बेटे थे—गोपालचंद्र; अस्तु, पट्टीदारी के रिश्ते में गोपालचंद्र नरेंद्रनाथ के पिता विश्वनाथ के काका थे।

इस प्रसंग में भूपेंद्रनाथ की रचना से काफी सारे तथ्यों की जानकारी मिलती है। विशिष्ट समाजतत्वविद जैसी जिज्ञासावश , लेखकीय उपादान संग्रह के लिए, भूपेंद्रनाथ ने एक बार सिमुलिया के दत्त-परिवार के आदि कुलगुरु, अब्दुल-मौरी के श्री ताराप्रसन्न भट्टाचार्य (वंद्योपाध्याय) से भी संपर्क किया था। ताराप्रसन्न बाबू ने भूपेंद्रनाथ को बताया कि उनकी माताश्री ने गोपालचंद्र दत्त को देखा था। उन्होंने यह जानकारी भी दी कि उन लोगों के शिष्यों की वंश-परंपरा के रजिस्टर में रामनिधि के परपोते मदनमोहन का नाम १२६३ (सन् १८५७) साल में मिलता है। भूपेंद्रनाथ का मंतव्य है कि यह तारीख गड़बड़ है, क्योंकि जन्मस्थली के बँटवारे मामले के कागज-पत्रों में मदनमोहन की मृत्यु तारीख १८४३ बताई गई है। वैसे हमारी वर्तमान खोज में इस मतभेद की खास कोई भूमिका नहीं है।

फिलहाल तो हम उपन्यास के टाइटिल पृष्ठ पर उल्लिखित गोपालचंद्र के बारे में और भी कुछेक तथ्यों की जानकारी चाहते हैं। स्वामीजी के छोटे भाई ने हमें निराश नहीं

समूह को कोमल बनाकर उन्हें नियमाधीन रखना कोई एक जन्म का कर्म नहीं है, एक दिन का कर्म नहीं है, एक वर्ष का भी कर्म नहीं है। कुछ समय तक अध्यवसाय करते हुए मुमकिन है कि सिद्ध हुआ जाए या नहीं भी हुआ जा सके।

''जैसे रोगी पर औषध प्रयोग करने से पहले उसके शरीर के भीतर का मल-मूत्र आदि निकाल देना जरूरी है; जैसे देव-देवी की अर्चना से पहले एक पवित्र वेदी का निर्माण करते हैं, उसी तरह ईश्वर की आराधना से पहले मन को शुद्ध करना, सत्यपरायण होना, कपटता त्याग करना, सांसारिक छल-कपट, चतुराई से विरत होना अत्यंत आवश्यक है। सांसारिक सुखों से बूँद भर भी अलग नहीं होऊँगा, बस, दिन में एकाध बार आँखें मूँद लूँगा—यह उपासना नहीं है और जो इस ढंग का उपासक है, वह ईश्वर के नाम पर निर्मित अपने ही किसी सृष्ट देवता की आराधना करता है।

''अपवित्र मन, अपवित्र चित्त या ढंग से पवित्र-निर्मल आत्मा की आराधना कैसे संभव है? किस उपाय से अर्जित अर्थ का आगमन होगा? किसकी स्थापना का हरण करूँ? किसे प्रलोभन दिखाकर, उसे अपने अधीन करके, उसका सर्वस्व हथिया लूँ?—जो लोग दिन-रात इसी सोच में डूबे रहते हैं, जो लोग अपने निजी भोग-विलास में लिप्त रहकर दूसरों की बहू-बेटियों को अपनी गृहस्थी नहीं चलाने देते, जो लोग ऐहिक पद-मर्यादा, प्रभुत्व, आकांक्षा पर लुब्ध होकर किसी तरह की प्रवंचना, प्रताड़ना, झूठी कल्पना करने में जरा भी नहीं सकुचाते, वे क्या ईश्वर की उपासना कर सकते हैं? संसार में रहें तो कुक्रिया में रत् होंगे, यह सांसारिक लोगों का छल मात्र है।''

□

'सुलोचना' के बारे में विशेष कौतूहल का कारण यह है कि इस उपन्यास में विवेकानंद के पिता विश्वनाथ ने कुछेक व्यक्तिगत और पारिवारिक संकेत भी दिए हैं। चूँकि विश्वनाथ दत्त के व्यक्तिगत जीवन के बारे में हम अन्यान्य सूत्रों से खास कोई जानकारी उपलब्ध नहीं कर पाए, इसलिए 'सुलोचना' उपन्यास ही हमारा प्रधान बल-भरोसा है।

उस उपन्यास के अंदरमहल में प्रवेश करने से पहले एक बात याद रखना बेहतर है कि किसी भी कहानी में अकसर लेखक का व्यक्तिगत जीवन और तजुर्बा छिपा होता है। कभी-कभी लगता है कि हर उपन्यास ही एक किस्म की आत्मजीवनी होता है, कभी लेखक के जाने में, कभी अनजाने में! इसलिए आजकल व्यक्तिगत जीवन की चाबी-काठी खोलकर उपन्यास के अनालोकित गर्भगृह में प्रवेश करने की चेष्टा शुरू हो गई है। व्यक्तिगत जीवन की सारी घटनावली लेखक सरल ढंग से अपने उपन्यास में उतार देते हैं—ऐसा नहीं है। कभी-कभी लेखक बेहद सावधानी से अपना आत्मजीवन छिपाए

रखने की भी चेष्टा करते हैं। लेकिन उनकी सृष्टि मानो उनकी छाया होती है। कभी आगे, कभी पीछे, कभी बगल की। क्रूर सत्य यह है कि कोई कभी भी अपने जीवन की छाया का अतिक्रम करके आगे बढ़ने में सफल हो जाता है।

इस ढंग से सोच लें फिर 'सुलोचना' उपन्यास को पढ़ा जाए, तो स्वामी के दादा (दुर्गाप्रसाद), दादी श्यामासुंदरी, पिता विश्वनाथ, माता भुवनेश्वरी, दादा के भाई कालीप्रसाद, पत्नी विश्वेश्वरी, उन दोनों के पुत्र तारकनाथ और पतोहू के छायाचित्र को क्या खोज निकाला जा सकता है ? इसी प्रसंग में यह कह देना बेहतर है कि बहुत से उपन्यास सत्य घटना की कार्बन-कॉपी न होकर भी सच्ची घटना-धारा की गतिरेखा, निश्चित रूप से चित्रित कर देते हैं।

बहुत से मामलों में इस किस्म के अनुमान का कोई मतलब नहीं होता। लेकिन जहाँ उपन्यास के लेखक स्वयं विवेकानंद के पिता हैं और दत्त परिवार की पट्टीदारी मामले के कागजात के बाहर भी उस जन्मस्थली में एक अद्भुत जीवनयात्रा प्रचलित थी और जहाँ एक युगनायक ने भूमिष्ठ होकर अपना शैशव, बचपन और यौवन गुजारा, वहाँ के बारे में भक्तों, अनुरागी लोगों और दुनिया के असंख्य लोगों का सीमाहीन कौतूहल नितांत स्वाभाविक है। इसी कारण विवेकानंद के अनुरागीगण 'सुलोचना' उपन्यास की पटभूमि, चरितावली और घटनावली बार-बार उकेर-उकेरकर देखेंगे।

निवेदिता के एक पत्र से हमें यह जानकारी मिलती है कि स्वामी विवेकानंद ने विदेश में अपनी पारिवारिक यादों में डूबे हुए एक बार बताया था कि उनके दादा दुर्गाप्रसाद का विवाह तीन वर्ष की उम्र में श्यामासुंदरी से हुआ था। उनकी ज्येष्ठ संतान एक बेटी थी। खैर, उसके बारे में विशेष कुछ जानकारी नहीं मिलती। अगली संतान विश्वनाथ का जन्म सन् १८३५ में हुआ था। विश्वनाथ का विवाह सोलह वर्ष की उम्र में संपन्न हो गया था, यह बात भी निवेदिता के उस पत्र में उल्लिखित है। उस समय पत्नी की उम्र दस वर्ष थी।

गौरमोहन मुखर्जी स्ट्रीट का दत्त परिवार वंशानुक्रम से कानून व्यवसाय से जुड़ा हुआ था। बातों-बातों में स्वामीजी कहा करते थे—हम सात पीढ़ियों से वकील हैं। मेरे दादा राममोहन उस जमाने में सुप्रीम कोर्ट के फारसी वकील थे। इस पेशे में उन्होंने अगाध दौलत कमाई थी, इसका प्रमाण है उनकी विशाल संपत्ति। सलकिया में दो-दो बगान-कोठी, खिदिरपुर में प्रचुर जमीन-जमा! विधि की इच्छास्वरूप इसी सलकिया से संलग्न बेलूर में प्रतिष्ठित हुआ—रामकृष्ण मठ और मिशन! कुल छत्तीस वर्ष की उम्र में, हैजे के शिकार होकर, राममोहन की अकाल मृत्यु हुई। उस जमाने में कलकत्ता शहर में भयंकर गरमी में अशोधित पानी पी-पीकर हैजे में अकाल मृत्यु कोई नई घटना नहीं थी।

राममोहन के बड़े बेटे दुर्गाप्रसाद ने भी पहले-पहल एटॉर्नी ऑफिस से ही काम शुरू किया। बाद में किसी घटना की वजह से उनके जीवन की दिशा बदल गई। उन्हीं दिनों उस पुश्तैनी घर में पट्टीदारों का टेंशन बड़े पैमाने पर शुरू हो गया था।

भूपेंद्रनाथ के शब्दों में, ''दुर्गाप्रसाद फारसी और संस्कृत में विशेष पटु थे। उन्होंने उत्तरी कलकत्ता-निवासी दीवान राजीव विलोचन घोष की छोटी बेटी श्यामासुंदरी से विवाह किया। श्यामासुंदरी भी बँगला भाषा में विदुषी थीं। उनके हस्ताक्षर कमाल के थे। उन्होंने 'गंगा-भक्ति तरंगिनी' नामक एक वृहद् बँगला काव्य की भी रचना की थी। रूपवती श्यामासुंदरी की पहली बेटी का सात वर्ष की उम्र में निधन हो गया।'' इस 'गंगा-भक्ति तरंगिनी' पुस्तक को, विश्वनाथ ने काफी लंबे अरसे तक जतन से सहेजे रखा, लेकिन अपनी गृहस्थी समेत जब वे रायपुर जा रहे थे, तो यात्रा के दौरान वह मूल्यवान संरक्षण नष्ट हो गया। इसी तरह, दत्त परिवार के और भी कितने संग्रह अदृश्य हो गए, इसका कोई हिसाब नहीं।

उस समय के दत्त-घराने की एक अंतरंग तसवीर भूपेंद्रनाथ ने हमें उपहार में दी। लगता है, विधवा बहन, जो अपने पति की वसीयत की अधिकारी थीं, वे ही गृहस्थी की सर्वेसर्वा थीं। बहरहाल, जिस भी कारण से हो, वे मेरी दादी को नेक नजर से नहीं देखती थीं।

श्यामासुंदरी एक बार जब अपने पीहर से सुसराल लौटीं, तो रायबाघिन ननदरानी ने हुक्म दिया—पालकी लौटाओ! विश्वनाथ की माँ को उसी वक्त अपने पीहर लौट जाना पड़ा। भूपेंद्रनाथ ने लिखा है, 'पत्नी का यह अपमान देखकर दुर्गाप्रसाद घर त्यागकर चले गए, बाद में वे संन्यासी हो गए।'

समय का व्यवधान अस्वीकार करके संन्यासी दुर्गाप्रसाद की स्मृति आज भी उनके पुश्तैनी घर में घूमती फिर रही है। गौरमोहन मुखर्जी स्ट्रीट में आगंतुक तीर्थयात्री अब यह जानना चाहते हैं कि घर के किस कमरे में कभी संन्यासी दुर्गाप्रसाद को आखिरी बार बंदी बनाकर रखा गया?

कहानी कुछ इस प्रकार है—संन्यासी दुर्गाप्रसाद उत्तर भारत से कभी-कभार टट्टू पर सवार होकर कलकत्ता आया करते थे। अपने भिक्षा-पुत्र के सिमला स्ट्रीटवाले घर में ठहरते थे। यह घर कभी उन्होंने ही अपने भिक्षा-पुत्र को दान कर दिया था। लोकमुख के बयान के मुताबिक उनके भाई कालीप्रसाद इस आशा से कि संभव है भाई का विचार बदल जाए, अपने संन्यासी भाई को पुश्तैनी घर में ले आए और उन्हें एक कमरे में कैद करके दरवाजे पर ताला जड़ दिया।

बहरहाल, इसका नतीजा अच्छा नहीं निकला। बंदी दुर्गाप्रसाद लगातार तीन दिनों

तक दरवाजा खोल देने के लिए चीख-पुकार मचाते रहे। उनके मुँह से झाग निकलते देखकर बड़े-बुजुर्ग आशंकित हो उठे और उन्हें मुक्त कर देने को कहा।

विश्वनाथ दत्त के पिता ने उस बार जो घर छोड़ा, दुबारा फिर कभी उस घर में नहीं लौटे। सुनने में आता है कि गेरुआ ग्रहण करने के बाद, विदेश-यात्रा से पहले तक स्वामी विवेकानंद को भी उस पुश्तैनी घर में पदार्पण करते हुए नहीं देखा गया। अपनी माँ और नानी को देखने के लिए वे ७, रामतनु बसु लेनवाले घर में जाया करते थे। यह रामतनु बसु, उनकी नानी, रघुमणि दासी के पितामह थे।

□

संन्यासी दुर्गाप्रसाद जब कलकत्ता आते थे, तब बालक विश्वनाथ उनसे मिलने के लिए पिता के भिक्षा-पुत्र के सिमला स्ट्रीटवाले घर में जाते थे। जाहिर है, दुबारा फिर कभी अपने घर नहीं लौटे।

दुर्गाप्रसाद की जन्मपत्री में एक संकेत देखा गया था, जिसने परिवार के लोगों में विशेष आशा जगा दी कि जातक ३६ वर्ष की उम्र में घर वापस लौट आएगा। अत्यंत आश्चर्य की बात है कि ऐन उसी उम्र में दुर्गाप्रसाद ने परिवार के ही किसी सदस्य के हाथ अपना भिक्षा-पात्र और जपमाला घर भेज दिए। यह लक्षण देखकर अड़ोस-पड़ोस के लोगों ने श्यामासुंदरी को सलाह दी कि दुर्गाप्रसाद के मध्याह्न शयन के समय वे जाकर उनकी चरण-सेवा किया करें।

'सुलोचना' उपन्यास में भी विश्वनाथ ने नायक की विदेश-यात्रा से पहले पत्नी द्वारा चरण-सेवा का एक हृदयग्राही छवि आँकी है। वैसे श्यामासुंदरी के मामले में पति-सेवा-प्रयास का फल अच्छा नहीं हुआ। पारिवारिक वर्णन कुछ यूँ है, 'श्यामासुंदरी ने जैसे ही पति के कमरे में जाकर, मशहरी उठाकर, उनकी चरण-सेवा करने की कोशिश की, दुर्गाप्रसाद चीख उठे, 'चांडालिन ने मुझे छू लिया।' इतना कहकर वे तेजी से कमरे से बाहर निकल गए। इसके बाद उन्होंने कभी इस शहर में कदम नहीं रखा।'

जिस रायबाघिन ननदरानी के हाथों दुर्गाप्रसाद की पत्नी श्यामासुंदरी अकसर ही निगृहीत होती थीं, उसी सूत्र के सहारे दत्त परिवार के पुश्तैनी घर में सैकड़ों तरह के मामले-मुकदमे भी घुस आए।

राममोहन की इस बेटी का विवाह काफी अमीर घराने में हुआ था। हुआ यूँ कि एक दिन दामाद के साथ पोखर में स्नान के लिए जाते हुए उनकी किसी ज्योतिषी से भेंट हो गई, यह ज्योतिषी यह भविष्यवाणी कर बैठे कि जल्द ही सर्प-दंश से उनकी मृत्यु होगी। समय नष्ट न करके, निरुपाय दामाद, सामने के किसी कुम्हार की दुकान पर पहुँचे और उन्होंने तत्काल मिट्टी की एक हाँड़ी खरीदी और उस हाँड़ी के ऊपर ही अपनी

वसीयत लिख डाली कि उनकी सारी संपत्ति उनकी बाल-विधवा को मिले।

विधि का विधान! दामाद का सच ही अचानक निधन हो गया। शोकाहत् राममोहन उसी समय अपनी सद्य: विधवा बेटी, मिट्टी की हाँड़ी के ऊपर लिखी वसीयत और बेटी की ससुराल में स्थित शालिग्राम की शिला लेकर, ३, गौरमोहन मुखर्जी स्ट्रीट, अपने पुश्तैनी घर में लौट आए। कुछ ही दिनों के अंदर बरुईपुर के चौधरी परिवार ने स्वर्गीय दामाद की संपत्ति में बँटवारे के लिए अदालत में मुकदमा ठोंक दिया।

पूरी तीन पीढ़ियों तक यह मुकदमा चलता रहा और अंत में राममोहन की बेटी की ही जीत हुई। लेकिन मुकदमे का खर्च झेलते-झेलते, पूँजी, कम होते-होते कुल सोलह हजार रुपए रह गई।

वसीयत या पारिवारिक संपत्ति के बँटवारे के मामले में उस जमाने के कलकत्ता में इसी किस्म का आर्थिक सर्वनाश होता था। वसीयत करने के संदर्भ में 'सुलोचना' उपन्यास में एक खूबसूरत दृश्य है। उस पुस्तक में वसीयत का एक सुंदर अनुवाद है—'मानसपत्र'। इस शब्द की जगह आजकल हम आमतौर पर प्रयोग करते हैं—'इच्छापत्र'।

दुर्गाप्रसाद के संसार-त्याग करने के बाद छोटे भाई कालीप्रसाद दत्त गृहस्थी के मुखिया बने। उस जमाने के हिंदू कानून के मुताबिक संन्यासियों की पारिवारिक संपत्ति की क्या दशा होनी थी? हिंदू कानून के मुताबिक अगर कोई बारह वर्ष तक लापता रहे, तो इस बारे में विज्ञापन देकर, अदालत के आदेश पर, उसे मृत घोषित कर दिया जाता था। स्वामीजी के पितामह दुर्गाप्रसाद के मामले में भी यही राह अपनाई गई थी। दु:ख की बात यह है कि इस मामले के कागजात अभी तक उपलब्ध नहीं हो सके हैं।

सिमला के दत्त परिवार की आगामी पीढ़ी का स्पष्ट आरोप यह था कि कालीप्रसाद ने अपने संन्यासी भाई के बेटे की ठीक ढंग से देखभाल नहीं की। इसलिए विश्वनाथ का बचपन अत्यंत उपेक्षा और अवहेलना में व्यतीत हुआ।

वैसे भूपेंद्रनाथ अपने पिता के धनवान मामा की कोठी की थोड़ी-बहुत खबर हमें दे गए हैं। श्यामासुंदरी के पिता, उस जमाने के काफी रोब-दाबवाले व्यक्तित्व राजीव लोचन घोष, भारत सरकार के तोशाखाना (वह स्थान जहाँ राजा या अमीरों के पहनने के कपड़े, गहने आदि रखे जाते हैं) के दीवान थे। कहते हैं कि उनकी आर्थिक समृद्धि के बारे में 'छड़ा' और गीत, किसी जमाने में, प्राचीन कलकत्ता के मुहल्ले-मुहल्ले में लोकमुख में फिरा करते थे।

यह भी कहा जाता है कि छह वर्ष की उम्र में, दुर्गापूजा के समय, ननिहाल जाकर विश्वनाथ को चरम अपमान सहना पड़ा था। चूँकि उनकी वेश-भूषा उपयुक्त नहीं थी,

इसलिए कुछेक अभ्यागत् लोगों के सामने ननिहाल के लोग यह बात दबा गए कि वह भी उस घर का भाँजा है। अत्यंत आहत होकर, आँसू बहाते-बहाते बालक विश्वनाथ गौरमोहन मुखर्जी स्ट्रीट लौट आए थे और सुना जाता है कि इसके बाद उन्होंने कभी अपने मामा के घर कदम नहीं रखा।

□

काका कालीप्रसाद और विश्वनाथ-जननी के संबंधों के बारे में इतना कुछ कहने का कारण यह है कि 'सुलोचना' उपन्यास में उस समय के संयुक्त परिवार के स्वयं उपार्जनहीनकर्ता और उनके भाई की पत्नी की कई विस्मयकारी छवियाँ मौजूद हैं। फर्क सिर्फ इतना है कि सुलोचना का पति संसारत्यागी नहीं था। वह तो किस्मत की खोज में और अपनी नौकरी के कारण काफी लंबे अरसे से बंगाल से दूर जा बसा था। उपन्यास का नायक, उस जमाने की प्रथानुसार, अपनी पत्नी और इकलौते बेटे को अपनी नौकरी की जगह ले जाने का इंतजाम नहीं कर पाता। जो लोग दत्त-घराने की घर-गृहस्थी की तत्कालीन छवि को दिमाग में रखेंगे, उन्हें यह लग सकता है कि उपन्यास लेखक विश्वनाथ दत्त अपने काका कालीप्रसाद और जननी श्यामासुंदरी की विचित्र घटनाओं को क्या बाद में भी नहीं भुला पाए?

संसारत्यागी बड़े भाई की असहाय पत्नी-पुत्र के साथ भाई कालीप्रसाद ने किस किस्म का व्यवहार किया, इसका और भी कुछेक विवरण हमें उपलब्ध हुआ है। मामले का खर्च पूरा करने के लिए कालीप्रसाद ने एक बार अपने भाई की पत्नी श्यामासुंदरी के काफी सारे गहने गिरवी रखकर नकद रुपयों का इंतजाम किया था।

विवेकानंद के पिता के उपन्यास में भी ऐसा ही एक दृश्य है, जहाँ उपार्जनहीन गृहस्वामी अपने भाई की पत्नी के गहने गिरवी रखना चाहता है। वैसे दत्त के पुश्तैनी घर से गहने निकालना उतना आसान नहीं था। श्यामासुंदरी जब अपने गहने वापस पाने के लिए उन पर दबाव डालने लगीं, तब उन्होंने दूसरे उपाय का सहारा लिया। कालीप्रसाद ने बालक विश्वनाथ के नाम कई एक ताल्लुके लिख दिये। सुनने में आता है कि चौदह वर्षीय बालक विश्वनाथ को लठैतों के साथ, ताल्लुका दखल करने के लिए, वहाँ जाना पड़ा था। बाद में देखा गया कि ताल्लुका-संबंधी मामले में बहुत सी गड़बड़ियाँ हैं।

कालीप्रसाद के लोभ और बेवकूफी की कोई सीमा नहीं थी। इसी घर में भुवनेश्वरी के विवाह से पहले कालीप्रसाद किसी धूर्त तांत्रिक के चक्कर में पड़ गए थे। तांत्रिक का दावा था कि अगर उसे पैसे मिले तो वह कोयले को हीरे में बदल सकता है। उस जमाने में कालीप्रसाद दत्त ने सरल मन से इस अष्टसिद्ध योगी पर पूरे अठारह हजार रुपए ख़र्च कर दिए थे।

ढँकी हुई है! छोटे बेटे भूपेंद्रनाथ ने जानकारी दी है कि अर्थोपार्जन के इरादे से विश्वनाथ ने कुछ दिनों व्यवसाय में हाथ पक्का किया, लेकिन उन्हें खास सफलता नहीं मिली।

बाद के दौर में, उनका वकालती जीवन भी हमारी पहुँच से बाहर ही रह जाता, लेकिन कलकत्ता हाईकोर्ट के माननीय प्रधान विचारपति, फणिभूषण चक्रवर्ती, उच्च अदालत के रिकॉर्ड खँगालकर थोड़ा-बहुत आलोकपात कर गए हैं। इसके अलावा, कलकत्ता हाईकोर्ट में विश्वनाथ की विधवा भुवनेश्वरी दासी का आवेदन-पत्र भी मिला है, जिस पर माँ के साथ-साथ स्वयं भूपेंद्रनाथ दत्त ने दस्तखत थे। इस आवेदन की तारीख कलकत्ता में 'सुलोचना' के प्रकाशन के चार वर्ष बाद की है।

मामले-मुकदमे की छाया से सिमुलिया के दत्त लोग कभी भी अपने को दूर नहीं हटा पाए। संन्यासी दुर्गाप्रसाद की विषय-संपत्ति पर अधिकार के लिए, हाईकोर्ट मामले में, दीर्घ बारह वर्षों से उनकी कोई खबर, कोई अता-पता न मिलने का दावा करते हुए, कानून मुताबिक उन्हें मृत घोषित कर दिया गया था।

कलकत्ता हाईकोर्ट से विश्वनाथ दत्त के बारे में खोज-खबर के लिए बैरिस्टर सुधीरचंद्र एक बार माननीय प्रधान विचारपति फणिभूषण चक्रवर्ती के शरणापन्न हुए थे। ४ दिसंबर, १९५२ को फणिभूषण के एक लिखित विवरण ने सारे संदेह मिटा दिए। मामला कुछ यूँ था---

अदालत के कागज-पत्तर में विश्वनाथ के नाम के अंग्रेजी हिज्जे हैं—Bisso Nath Dutt : १४ मार्च, १८६६ को प्रधान विचारपति, वार्नेस पीकॉक के इजलास में एटॉर्नी और प्रॉक्टर के तौर पर तालिकाभुक्त होने के लिए उन्होंने आवेदन किया था। शब्दकोश में प्रॉक्टर का अर्थ है—'मुकदमे की तदबीर करनेवाला आम-मुख्तार'। हिसाब-मुताबिक, उस वक्त पुत्र, नरेंद्रनाथ की उम्र तीन वर्ष थी।

अदालत के आवेदन-पत्र में बाईं तरफ लिखा है—'ऐसा ही हो'(बी इट सो)। जस विचारक ने विश्वनाथ का आवेदन-पत्र मंजूर किया, उनका नाम मिस्टर जस्टिस वाल्टर मॉर्गन था। उन दिनों कलकत्ता हाईकोर्ट के लेटर्स पेटेंट १८६२ के मुताबिक विचारकों की संख्या तेरह थी। बाद में मॉर्गन उत्तर-पश्चिम सीमांत प्रदेश में चीफ जस्टिस नियुक्त किए गए।

पिटिशन के साथ जमा किए गए परीक्षकों के सर्टिफिकेट (१२ मार्च, १८६६) में देखा गया कि विश्वनाथ एटॉर्नी मिस्टर हेनरी जॉर्ज टेंपल के यहाँ आर्टिक्लड क्लर्क थे। उनके नाम पर ही, संभवतः ६, ओल्ड पोस्ट ऑफिस स्ट्रीट के विख्यात टेंपल चेंबर्स भवन का नामकरण हुआ, जहाँ प्रायः एक शती के बाद मैं बैरिस्टर नोएल फ्रेडरिक बारवेल महोदय के बाबू या 'क्लर्क' के तौर पर शामिल हुआ।

देखा गया कि मिस्टर चार्ल्स एफ. पीटर के यहाँ विश्वनाथ दत्त की आर्टिकल्ड क्लर्कशिप की शुरुआत ११ अप्रैल, १८५९ से हुई और ३१ जुलाई, १८६० को खत्म हुई। छह महीने के अंतराल में (२९ जनवरी, १८६१) वे मिस्टर हेनरी जॉर्ज टेंपल के यहाँ आर्टिकल्ड क्लर्क हुए। इस विख्यात एटॉर्नी के अधीन वे १० अक्तूबर, १८६४ तक रहे। एटॉर्नी के तौर पर दर्ज होने के लिए आवेदन के साथ श्री ग्रीश (गिरीश) चुंदार (चंद्र) बनर्जी और श्री दिगंबर मिटर ने दो चरित्र प्रमाणपत्र पेश किया (दोनों की ही तारीख ७ जनवरी, १८६५ है)। यह गिरीश ही बाद में मशहूर बैरिस्टर और राष्ट्रीय कांग्रेस के पहले सभापति उमेशचंद्र बनर्जी के पिता के रूप में जाने गए। दिगंबर मिटर को बाद में 'राजा' की उपाधि मिली।

प्रधान विचारपति फणिभूषण की रिपोर्ट में स्वर्गीय विश्वनाथ की विधवा भुवनेश्वरी दासी के (Bhubannessary Dassee) ११ अगस्त, १८६६ के लेटर्स ऑफ एडमिनिस्ट्रेशन आवेदन का भी विवरण है। इस आवेदन-पत्र से सहमति जताते हुए स्वयं नरेंद्रनाथ दत्त ने हस्ताक्षर थे।

अगले ही दिन यह आवेदन मंजूर कर लिया गया। आवेदन के तीसरे अनुच्छेद में कहा गया था कि विश्वनाथ की विधवा के अलावा उनकी तीन पुत्र-संतानें भी हैं। उनके नाम हैं--नरेंद्रनाथ (२२ वर्ष), नाबालिग महेंद्रनाथ तथा भूपेंद्रनाथ। पहले अनुच्छेद से यह स्पष्ट हो जाता है—विश्वनाथ दत्त कोई 'विल' छोड़कर नहीं गए। उनका निधन, हाईकोर्ट के रिकॉर्ड मुताबिक, २४ फरवरी, १८८४ को हुआ।

कलकत्ता कॉरपोरेशन के मृत्यु-रजिस्टर में विश्वनाथ की मृत्यु, शनिवार २३ फरवरी; उम्र ५२ वर्ष; मृत्यु का कारण, बहुमूत्र रोग; मृत्यु के समय उनका निवास स्थान : ३, गौरमोहन मुखर्जी स्ट्रीट। (पीड़ा से पहले भी निवास स्थान वही)। पत्रकार के तौर पर अंग्रेजी में दस्तखत किए थे, स्वयं नरेंद्रनाथ दत्त ने। कॉरपोरेशन रिकॉर्ड के मुताबिक, मृत्यु रजिस्ट्री की तारीख २३ फरवरी, १८८४ है।

□

कानूनदां के तौर पर विश्वनाथ के कर्मजीवन के बारे में आज भी विभिन्न वर्गों में तरह-तरह की कहानियाँ बिखरी हुई हैं। एटॉर्नी होने के फौरन बाद ही वे आशुतोष धर के धर ऐंड दत्त में साझेदार बन गए। बाद में इस संयुक्त कारोबार से परेशान होकर उन्होंने अपना निजी प्रतिष्ठान खोल लिया।

शोधकर्ता लेखक चित्रगुप्त को दत्त-घराने के अदालती कागज-पत्तर काफी खोद-खोदकर देखने का मौका मिला। विश्वनाथ के बारे में उनका वक्तव्य है, 'आमदनी आशानुरूप होने के बावजूद, बेहिसाबी और परिणामों पर नजर न रखने के कारण, वे कर्ज

के जाल में फँस गए थे। महाजनों से बचने के लिए वे कलकत्ता छोड़कर सुदूर सेंट्रल प्रॉविंस की तरफ चले गए, बाद में, जिस जगह का नाम पड़ा—मध्यप्रदेश! प्रवास में रहने के दौरान उन्होंने कुछ दिन पंजाब में भी वकालत की।'

सन् १८०९ में विश्वनाथ कलकत्ता लौट आए और उन्होंने दुबारा कानून की प्रैक्टिस शुरू कर दी। बाद में स्वामीजी के काका तारकनाथ की विधवा ज्ञानदासुंदरी ने जो मुकदमा दायर किया, उस आवेदन के आरोप में विश्वनाथ कर्ज से जर्जर होकर सन् १८७१ के मध्य कलकत्ता छोड़कर चले गए। अपने विरुद्ध कर्जदारों द्वारा कई-कई डिक्रियाँ जारी करने की आशंका से वे सात वर्ष तक प्रवास में रहे।

ज्ञानदासुंदरी के अभियोग के जवाब में भुवनेश्वरी ने अदालत में जो वक्तव्य दाखिल किया था, उसका सारांश था, 'मेरे पति विश्वनाथ दत्त इस मामले के वादी ज्ञानदासुंदरी के पति तारकनाथ दत्त और तारक के सहोदर भाई केदारनाथ दत्त, ३ नंबर, गौरमोहन मुखर्जी स्ट्रीट के पैतृक घर में संयुक्त परिवार में रहते हुए संसार-यात्रा निर्वाह किया करते थे। मेरे पति विश्वनाथ, अपने आखिरी समय में कलकत्ता छोड़कर उत्तर-पश्चिम प्रदेश की तरफ चले गए। कई वर्षों तक वहीं वकालत के पेशे में नियुक्त रहे। उन दिनों मैं अपने बाल-बच्चों को लेकर अपने रिहायशी मकान में रहती थी। मेरे और मेरे बच्चों के भरण-पोषण का सारा खर्च मेरे पति ही भेजा करते थे। यह बात बिलकुल झूठ और बेबुनियाद है कि तारक की आर्थिक मदद से मेरा और मेरे बच्चों के रोटी-कपड़ों का इंतजाम होता था, खासकर तब-जब मेरे पति प्रवास में थे। वैसे, यह बात सच है कि मेरे पति की अनुपस्थिति में तारकनाथ, गृहस्थी के कर्ता के तौर पर, हमारी देखभाल करते थे।'

अदालत में विवेकानंद-जननी के ये सब आवेदन-निवेदन विश्वनाथ के देहांत के कई साल बाद प्रस्तुत किए गए। आश्चर्य की बात यह है कि 'सुलोचना' उपन्यास में भी विश्वनाथ ने इसी प्रकार की तसवीर आँकी है। भाई कामकाज के सिलसिले में विदेश चले जाते हैं। वहाँ से वे काफी अच्छी कमाई करते हैं और सारे रुपए अभिभावक भाई को भेज देते हैं। लेकिन भाई और उनका परिवार वे रुपए हजम कर जाता है। भाई की पत्नी के दैनिक जीवन में दुःख-कष्ट का अभाव नहीं रहता।

उपन्यासकार विश्वनाथ ने क्या अपने मानस-चक्षु से अनागत को देख लिया था? दत्त परिवार के वृहद् पारिवारिक विरोध का विवरण देने से पहले उनके नाते-रिश्तेदारों के बारे में कुछ और विवरण संग्रह करना बेहतर होगा। इस बीच हमें दुर्गाप्रसाद और कालीप्रसाद के बारे में थोड़ी-बहुत जानकारी तो हो ही चुकी है।

कालीप्रसाद के दो बेटे थे—केदारनाथ और तारकनाथ। केदारनाथ के एक बेटी और चार बेटों में दो बेटे (हाबू बाबू और तमू बाबू) संगीत जगत् के नामी व्यक्तित्व थे।

यह भी जान लेना बेहतर होगा कि विश्वप्रसिद्ध संगीतज्ञ अलाउद्दीन खाँ साहब इसी घराने के शिष्य थे। रामकृष्ण-भक्त हाबू बाबू ने ठाकुर के देहावसान के बाद उनकी अस्थियों से एक जपमाला तैयार की थी। इन दोनों के छोटे भाई, शरत्चंद्र, १६ वर्ष की उम्र में भगवान को प्यारे हो गए।

बाद में केदारनाथ के भाई तारकनाथ की पत्नी ने स्वामीजी की माँ के नाम मुकदमा दायर किया। उनके एक बेटा और छह बेटियाँ थीं। प्रेसिडेंसी कॉलेज में, जो इंजीनियरिंग कॉलेज हुआ करता था, तारकनाथ किसी समय गणित के प्रोफेसर थे। बाद में, बी.एल. पास करके उन्होंने हाईकोर्ट में कानून-व्यवसाय आरंभ किया। तारकनाथ जोड़ासाँकू के ठाकुरबाड़ी की तरफ से वकालत करते थे। उसी सूत्र से देवेंद्रनाथ और विख्यात ठाकुर लोग उनकी बेटी के विवाह में, दत्त-घर दावत पर आए थे। मुमकिन है, बंगाल के संयुक्त परिवार में ऐसा ही प्रचलन था।

भुवनेश्वरी दासी
भुवनेवरी दासी
नरेंद्रनाथ दत्त
(के हस्ताक्षरित आवेदन)

अदालत में संरक्षित, विवेकानंद जननी, भुवनेश्वरी दासी का आवेदन-पत्र। एक ही पृष्ठ पर विश्वविख्यात पुत्र के सहमति-हस्ताक्षर! तारीख दी गई है—११ अगस्त, १८८६—श्रीरामकृष्ण के देहावसान से पाँच दिन पहले। मूल आवेदन में अंग्रेजी हिज्जे हैं—Norendra Nath Dutt लेकिन स्वामीजी ने हस्ताक्षर किए हैं—Narendra Nath Datta

भुक्तभोगी भूपेंद्रनाथ दत्त ने अफसोस जाहिर किया है, 'यहाँ पारिवारिक कहानी के गुप्त तथ्य उद्घाटित करने का उद्देश्य है, हिंदू संयुक्त परिवार का अभिशाप कितना निष्करुण होता है, यह व्यक्त करना। जो लोग संयुक्त-परिवार प्रथा की पवित्रता के बारे में गलतबयानी करते हैं, वे लोग इस स्थिति की जानकारी से परिचित नहीं हैं या पारिवारिक कलह, विवाद और वियोगांत घटनावली की उपेक्षा करते हैं। व्यावसायिक और औद्योगिक समाज में यह प्रथा अब अचल हो चुकी है। वर्तमान समाज में यह प्रथा चालू रखने के पक्ष में कोई वजह नहीं हो सकती।'

सिमुलिया के दत्त-घर में प्रमुख आवास, कलकत्ता के छह पल्ली में था, जिसे बंगाल का एथेंस कहा जाता था। इसका यथेष्ट कारण है। इसी एथेंस में रवींद्रनाथ ठाकुर, स्वामी विवेकानंद, रमेशचंद्र दत्त और अरु दत्त का जन्म हुआ। अगर पूरे उत्तरी कलकत्ता

को मिलाकर बात करें, तो एक हज़ार नाम लेने पर भी विशिष्ट लोगों की सूची पूरी नहीं होगी। दत्त लोगों के वंश में वैचित्र्य के प्रसंग में भूपेंद्रनाथ का मंतव्य है—'नरेंद्रनाथ के पिता के वंश में प्रचुर धनवान, संन्यासी, सरकारी नौकरिया, जनकल्याण संबंधी कार्यों में और देश-सेवा में आत्मलीन महान् व्यक्तित्वों ने जन्म लिया। इसके अलावा किसी-किसी ने गुप्त-योगी के रूप में भी जीवन व्यतीत किया।'

कलकत्ता हाईकोर्ट में ज्ञानदासुंदरी बनाम भुवनेश्वरी के मामले की सुनवाई, विश्वनाथ के निधन के कई वर्ष बाद शुरू हुई! सन् १८८७ के शुरू में।

इस मामले में ८ मार्च, १८८७ को विख्यात अंग्रेज बैरिस्टर के सामने जिरह के लिए गवाह कठधरे में खड़े हुए।

इस मामले का बीजवपन कैसे हुआ और धीरे-धीरे यह विषवृक्ष कैसे बन गया, इसका थोड़ा-बहुत विवरण मेरे 'अचेना अजाना विवेकानंद' पुस्तक के आरंभिक हिस्से में दिया गया है। अब इस विवरण की पुनरावृत्ति जरूरी नहीं है।

सिर्फ इतना ही कहा जा सकता है कि न्यायाधीश मैकफरसन ने अपनी राय में कहा कि विश्वनाथ, जो कर्जदारों के शिकंजे से मुक्त होने के लिए कलकत्ता छोड़कर चले गए, वे सन् १८७९ में गौरमोहन मुखर्जी स्ट्रीट में दुबारा लौट आए और उन्होंने संयुक्त परिवार में ही आश्रय लिया। प्रवास के समय उन्होंने पंजाब और मध्य प्रदेश में वकालत की। लेकिन यह बात प्रमाणित हुई है कि प्रवास में उपार्जन करते हुए विश्वनाथ दत्त अपनी पत्नी को नियमित रूप से रुपए भेजा करते थे। इस मामले में, विश्वनाथ के भेजे हुए रुपयों से, ज्ञानदा के पति तारकनाथ ने वह वितर्कित विषय-संपत्ति अपने भाई की पत्नी भुवनेश्वरी की तरफ से क्या बेनामी खरीदी थी? या वह संपत्ति विवेकानंद-जननी भुवनेश्वरी ने खुद ही खरीदी थी? अंत में उच्च अदालत की राय आई—ज्ञानदासुंदरी अपना लगाया हुआ आरोप प्रमाणित करने में नाकाम रही थीं।

जो लोग इस मामले के बारे में और भी कुछ जानना चाहें, वे लोग जान लें कि तारकनाथ के एक पत्र ने उनकी पत्नी के मामले को कमजोर कर दिया था। उस पत्र में तारकनाथ ने खुद ही अपने परिवार में किसी को लिखा था—'शरीकी संपत्ति के असली खरीददार वे नहीं, भुवनेश्वरी हैं।'

यह बात भी साबित हो गई कि सन् १८७९ में खरीदी गई जायदाद कलेक्टरेट दफ्तर में दर्ज कराने के समय तारकनाथ ने खुशी-खुशी भुवनेश्वरी की तरफ से अदालत में वकील का काम किया था। वैसे अगले वर्ष भुवनेश्वरी ने अपने पति को ही एटॉर्नी नियुक्त किया था।

यह परवर्ती समय 'सुलोचना' उपन्यास के पक्ष में काफी मूल्यवान था। शायद

इसी समय 'सुलोचना' की रचना हुई। भूपेंद्रनाथ ने भूलवश इस पुस्तक का प्रकाशन काल १८८० बताया है। असल में इस उपन्यास का प्रकाशन वर्ष सन् १८८२ था।

१४ मार्च, १८८७ को अदालत की राय में पराजित होकर ज्ञानदासुंदरी ने कलकत्ता हाईकोर्ट में अपील दाखिल की। १० नवंबर, १८८७ को अपील-अदालत के प्रधान न्यायाधीश और न्यायाधीश आर्थर विल्सन और न्यायाधीश रिचर्ड टॅटेनहम ने पहले सुनाई गई राय ही बहाल रखी।

यह मामला जारी रहने के दौरान लगातार एक वर्ष तक नरेंद्रनाथ को नियमित रूप से कलकत्ता हाईकोर्ट तक दौड़-भाग करनी पड़ी। सुनने में आया है कि वे पैदल-पैदल हाईकोर्ट जाया करते थे और बाद में अपनी माँ को पूरी घटना विस्तार से सुनाते थे। हमारे इस देश में महामानव लोग संसार-बंधन से मुक्त होकर भी पार्थिव यंत्रणा से मुक्ति नहीं पाते थे। सन् १८८७ संन्यासी और साधक विवेकानंद के जीवन का यादगार समय था। जनवरी के तीसरे सप्ताह में विरजाहवन करके नरेंद्रनाथ ने अपना पहला संन्यास-नाम विदिदिषानंद ग्रहण किया और इसी वर्ष, किसी समय उन्होंने हमेशा-हमेशा के लिए गृह-त्याग कर दिया।

□

विश्वनाथ के उपन्यास में बड़े भाई काफी हंद तक दत्त-गृह के उपार्जनहीनकर्ता कालीप्रसाद जैसे हैं।

'युगनायक विवेकानंद' ग्रंथ के प्रथम खंड में स्वामी गंभीरानंद का विवरण—'कालीप्रसाद एक तरफ बेहद खर्चीले थे, दूसरी तरफ उसी हद तक अपने भाई के बेटे विश्वनाथ की कमाई पर भी पूरा दावा करते थे। उत्तराधिकार-सूत्र में प्राप्त संपत्ति तो वे बरबाद करते ही थे, ऊपर से विश्वनाथ की धन-दौलत पर भी हिस्से की दावेदारी करते थे। आखिरी दिनों में विश्वनाथ बाबू अपने कलकत्ता के एटॉर्नी ऑफिस की निगरानी नहीं कर पाते थे, इसलिए अपने किसी दोस्त पर उस दफ्तर की जिम्मेदारी सौंपने को लाचार हो गए। उनके दोस्त ने इस मौके का फायदा उठाते हुए, काफी उधारी कर ली, सारी दौलत हड़प गया।...विश्वनाथ की जीवन-संध्या में संयुक्त-परिवार का मनोमालिन्य काफी बढ़ गया था, इसलिए उन्हें अपना पुश्तैनी घर छोड़कर, पत्नी-पुत्र समेत, खाने-पीने की अलग व्यवस्था करनी पड़ी और इसलिए अस्थायी तौर पर ७ नंबर, भैरव विश्वास लेन में स्थित एक किराए के घर में जाना पड़ा। उन दिनों नरेंद्र (१८८३) बी.ए. परीक्षा की तैयारी कर रहे थे।...इसी दौरान किसी एक समय पिता के आदेश पर वे पिता के मित्र निमाइचंद्र बसु महाशय के दफ्तर में एटॉर्नी का काम सीखने के लिए प्रशिक्षार्थी के रूप में भरती हो गए और प्रतिदिन पिता और काका के साथ ऑफिस जाने लगे।'

भूपेंद्रनाथ दत्त का मंतव्य और भी स्पष्ट है—'काका और काकी माँ से अलग होकर संयुक्त परिवार से विच्छिन्न होने की इच्छा विश्वनाथ की नहीं थी। इसलिए भुवनेश्वरी के प्रति लंबे समय तक अन्याय और असमान व्यवहार का दौर चलता रहा।

विश्वनाथ की मृत्यु के कई वर्ष पहले, काका के परिवार ने संपत्ति में जायज हिस्से से वंचित करने के इरादे से, उन्हें अलग कर दिया। अलग होने के बाद, हमारा परिवार अस्थायी तौर पर ७ नंबर भैरव विश्वास लेन में स्थित एक घर किराए पर लेकर वहाँ रहने चला गया। वहीं रहकर नरेंद्रनाथ ने बी.ए. की परीक्षा की तैयारी की थी।

'सुलोचना' उपन्यास की कहानी में जो अप्रत्याशित नाटकीयता मौजूद है, यहाँ वह सस्पेंस नष्ट करना संगत न होगा। इसके बावजूद मूल कथा की पटभूमि की थोड़ी व्याख्या और विश्लेषण जरूरी हो गया है।

लेकिन इससे पहले विश्वनाथ के जीवन का अंतिम पर्व और उससे उनके पत्नी-पुत्र के दुःखजनक सबक के बारे में दो-एक बातें भी कही-सुनी जा सकती हैं।

विश्वनाथ अनुभवी वकील थे। उनकी ख्याति इतनी थी कि उनके देहावसान से कुछ समय पहले हैदराबाद के निजाम के एजेंटों ने किसी मामले के सिलसिले में उन्हें हैदराबाद चलने का प्रस्ताव दिया था। तय हुआ था कि वे माघ महीने के आखिर में हैदराबाद रवाना हो जाएँगे। लेकिन ऐसा संभव नहीं हुआ।'

बंगाल से बाहर रहने के दौरान विश्वनाथ डायबिटीज के शिकार हो गए। परवर्ती काल में स्वामीजी भी इस रोग के शिकार हो गए थे।

हमारी धारणा है कि स्वामीजी का यह रोग अमेरिका में पकड़ में नहीं आया था। उनकी डायबिटीज तो देशवापसी की राह में पहली बार कोलंबो में पकड़ में आई। लेकिन रोमां रोलां की राय में स्वामीजी में डायबिटीज के लक्षण सतरह-अठारह की उम्र में नजर आए थे। लेकिन स्वामी गंभीरानंद का मंतव्य है कि प्रेसिडेंसी कॉलेज में दूसरे वर्ष में पढ़ाई करते समय वे अकसर मलेरिया की चपेट में आ जाते थे। प्रमदादास मित्र की राय में वत्स नरेन के बारे में लिखे हुए एक पत्र में 'पुराने रोग' का उल्लेख है। बस वहीं से शोधकर्ता शैलेंद्रनाथ धर की डायबिटीज की आशंका का संकेत मिला।

'युगनायक विवेकानंद' पुस्तक में विश्वनाथ के अंतिम पर्व का विवरण यूँ है—'मृत्यु से एक महीने पहले वे हृदय-रोग के शिकार हो गए और डॉ. की सलाह पर उन्होंने बिस्तर-ग्रहण किया। एक बार उन्हें वकालत के काम से बाहर जाना पड़ा। वहाँ से लौटकर उन्होंने अपनी पत्नी से कहा कि उनका मुवक्किल उन्हें कागज-पत्तर दिखाने के

लिए अलीपुर ले गया था। इस वक्त वे दिल में दर्द महसूस कर रहे हैं। इसके बाद रात को खाना खाकर छाती में दवामालिश कराई और तंबाकू पीते-पीते वे लिखने-पढ़ने के काम में डूब गए। रात नौ बजे उन्हें उल्टी हुई और रात दस बजे उनके दिल की धड़कन थम गई।'

स्वामीजी की जीवनी के बारे में, अंग्रेजी पुस्तक 'द लाइफ' में कहा गया है कि बी.ए. की परीक्षा का नतीजा निकलने से पहले ही पिता विश्वनाथ की मृत्यु हो गई। शैलेंद्रनाथ धर ने काफी शोध के बाद यह बताया है कि विश्वनाथ के निधन के कम-से-कम तीन हफ्ते पहले बी.ए. परीक्षा का नतीजा निकला था। उस वर्ष बी.ए. परीक्षा ३१ दिसंबर, १८८३ से शुरू हुई थी और गजट में नतीजा ३० जनवरी, १८८४ को प्रकाशित हुआ। विश्वनाथ का निधन २३ फरवरी, १८८४ को हुआ।

अनुभवी वकील होने के बावजूद विश्वनाथ ने कोई वसीयत नहीं लिखी थी। नतीजा यह हुआ कि मुवक्किलों से बकाया वसूल करने के लिए भी भुवनेश्वरी और नरेंद्रनाथ को उच्च अदालत की शरण में जाना पड़ा। समय और रुपए खर्च होने के बावजूद हमें एक फायदा जरूर हुआ। हाईकोर्ट में भुवनेश्वरी के आवेदन-पत्र पर भुवनेश्वरी दासी के बँगला हस्ताक्षर और उसके नीचे अंग्रेजी में पुत्र नरेंद्रनाथ के हस्ताक्षर समेत अमूल्य कागज मिला, जो आज भी कलकत्ता हाईकोर्ट में संरक्षित है।

११ अगस्त, १८८६ को लेटर्स ऑफ एडमिनिस्ट्रेशन के इस आवेदन में भुवनेश्वरी ने कहा था कि मृत्यु से पहले उनके पति ने कोई वसीयत नहीं की। ऐसी कोई दलील भी उनके दफ्तर या घर में खोजने पर नहीं मिली। उस आवेदन के समय नरेंद्रनाथ की उम्र बाईस वर्ष थी, अन्य दोनों भाई नाबालिग थे। विश्वनाथ के कई मुवक्किलों के नाम-पते का विवरण भी उस आवेदन में शामिल था। उन लोगों के बारे में कोई शोध आज तक नहीं हुआ।

आवेदन-पत्र पर माँ के बँगला हस्ताक्षर की शिनाख्त करते हुए नरेंद्रनाथ ने पूरा नाम लिखकर हस्ताक्षर किए थे। उन्होंने जानकारी दी की वे माँ के दरख्वास्त का पूर्ण समर्थन करते हैं। इस मामले में भुवनेश्वरी के एटॉर्नी थे—सुरेंद्र दास। भुवनेश्वरी को शिनाख्त किया था, कालीचंद्र दत्त ने और अंग्रेजी अनुवाद की बँगला व्याख्या करके सुनाई थी—अविनाशचंद्र घोष, इंटरप्रेटर ने।

काशीपुर से पहले, नरेंद्रनाथ दत्त का कोई निदर्शन उपलब्ध नहीं होता। भाई भूपेंद्रनाथ ने अपनी किताब में प्रेसिडेंसी कॉलेज की यह रसीद ही छाप दी है। तारीख २७ जनवरी, १८८०, जमा की रकम २२ रुपए।

Presidency college

No. 78

☐

उपन्यासकार विश्वनाथ ने 'सुलोचना' के लिए कितना सा उपादान अपने परिवार से संग्रह किया है? नायक के आदि-पुरुषों के बारे चर्चा करते हुए विश्वनाथ ने 'मूलगायिन' शब्द का प्रयोग किया है।

दत्त लोग वर्धमान जिले के कालना महकमे के दत्त-दरियाटोना से आए थे। 'दरियाटोना' के लिए चालू भाषा में कहीं देरेटोन, कहीं दड़ियाटोम कहा गया है। दरियाटोना के दत्त लोग मुगल जमाने से ही मशहूर थे। दक्षिण-राढ़ी कायस्थ लोगों की जो तीस बिरादरी थी, दरियाटोना के दत्त लोग उनमें अन्यतम थे। किसी नवाब बहादुर ने प्रसन्न होकर गाँव का नाम दत्त-दरियाटोना घोषित कर दिया।

स्वामीजी के पूर्वपुरुष, रामनिधि, इस दत्त-दरियाटोना से कलकत्ता आए थे और गढ़-गोविंदपुर में बस गए।

विश्वनाथ के उपन्यास के नायक रामहरि का ठिकाना : शर्षा गाँव, जयपुर, परगना, जिला नवद्वीप। केनाराम बसु आदि-पुरुष थे! जिनके बारे में पाठक-पाठिकाएँ अब तक थोड़ा-बहुत जान गए होंगे। केनाराम की एक उक्ति से लेखक के मनोभाव का थोड़ा-बहुत अंदाजा लगाया जा सकता है—'बाप का नाम, नहीं जानता, दादा का नाम नहीं जानता, लेकिन चीन के बादशाह की चौदह पीढ़ियों का परिचय जानने के लिए व्यग्र हूँ।'

केनाराम बसु का ज्येष्ठ पुत्र, उपन्यास का अन्यतम चरित्र, भजहरि तेरह बेटे-बेटियों का पिता है। नायक रामहरि दूसरा पुत्र था। उसकी इकलौती संतान थी—सुरथनाथ! असाधारण महिला सुलोचना के नाम पर ही उपन्यास का नामकरण हुआ है। अच्छा, सुलोचना के पीछे से क्या विवेकानंद की गर्भधारिणी झाँक रही है? या विश्वनाथ जननी श्यामासुंदरी? व्यक्तिगत जीवन में श्यामासुंदरी की एकमात्र संतान एक बेटा है; भुवनेश्वरी चार पुत्र और छह पुत्रियों की माँ हैं।

'सुलोचना' उपन्यास में नायक रामहरि और सुलोचना का एकमात्र बेटा है—सुरथनाथ! इस चरित्र पर लेखक ने अपना समूचा प्यार उड़ेल दिया है। अपने इकलौते बेटे को अपने पैतृक घर में अपनी पत्नी के पास छोड़कर रामहरि बसु एक समय काम की खोज में दिल्ली के सफर पर निकल पड़ते हैं।

घर के कर्ता हरि बसु हमेशा ही इतने व्यस्त रहते हैं कि 'सिर खुजलाने' की भी उन्हें फुर्सत नहीं है। इस प्रसंग में लेखक ने व्यंग्य किया है—"शय्या से देहोत्थान, नित्यक्रिया समापन, पल-पल ताम्रकूट में धूम्रपान, क्षण-क्षण तीखे ढंग से मुँह विदोरना, रह-रहकर जमुहाई लेना वगैरह कर्मसमूह किसी पुरुष के लिए साध्य नहीं है।"

बसु लोगों के संयुक्त परिवार में दो अदद महत्त्वपूर्ण कर्मचारी थे—नशीराम गुरु

महाशय और भोला खानसामा। मुंशी नशीराम केनाराम की संपत्ति की धरोहर की देखभाल करते थे और बकाया रकम वसूल करते थे। जब वे नाराज हो जाते थे तो मजहरि से पूछते थे, ''जब मैं नहीं रहूँगा, तो तुम्हारे लिए रोज-रोज चार-चार डिब्बे लइया, खास चावल का भात कहाँ से जुटेगा?''

रामहरि जितने पढ़ाई-लिखाई में पटु हैं, उतने ही विनम्र और सुशील भी हैं। साहबी कंपनी में कोई मामूली सी नौकरी लेकर वे प्रवास यात्रा की जोड़-तोड़ में हैं।

विदा बेला में बड़े भाई भजहरि को प्रणाम करके रामहरि जब अंत:पुर में जाते हैं और देखते हैं कि उनकी प्रियतमा पत्नी, फर्श पर लोट-लोटकर, आँखों में आँसू भरकर रोए जा रही हैं और बीच-बीच में लंबी-लंबी उसाँसें भी भर रही हैं। उस जमाने में बंगाली परिवार के जो सब पुरुष नौकरी या कामकाज के सिलसिले में विदेश जाते थे, उन लोगों की मानसिक स्थिति की एक मनोहारी छवि इस उपन्यास में मिलती है। रामहरि अपनी पत्नी को प्रिय पुत्र सुरथनाथ की पढ़ाई-लिखाई पर नजर रखने का निर्देश देते हैं और साथ ही यह भी कहते हैं, ''सुनो, मैं दादा को रुपए भेजा करूँगा और तुम्हारे लिए छिपाकर, प्रह्लाद सेन (मित्र) को भी रुपए भेजूँगा।'' ...मित्र की विधवा बहन ''क्षमा दीदी आकर तुम्हारे हाथ में रुपए थमा जाया करेगी।'' पत्नी सुलोचना दुबारा फर्श पर लोटकर रोने लगी।

प्रवास में रामहरि जो नौकरी करते हैं, उसमें कोई खास तनख्वाह नहीं मिलती। नायक सोचता है कि इतने कम रुपयों के लिए विदेश क्यों आया। विश्वनाथ ने अपने निजी प्रवास-जीवन के तजुर्बों का यहाँ काफी अच्छी तरह प्रयोग किया है, यह साफ जाहिर है।

उन्हीं दिनों एक दिन दिल्ली के एक प्रसिद्ध व्यापारी रघुरामजी कोठीवाले से रामहरि की भेंट हुई।

उन्नीसवीं शती के द्वितीयार्ध में इस देश में मारवाड़ी व्यापारियों की व्यापार-पद्धति के बारे में एक बेहद खूबसूरत तसवीर, विश्वनाथ के उपन्यास में पाकर, हमें अतिरिक्त फायदा हुआ है। समूचे भारत में जगह-जगह रघुरामजी की कोठियाँ और कारोबार था। उस जमाने में उनके पास चार-पाँच करोड़ की दौलत थी, जो इक्कीसवीं शती के आरंभ में लगभग एक हजार करोड़ रुपयों के बराबर थी।

कारोबार के अलावा रघुरामजी के पास 'सुविस्तृत रोकड़ और लेन-देन संबंधी कार्य' भी है। मेरी धारणा थी कि धनपति कोठीवाले उस जमाने में अपने देश के लोगों के अलावा अन्य किसी को दायित्वपूर्ण नौकरी नहीं देते थे। लेकिन विश्वनाथ के उपन्यास से यह साफ हो जाता है कि उन लोगों के यहाँ दो-एक सुयोग्य बंगाली भी नौकरी करते थे।

नौकरी के इंटरव्यू में रामहरि, रघुरामजी के सामने बेहद सरल मुद्रा में स्वीकार करते हैं कि जिस उद्देश्य से वे देश-त्यागी बने थे, उसे सिद्ध करने की उन्हें कोई राह नजर नहीं आती। रघुरामजी का यादगार मंतव्य है, 'बंगाली लोग झुंड-के-झुंड इस अंचल में आ रहे हैं। सुना है कि ये लोग लिखना-पढ़ना जानते हैं, लेकिन इन लोगों के कर्मकांड देखकर यह बिलकुल नहीं लगता कि इनकी पढ़ाई-लिखाई का कोई नतीजा निकला है। बीस-पच्चीस रुपल्ली की नौकरी पाकर ही ये लोग कृतार्थ हो जाते हैं। लेकिन देखो, हमारे देश के लोग ऐसे नहीं हैं। बँधी-बँधाई तनख्वाहवाली नौकरी पाने के लिए भले इन लोगों की जान चली जाए, ये लोग कोशिश तक नहीं करते। ये सभी लोग कारोबार में कमाकर अपना आहार जुटाते हैं।'

जाहिर है कि विश्वनाथ द्वारा वर्णित बंगालियों की व्यापारिक-मानसिकता भारत में डेढ़ सौ वर्ष पहले जैसी थी, इस इक्कीसवीं सदी में भी बिलकुल जस-की-तस है।

उन दिनों यह देखा गया कि संगतिहीन मारवाड़ी, आढ़त से आसमान छूते ब्याज पर बीस-पच्चीस रुपए उधार लेकर बंगाल आते थे और दो वर्षों में उधार चुका देते थे। उसके बाद भाग्य आजमाने आए हुए उत्तर भारत के व्यापारियों की निर्भरयोग्य जीवन-यात्रा का वर्णन! वे लोग पीठ पर कपड़ों की गाँठ लादे हुए कलकत्ते की सड़कों पर घूमते नजर आते हैं। धीरे-धीरे ये लोग ही कोठियों के दलाल बन जाते हैं या कोई-कोई खुद कोठीवाले बन जाते हैं।

रघुरामजी सवाल करते हैं, "तुम लोग कहते हो कि कपड़े बेचना और दलाली करना नीच काम है, तो क्या तुम लोग कहते हो कि साहबों की मुंशीगिरी करना बड़े सम्मान की बात है?"

अंत में जिस रघुरामजी के धंधे में रामहरि नौकरी करते हैं, वह आकार में काफी बड़ा है। हिंदुस्तान में ऐसी कोई जगह नहीं जहाँ आढ़त या कारोबार नहीं। दिल्ली के सदर में आढ़त में लगभग पाँच सौ कर्मचारी काम करते हैं।

इस उपन्यास में रघुरामजी के कारोबार का अति आकर्षक विवरण मौजूद है, जो केवल पाठक-पाठिकाओं को लुभाए ऐसा नहीं है, उस समय का व्यापार-कारोबार इतिहासकारों के भी काम आएगा। मारवाड़ी कार्यालयों में तथाकथित देसवाली कर्मचारी कैसे अपने मालिक का पैसा हजम कर जाते थे, इस किताब में उसकी तसवीर है। इसके अलावा चतुर लोगों की एक-दूसरे से गलबहियाँ का भी दृश्य है।

इस उपन्यास में एक दिलचस्प चरित्र है—हुकुमचंद सुखदयाल, मेरठ का आढ़तिया! कौन जानता था कि काफी-काफी दिनों बाद इसी मेरठ में लेखक की प्रिय संतान संन्यासी विवेकानंद के रूप में विविध इतिहास रचेगी?

उस जमाने में आवागमन की व्यवस्था खास अच्छी नहीं थी। हम देख चुके हैं कि नागपुर से रायपुर जाते हुए भुवनेश्वरी और उनकी संतान को पूरे एक महीने लग गए थे। उन दिनों दिल्ली से कलकत्ता आने में पच्चीस दिन लग जाते थे। फलस्वरूप उपन्यास-कथा के रामहरि जो सात-आठ वर्षों तक घर नहीं आए, सिर्फ पत्राचार करते रहे और रुपए भेजते रहे, यह कोई खास ताज्जुब की बात नहीं है।

लेकिन संयुक्त परिवार में पत्नी की असली हालत की जानकारी उन्हें नहीं हो सकी। पत्नी सुलोचना से जो पत्र प्राप्त होते हैं, वे सब नितांत अस्पष्ट हैं और कुछ-कुछ कटे हुए।

सुलोचना अच्छी बँगला लिख लेती थी, लेकिन उसके पत्र शायद अन्य किसी के हाथ पड़ते थे और वह प्राणी लिखावट पर अजीब ढंग से काट-छाँट देता था। विश्वनाथ के उपन्यास का यह हिस्सा पढ़ने से यह स्पष्ट हो जाता है कि संयुक्त परिवार में प्रवासी की पत्नी भुवनेश्वरी कितना निःसंग जीवन गुजारती थी और अपने बच्चों सहित वह कभी-कभी कैसी असहाय हो उठती थी।

आज के युग के पाठक-पाठिकाओं को संयुक्त परिवार का यह मामला नितांत असंभव और अवास्तविक लग सकता है, लेकिन जो लोग संयुक्त परिवार की घटनाएँ उस युग के लेखकों की रचनाओं से पुनरुद्धार कर पाए, उन्हें यह जानकारी है कि उस युग में कुछ भी असंभव नहीं था।

सुलोचना की शुभाकांक्षी, पति के मित्र की अग्रजा, गाँव की विधवा, क्षमा दीदी का मंतव्य है, 'हाय मइया, सुना है, दस-पंद्रह दिनों बाद-बाद अंजुरी-अंजुरी भर रुपइय्ये भेजता है, लेकिन मँझली छउड़ी की हालत देखकर तो रुलाई छूटती है! रूखे-रूखे बाल, मैले-कुचैले कपड़े! दिनोदिन मानो जली हुई लकड़ी बनती जा रही है।'

यहीं यह भी देख लिया जाए कि परदेश में कार्यरत विश्वनाथ के संयुक्त परिवार में उनकी पत्नी की तसवीर कैसी थी। बाद में पुत्र भूपेंद्रनाथ ने अपनी पुस्तक 'स्वामी विवेकानंद' में कहा कि उन्होंने माँ की जुबानी सुना है कि उन दिनों ऐसा भी समय गुजरा है, जब भुवनेश्वरी को कुल एक साड़ी में दिन गुजारने पड़े, जबकि जिठानी-देवरानी के पास यथेष्ट साड़ियाँ थीं।

भूपेंद्रनाथ की रचना से ही हमें यह जानकारी भी मिलती है कि उस जमाने के अनेक एटॉर्नियों की तरह विश्वनाथ भी अदालत की नीलामी में कलकत्ते की संपत्ति खरीदते थे और दुबारा बेच देते थे। लेकिन हर संपत्ति वे भुवनेश्वरी के नाम ही खरीदते थे।

महेंद्रनाथ ने अपने छोटे भाई को बताया था कि अमर सर्कुलर रोड में मानिक पीर की दरगाह और उसके आसपास का अंचल पिता ने भुवनेश्वरी के नाम पर ही खरीदा थी।

माँ ने भी स्वयं अपने छोटे बेटे को बताया था कि कर्बला टैंक रोड की दरगाह से उन्हें हर रोज पाँच से आठ रुपए प्रणामी मिलती थी।

विश्वनाथ ने किसी समय पत्नी के नाम पर सुंदरवन में ग्यारह हजार बीघे का एक विशाल ताल्लुका खरीदा था। लेकिन चचेरे ससुर कालीप्रसाद ने अपने भाई की पत्नी से कहा, ''यह क्या तुम्हारे बाप का ताल्लुका है?'' भुवनेश्वरी ज्यादा बातें नहीं करती थीं। उनकी जुबानी यह गाली सुनकर नरेंद्र-जननी ने संपत्ति का पट्टा जमीन पर फेंक दिया। हमें यह भी जानकारी है कि विश्वनाथ को बाद में अपनी पत्नी का दुःख, पीड़ा और वेदना समझ में आ गई थी। उन्होंने गुस्से में आकर आरोप लगाया, ''मैं इतने रुपए कमाता हूँ और मेरी बीवी को भर पेट खाना तक नहीं मिलता?''

इतना सब बोलने के बावजूद विश्वनाथ संयुक्त परिवार से अलग नहीं होना चाहते थे, फलस्वरूप भुवनेश्वरी की तकलीफ का अंत नहीं था। लेकिन जो घटना था, यथा समय घटकर ही रहा। पारिवारिक संपत्ति में जायज हिस्से से वंचित करने के इरादे से काका के परिवार ने विश्वनाथ को अलग कर दिया। उस समय वे कुछ दिनों के लिए सपरिवार ७, भैरव विश्वास लेन में किराए के एक मकान में जा बसे।

लगभग इन्हीं परिस्थितियों में 'सुलोचना' उपन्यास के संयुक्त परिवार का क्या हुआ? और किस प्रकार जटिल समस्या का अप्रत्याशित समाधान हुआ, यहाँ वह रहस्य नहीं खोलना चाहता। इससे उपन्यास पढ़ने का आनंद और आकर्षण कम हो सकता है। सिर्फ इतना ही कहना चाहता हूँ कि गौरमोहन मुखर्जी स्ट्रीटवाले घर में बैठे-बैठे एक कथा-साहित्यकार को जो काल्पनिक उपन्यास का प्लॉट मिला, उसके समस्त उपादान इसी घर की वास्तविकता से इकट्ठे किए गए हैं।

शुभाकांक्षी क्षमा दीदी, सुलोचना से कानों-कानों में कहती है, ''यह तू ही है, जो यहाँ गृहस्थी में बसी है, तेरी जगह मैं होती तो इतने दिनों में साड़ी फेंक-फाँककर भाग जाती।''

इसके बाद ही क्षमा दी कहती हैं, ''राम ने कहा है कि ज़्यादा रुपए न भेजकर तुम्हारे नाम पर एक ताल्लुका खरीदेगा।''

सुलोचना जवाब देती है, ''ताल्लुका का नाम सुनकर तो मेरा पेट नहीं भरेगा।...अपने बाप की इकलौती बेटी जरूर हूँ, लेकिन रोज-रोज मेरी फरमाइश कौन सुनेगा भला? लोग-बाग पूछते हैं कि तू अमीर मानस की बेटी है, धनी मानस की बहू, तेरी ऐसी दशा क्यों है? तुझे किस बात की चिंता? अब, ये लोग घर के अंदरूनी हालात तो जानते नहीं। अब इन्हें क्या बताऊँ, तुम ही बताओ? रोज-रोज बप्पा को कहाँ तक संदेशा भेजूँ? वे तो हमेशा यही सोचते हैं कि बेटी सुख के सागर में बह रही है।''

विश्वनाथ इस संवाद में रामतनु बोस लेन स्थित अपनी ससुराल के बारे में कह रहे हैं या नहीं, यह पाठक-पाठिका ही सोचें। कुंजबिहारी दत्त की बड़ी बेटी राइमणि। उनके पति थे—गोपालचंद्र घोष! गोपालचंद्र की एकमात्र संतान—रघुमणि! उनके पति नंदलाल बसु ही विश्वनाथ के श्वसुर थे। 'सुलोचना' उपन्यास में रामहरि के श्वसुर का नाम है—निधिराम सरकार। वे सम्मौलिक कायस्थ हैं।

क्षमा दीदी के मारफत दु:खिनी सुलोचना ने अपने प्रवासी पति को जो खबर भेजी थी, वह हमारी तुलनात्मक समीक्षा में काफी अर्थपूर्ण है—'अगर वे हमें जिंदा देखना चाहते हैं, तो एक बार वापस लौट आएँ। उनका यह यक्ष-धन लेकर हम क्या स्वर्ग जाएँगे?'

सुरक्षिका क्षमा दीदी वचन देती हैं कि वे रामहरि को खबर भेज देंगी, 'जनकनंदिनी भारी में पड़ी-पड़ी लोट रही हैं। अब लगता है सीता ठकुराइन प्राण ही त्याग देंगी।'

उपन्यास का सहारा लेकर वास्तविकता की छवि आँकना अगर अपराध न होता, तो विश्वनाथ ने अपने उपन्यास में रामहरि के जवान बेटे सुरथनाथ का जो विवरण दिया है, वह कौतूहल जगाता है। सुदीर्घकाय, मगर कृश! इसके बावजूद दोनों बाँहें और जंघा की हड्डियाँ स्थूल और सबल! गौरांग, माथा सुगठित और सुगोल! घोर कृष्ण वर्ण! कोमल केशावृत्त! ललाट प्रशस्त और सुविस्तृत! और युगल भौंहे, सुवक्र! धनुष की तरह! उपयुक्त घने केश रंजित! युगल आँखें सुदीर्घ और भासमान!···ग्रीवा समुन्नत और कंधे विशाल-सुविस्तृत! दोनों बाँहें अगर लंबायमान करें, तो घुटनों को स्पर्श करते हुए। सुरथनाथ की उम्र सोलह वर्ष! ठीक जिस उम्र में स्वयं विश्वनाथ ने विवाह किया था, उत्तर कलकत्ता में स्थित रामतनु बसु लेन की भुवनेश्वरी से।

उपन्यास में बाल-बच्चों के नाम काफी मजेदार हैं—'छेंड़ा', 'भाँगा', 'गोंड़ा', 'खेंदी', 'भूती', 'पदी' वगैरह!

परवर्ती पर्व में रामहरि देश लौटते हैं। सुलोचना फफक-फफककर रोती हुई, अपनी दु:ख-कथा बयान करती है, 'बेटों का हाथ पकड़कर क्या मैं रास्ते की भिखारिन बनकर घूमती फिरूँ?'

रामहरि ने तब तक भी संयुक्त परिवार में अपना विश्वास नहीं खोया है—'देखो, मंझली बहू, लोग तुम्हारी बात सुनेंगे, तो यही कहेंगे कि तुम घर तोड़ना चाहती हो और भइया के बच्चों से ईर्ष्या करती हो, वरना मुझे तो तुम्हारे रोने-धोने की कोई वजह दिखाई नहीं देती।'

सुरथनाथ की शादी का विवरण इस उपन्यास में अनन्य रूप से जुड़ा हुआ है।

उन्नीसवीं शती के मध्यम बंगाली परिवारों में विवाह के मौके पर जो बेहिसाब कांड-कारखाना चलता रहता था, उसका हृदयग्राही, लेकिन निर्भरयोग्य विवरण इस

पुस्तक में उपलब्ध होता है। उस विवाहोत्सव के साथ स्वयं विश्वनाथ के विवाह की बसु परिवार के विवाह से तुलना किया जा सके, ऐसा कुछ है या नहीं, इतने अरसे बाद अंदाजा लगाना किसी के लिए भी संभव नहीं है, लेकिन पाठक-पाठिकाएँ, अपने मानस-चक्षु द्वारा धारणा बना लेने की आजादी का दावा जरूर कर सकते हैं।

जो लोग हमेशा खास व्यस्त नहीं हैं और कल्पना के साथ घटना को मिला जुलाकर देख सकते हैं, वे लोग समझ सकेंगे कि अठारहवीं, उन्नीसवीं और बीसवीं शती के बंगाली विविध पारिवारिक उत्सवों के भँवर में फँसकर धन-संचय करने में क्यों नाकाम रहे और किस पृष्ठभूमि में स्वामीजी ने कहा था कि जो लोग कभी भी लाख रुपयों के ऊपर नहीं गए, वे लोग वैराग्य के प्रति आग्रही कैसे होंगे?

'सुलोचना' उपन्यास में संयुक्त परिवार की सैकड़ों समस्याएँ धीरे-धीरे घनीभूत हो आती हैं। विविध घटनाओं के माध्यम से लेखक ने जिस निपुणता से घटनाओं के माध्यम से साजिश का जाल बुना है, उसका वर्णन करना किसी भुक्तभोगी के लिए ही संभव है।

मूल उपन्यास में जैसे समस्याएँ हैं, वैसे ही समाधान-सूत्र भी हैं। यथासमय महफिल में एक संन्यासी भी उपस्थित होते हैं। बचपन में गौरमोहन मुखर्जी वाले जन्मस्थान से निकलकर संन्यास ग्रहणकर्ता पिता दुर्गाप्रसाद का खयाल ही क्या अनजाने में विश्वनाथ की कल्पना में उपस्थित हुआ है? बड़ा कठिन प्रश्न है। लेकिन कहानी-उपन्यास में आज भी 'विशफुल थिंकिंग' का प्रवेश निषिद्ध नहीं हुआ है। किसी कुशल पायलॅट की तरह आसमान में उड़ान भरते विमान को धरती पर सुरक्षित उतार लाने की विरल और सफल क्षमता संन्यासी के पुत्र और संन्यासी के पिता विश्वनाथ दत्त ने दिखाई।

ढाई सौ पृष्ठों का 'सुलोचना' उपन्यास पढ़ने के बाद कहीं कोई संदेह ही नहीं रहता कि भूपेंद्रनाथ दत्त 'सुलोचना' के बारे में जो लिख गए हैं, वह सरासर सच है। यह उपन्यास स्वामी विवेकनंद के पिता की ही रचना है।

पारिवारिक सूत्र के सहारे भूपेंद्रनाथ ने मंतव्य दिया है कि आर्थिक कड़की की वजह से ही यह उपन्यास, रिश्तेदार काका, गोपालचंद्र के नाम प्रकाशित किया गया। लेकिन उपन्यास के प्रकाशन काल (१८८२) पर विचार दिया जाए, तो अंदाजा लगाया जा सकता है कि उन दिनों स्वामीजी के पुश्तैनी मकान में जो गृह-कलह शुरू हो गई थी, वह मामले-मुकदमे के माध्यम से परिवार का निश्चित सर्वनाश करेगी और जिसका दंश, स्वामी विवेकानंद के जीवन के अंतिम शनिवार तक चलेगा।

पृष्ठभूमि के तौर पर इतना भर कहा जा सकता है कि हाईकोर्ट की अपील में जीत जाने के बावजूद, समस्या का कोई समाधान नहीं हुआ।

मामले में हार जाने के बावजूद ज्ञानदासुंदरी घर में अपने हिस्से पर अधिकार

जमाए बैठी रहीं। बाद में सर्वस्थ गँवाकर वे स्वामीजी से पैसों की भीख याचना करती हैं। स्वामीजी भी उन्हें धन दिये बिना रह नहीं पाए।

६ अगस्त, १८९९ को स्वामीजी अपनी विदेशीनी भक्त मिसेज सारा बुल को लिखते हैं, 'दुश्चिंता? वह तो आजकल काफी है। आपने मेरी काकी को तो देखा है। वे अंदर-ही-अंदर मुझे ठगने की साजिश रचती रहती हैं। खुद उन्होंने और उनके पक्ष के लोगों ने मुझसे कहा कि ६,००० रुपयों में वे घर का हिस्सा बेच देंगी और मैंने भी सरल विश्वास के साथ ६,००० रुपयों में खरीद लिया। उनका असल मतलब था कि वे मुझे घर का अधिकार नहीं देंगी। उनको विश्वास था कि संन्यासी होने की वजह से मैं जोर-जबरदस्ती दखल लेने के लिए कोर्ट नहीं जाऊँगा।'

वैसे स्वामीजी ने हिम्मत नहीं हारी। शंकरीप्रसाद बसु ने लिखा है कि माँ का अपमान उन्हें कुरेद-कुरेदकर खाता रहा। मुकदमे के लिए उन्होंने मठ के फंड से ५,००० रुपए उधार लिए थे। इसके लिए उनकी थोड़ी-बहुत आलोचना भी हुई। स्वामीजी ने वह कर्ज चुका भी दिया था।

संख्याहीन मामलें-मुकदमों से जर्जर स्वामीजी अपनी विधवा माँ भुवनेश्वरी के यहाँ सन् १९०२ के जून महीने में मर्त्यलीला के अंतिम शनिवार के दिन सिस्टर निवेदिता के आमंत्रण पर उनके घर बाग-बाजार गए। बहन की निमंत्रण-रक्षा भी की। उसके बाद परेशान-बेचैन होकर बेलूरमठ में बैठे-बैठे पारिवारिक कुरुक्षेत्र का समाधान भी खोजते रहे। पुश्तैनी घर के हिस्सेदार, हाबू दत्त उनसे मिलने आ पहुँचे। हाबू दत्त ने स्वेच्छा से विवाद मिटाने का प्रस्ताव रखा। स्वामीजी यह मौका अपने हाथ से जाने देना नहीं चाहते थे। उन्होंने कहा कि अगर सच ही अंतिम फैसला हो जाए, तो वे और हजार रुपए देंगे। हाबू दत्त और तमू दत्त राजी हो गए। स्वामीजी के प्रिय बंधु और गुरुभाई, स्वामी ब्रह्मानंद, उसी वक्त हाबू के साथ एटॉर्नी पल्टू बाबू के कलकत्ता ऑफिस में पहुँचे।

दोनों पक्षों के एटॉर्नी में बातचीत के कई-कई दौर चले। २ जुलाई को (स्वामीजी की महासमाधि से सिर्फ दो दिन पहले) शांतिराम से रुपए लेकर हाबू दत्त और तमू दत्त की माँग के अनुसार ४०० रुपए पल्टू को दे दिए, यानी फिलहाल लंबे अरसे से चले आ रहे संघर्ष पर विराम लग गया। निवेदिता के विवरण से हमें जानकारी मिलती है कि आखिरी भेंट के समय स्वामीजी ने उनसे कहा था कि समझौते के जरिए मामले का भी निपटारा हो गया। इस बारे में उन्हें कहीं, कोई खेद नहीं है, यानी हमारे चिर-प्रणम्य स्वामी विवेकानंद अपनी अभागिन माँ की सारी समस्याओं का अविश्वसनीय ढंग से समाधान कर गए।

अविश्वस्य विवेकानंद को समझने के लिए 'सुलोचना' अवश्य पठनीय है।

स्वामीजी के अजीबोगरीब जीवन के परिप्रेक्ष्य में, सदी की दूरी पार करके, उनके पिता द्वारा रचित उपन्यास की सामाजिक अहमियत असंभव रूप से बढ़ गई है। जो लोग स्वामी विवेकानंद के माता-पिता, भाई-बहन, आत्मीय-स्वजन के बारे में और अधिक जानने को उत्सुक हो उठे हों, उन लोगों के लिए अधुना-दुष्प्राप्य 'सुलोचना' उपन्यास नितांत छोटी प्राप्ति नहीं है।

□

पिता भी संन्यासी, पुत्र भी संन्यासी : एक नजर में विश्वनाथ दत्त

१८३५ विश्वनाथ दत्त का जन्म। पिता दुर्गाप्रसाद, माता श्यामासुंदरी (घोष)

१८३६ पिता दुर्गाप्रसाद का २२ वर्ष की उम्र में गृहत्याग और संन्यास-ग्रहण।

? शिक्षा, गौरमोहन आढ्येर विद्यालय, परवर्तीकाल में जिसका नाम ओरिएंटल सेमिनरी।

? कलकता विश्वविद्यालय में अध्ययन।

१८४१ भावी पत्नी भुवनेश्वरी बसु का जन्म (पिता नंदलाल बसु, माता रघुमणि)।

१८५१ विवाह भुवनेश्वरी (बसु)—पत्नी की उम्र १० वर्ष।

? पहले पुत्र का जन्म (शैशव में मृत्यु)।

? पहली पुत्री का जन्म (शैशव में मृत्यु)।

१८५६ बेटी हारामणि का जन्म (इनकी मृत्यु २१ वर्ष की उम्र में; दूसरा मत २६ वर्ष की उम्र में)।

१८५९ एटॉर्नी चार्ल्स एफ. पीटर की मातहत आर्टिकल्ड क्लर्क।

१८६० चार्ल्स पीटर के साथ संपर्क खत्म।

१८६१ एटॉनी हेनरी जॉर्ज टेंपल के मातहत आर्टिकल्ड क्लर्कशिप। इसी दफ्तर में उनके सहकर्मी देशबंधु दास के पिता, भुवनमोहन दास कार्यरत।

१८६३ पुत्र नरेंद्रनाथ का जन्म (भविष्य में स्वामी विवेकानंद)। (स्वामीजी की महासमाधि

१९०२)। भूमिष्ठ होने के बाद, दुर्गाप्रसाद की बहन ने कहा, "हूबहू वही सूरत, "हूबहू वही सबकुछ! दुर्गाप्रसाद क्या दुबारा लौट आया?" आनंदित विश्वनाथ ने अपने बदन पर पड़ा वस्त्र तक दान कर दिया।

१८६४ एटॉर्नी हेनरी जॉर्ज टेंपल से संपर्क खत्म।

१८६५ बैरिस्टर डब्ल्यू.सी. बनर्जी के पिता गिरीशचंद्र बनर्जी और दिगंबर मिटर से चरित्र-प्रमाणपत्र।

१८६६ एटॉर्नी और प्रॉक्टर के रूप में सरकारी कागजात में दर्ज होने के लिए कलकत्ता हाईकोर्ट में आवेदन और अनुमति-प्राप्ति।

१८६७ काका कालीप्रसाद की मृत्यु। अन्य मत के अनुसार कालीप्रसाद की मृत्यु सन् १८६९ में। मृत्युशय्या के सामने शास्त्र-पाठ किया था, तरुण नरेंद्रनाथ ने। उनकी पत्नी विश्वेश्वरी, पुत्र केदारनाथ और तारकनाथ। विश्वेश्वरी की मृत्यु ९७ वर्ष की उम्र में १५ दिसंबर, १९२२ को हुई।

१८६८ एटॉर्नी आशुतोष धर के साथ पार्टनरशिप में 'धर ऐंड दत्त' एटॉर्नी व्यवसाय की शुरुआत।

१८६९ पुत्र महेंद्रनाथ का जन्म। (उनकी मृत्यु सन् १९५६ में)।

१८७१ कर्ज के बोझ से जर्जर होकर भाग्य आजमाने के लिए कलकत्ता से बाहर यात्रा।

१८७२ लखनऊ में वकालत (बार लाइब्रेरी की प्रतिष्ठा में उल्लेखनीय भूमिका)।

१८७६ लाहौर में वकालत। वहाँ बंगीय समाज में पहली बार दुर्गा पूजा।

१८७७ उस जमाने के सेंट्रल प्रॉविंस और बाद में मध्य प्रदेश के रायपुर में किस्मत आजमाने के लिए विश्वनाथ यहाँ आ पहुँचे। १४ वर्षीय पुत्र नरेंद्रनाथ उन दिनों तीसरी क्लास के छात्र।

कुछेक महीनों बाद भुवनेश्वरी, पुत्र नरेंद्रनाथ, महेंद्रनाथ और पुत्री योगिंद्रबाला भी वहाँ पहुँच गईं। कलकत्ता से नागपुर ७१० मील। नागपुर से बैलगाड़ी द्वारा रायपुर! रास्ते में विस्तृत जंगल। वहाँ डाकुओं और बाघों का उपद्रव। उनके सहयात्री थे, परवर्तीकाल में विख्यात हरिनाथ डे के पिता, रायपुर के वकील—रायबहादुर भूतनाथ डे। उनकी पत्नी का नाम ऐलोकेशी।

उसी वर्ष भुवनेश्वरी ने दो रिश्तेदारों को ५००-५०० रुपए देकर, विधवा वामासुंदरी और बिंदुवासिनी से गौरमोहन मुखर्जी स्ट्रीट स्थित, पुश्तैनी घर का एक आना, छह गंडा, दो कड़ा, दो क्रांति हिस्सा खरीद लिया।

परवर्ती काल में आरोप लगा कि पुश्तैनी घर में विधवा वामासुंदरी और बिंदुवासिनी के हिस्से, भुवनेश्वरी की तरफ से बेनामी तौर पर विश्वनाथ के चचेरे भाई

तारकनाथ ने खरीदे थे।

१८७९ कलकत्ता के संयुक्त परिवार में सपरिवार प्रत्यावर्तन। इसी वर्ष नरेंद्रनाथ ने प्रवेशिका की परीक्षा दी और प्रथम श्रेणी से उत्तीर्ण होकर अपने पिता से चाँदी की घड़ी प्राप्त की। पुत्र नरेंद्रनाथ प्रेसिडेंसी कॉलेज में एफ.ए. क्लास में भरती हुए।

१८८० ४ सितंबर को कनिष्ठ पुत्र भूपेंद्रनाथ का जन्म (मृत्यु २५ दिसंबर, १९६१) गौरमोहन दत्त की दौहित्री शचिमणि दासी की संयुक्त संपत्ति-बँटवारे के लिए हाईकोर्ट में मुकदमा।

१८८१ स्कॉटिश चर्च कॉलेज से पुत्र नरेंद्रनाथ ने दूसरी श्रेणी से एफ.ए. पास किया। नवंबर : भक्त सुरेंद्रनाथ मित्र के घर पुत्र नरेंद्रनाथ से श्रीरामकृष्ण परमहंस की पहली भेंट।

१८८२ १५ जनवरी को दक्षिणेश्वर में नरेन और श्रीरामकृष्ण की भेंट। अप्रैल, 'सुलोचना' उपन्यास का प्रकाशन; लेखक के नाम की जगह, रिश्तेदार काका, गोपालचंद्र दत्त का नाम।

८ अक्तूबर को पुत्री हारामणि की २६ वर्ष की उल्पायु में मृत्यु (दूसरी राय में २२ वर्ष में)।

१८८३ पुश्तैनी घर छोड़कर अलग चूल्हा-चौका; ७, भैरव विश्वास लेन में किराए के घर में निवास।

बी.ए. पास करने से पहले ही नरेन बी.एल. की पढ़ाई के लिए कॉलेज में भरती और चाँदनी में कोट-पैंट का ऑर्डर। बंधु एटॉर्नी निमाई बसु के दफ्तर में नरेंद्रनाथ के प्रशिक्षण का शुभारंभ।

१८८४ ३० जनवरी को भूपेंद्रनाथ की बी.ए. परीक्षा का परिणाम प्रकाशित हुआ। २३ फरवरी को नरेंद्रनाथ सातकौड़ी मैत्र के वाराहनगर के आवास में गाने-बजाने के कार्यक्रम के बाद अभी लेटे ही थे कि उसी समय उनके मित्र 'हेभाली' ने रात करीब दो बजे खबर दी कि पिता अचानक इहलोक छोड़कर परलोक चले गए हैं।

नरेंद्रनाथ जब घर लौटे उस वक्त विश्वनाथ का पार्थिव शरीर एक कमरे में चिरनिद्रालीन था। दूसरे मत के अनुसार, नरेंद्रनाथ सीधे श्मशान पहुँचे। उन दिनों नरेंद्रनाथ की उम्र पंद्रह वर्ष थी। कॉरपोरेशन के मृत्यु-रजिस्टर में नरेंद्रनाथ के हस्ताक्षर मौजूद हैं। मृत्यु का कारण डायबिटीज।

१८८५ पट्टीदारों के विरोध-विवाद की वजह से स्वामीजी के पुश्तैनी मकान का परिवेश रहने लायक नहीं रह गया था, इसलिए भुवनेश्वरी अपने बच्चों को लेकर ७, रामतनु बोस लेन में स्थित अपनी माँ के यहाँ चली आईं।

लेकिन कुछेक महीनों बाद जब वे दुबारा गौरमोहन मुखर्जी स्ट्रीट लौटीं, तो उन्होंने देखा कि स्वर्गवासी पति के चचेरे भाई वकील तारकनाथ दत्त ने एक पक्का घर बनाना शुरू कर दिया है। माँ के निर्देश पर, काका तारकनाथ के इस गैर कानूनी कार्य के लिए, नरेंद्रनाथ और काका तारकनाथ में तेज-तेज झड़प।

मार्च : नरेंद्रनाथ का गृहत्याग का संकल्प।

ठाकुर श्रीरामकृष्ण परमहंस पहली बार बीमार पड़े। उन्हें श्यामपुकुर लाया गया।

१८८६ २५ फरवरी को ४८ वर्ष की उम्र में वकील तारकनाथ की मृत्यु। १५ जुलाई को तारकनाथ की विधवा ज्ञानदासुंदरी दासी ने हाईकोर्ट में भुवनेश्वरी दासी के विरुद्ध मुकदमा दायर किया। उन्होंने आरोप लगाया कि गौरमोहन मुखर्जी स्ट्रीट के घर का कुछ हिस्सा, भुवनेश्वरी की तरफ से बेनामी के तौर पर, उनके पति ने ही खरीदा था।

११ अगस्त को हाईकोर्ट में भुवनेश्वरी का आवेदन : स्वर्गीय पति के मुवक्किलों से बकाया रुपए वसूल करने की अनुमति प्राप्त करने के लिए अपनी माँ के बँगला हस्ताक्षर की शिनाख्त नरेंद्रनाथ दत्त ने की थी।

१२ अगस्त को हाईकोर्ट में भुवनेश्वरी का आवेदन मंजूर! अदालत से निकलते ही नरेंद्रनाथ काशीपुर उद्यानबाटी की ओर दौड़ पड़े, जहाँ गले के कैंसर रोग से पीड़ित ठाकुर रामकृष्ण परमहंस मृत्युशय्या पर थे।

१६ अगस्त को काशीपुर उद्यानबाटी में, रात १ बजकर २ मिनट पर, ठाकुर श्री श्रीरामकृष्ण की मर्त्यलीला का अवसान।

२८ नवंबर को ज्ञानदासुंदरी ने पुश्तैनी मकान की मिल्कियत को लेकर जो मुकदमा दायर किया था, एटॉर्नी निमाइ बसु के माध्यम से भुवनेश्वरी और नरेंद्रनाथ ने उसका लंबा-चौड़ा जवाब दिया।

१८८७ कलकत्ता हाईकोर्ट में न्यायाधीश विलियम मैकफरसन की अदालत में मुकदमा शुरू। दोनों पक्षों के ढेरों साक्षी-सबूत पेश किए गए। उन लोगों में मौजूद थे पड़ोसी डॉ. चंद्रनाथ घोष और दत्त-गृह के पुरोहित सारदाप्रसाद मजूमदार।

८ मार्च को स्वयं नरेंद्रनाथ हाईकोर्ट में साक्षी के कटघरे में खड़े हुए। विख्यात अंग्रेज बैरिस्टर पिउ साहब ने उनसे जिरह किया। उनका पेशा क्या है? यह पूछे जाने पर नरेंद्रनाथ ने कहा—मैं बेकार हूँ।

१४ मार्च को हाईकोर्ट का फैसला! ज्ञानदासुंदरी अपना आरोप प्रमाणित करने में असफल रहीं। मुकदमे का सारा खर्च उन्हें ही वहन करना होगा। ज्ञानदासुंदरी ने हाईकोर्ट में अपील फाइल की।

१५ नवंबर को चीफ जस्टिस आर्थर विल्सन और जस्टिस रिचार्ड टॅटनेहैम ने सुनाई गई पिछली राय को बहाल रखा, विश्वनाथ की पत्नी भुवनेश्वरी की जीत हुई।

१८८८ २० जनवरी को संपत्ति के बँटवारे के लिए शचिमणि का मुकदमा, अदालत के एक स्थगित आदेश की वजह से, इतने दिनों तक झूल रहा था। बँटवारे के बारे में पहले सुनाई गई राय कार्यकर बनाने के लिए भुवनेश्वरी की तरफ से अदालत में आवेदन।

अदालत के हस्तक्षेप से भुवनेश्वरी ने अपना हिस्सा समझ लिया और पा लिया।

□

नॉट आउट गुरु का नॉट आउट शिष्य

स्वामी विवेकानंद और उनके आचार्य श्रीरामकृष्ण परमहंस काफी सारे मामलों में एक-दूसरे से अलग-अलग हैं। उन दोनों के आचार और आचरण भी अविश्वस्य हैं। इन दोनों की पहली भेंट में बंगाल के रसगुल्लों की बहुत बड़ी भूमिका रही है। ठाकुर के भक्त और नरेंद्रनाथ के रिश्तेदार डॉ. रामचंद्र दत्त ने नरेन को अपनी आध्यात्मिकता के बारे में कुछ नहीं बताया। उन्होंने कहा कि दक्षिणेश्वर मंदिर जाने पर भट्टाचाजी महाशय बहुत बढ़िया रसगुल्ले खिलाएँगे।

दोनों की पहली भेंट में ही अविश्वस्य एक हलचल-सी मच गई। विवेकानंद के जीवन में विस्तृत ढंग से प्रवेश से पहले उनके गुरु गोसाईं को जरा अच्छी तरह जान-समझ लेना जरूरी है और साथ ही शिष्य से उनका क्या रिश्ता जुड़ गया, यह भी समझ लेना बेहतर है।

हिसाब मुताबिक, सन् २०१० में हमारे परमपुरुष १७५ पर नॉट आउट रहे, हालाँकि उन्होंने नश्वर देह का त्याग इसी कलकत्ता शहर में ५० वर्ष की उम्र में किया था। उसके बाद भी, हँस-खेलकर १२५ वर्ष दक्षिणेश्वर काली मंदिर में, कुल पाँच रुपए तनखाह पर कैसे गुजारा किया, यह इतिहासकारों और समाजवैज्ञानिकों के लिए परम विस्मय का विषय है। इतिहास के फॉर्मूले के मुताबिक मामला काफी मुश्किल था, लेकिन खयाली भक्त महाकाल का सिद्धांत लिए बैठे थे कि रानी रासमणि के भक्तारिणी मंदिर के प्रायः निरक्षर, जूनियर पुजारी, किसी दिन इस देश के हृदयेश्वर हो उठेंगे और उनका जीवन और वाणी सागर-पार तक के जिज्ञासुओं के लिए विमर्श के विषय बन जाएँगे।

उन्हें युगावतार भी कहा गया है। उनके लिए घर-घर मंगल शंख बजता है। जो लोग उन्हें ठीक-ठीक तरह समझ पाए हैं, वे लोग निश्चिंत हैं कि १७५ पर नॉट आउट होना ठाकुर रामकृष्ण के लिए कुछ भी नहीं। उनके प्रधान चेले में अतिशयोक्ति दोष नहीं था। उसी उन्नीसवीं शती के आखिरी छोर पर, बेलूरमठ की पुण्यभूमि पर खड़े होकर, संन्यासी विवेकानंद ने घोषणा की थी कि डेढ़ हजार वर्ष के अंदर उनका पुन: आविर्भाव होगा और उसके अगले डेढ़ हजार वर्षों तक वे रामकृष्ण संघ में ही जीवित रहेंगे और अधिक स्पष्ट शब्दों में कहें, तो डेढ़ सौ वर्ष नहीं, डेढ़ सौ सहस्र वर्ष तक श्रीरामकृष्ण का निर्विघ्न चिर-ठिकाना यह रामकृष्ण मठ और मिशन ही रहेगा।

गुरु ने अपने दिव्यचक्षु द्वारा अपने प्रधान चेले का सावधानी से चुनाव किया और स्नेह सहित उसका लालन-पालन किया। उनके पास अधिक समय नहीं था। घोर पीड़ादायक कैंसर-कंटकित रोग-भोग में ही, किसी दूरदर्शी मैनेजमेंट विशेषज्ञ की तरह उन्होंने सकल भक्तों का नैतिक समर्थन और उत्साह लेकर नरेंद्रनाथ को ही चुन लिया।

असाध्य साधन किया गया। शिष्य ने फक्कड़ होने के बावजूद प्रिय प्रभु नामांकित जो आंदोलन और संघ तैयार किया, भारत के इतिहास में ऐसा पहला है। भगवान बुद्ध की विश्वविजय के बाद मानो पहली बार इतिहास की पुनरावृत्ति हुई। देशों को निनादित करते हुए मंद्रित हो उठी ओजस्वी, एक परम अद्‌भुत ब्राह्मण की वाणी, जो निष्ठावान पुजारी होने के बावजूद अपने कार्यों के लिए एक कायस्थ संतान का चुनाव कर गए, इस देश के इतिहास में यह एक असंभव घटना हुई।

मैनेजमेंट विशेषज्ञ बेवजह ही अष्टोत्तरी सहस्रनाम में मुखर होने पर विश्वास नहीं करते। प्रशस्ति के साथ-साथ वे लोग समालोचना भी करते रहते हैं। उन लोगों का शास्त्रीय विश्वास है कि विधाता की इस सृष्टि में 'परफेक्शन' यानी विशुद्ध कुछ भी नहीं है। जो भी है, वह परफेक्शन की सिर्फ खोज है! अविराम खोज!

श्रीरामकृष्ण के प्रधान शिष्य की उम्र उनसे पच्चीस वर्ष कम थी। उनका जन्म १८ फरवरी, १८३६ को हुआ और नरेंद्रनाथ का १२ जनवरी, १८६३ को! १६ अगस्त, १८८६ की आधी रात को काशीपुर उद्यानबाटी में जब उनकी जीवनलीला समाप्त हुई, तब प्रधान शिष्य की उम्र कुल तेइस वर्ष थी। प्रबल प्रतिकूल परिवेश में एक नवीन संन्यासी कुल की सृष्टि हुई। उसके बाद भाग्य आजमाने के लिए विश्व-परिक्रमा और अंत में कई हजार वर्षों की शिक्षा और अनुभवों के आलोक में अतुलनीय एक संन्यासी संघ की सृष्टि हुई, जिसका नाम है—रामकृष्ण मठ और मिशन!

समय का अभाव था। निर्वाचित शिष्य पचास वर्ष भी जीवित नहीं रहे। हिसाब मुताबिक, आचार्य के देहावसान के बाद केवल पंद्रह वर्ष और कुछ महीने! मैनेजमेंट

शास्त्र के विशेषज्ञों की राय में अकाल मृत्यु आदर्श सक्सेशन प्लान के प्रतिकूल है, यानी खुद पचास वर्षों में विदा लेकर, परवर्ती दायित्ववान का चालीस वर्ष से पहले ही चला जाना कोई अच्छी बात नहीं है। सच बात तो यह है कि रामकृष्ण संघ में अंतर्निहित प्राणशक्ति, किसी व्यक्तिविशेष पर निर्भर नहीं है, इसका प्रमाण है--रामकृष्ण और विवेकानंद का स्वल्प-परिसर जीवन!

रामकृष्ण आंदोलन की और एक वैशिष्ट्य है, संन्यासी और गृही, दोनों की गौरवमय उपस्थिति। मूल मठ और मिशन में त्यागी संन्यासियों पर निर्भरता, लेकिन गृही लोगों के समर्थन के बिना इस प्रकार का प्रतिष्ठान निःसंग हो सकता है, यह भी पूरी तरह समझा दिया गया है।

१७५ वर्ष के बाद भी कैसे नॉट आउट रहे? इस विपुल प्राणशक्ति का गुप्त उत्स कहाँ है? इसकी अगर खोज की जाए, तो संसारत्यागी संन्यासियों की भूमिका बिलकुल स्पष्ट हो जाती है।

संन्यासी होना आसान नहीं है। यह एक दुर्गम जीवनयात्रा है। इसके बावजूद एक शती से भी अधिक समय से देश की माताएँ संन्यासी-संघ को नियमित रूप से संतान-दान करती रही हैं और उन लोगों की विपुल निष्ठा और दिन-रात की साधना के फलस्वरूप, संन्यासी जीवन सभी लोगों की श्रद्धा और विस्मय का विषय हो उठा है। संघ के प्रतिष्ठाता विवेकानंद को इस नवीन संन्यासी संघ से विपुल प्रत्याशा थी। 'श्रीरामकृष्ण के दिव्य चरण-स्पर्श से, जो मुट्ठी भर नवयुवकवृंद का अभ्युदय हुआ है, उन पर दृष्टिपात करें। वे लोग असम से लेकर सिंधु तक, हिमालय से लेकर कुमारिका तक अपने उपदेशामृत का प्रचार कर रहे हैं। वे लोग पैदल-पैदल, २३,००० फीट ऊँचाई पर स्थित हिमालय की तुषारराशि पार करके, तिब्बत का रहस्य-भेद कर रहे हैं। वे लोग चीरधारी होकर द्वार-द्वार भिक्षा माँग रहे हैं।'

संन्यासी का क्या अर्थ होता है, विवेकानंद ने एक बार अपने विदेशी अनुयाई भक्तों के सामने व्याख्या करने का प्रयास किया था—"मैं जिस संप्रदाय में शामिल हूँ उसे संन्यासी संप्रदाय कहते हैं। संन्यासी शब्द का अर्थ है—'जो व्यक्ति सम्यक भाव से त्याग करता है।' यह एक अति प्राचीन संप्रदाय है। ईशु के जन्म से ५६० वर्ष पहले बुद्ध भी इसी संप्रदाय में शामिल थे। वे अपने संप्रदाय के अन्यतम संस्कारक मात्र थे। पृथ्वी के प्राचीनतम ग्रंथ 'वेद' में भी आप लोग संन्यासी का उल्लेख पाएँगे। संन्यासी संप्रदाय का मतलब चर्च यानी गिरजा नहीं होता और इस संप्रदाय में शामिल लोग पुरोहित नहीं होते। पुरोहित और संन्यासी में जमीन-आसमान का फर्क है। संन्यासियों के पास कोई संपत्ति नहीं होती; वे लोग विवाह नहीं करते, उन लोगों की कोई संस्था नहीं होती। उन लोगों का

एकमात्र बंधन गुरु-शिष्य का बंधन होता है। यह बंधन भारतवर्ष का अन्यतम वैशिष्ट्य है। जो लोग सिर्फ शिक्षा-दान के लिए आते हैं और इस शिक्षा के लिए थोड़ा-बहुत मूल्य विनिमय करके ही, जिनसे संबंध टूट जाता है, वे लोग असली शिक्षक नहीं होते। भारतवर्ष में यह सही अर्थ में दत्तक-ग्रहण जैसा है, शिक्षादाता गुरु मेरे पिता से भी पहले है, मैं उसकी संतान हूँ। सबसे बड़ी बात, वह मेरे पिता से भी पहले है, मैं श्रद्धा दूँगा और उनका नियंत्रण स्वीकार करूँगा, क्योंकि भारतवासियों का कहना है—पिता हमें जीवन-दान देते हैं, लेकिन गुरु ने मुझे मुक्ति की राह दिखाई है, इसलिए पिता की अपेक्षा गुरु अधिक महत्तर है। हम लोग आजीवन गुरु के प्रति यह श्रद्धा-प्यार पोषण करते हैं।''

गुरु के बारे में स्वामीजी का मंतव्य आज भी पठनीय है—'एक वृद्ध को मैंने गुरु रूप में पाया था, वे अद्‌भुत व्यक्ति थे।''वृद्ध' शब्द हिसाबी लोगों के कान में धक्का देता है, क्योंकि रामकृष्ण-नरेंद्र की भेंट सन् १८८१ में हुई। उस समय गुरु की उम्र पैंतालीस थी और तत्कालीन तसवीर में वे बूढे नहीं लगते। उनमें शारीरिक विपर्यय तो उनके तिरोधान से कुछ महीनों पहले, काशीपुर उद्यानबाटी में, सन् १८८६ में नजर आने लगा था। डॉ. महेंद्रलाल सरकार ने महानिद्रा में शायित श्रीरामकृष्ण की अंतिम तसवीर उतरवाने के लिए दस रुपए की आर्थिक मदद की थी, वह तसवीर देखकर मन दुःख से भर उठता है।

अब गुरु-शिष्य के प्रथम परिचय के बारे में थोड़ी-बहुत चर्चा! नरेंद्रनाथ के मँझले भाई ने इस बारे में रसगुल्ले की महत्त्वपूर्ण भूमिका के बारे में जो लिखा है, उसे पढ़कर कम उम्र लोगों को काफी मजा आता है। सन् १८८० में नरेंद्रनाथ के आत्मीय डॉ. रामचंद्र दत्त के यहाँ विसूचिका रोग में तीन-तीन छोटी बच्चियाँ (बेटी और भाँजी) सात दिनों के अंदर-अंदर भगवान को प्यारी हो गईं। शोकार्त राम दत्त ने उन दिनों, शांति की खोज में दक्षिणेश्वर, परमहंस देव के यहाँ आना-जाना शुरू किया। लोग-बाग उन दिनों हँसी-हँसी में और व्यंग्य-तानों में परमहंस देव को ग्रेटगूज कहते थे। राम दादा के माध्यम से ही सिमला के साथ दक्षिणेश्वर आने-जाने का सूत्रपात हुआ।

राम दादा ने उनसे दीक्षा ले ली, इस बात को लेकर उन्हें सैकड़ों निंदा का सामना करना पड़ा, लेकिन उनकी गुरु-प्रशस्ति में कोई भाटा नहीं आया। उन्होंने नरेंद्रनाथ के पड़ोसी सुरेंद्रनाथ मित्र को (परवर्तीकाल में ठाकुर जिसे प्यार से 'सुरेश' कहकर पुकारने लगे) को ठाकुर के बारे में बताया। सुरेश पिघलने के बजाय मजाक कर बैठे, ''सुनो, बंधु राम, तुम्हारे गुरु परमहंस अगर मेरे सवालों के जवाब दे सकें, तो बेहतर! वरना मैं उनको एक कनेटी दूँगा।''

उस जमाने में कलकता की प्रचलित स्टाइल के मुताबिक, अन्य एक डॉक्टर (सर

कैलाशचंद्र बसु) ने भी उसी तरह मजाकिया लहजे में कहा, ''सुनो राम, तुम्हारे ये परमहंस अगर भलेमानस हुए, तो भला, वरना मैं उनके कान मरोड़ आऊँगा।'' जाहिर है, कान मरोड़ देने की इच्छा जाहिर करना ही अवज्ञा जाहिर करने की रीति थी।

विवेकानंद के भाई महेंद्रनाथ ने पहली बार श्रीरामकृष्ण को उत्तर कलकत्ता में मधु राय लेन में स्थित राम दादा के घर में देखा था। उस यादगार दर्शन के बारे में वे एक मनोग्राही विवरण रख गए हैं। 'शाम को परमहंस महाशय राम दादा के घर आए। शनिवार या इतवार का दिन था। घर के अंदर और बाहर कुल चालीस लोग मौजूद थे। परमहंस महाशय कमरे में पश्चिम कोने में स्थित आलमारी या खूँटी जड़े ताखे के नीचे बैठे हुए थे! पीठ के पीछे तकिया। कमरे में दो गैस बत्तियाँ जल रही थीं।

मेरे मन में पहला सवाल यह जागा—'दक्षिणेश्वर से चलकर यह जो बंदा यहाँ आया है, वह क्या वाकई 'परमहंस' कहलाता है? मुझे उस आदमी के चेहरे में कोई विशिष्टता नजर नहीं आई। सूरत-शक्ल मामूली, गाँव-देहात के मानस जैसी। रंग काला तो नहीं, लेकिन कलकत्ता के आम लोगों से अपेक्षाकृत मलिन! गाल पर नन्ही-नन्ही दाढ़ी! चिपकी-चिपकी! आँखें छोटी-छोटी, जिसे 'हाथी चक्षु' कहते हैं। पलकें लगातार पिट-पिटाती हुईं, मानो आँखें कुछ ज्यादा ही नाचती हुईं। होंठ-युगल पतले नहीं थे। निचले होंठ ईषत् मोटे थे। दोनों होंठों के बीच से ऊपरी कुछेक दाँत जरा बाहर की तरफ झाँकते हुए! बदन पर कुरता तो था। कुरते की आस्तीनें कोहनी और कलाई के बीच तक झूलते हुए! कुछ देर बाद उन्होंने कुरता उतारकर बगल में रख लिया और धोती की कौचा लंबा करके अपने बाएँ कंधे पर रख लिया। कमरा काफी गरम हो उठा था। एक व्यक्ति पीछे की तरफ से हवा-पंखा यानी बड़ा सा पंखा डुलाकर हवा करने लगा। बातचीत की भाषा, कलकत्ता के शिक्षित समाज की भाषा जैसी नहीं थी। अति ग्राम्य भाषा! यहाँ तक कि कलकत्ता की शहरी रुचि के लिए निंदनीय! बातों में जरा तोतलापन। राढ़-देशीय लोगों की तरह उच्चारण। 'न' की जगह 'ल' का उच्चारण कर रहे थे। यथा—मैंने लरेन से कहा, इत्यादि। सामने एक रंगीन बटुआ पड़ा हुआ था। उसमें क्या मसाला भरा हुआ था! बीच-बीच में वे जरा-जरा मसाला निकालकर मुँह में डाल लेते थे।

उन दिनों हम काफी छोटे थे और हम शिक्षित समाज में परिवर्धिक हो चुके थे, इसलिए भाषा और उच्चारण सुनकर परमहंस महाशय के प्रति मन में अवज्ञा का भाव जाग उठा। इस आदमी को राम दादा क्यों इतना सम्मान और श्रद्धा-भक्ति देते हैं? मैं चुप बैठा सबकुछ देखता रहा। मन-ही-मन मैं दुबारा सोचने लगा—राम दादा इस बंदे का इतना सम्मान आखिर क्यों करते हैं? दुर्धर्ष सुरेश मित्तिर और बुद्धिमान नरेंद्रनाथ क्यों इनके पास बार-बार जाते हैं? इस आदमी में ऐसा क्या है?'

महेंद्रनाथ रामकृष्ण के प्रथम दर्शन का जो विवरण रख गए हैं, उसमें आकस्मिक भाव-समाधि का भी वर्णन है।

लीलाप्रसंग के रचयिता स्वामी सारदानंद की जुबानी महेंद्रनाथ ने और भी कई मनोग्राही वर्णन सुने थे। स्वामी सारदानंद और महेंद्रनाथ ने बाद में लंदन में कुछ दिन साथ-साथ गुजारे थे।

एक बार 'पूजा' के समय परमहंस देव डस्ट कंपनी के मुसद्दी, गृहीभक्त, सुरेश मित्तिर (१८५०-९०) के घर गए। ठाकुर-दालान के संगमरमरी फर्श पर उन्हें भोजन परोसा गया।

महिलाएँ अपने कमरे की खिड़की से परमहंस महाशय को निहार रही थीं। परमहंस महाशय के सामने अनेक लोग खड़े होकर उन्हें खाना खिला रहे थे। परमहंस महाशय उकड़ूँ बैठकर भोजन कर रहे थे। इसी मुद्रा में बैठकर भोजन करना उनके देश की प्रथा थी। हम सबने भी देखा है, परमहंस महाशय पालथी मारकर भोजन नहीं करते थे। वे अपने दोनों घुटने ऊँचे करके उकड़ूँ बैठ जाते थे और भोजन करने में जुट जाते थे।

वे आहार करते रहते थे और बताते रहते थे कि पहले वे अति विभोर रहते थे; बाहरी होश बिलकुल नहीं रहता था; धोती तक पहनने का खयाल नहीं रहता था; वे बिलकुल बे-भूल, बे-इख्तियार रहते थे। लेकिन अब उनका वह भाव कट चुका है। अब वे धोती पहते रहते हैं और लोगों के सामने सभ्य-भव्य बनकर बैठे रहते हैं। उनकी यह बात सुनकर सकल लोग और खिड़की से निहारती हुई सकल महिलाएँ ईषत् हँस पड़ीं। किसी-किसी ने हँसते-हँसते यह भी कहा, "जी-हाँ, यह तो सच है।" सभी लोग यह कहकर मजा लेने लगे और उनका ईषत् उपहास भी करने लगे।

परमहंस महाशय उकड़ूँ मुद्रा में धीरे-धीरे एक-एक निवाला खाते रहे और अपनी रौ में बोलते गए। सभी लोग मंद-मंद मुसकराते रहे। अचानक अपनी बाईं काँख पर उनकी नजर पड़ी। उन्होंने देखा कि उनकी धोती बाईं काँख के नीचे गुड़ी-मुड़ी हो आई है और वे दिग्वसन यानी खाली बदन बैठे हुए हैं।

अपने को इस रूप में देखकर वे सकुचा गए।

उन्होंने कहा, "अरे, छिः छिः, मेरी वह आदत अभी तक गई नहीं; धोती पहने रहने की मुझे सुध ही नहीं रहती।"

इतना कहकर वे झटपट धोती अपनी कमर में लपेटने लगे। जो लोग वहाँ खड़े थे, सबके सब ठहाका मारकर हँस पड़े। दर्शक महिलाएँ भी हँस पड़ीं।

लेकिन परमहंस महाशय की भावमुद्रा इतनी सरल, स्निग्ध और श्रेष्ठ थी कि किसी के भी मन में दुविधा या संकोच होने के बजाय, एक अतींद्रीय भाव जाग उठा।

किसी-किसी ने तो यह भी कहा, ''महाशय, आपको धोती लपेटने की जरूरत नहीं। आप जैसे हैं, वैसे ही बने रहिए। आपको कोई दोष-पाप नहीं लगता।''

इस देश के प्रत्यक्षदर्शी लोगों की स्मृतिकथा में स्मरणीय इनसानों का देह-विवरण बेहद कम होता है। फलस्वरूप रामकृष्ण, रवींद्रनाथ, विवेकानंद, श्री अरविंद की दैहिक लंबाई कितनी थी, शरीर का रंग कैसा था, चेहरे की बनावट कैसी थी—इन सबकी जानकारी लेने में काफी मशक्कत करनी पड़ती है। पश्चिम के लेखक अपनी स्वाभाविक विलक्षणता के साथ नितांत जरूरी ये सब कार्य पहले ही निपटा लेते हैं। यह समस्या परमहंस देव के मामले में भी यथेष्ट बीहड़ है। सतर्क महेंद्रनाथ अपनी छोटी सी पुस्तक 'श्री श्रीरामकृष्ण का अनुध्यान' में अपने बड़े भाई नरेंद्रनाथ और गुरु रामकृष्ण के बारे में कई एक शारीरिक विवरण रख गए हैं।

'श्री रामकृष्ण की आँखें छोटी-छोटी थीं, जिसे 'हाथी चक्षु' कहते हैं; दृष्टि तीक्ष्ण; चेहरा सुडौल, पौरुष-भरा। चेहरे पर आज्ञाप्रद भाव—defiant attitude ! बाधा-विघ्न तुच्छ करनेवाला भाव! मानो जगत् की वे परवाह ही नहीं करते। बाहु-संचालन और तर्जनी-निर्देश, मानो जगत् पर शासन करने या आज्ञा देने के लिए उठते हों, जिसे कहते हैं—नेपोलियन की तरह अंग-भंगिमा और अंग-संचालन। उनकी वाणी सुनकर मानो समूचा विश्व स्तब्ध हो उठेगा। पहली नजर में उन दोनों में यही फर्क नजर आता है।'

महेंद्रनाथ का विश्लेषण है, 'श्रीरामकृष्ण के जीवन का विशेष लक्षण है—बहुविध स्नायु के सहारे बहु प्रकार का चिंतन करना। शक्ति-विकास करना या जिसमें क्षत्रिय-शक्ति आवश्यक हो, ऐसा कोई कार्य वे नहीं करते। श्रीरामकृष्ण के लिए गहन चिंतन ही प्रमुख था, शक्ति-विकास गौण! इसलिए पहली मनोदशा में आम लोग रंचमात्र भी समझ न पाने की वजह से उन्हें पागल और बकबकिया कहकर विद्रूप और उनकी अवज्ञा करते थे।

'विवेकानंद के लिए शक्ति-विकास करना ही प्रमुख था, गंभीर चिंतन करना गौण था।'

महेंद्रनाथ ने मंतव्य दिया है, 'इन दोनों विषयों को ध्यान में रखकर, दोनों के जीवन के बारे में चर्चा की जाए, तो दोनों व्यक्ति के बीच एक सामंजस्य नजर आता है। इस बिंदु पर विशेष रूप से यह याद रखना होगा कि एक व्यक्ति दूसरे व्यक्ति का अनुकरण नहीं करता। एक ने दूसरे का अनुकरण किया था—यह अति त्रुटिपूर्ण धारणा है। दोनों ने ही अपना-अपना स्वातंत्र्य और व्यक्तित्व अटूट रखा था। परस्पर श्रद्धा और प्यार था; लेकिन दोनों का कार्यक्षेत्र और विकास-प्रणालियाँ भिन्न-भिन्न थीं; दोनों ने ही

अपने-अपने तरीके से चिंतन किया। दोनों ने ही जगत् को और जगत् से संबद्ध भाव-समूहों को अपने-अपने चिंतन के मुताबिक उपलब्ध किया था। दोनों ने ही अपने-अपने ढंग से जगत् के सकल प्रश्नों की सकल मीमांसा की थी और उसी रूप में शक्ति का विकास किया था। इसी ढंग से जो लोग तेजःपूर्ण, बलिष्ठ और व्यक्तित्वपूर्ण पुरुष होते हैं, उन लोगों में से कोई किसी का अनुकरण नहीं कर सकता। अपने-अपने स्वातंत्र्य को कायम रखना इस प्रकार के पुरुषों की वृत्ति होती है।

'मनोविज्ञान की दृष्टि से देखा जाए, तो श्रीरामकृष्ण का भाव है व्यक्त से अव्यक्त की ओर चले जाना। विवेकानंद का भाव है अव्यक्त से व्यक्त में चले जाना। श्रीरामकृष्ण के लिए ईश्वर केंद्र है और जीव या मनुष्य परिधि है। विवेकानंद के लिए जीव या मनुष्य केंद्र है, ईश्वर परिधि!'

अब, यह सवाल उठ सकता है कि अगर दोनों व्यक्तियों के बीच इतना सब पार्थक्य है, तो दोनों के अंदर सामंजस्य कहाँ है?

महेंद्रनाथ ने इसके उत्तर की खोज की है, 'यह जानना आवश्यक है कि शक्ति का प्रवाह अगर केंद्र से खूब गहरे स्तर पर चला जाए, तो वह उपवृत्त—Theory of Motion—गति का नियम है। यह नियम सूक्ष्म-स्नायु या सूक्ष्म-शरीर के संदर्भ में भी लागू होता है। इसलिए श्रीरामकृष्ण का ईश्वर केंद्र में होते हुए भी, जीवों में भी ईश्वरत्व आरोपित होता है या ईश्वर-दर्शन होता है। विवेकानंद का जीव या मनुष्य केंद्र में होते हुए भी अंत में जीव में भी ईश्वरत्व आरोपित है या ईश्वर-दर्शन होता है। दर्शन-शास्त्र और गणित-शास्त्र की दृष्टि से पर्यवेक्षण किया जाए, तो श्रीरामकृष्ण और विवेकानंद की मनोवृत्ति और क्रियाकलाप विशेष ढंग से समझे जा सकते हैं।'

श्रीरामकृष्ण के देह-वर्णन के बारे में और एक निर्भरयोग्य सूत्र हैं, लाहौर ट्रिब्यून के मशहूर संपादक नगेंद्रनाथ गुप्त। वे सन् १८८१ में (जिस वर्ष नरेंद्र के साथ ठाकुर की पहली भेंट हुई) स्टीमर में रामकृष्ण के सहयात्री थे। इस जहाज के मालिक थे—केशवचंद्र सेन के दामाद, कूचबिहार के महाराजा, नृपेंद्रनारायण भूप। दक्षिणेश्वर के घाट पर परमहंस देव अपने भांजे हृदय के साथ जहाज पर सवार हुए। साथ में एक कठौती भर मुरमुरे और संदेश मिठाई। उन्होंने लाल किनारदार धोती और कुरता पहन रखा था—कुरते का बटन खुला हुआ था।

नगेंद्रनाथ ने बयान किया है—"श्रीरामकृष्ण साँवले रंग के थे। वे दाढ़ी रखते थे और उनकी युगल आँखें कभी भी पूरी-पूरी तरह खुली नहीं होती थीं—अंतर्मुखी थीं। उनका कद मँझोला था! गरदन दुबला-पतला! प्रायः शीर्ण कहा जाएगा और चेहरा बेहद लंबाकार और छरहरा!··· वे ईषत् तोतले थे! लेकिन वह तुतलाहट श्रुतिमधुर थी। वे बेहद

सरल बँगला में बातचीत करते थे और अकसर ही 'आप' और 'तुम' के बीच गडमड कर देते थे।''

यह विवरण परमाप्रकृति सारदामणि के पति के वर्णन से बिलकुल मेल नहीं खाता। 'श्री श्री माँ के बारे में' नामक पुस्तक में ठाकुर के चेहरे के बारे में उनका मंतव्य है, ''उनके बदन का रंग मानो हरिताल की तरह था, यानी पारायुक्त पीत वर्ण! सोने के इष्ट कवच के साथ बदन का रंग रुलमिल जाता था। जब मैं तेल से उनके बदन की मालिश कर देता था, तो मुझे उनके समूचे तन-बदन से ज्योति निकलती हुई दिखाई देती थी। जब भी वे कालीबाड़ी जाने के लिए बाहर निकलते थे, लोग खड़े-खड़े उन्हें निरखते रहते थे। वे लोग कहते थे, 'देखो, देखो, वे जा रहे हैं।' वे काफी मोटे-ताजे थे। मधुर बाबू ने उन्हें बड़ा सारा, एक पाटा दिया। पाटा खासा बड़ा था। जब वे खाने बैठते थे, तो उस पाटे में समाते नहीं थे। तेल मे चुपचुपाती हुई छोटी सी धोती पहनकर, जब वे छप-छप करते हुए गंगा नहाने जाते थे, लोग उनकी तरफ टकटकी बाँधे अचरज से, ठगे से देखते रहते थे।''

मठ के अमेरिकी संन्यासी स्वामी विद्यात्मानंद ने काफी खोज-खबर के बाद लिखा है, 'श्रीरामकृष्ण की देह का वजन और लंबाई कलमबद्ध नहीं किया गया है।' विद्यात्मानंद जानकारी देते हैं कि सन् १९५५ में मूर्तिकार को निर्देश देते समय स्वामी निर्वाणानंद ने हिसाब लगाया था कि ठाकुर की लंबाई ५ फीट ९.५ इंच थी। इस निर्णय पर आने में उन्होंने ठाकुर के कोटधारी चित्र और उसी कोट पर निर्भर किया था। उस कोट को नापकर और उस कोट के साथ आकृति के संबंध का हिसाब करके उनकी लंबाई निश्चित की गई थी।

स्वामी निर्वाणानंद किन्हीं दिनों स्वामी ब्रह्मानंद के सेवक रह चुके थे। सन् १९१८ में वकील अचल कुमार मैत्र की पत्नी भक्तिमती महिला थीं। झाड़तला में कार्यरत एक प्रतिभावान मराठी मूर्तिकार के स्टूडियो में गईं और ठाकुर की संगमरमर की मूर्ति बनाने का दायित्व सौंप आईं।

इस मूर्ति के मॉडल का अनुमोदन करने के लिए, उस समय के प्रेसिडेंट महाराज से, स्वयं सारदानंद ने अनुरोध किया।

स्वामी ब्रह्मानंद ने पहले तो खास उत्साह नहीं दिखाया। बाद में उन्होंने कहा, ''ठाकुर की किस मूर्ति का अनुमोदन करूँ? उन्हें तो मैंने एक ही दिन में कई-कई रूप धारण करते हुए देखा है। कभी मैंने उन्हें कृश और क्षीणकाय देखा है, जो एक कोने में चुप बैठे रहते थे। कुछ ही देर बाद यह नजर आया है कि वे अपनी देह और वेशभूषा के बारे में पूरी तरह विस्मृत होकर, ताली बजा-बजाकर भजन-कीर्तन कर रहे हैं। कभी वे

गहरी समाधि में लीन हो जाते थे। उस वक्त उनका मुखमंडल एक स्वर्गीय आनंद से उद्भासित हो उठता था और देह से एक दिव्य ज्योति विकीर्ण होने लगती थी। कभी-कभी यह भी दिखाई देता था कि उनकी आकृति स्वाभाविक की अपेक्षा दीर्घतर और बलवती हो उठती थी और वे दक्षिणी बरामदे में एक छोर से दूसरे छोर तक लंबे-लंबे डग भरते हुए चहलकदमी कर रहे हैं।''

स्वामी सारदानंद ने विनीत लहजे में कहा, ''महाराज, ठाकुर ने जिस चित्र के बारे में स्वयं कहा था, जिस चित्र की घर-घर में पूजा होगी, मैं उसी चित्र की बात कर रहा हूँ। उसी प्रतिमूर्ति के मॉडल के अनुमोदन के लिए आपको जाना होगा।''

महाराज ने मुसकराते हुए उत्तर दिया, ''चलो, चलता हूँ।''

उसी शाम महाराज को झाड़तला स्टूडियो ले जाने का इंतजाम किया गया। उस मौके पर स्वामी सारदानंद, स्वामी शिवानंद और अन्यान्य साधु भी उनके साथ गए। गुलाब माँ और योगीन माँ भी गईं।

महाराज ने उस मॉडल का सिर से पाँव तक परीक्षण-निरीक्षण किया।

उन्होंने मूर्तिकार से कहा, ''देखो, तुमने ठाकुर को ईषत सामने की तरफ झुकाकर बिठाया है।''

मूर्तिकार ने कहा, ''महाशय, आप देखेंगे कि अगर कोई इस तरह चरणों के सामने हाथ जोड़कर बैठेगा, तो वह किंचित सामने झुक जाने को विवश होगा।''

महाराज ने उत्तर दिया, ''हमने ठाकुर को कभी इस मुद्रा में बैठे नहीं देखा। तुम जो कह रहे हो, वह आम लोगों के लिए जरूरी होगा। लेकिन ठाकुर के मामले में यह सच नहीं है। वे दीर्घबाहु थे। उनका हाथ घुटनों तक पहुँचता था।''

इसके बाद प्रेसिडेंट महाराज ने मूर्तिकार को ठाकुर के कानों के बारे में निर्देश देते हुए कहा, ''देखो, आम इनसान के कान भ्रू-रेखा से शुरू होते हैं और तुमने ठाकुर के कान को उसी रूप में आकार दे दिया है, लेकिन ठाकुर के कान भ्रू-रेखा के नीचे से आरंभ होते थे।''

वहाँ उपस्थित सभी लोग ठाकुर के चेहरे के बारे में इस ढंग के छुटपुट विवरण सुनकर बेहद आकर्षित हुए। महाराज के निर्देशानुसार मूर्तिकार मॉडल में सुधार करने को सहमत हो गया।'

उन्होंने कहा, ''कृपया हफ्ते भर बाद आएँ। इस बीच मैं मॉडल पूर्ण कर रखूँगा।''

एक सप्ताह बाद महाराज ने दल-बल समेत स्टूडियो में पुनः पदार्पण किया।

संशोधित मॉडल देखकर महाराज ने गहरा संतोष व्यक्त करते हुए कहा, ''हाँ, अब यह हू-ब-हू आकृति बनी है।''

विवेकानंद की देह के बारे में निर्भरयोग्य विवरण रोमां रोलां ने अपनी पुस्तक 'विवेकानंद जीवन' में दिया है। उनके हिसाब के मुताबिक विवेकानंद का वजन १७० पाउंड था। उनकी देह मल्लयोद्धा की तरह सुदृढ़ और शक्तिशाली थी। रामकृष्ण की कोमल और क्षीण देह के बिलकुल विपरीत! विवेकानंद की देह थी—सुदीर्घ (५ फीट ८.५ इंच), प्रशस्त ग्रीवा, विस्तृत वक्ष, सबल गठन, कर्निष्ठ पेशल बाहु, श्यामल चिकनी त्वचा, परिपूर्ण मुखमंडल, सुविस्तृत ललाट, सख्त जबड़े और अपूर्व आयताकार पल्लव-भार से अवनत घनी-श्यामल युगल आँखें। उनकी आँखें प्राचीन साहित्य के पद्मपलाश की उपमा याद दिलाती थीं। बुद्धि, व्यंजना, परिहास, करुणा से दीप्त, अतिशय प्रखर थीं उनकी आँखें; तन्मय भावावेग; चेतना की गहराई में वे युगल आँखें अवलीला में आकंठ डूबी रहती थीं; आक्रोश के पलों में अग्निवर्षी हो उठती थीं; उनकी दृष्टि के इंद्रजाल से किसी को भी रिहाई नहीं मिलती थी।

रोमां रोलां के विवरण के मुताबिक, 'विवेकानंद का कंठस्वर 'वायलिन सेलो' के वाद्ययंत्र की तरह था। उसमें चढ़ाव-उतार की प्रतिकूलता नहीं थी, गहन गंभीरता थी, लेकिन उसकी झंकार समग्र सभाकक्ष और सकल श्रोतावर्ग के हृदय को झंकृत कर देती थी। ···एमा काल्वे ने कहा है, ''वे कमाल के 'बैरिटोन' थे, उनके गले की आवाज चीना गॉन्गो की आवाज की तरह थी।''

श्रीरामकृष्ण और नरेंद्र की पहली भेंट कब, कहाँ हुई, इस बात को लेकर यथेष्ट मत-विनिमय और गवेषणा की गई है। अनुमान है कि प्रथम दर्शन और प्रथम वार्त्तालाप एक ही दिन नहीं हुए थे। विवेकानंद के जीवनीकार काफी शोध के बाद इस फैसले पर पहुँचे हैं कि सुरेंद्रनाथ मित्र के घर पर ही प्रथम दर्शन हुए थे। रोमां रोलां ने जानकारी दी है कि यह सज्जन संगतिपन्न कारोबारी थे और उन्होंने ईसाई धर्म ग्रहण कर लिया था।

उस बार सुरेंद्रनाथ के यहाँ नरेंद्रनाथ ने भजन गाकर सुनाया। नवागत गायक के शारीरिक लक्षण और भाव-तन्मयता पर गौर करते हुए श्रीरामकृष्ण उनकी तरफ विशेष रूप से आकृष्ट हुए और खोज-खबर लेकर उन्होंने रामचंद्र से अनुरोध किया कि वे उस नौजवान को किसी दिन दक्षिणेश्वर ले आएँ।

सन् १८८१ के पूस (नवंबर) महीने में सुरेंद्रनाथ और दो वयस्क लोगों के साथ नरेंद्रनाथ दत्त दक्षिणेश्वर में हाजिर हुए। सौभाग्य से उस ऐतिहासिक साक्षात्कार का विवरण, स्वयं रामकृष्ण देव और नरेंद्रनाथ, दोनों ही कलमबंद कर गए हैं। ऐसा सौभाग्य आमतौर पर नहीं होता। बेवजह समय नष्ट न करके, हम स्वामी सारदानंद रचित श्री श्रीरामकृष्ण लीला-प्रसंग को याद करें।

'देखा, अपने शरीर का होश नहीं है, सिर के बाल और वेशभूषा में कोई परिपाटी

नहीं है, बाहर के किसी भी पदार्थ से, इतर-साधारण जन की तरह, कोई बंधन नहीं है! उसका सबकुछ अलग-थलग था और उसकी आँखें देखकर ऐसा लगा कि उसके मन की अनंत गहराई की ओर जाने कौन तो सदा-सर्वदा, जोर-जबरदस्ती खींचे ले रहा है। उसे देखकर यह भी लगा मानो विषयी लोगों के आवास इस कलकत्ते में इतना बड़ा सत्वगुणी आधार का होना भी सरासर संभव है।

'फर्श पर चटाई बिछी हुई थी। मैंने उससे बैठने को कहा। जहाँ पर गंगाजल का कलश रखा हुआ है, वह उसी के नजदीक बैठ गया। उस दिन उसके साथ दो-चार परिचित छोकरे भी आए थे। मैं समझ गया, उन लोगों का स्वभाव सर्वथा विपरीत है, जैसा स्वभाव आम विषयी लोगों का होता है; भोग की तरफ ही दृष्टि!

'गाना गाने के बारे में पूछने पर उसने बताया कि अभी उसने केवल दो-चार बँगला गीत ही सीखे हैं। मैंने उससे वही गाने को कहा। मेरे कहने पर उसने ब्रह्म समाज का गीत—'मन चलो निज निकेत में' गाना शुरू किया। गाने में सोलह आने मन-प्राण उड़ेलकर, ध्यानस्थ होकर वह गीत गाता रहा। वह गीत सुनकर मैं अपने को सँभाल नहीं सका, भावाविष्ट हो उठा।

'उसके चले जाने के बाद उसे देखने के लिए मेरे प्राण जैसे चौबीसों घंटे, इस कदर आकुल-व्याकुल रहने लगे कि कुछ कहने को नहीं। किसी-किसी समय तो ऐसी यंत्रणा होती थी कि लगता था कि मेरी छाती के भीतर, गमछा निचोड़ने की तरह, कोई मुझे निचोड़े ले रहा है। उस समय मैं अपने को संयत नहीं रख पाता था, दौड़कर बगान के उत्तर में झाउतले जा पहुँचता था। वहाँ अधिकतर कोई नहीं जाता था। वहाँ पहुँचकर मैं रोते-रोते, जोर-जोर से आवाजें देता था—'ओ, रे, तू आ जा, रे! तुझे देखे बिना मुझसे रहा नहीं जाता, रे! कुछ देर तक इसी तरह रो लेने के बाद तब जाकर मैं अपने को सँभाल पाता था। लगातार छह महीनों तक ऐसा ही होता रहा। अन्य सभी लड़कों के लिए, जो यहाँ आया करते हैं, उनमें से किसी-किसी के लिए भी मन जरूर बेचैन होता था, लेकिन कहना चाहिए कि नरेंद्र के लिए जो हाल होता था, उसकी तुलना में वह सब कुछ भी नहीं था।'

इसी साक्षात्कार के संदर्भ में स्वामी सारदानाथ ने बाद में स्वामी विवेकानंद की स्मृतिकथा भी संग्रह की थी।

'गीत तो मैंने गा दिया। उसके बाद ठाकुर सहसा उठे और मेरा हाथ पकड़कर, अपने कमरे के उत्तरी बरामदे में ले गए। वह ठंड का मौसम था। उत्तरी बयार रोकने के लिए उस बरामदे के खंभों के अंतरालों को आच्छादन से घेर दिया गया था। इसलिए अंदर दाखिल होने के बाद कमरे का दरवाजा बंद कर देने पर उस कमरे के अंदर-बाहर का

कोई व्यक्ति नजर नहीं आता था। बरामदे में प्रवेश करते ही, जैसे ही उन्होंने ठाकुर-घर का दरवाजा बंद कर दिया, मैंने सोचा कि निर्जन में वे मुझे कुछ उपदेश देंगे। लेकिन उन्होंने जो कहा और किया, वह बिलकुल कल्पनातीत था। सहसा मेरा हाथ थामकर वे आनंद के धार-धार आँसू बहाने लगे और पूर्व-परिचित की तरह मुझे परम स्नेह से संबोधित करते हुए उन्होंने कहना शुरू किया, ''इतने-इतने दिनों बाद आते हैं भला? मैं तुम्हारी कितनी-कितनी प्रतीक्षा कर रहा हूँ⋯कितनी बेचैनी से तुम्हारी राह तक रहा हूँ, तुमने एक बार भी यह नहीं सोचा? लोगों के फिजूल के प्रसंग सुनते-सुनते मेरे कान झुलस गए हैं; अपने मन-प्राण की बात किसी से न कह पाने की लाचारी में मेरा पेट फूल गया है—'' वगैरह-वगैरह जाने क्या-क्या कहते रहे और रोते रहे। अगले ही पल वे दुबारा मेरे सामने हाथ जोड़कर दंडायमान हो गए। देवता की तरह सम्मान अर्पित करते हुए दुबारा कहा, ''जानता हूँ, प्रभु, मैं जानता हूँ, तुम वही पुरातन ऋषि, नररूपी नारायण हो। जीवों की दुर्गति निवारण के लिए तुमने पुनः देह धारण किया है।'' इत्यादि-इत्यादि।

'मैं तो उनके इस आचरण पर एक बारगी अवाक्! स्तंभित! मन-ही-मन मैं सोचने लगा कि यह मैं किसे देखने आया हूँ। यह तो बिलकुल पागल है, वरना विश्वनाथ दत्त का पुत्र हूँ मैं, वे मुझसे ऐसी बातें कर रहे हैं? जो भी हो, मैं खामोश रहा। वह विचित्र पागल, अपनी रौ में जो सो सा कहता रहा। अगले ही पल, वे मुझसे वहीं रुके रहने को कहकर, कमरे के अंदर चले गए और मक्खन, मिश्री और कुछेक संदेश मिठाई लाकर अपने हाथों से मुझे खिलाने लगे। जितनी-जितनी बार मैं कहता रहा, ''ये सब मुझे दें। मैं अपने साथियों के साथ बाँटकर खा लूँगा।'' उन्होंने मेरी एक न सुनी। वे कहते रहे, ''वे लोग खा लेंगे, तुम खाओ।'' इस तरह वह सारा कुछ मुझे खिलाकर ही माने। बाद में उन्होंने मेरा हाथ थामकर कहा, ''कहो, तुम जल्दी ही किसी दिन अकेले ही मेरे पास आओगे—'' उनका यह विह्वल आग्रह मैं टाल नहीं पाया, हारकर मैंने वचन दिया, ''आऊँगा।'' और उनके साथ कमरे में दुबारा चला आया और अपने साथियों की बगल में जा बैठा।

'वहाँ बैठे-बैठे मैं उन पर गौर करता रहा और सोचता रहा। मैंने देखा, उनके चाल-चलन में, बातचीत में, दूसरों के प्रति किए जानेवाले आचरण में पागलपन जैसा कुछ भी नहीं था। उनका सदाचार और भाव-समाधि देखकर ऐसा लगा कि वे सच-सच ही ईश्वर के प्रति सर्वत्यागी हैं और जो भी कह रहे हैं, वह स्वयं भी करते हैं। ⋯मैं ताज्जुब में डूबा-डूबा सोचता रहा कि भले वे पागल हों, मगर ईश्वर के लिए इस रूप में त्याग दुनिया में विरल व्यक्ति ही कर सकता है! पागल होने के बावजूद यह व्यक्ति महापवित्र, महात्यागी है और इसलिए वह मानव-मन की श्रद्धा, पूजा और सम्मान पाने

का अधिकारी है। यही सब सोचते-सोचते उस दिन उनकी चरण-वंदना करके और उनसे विदा लेकर, मैं कलकत्ता लौट आया।'

इस अविस्मरणीय प्रथम साक्षात्कार के बारे में पर्याप्त शोध और विश्लेषण आज तक नहीं हुआ। इस बारे में भाई महेंद्रनाथ ने भी कुछ जोड़ा है!

'सुना है कि परमहंस के यहाँ नरेंद्रनाथ के जाने के कुछ समय बाद एक युवक किसी अन्य व्यक्ति के साथ दक्षिणेश्वर गया। उस युवक के साथ जो व्यक्ति वहाँ पहुँचे थे उनसे नरेंद्रनाथ का कुशल-समाचार पाकर परमहंस महाशय ने कहा, "लरेन बहुत दिनों से नहीं आया। उसे देखने का मन हो आया है। उससे कहना, एक बार आ जाए।" बहरहाल, परमहंस से बातचीत करके रात को उनके कमरे के पूर्वी बरामदे में दोनों सोने चले गए। कुछ ही देर बाद परमहंस महाशय बच्चों की तरह अपनी धोती, काँख में दबाए हुए उनके नजदीक आए। उनमें से एक जन को आवाज देकर पूछा, "तुम क्या सो रहे हो?" जिसे आवाज देकर परमहंस महाशय ने सवाल किया था, उसने जवाब दिया, "जी नहीं!" परमहंस महाशय ने कहा, "देखो, लरेन के लिए प्राणों में मरोड़ उठ रही है, जैसे कोई गमछा निचोड़ रहा हो—" कहते हैं, उस रात नरेंद्रनाथ के लिए परमहंस के मन में बेचैनी का भाव बूँद भर भी कम नहीं हुआ, क्योंकि कुछ देर लेटे रहने के बाद वे दुबारा आए और वही वाक्य दुबारा दुहराते रहे, मानो नरेंद्रनाथ के अ-दर्शन से वे अतिशय व्यथित हैं और उन्हें नींद नहीं आ रही है।

'परमहंस महाशय कभी-कभी हमारे गौरमोहन मुखर्जी लेन स्थित घर में नरेंद्रनाथ की खोज में आ पहुँचते थे। लेकिन उन्होंने कभी घर के अंदर प्रवेश नहीं किया। वे सड़क पर ही प्रतीक्षा करते थे। घर के जरा नजदीक आते ही मैं खुद ही आगे बढ़ आता था। वे मुझसे कहते थे, "लरेन कहाँ है? लरेन को बुला दो।" मैं झटपट घर के अंदर जाकर भाई को खोजता था। बहुत बार परमहंस महाशय, नरेंद्रनाथ से बातचीत करके, उसे अपने साथ लिवा ले जाते थे।

'परमहंस महाशय नरेंद्रनाथ को दुलार से 'शुकदेव' बुलाते थे। शुकदेव मानो दूसरी बार दुनिया में आए हों। नरेंद्रनाथ शुकदेव की तरह ज्ञानी होगा, दुनियाबी सारे काम करेगा, लेकिन दुनिया को स्पर्श नहीं करेगा, वगैरह विविध अर्थों में नरेंद्रनाथ को शुकदेव बुलाते थे। यह सुनकर बापू ने खुश होकर कहा, "हाँ, वाकई, वह वासुदेव का बेटा शुकदेव ही बना है। मैकनामारा का बेटा, ताबूत-चोर!" यानी वासुदेव के पुत्र शुकदेव महान् बने थे, यह बात तो सच थी, लेकिन बड़े साहब मैकनामारा का बेटा निकला, शव-ताबूत चोर! नरेंद्रनाथ वैसा ही बनेगा। उन दिनों 'कॉफिन-चोर' यानी ताबूत-चोर शब्द का काफी प्रचलन था। नरेंद्रनाथ भविष्य में एक श्रेष्ठ इनसान होगा, यह सुनकर वे

खुश तो होते थे, मगर व्यंग्य से यही कहते थे। वैसे वे चिढ़ते नहीं थे, बल्कि खुश होते थे।

'नरेंद्रनाथ को जब भी छुट्टी मिलती थी, वह नाव चलाकर दक्षिणेश्वर पहुँच जाता था। वैशाख-जेठ महीने के आँधी-तूफान में भी नरेंद्रनाथ गंगा नदी में नाव खेकर जाता था। इस बात पर उसके पिता अकसर नाराज भी हो जाते थे। वे कहा करते थे, ''आने-जानेवाली किसी गाड़ी से भी तो वह जा सकता है। ऐसे आँधी-तूफान में गंगा में नाव चलाकर जाने की क्या जरूरत है? राम तो खींचनेवाली गाड़ी पर सवार होकर जाता है। इसे ही कहते हैं खुराफाती लड़का, देता मरण-गाछ को न्योता! इस किस्म की खुराफत करना क्या जरूरी है?'' लेकिन नरेंद्रनाथ इन बातों पर कान न देकर अपनी पसंद के दो-चार यार साथ लेकर बहुत बार नाव से दक्षिणेश्वर पहुँच जाता था। हदुआ तालाब में नौका-दौड़ का अभ्यास करते-करते नरेंद्रनाथ और उसके बाकी साथी वगैरह खासे पारदर्शी हो उठे थे। वे लोग अहिरीटोला घाट से कोई एक नाव किराए पर ले लेते थे और माझी से पतवार लेकर बहुत बार खुद ही नाव खेकर दक्षिणेश्वर पहुँच जाते थे। इस तरह नाव से जाते हुए थोड़ी-बहुत सैर भी हो जाती थी और परमहंस महाशय के दर्शन भी हो जाते थे।

'उस जमाने में गाड़ी से दक्षिणेश्वर जाना काफी कष्टकर था। गरानहाटा से बरानगर बाजार तक तो गाड़ी जाती थी, उसके बाद पूरा रास्ता पैदल-पैदल चलकर तय करना पड़ता था।

'नरेंद्रनाथ हमेशा ही परमहंस महाशय से कहा करता था, ''तुम बिलकुल मूरख आदमी हो! तुम तो पढ़ना-लिखना भी नहीं जानते, तुमसे भला दर्शनशास्त्र क्या सीखूँगा? मुझे इन सब विषयों की ढेर-ढेर जानकारी है।'' कभी-कभी बहस के बहाने उसकी बतकही की मात्रा कुछ ज्यादा ही बढ़ जाती थी। लेकिन वे जरा भी क्षुब्ध या उदास नहीं होते थे। परमहंस हँसते-हँसते ही कहा करते थे, ''वह मुझे गाली देता है, लेकिन अंतस् में जो शक्ति बसी है, उसे कभी गाली नहीं देता।'' परमहंस का यह कैसा गुणग्राही भाव! कितना उदार भाव! उनमें कोई संकीर्ण भाव या गुरुगीरी का भाव बिलकुल नहीं था। इसलिए वे झुंझलाहट और तैश से भरे नरेंद्रनाथ की इतनी प्रशंसा किया करते थे और उसे इतना प्यार करते थे। इसे ही कहते हैं—कद्रदान! गुणों का आदर करनेवाला!

'नरेंद्रनाथ झुँझलाहट भरे मिजाज से परमहंस से बराबरी के स्तर पर बहस करता था और वे भी उसकी बातों पर हँसते थे, खुश होते थे। ऐसे ही एक जनाब, नरेंद्रनाथ की नकल करते हुए, परमहंस महाशय से उलझने लगे। वे बेतरह नाराज हो गए। उन्होंने उन्हें डाँट दिया, ''लरेन ऐसी बातें करता है! लरेन ऐसा कर सकता है। लेकिन तू ऐसा मत

बोल! तू और लरेन एक नहीं है।'' इस तरह उन्होंने उसे डाँट पिलाई थी।'

महेंद्रनाथ दत्त ने जानकारी दी है कि नरेंद्रनाथ ने एक बार किसी युवक को बताया, ''उनके पास जाता हूँ, समाज या कोई अन्य विषय सीखने के लिए नहीं।...उनसे ब्रह्मज्ञान (Spiritulity) सीखना होगा। उनमें इसका अद्‌भुत भंडार है।''

इसके बावजूद बीच-बीच में गुरु-शिष्य के बीच तर्क-वितर्क चला करता था। यहाँ तक कि नरेंदनाथ ने परमहंस महाशय के मुँह पर ही टका सा जवाब जड़ दिया, ''तुम दर्शन-शास्त्र के बारे में क्या जानते हो? तुम तो ठहरे मूरख आदमी!''

परमहंस हँसते-हँसते ही कहते थे, ''लरेन, मुझे चाहे जितना भी मूरख कहे, मैं उतना ही मूरख 'लही' हूँ।...मुझे अकखर-ज्ञान है।''

बहरहाल, गुरु-शिष्य में चाहे जितना भी बहस-मुबाहसा, झगड़ा-लड़ाई हो, उन दोनों ने मिलकर ही विश्वविजय की। इस जमाने में भारतवर्ष में ठाकुर रामकृष्ण और उनके शिष्य, विवेकानंद, समस्त बाधा-विघ्न का अतिक्रम करके, जो 'नॉट आउट' रहे हैं, यह परमपुरुष श्रीरामकृष्ण का १७५वाँ जन्म-दिवस और स्वामी विवेकानंद का सार्धशतवर्ष उत्सव, उसी का संकेत देता है।

□

सावन के अंतिम दिन : काशीपुर उद्यान में

रसगुल्लों के लोभ में शिष्य का दक्षिणेश्वर में पहली बार आगमन! उसके बाद कुछेक वर्ष! इसी बीच परस्पर का पहली बार आविष्कार, और भावनाओं का आदान-प्रदान! इस बीच असाध्य रोग का हमला! इसके बावजूद जाने से पहले प्रिय शिष्य के प्रति गुरु ने आखिरी बूँद तक उड़ेल दी थी, अपनी समस्त शक्ति और उपलब्धि! शेष पर्व आ पहुँचा, १२९३ को काशीपुर में, सावन महीने के अंतिम दिन! कृष्णा प्रतिपदा में नरेंद्रनाथ के आचार्य, युगावतार श्रीरामकृष्ण ने कलकत्ता के काशीपुर उद्यानबाटी से महाप्रमाण के पथ पर कदम रखा। उसके बाद बहुत-बहुत सालों से उनकी अंत्यलीला के बारे में सभी स्तरों पर अंतहीन चर्चा-परिचर्चा चल रही है। कवि, पोथीकार, संन्यासी-संतान, गृहीभक्त और अनुरागीजन जो सब इतिवृत्त छोड़ गए हैं, नाना भाषाओं के शोधकर्ता उनका विश्लेषण करते हुए विशिष्ट श्रीरामकृष्ण के बारे में निरंतर लिखते जा रहे हैं। इस बारे में तथ्य-शोधकर्तागण का प्रधान अवलंबन है, स्वामी सारदानंद की अमर सृष्टि 'श्री श्रीरामकृष्णलीला प्रसंग' नामक पाँच खंडों का सुविशाल ग्रंथ!

स्वामी सारदानाथ की यह पुस्तक बँगला जीवनी-साहित्य का दिक्प्रतीक है। इसके बावजूद जो बात सतर्क पाठकों की दृष्टि से छिपती नहीं, वह है पाँचवें खंड में काशीपुर उद्यानबाटी पर्व में थोड़ा-बहुत उल्लेख जरूरी है, मगर श्रीरामकृष्ण के आखिरी समय का कोई विवरण इस ग्रंथ में नहीं है।

जिन्हें इस पुस्तक में वर्णित लीलाप्रसंग अधूरा लगता है, उनसे अनुरोध है कि वे यू.एस.ए. की वेदांत सोसाइटी ऑफ सेंट लुइ से प्रकाशित लीलाप्रसंग का जो पूर्णांग अंग्रेजी अनुवाद में दर्ज अनुवादक स्वामी चेतनानंद की महामूल्यवान भूमिका जरूर पढ़ लें। स्वामी चेतनानंद ने हमें सविनय जानकारी दी है कि श्रीरामकृष्ण के महाप्रयाण के तेइस वर्षों बाद स्वामी सारदानंद ने परम पूज्य ठाकुर की जीवनकथा के बारे में शोध शुरू किया। सन् १९०९ से बँगला 'उद्बोधन' पत्रिका में जिस धारावाहिक जीवनकथा का प्रकाशन पहली बार शुरू हुआ, उसकी परिसमाप्ति सन् १९१९ में हुई। लीलाप्रसंग के संदर्भ में जो खबर कौतूहल जगाती है, वह तीसरे और चौथे खंड के आरंभ में आई है। बाद में दूसरा और पहला और सबसे अंत में पाँचवाँ खंड लिखा गया। लीलाप्रसंग का पाँचवाँ खंड अधूरा है, इस बात से स्वामी सारदानंद अनजान नहीं थे। उन्होंने स्वयं ही स्वीकार किया है कि ठाकुर रामकृष्ण के देहावसान का विवरण लिपिबद्ध करने की अनुप्रेरणा उन्होंने दिल से महसूस नहीं की, इसलिए इस पथ पर आगे बढ़ना संभव नहीं हुआ।

जीवन के अंतिम दिनों का यह शून्य स्थान पूरा करने के लिए, रामकृष्ण-पोथी के कवि अक्षय कुमार सेन से लेकर एक शती बाद स्वामी प्रभदानंद तक बहुतेरे लोगों ने यथेष्ट धीरज के साथ शोध-खोज की, लेकिन ये सभी रचनाएँ उत्सुक पाठकों का मन नहीं भर सकीं। दूसरी समस्या है, विभिन्न स्मृतिकथाओं के विवरण में कुछ-कुछ टकराव भी है। समय की दीर्घ दूरी, विभिन्न विवरणों में कौन सा सच है, कौन सा अनाकांक्षित पागलपन, यह सही-सही बताना आज मुश्किल हो उठा है।

यथा, श्रावण संक्रांति के इतवार, १५ अगस्त की आधी रात को श्रीरामकृष्ण की महासमाधि के समय क्या नरेंद्रनाथ उनके सिरहाने मौजूद थे? अगले दिन यानी १६ अगस्त को काशीपुर उद्यानबाटी में, श्मशान-यात्रा से पहले, दि बंगाल फोटोग्राफर्स ने दो समूह-चित्र उतारे थे। इन दोनों फोटो में से एक फोटो पचास शोकार्तजन की उपस्थिति और केंद्र में नरेंद्रनाथ को दरशाती है। लेकिन पोथी में वर्णन है कि नरश्रेष्ठ श्री नरेंद्र स्वयं उनकी पद-सेवा में जुटे हुए थे, ताकि उन्हें नींद आ जाए। उसके बाद प्रभु को स्वस्थ देखकर, नरेंद्र विश्राम करने के लिए, दूसरी मंजिल से पहली मंजिल पर उतर आए। कमरे में सेवक जैसी तीखी दृष्टि के साथ, शशि जगे रहे, जो परवर्तीकाल में सभी गुरु-भाइयों की राय मुताबिक स्वामी कृष्णानंद नाम के लिए योग्यतम् माने गए।

यह शशि, रिश्ते में, स्वामी सारदानंद के चचेरे भाई थे, यह बात भक्त-महल में सभी लोग जानते हैं। काशीपुर में उस समय रात के एक बजकर दो मिनट हुए थे। एक विदेशी, कुमारी लरा एफ ग्लेन (भगिनी देवमाता), सन् १९०९ में मद्रास मठ में आई और स्वामी रामकृष्णानंद से काशीपुर के बारे में विस्तृत बातचीत की। शशि महाराज ने उन्हें

जानकारी दी, 'अचानक रात एक बजे श्रीरामकृष्ण एक ओर लुढ़क पड़े। उनके गले से क्षीण सी आवाज निकलने लगी। नरेंद्र ने झटपट ठाकुर के दोनों पाँव बिस्तर पर टिका दिए और दौड़कर नीचे उतर गया, मानो ठाकुर की देह की यह परिणति वह बरदाश्त नहीं कर पा रहा था।'

यानी आखिरी पलों में नरेंद्र की उपस्थिति के बारे में दो-दो राय मिलती हैं? वैसे समय के बारे में भी मतभेद है। रात एक बजे या एक बजकर दो मिनट? डॉ. रामचंद्र दत्त (ठाकुर के नितांत घनिष्ठ, काँकुड़गाछी योगोद्यान के सृष्टा, नरेंद्रनाथ की नानी रघुमणि देवी के ममेरे भाई) ने अपने श्रीरामकृष्ण वृत्तांत में जानकारी दी है कि उस समय रात के १ बजकर ६ मिनट हुए थे। महासमाधि के समय राम दादा काशीपुर में उपस्थित नहीं थे, इसलिए उनका विवरण ठीक प्रत्यक्षदर्शी का विवरण नहीं है।

श्रावण के अंतिम रविवार को काशीपुर की घटनावली के बारे में जहाँ भी, जितनी भी जानकारी मिली, उसे एकत्रित करने का सबसे मुश्किल काम स्वामी प्रभानंद ने अपने ग्रंथ 'श्रीरामकृष्ण अंत्यलीला' में किया है। इस पुस्तक का तथ्य-सूत्र है, कथामृत रचनाकार श्रीम की अप्रकाशित डायरी, जो इस लेखक को देखने और काम में लेने का मौका मिला था।

इसके बावजूद, कुछ-कुछ शोधकार्य अभी भी जारी हैं, जैसे शोधकर्ता श्री निर्मल कुमार राय ने प्रमाणित किया है कि ठाकुर के चिकित्सक, दुर्गाचरण बनर्जी, विख्यात सुरेंद्रनाथ बनर्जी के पिता नहीं हैं। उसी समय, तालतला में, उसी नाम के और एक चिकित्सक थे। श्रीरामकृष्ण उनके यहाँ अपने इलाज के लिए जाया करते थे, लेकिन उनके घर का अता-पता नहीं मिला। स्वर्गीय निर्मल कुमार राय में, शोध-कार्यों में, काफी अशेष धीरज था। उनकी राय में कलकत्ता में कम-से-कम १४ मकान ऐसे हैं, जहाँ श्रीरामकृष्ण किसी-न-किसी समय गए थे। लेकिन अब उन सबका कोई अस्तित्व नहीं है। खुद कलकत्ता में रामकृष्ण-धन्य ऐसे और भी १९ घरों का सुराग नहीं मिलता है। उनमें तालतला के डॉ. दुर्गाचरण बंद्योपाध्याय का घर भी शामिल है।

महापुरुषों के शरीर और स्वास्थ्य के बारे में विस्तृत चर्चा करने के बाद, निर्भरयोग्य, मगर रुद्ध-श्वास ग्रंथ की रचना का रिवाज पश्चिम में है। इस देश में कई वर्ष पहले ही श्रीरामकृष्ण के विविध रोगों के बारे में एक वृहद् निबंध डॉ. तारकनाथ तरफदार ने लिखा है। उस लेखक को तो नहीं देखा, मगर उनकी फोटो देखी है। इस तरुण शोधकर्ता के निबंध का शीर्षक है, 'अंतिम शय्या पर ठाकुर'! डॉ. तरफदार ने बताया है कि दुर्गाचरण बनर्जी के चेंबर में रोगी श्रीरामकृष्ण का आगमन २३ सितंबर, १८८५ को हुआ था।

इन दिनों विदेश से और भी कई समाचार प्राप्त हुए हैं। अमेरिकी देश के संन्यासी,

स्वामी योगेशानंद की अंग्रेजी पुस्तक (पहला प्रकाशन, १९९५) 'सिक्स लाइटेड विंडोज' इस देश में नहीं बिकती, मगर शोधकर्ताओं के लिए अवश्य पठनीय है। योगेशानंद एक सतर्क लेखक हैं। अपनी स्मृति-कथा में उन्होंने पहले ही सतर्क कर दिया है कि भारतीय संस्कृति-परंपरा के मुताबिक संन्यासी आत्मकथा नहीं लिखते, क्योंकि वे लोग संन्यास-पूर्व जीवन की मृत्यु घटाकर, आत्म-श्राद्ध संपन्न करके, विरजा हवन के परिसमापन के बाद संन्यासी नवजीवन में प्रवेश करते हैं। पूर्वाश्रम के साथ वे संपर्कहीन हो जाते हैं। पश्चिम में जो सब ईसाई संन्यासी इस किस्म का काम करते हैं, उनमें से अनेक संन्यासी शुरू में ही यह जानकारी दे देते हैं कि चर्च के बड़े-बुजुर्गों के निर्देश से ही संघ के प्रयोजन पर उन लोगों ने अपनी-अपनी जीवनकथा-रचना में हाथ लगाया है। रामकृष्ण मठ के इस संन्यासी ने अपनी स्मृतिकथा के आरंभ में ही कहा है कि पूर्व और पश्चिम की क्रॉस-सांस्कृतिक मिलन के प्रथम पर्व में ही किस ढंग का अनुभव होता है, उसका कुछ-कुछ लिखित निदर्शन मौजूद रहे, तो परवर्तीकाल के प्राच्य और पाश्चात्यवासी दोनों के ही काम आ सकता है।

स्वामी योगेशानंद ने अपनी अंग्रेजी पुस्तक में दीर्घ काल से अमेरिकी प्रवासी प्राणवंत संन्यासी स्वामी निखिलानंद की जुबानी काशीपुर में रविवार की उस रात के बारे में जो सुनी थी, उसे लिपिबद्ध किया है। स्वामी निखिलानंद ने यह कहानी रामकृष्ण मठ-मिशन के अध्यक्ष, ठाकुर के परम प्रिय और स्वामी विवेकानंद के आमृत्यु भक्त स्वामी अखंडानंद से सुनी थी। स्वामी विवेकानंद उन्हें ही प्यार से 'गैंजेस' कहकर बुलाते थे और भगिनी निवेदिता उनके कालजयी दुर्भिक्ष राहत-कार्य के लिए 'द फेमिन स्वामी' कहकर बुलाती थीं। स्वामी अखंडानंद विवेकानंद के देह-त्याग के बाद भी पैंतीस वर्ष (१९३७ तक) जीवित रहे। श्रीरामकृष्ण की महासमाधि की तारीख की यह कहानी, बँगला की किसी पत्रिका या पुस्तक में, आज तक मेरी नजर नहीं पड़ी। स्वामी निखिलानंद जब स्वयं ही अपने लोगों को यह बयान दे गए हैं, तो इस पर अविश्वास करने का सवाल ही नहीं उठता।

सन् १८८५ के रविवार, १५ अगस्त को परमहंस की हालत बेहद शोचनीय थी। उनके कैंसर-पीड़ित गले से खाने की कोई भी चीज अंदर नहीं उतर रही थी। पहले के नियम-कानून को न मानते हुए, कुछ दिन पहले, डॉक्टर के दिए गए निर्देश पर ठाकुर कोमल पाठा के मांस का 'सुरफा' पीने को राजी हो गए। शर्त उनकी एक ही थी—'जिस दुकान से मांस खरीदकर लाएँ, वहाँ अगर कालीमूर्ति स्थापित न हो तो मांस मत खरीदना।' इसी मुताबिक एक सेवक सुबह-सुबह जाकर मांस खरीद लाता था। परवर्तीकाल में श्री श्री सारदामणि की स्मृतिकथा में इसका विवरण मिलता है—'काशीपुर में कच्चे पानी में मांस

डाल देती थी। कभी-कभी तेजपत्ता और चुटकी भर मसाला भी मिला देती थी। मांस जब खौलकर रूई जैसा हो जाता था, तो उतार लेती थी।'''उस मांस का जूस बना लिया जाता था। दो-दो कुत्ते उस मांस को नोंच-नोंचकर खाते-खाते मोटे-मुटल्ले हो गए।' काशीपुर उद्यानबाटी में जो एक ब्राह्मणी रसोईदारिन लाई गई थी, उसका उल्लेख मास्टरसाहब महेंद्रनाथ गुप्त की दैनिक डायरी में मौजूद है। इसके अलावा यह जानकारी भी मिलती है कि रसोईदारिन ठाकुर के गाँव से आई थी, लेकिन खाना-वाना पकाना उसे बिलकुल नहीं आता था।

स्वामी योगेशानंद की अंग्रेजी पुस्तक में ठाकुर के आखिरी दिन का विवरण मिलता है—'मर्त्यलीला के आखिरी दिन श्रीरामकृष्ण ने अचानक इच्छा जाहिर की कि वे उबला हुआ अंडा खाना चाहते हैं। (हाँ, बत्तख का अंडा! उस जमाने में बंगाली घरों में मुरगी का अंडा निषिद्ध था)। यह महाआश्चर्य की बात थी, क्योंकि उन्होंने इस किस्म की इच्छा इससे पहले कभी जाहिर नहीं की। बहरहाल, उनकी इच्छानुसार दो अंडे उबाले गए। लेकिन दिन भर जो सब विपर्यय घटा, उसके बाद, उनका अंडा खाना नहीं हुआ।' इसके बाद ही स्वामी अखंडानंद का स्मृतिकथन, 'आधी रात को जब सबकुछ समाप्त हो गया, तब नरेंद्र ने कहा, "मुझे बहुत भूख लगी है। क्या किया जाए?" यह विवरण सुनकर बाद में स्वामी निखिलानंद ने कहा, "ऐसे समय तो भूख नहीं लगनी चाहिए।" स्वामी अखंडानंद का उत्तर था, "जो हुआ था, वही मैंने आपको बताया। उबले हुए दो अंडों की खबर पाकर भूख से पागल नरेंद्रनाथ ने वे दोनों अंडे खा डाले। उसके बाद अपने को सँभाला।" अखंडानंद की राय में नरेन और रामकृष्ण जो एकात्म हो चुके थे, इस ढंग से अंडे खाना उसी का निदर्शन है।

काशीपुर में दीर्घ दिनों से अथक सेवा-कार्य में नियुक्त, जर्जरित बारह जन त्यागी संतानों के शरीर में जैसे कुछ भी नहीं बचा था। कौन कितनी देर रोगी के सिरहाने ड्यूटी देगा; कौन डॉक्टर के पास कलकत्ता जाएगा; कौन पथ्य संग्रह करके लाएगा और उसे किस ढंग से तैयार किया जाए, यह समझाएगा—यह सब तय करते थे नेता नरेंद्रनाथ! घड़ी के काँटे के अनुसार काम होता था, लेकिन उस समय कोई निर्देश शशि और उनके भाई शरत् (सारदानंद) मानना ही नहीं चाहते थे।

ठाकुर की सेवा के समय शशि को खाने-पीने का खयाल ही नहीं रहता था। वे बार-बार अमृत-पथयात्री की शय्या के पास दौड़ आते थे। इस प्रसंग में स्वामी प्रभदानंद ने हमें स्मरण कराया है कि ठाकुर शब्द उनके देहावसान के बाद रचा गया। भक्तगण तो उनके जीवनकाल में उन्हें 'परमहंसदेव' बुलाते थे। अन्य लोग 'परमहंस महाशय' कहते थे। बहुत से लोग व्यंग्य से उन्हें 'ग्रेट गूज' संबोधित करते थे।

काशीपुर थाने के मृत्यु रजिस्टर में भी अंग्रेजी में लिखा गया—'राम किष्टो प्रमोहंस'; निवास, ४९, काशीपुर रोड, जाति ब्राह्मण, उम्र ५२ वर्ष, पेशा 'प्रीचर' यानी प्रचारक! मौत की वजह : गले में अल्सर यानी घाव! पत्रकार गोपालचंद्र घोष को 'बंधु' कहकर सरकारी खाते में दर्ज किया गया। यह 'बंधु' असल में भक्त-महल के सुपरिचित बूढ़ो गोपाल हैं, जिन्होंने बाद में स्वामी अद्वैतानंद के नाम से संन्यास ग्रहण किया।

सावन की आखिरी रात में क्लांत और विध्वस्त त्यागी संतानों का एक और मर्मस्पर्शी विवरण स्वामीजी के मँझले भ्राता श्री महेंद्रनाथ दत्त भी अपने ग्रंथ 'श्रीमत् सारदानंद स्वामीजी की घटनावली' में दर्ज कर गए हैं।

उस शोकार्त समय में चाय पीने के बारे में शरत् महाराज (स्वामी सारदानंद) एक किस्सा सुनाते थे, 'सुनो, हो, शिवरात्रि का उपास करके चाय पीने में हमें कोई दोष-पाप नहीं लगेगा। क्यों? जानते हो? जिस दिन उनका (श्री श्रीरामकृष्ण देव का) देहावसान हुआ, सभी लोग उदास, बेजान से थे। उस दिन खाना-पीना कुछ नहीं हुआ। कौन भला चूल्हा जलाता? कौन खाना बनाता? अंत में अँगीठी जलाकर केतली में पानी गरम किया गया और चाय तैयार की गई। सबने ढक्-ढक् करके चाय पी। उस महाशोक के दिन भी हमने चाय पी थी, तो शिवरात्रि का उपवास करके, भला चाय क्यों नहीं पी जा सकती?'

प्रसंगवश मैं यह भी बता दूँ कि स्वामीजी के भाई महेंद्रनाथ दत्त ने एक बार प्रिय शरत् महाराज से पूछा था, "तुमने इतनी चाय पीनी कहाँ से सीखी?" स्वामी सारदानंद ने हँसते-हँसते जवाब दिया, "तुम्हारे भाई के पल्ले पड़कर! तुम्हारे घर में चाय का जो रिवाज था, वह उसने मठ में भी घुसा दिया और हम सबको चायखोर बना डाला। तुम सब हो 'नारकॉटिक' परिवार!" श्रीरामकृष्ण के मानस-पुत्रों ने कठिन समय में दिमाग ठंडा रखकर, कठिनतम दुःख का मुकाबला करने की दुर्लभ शिक्षा पाई थी। वे लोग तो मृत्यु के आमने-सामने खड़े होकर परम अवज्ञा से यह बोले सकते थे—'मेरा तो जन्म ही नहीं हुआ। इसलिए मृत्यु कहाँ से होगी?'

इसके बावजूद परम दुःख और प्रियजन की वियोग-व्यथा, हृदयवान् संन्यासी को भी पल-छिन के लिए आँसुओं से भाराक्रांत कर देती है। स्वामीजी ने खुद ही एक बार प्रतिवाद किया था, "क्या कहते हैं, जनाब? संन्यासी हो गया, इसलिए मेरे पास दिल नहीं है?"

वैराग्य और प्यार, आकर्षण और विकर्षण की परस्पर-विरोधी शक्तियों ने रामकृष्ण की संतानों के व्यक्ति-जीवन और संन्यास-जीवन को एक अद्‌भुत आभा में बार-बार आलोकित कर रखा था। शायद इसलिए जब हम सुनते हैं कि ठाकुर के देहावसान के बाद शोकार्त नरेंद्रनाथ आत्महत्या के लिए आमादा हो गए थे, तब हमें आश्चर्य नहीं होता।

प्रेम के ठाकुर और सर्वत्यागी संन्यासी विवेकानंद दोनों ही हमारे बोध के ऊर्ध्व रह जाते हैं।

□

शुरू में ही और कई-एक आसान बातें कह रखना बेहतर हैं। दक्षिणेश्वर में काफी दिनों तक श्रीरामकृष्ण का शरीर-स्वास्थ्य अच्छा-खासा था। ब्रह्मचारी अक्षयचैतन्य ने जानकारी दी है कि स्वस्थ दशा में वे आधा सेर से दस छटाँक चावल का भात खाते थे। रोग के नाम पर अमाशय के शिकार थे। अकसर ही पेट गड़बड़ रहता था। और भी एक रिपोर्ट के अनुसार, एक बार वायु-वृद्धि रोग के शिकार होने पर अगरपाड़ा के विश्वनाथ कविराज ने उनका इलाज किया। श्रीरामकृष्ण ने प्रश्न किया, "हाँ, रे, तंबाकू पीने से क्या होता है?" आखिरकार कविराज महोदय ने सलाह दी, "चिलम के ऊपर धान का चावल और सौंफ डालकर तंबाकू पीएँ।" ठाकुर ने वह सलाह मान ली। लेकिन धूम्रपान के साथ कैंसर का निबिड़ संबंध है, इस बारे में उन दिनों भी डॉक्टर और नागरिक उतने सचेतन नहीं थे।

उस जमाने में जरूरत से ज्यादा धूम्रपान बंगीय जीवन का अंग बन चुका था। प्रिय शिष्य नरेंद्रनाथ ने प्रवेशिका की परीक्षा देने के बाद से ही धूम्रपान शुरू कर दिया था, इसका इशारा बैकुंठनाथ सान्याल के 'श्री श्रीरामकृष्णलीलामृत' नामक ग्रंथ में मौजूद है। 'पाठागार-द्वार आबद्ध रहता था, अर्थात् जब-तब तंबाकू पीते थे, इसलिए पिता (विश्वनाथ दत्त) कहा करते थे, "राजा बेटा, शायद ठाकुर को धूप-धूना दे रहे हैं, इसलिए द्वार बंद है।" लेकिन पढ़ाई-लिखाई में भी तरक्की करते देखकर वे कुछ नहीं कहते थे।'

ठाकुर की धूम्रपान-प्रीति को भक्तगण ने उनके देहावसान के बाद भी नतमस्तक होकर स्वीकार कर लिया। आज भी बेलूरमठ में शाम को ठाकुर की शेष-सेवा का नाम है—'हुक्का-भोग'! चिलम में सुगंधित तंबाकू जलाकर, हुक्के पर बिठाकर ठाकुर के कक्ष में रख आने के बाद रात भर के विश्राम के लिए द्वार बंद कर दिया जाता है।

काशीपुर उद्यानबाटी में भी हुक्का-चिलम का अन्य इस्तेमाल होता था। नरेंद्रनाथ और उनके त्यागी भाई लोग जब धूनी जलाकर संन्यासियों की तरह, अंग-अंग में भस्म लेपन करते थे, तब अन्य राख के अभाव में हुक्के की टिकिया की राख का इस्तेमाल कर लेते थे। इस रूप में नरेंद्रनाथ की जो फोटोग्राफी, समय की उपेक्षा बरदाश्त करते हुए आज भी टिकी हुई है, विशेषज्ञों की राय में वह सन् १८८६ में काशीपुर में ग्रहण की गई। यहाँ के संग्रह में यही नरेंद्रनाथ की पहली तसवीर है। लेकिन किस परिस्थिति में, किसने यह तसवीर उतारने का इंतजाम किया था; फोटोग्राफर कौन था, यह आज भी स्पष्ट नहीं है।

श्रीरामकृष्ण की तसवीरों की संख्या उँगलियों पर गिनी जा सकती है। इसके बावजूद उन तसवीरों के विस्तृत विवरण की हमें जानकारी नहीं है। ठाकुर की जो तसवीर अब समूचे विश्व में वंदित है, वह भक्त भवनाथ चट्टोपाध्याय के प्रयास से दक्षिणेश्वर में बोर्न ऐंड शेफर्ड्स के प्रशिक्षार्थी अविनाशचंद्र दां द्वारा उतारी गई है और स्वयं नरेंद्रनाथ अगर विशेष रूप से मदद न करते, तो महासमाधिमग्न श्रीरामकृष्ण की यह अनमोल तसवीर हमें उपलब्ध नहीं होती, जो ग्रंथों में निबद्ध हुई है।

हमें यह भी जानकारी है कि असावधानीवश, अविनाश दां के हाथों से, काँच की वह नेगेटिव, गिरकर दरक गई। लेकिन फोटोग्राफर ने काफी सावधानी से उसका पिछला हिस्सा, गोलाकार काटकार, मूल तसवीर को बचा लिया। पिछले हिस्से का अर्ध गोलाकार निशान काफी खूबसूरती से शोभित होकर उस तसवीर को विशेष अर्थ दे गया है।

'श्री श्रीरामकृष्ण-लीलामृत' के लेखक बैकुंठनाथ सान्याल काशीपुर पर्व में पद्मासन पर आसीन उस ध्यानमूर्ति के बारे में, ठाकुर का निजी मंतव्य संग्रह करके हमारे लिए छोड़ गए हैं। ठाकुर ने कहा, "भवनाथ की जिद पर फोटो उतरवाने के लिए विष्णुधर के चबूतरे पर ऐसा समाधिस्थ हुआ कि फोटो खिंच जाने के बाद भी मेरा ध्यान भंग होते न देखकर फोटोवाले अविनाथ ने यह समझा कि मैं मर चुका हूँ। फोटोवाला बेचारा अपना जंतर-पाती छोड़कर भाग खड़ा हुआ।"

सावन की अंतिम रात को काशीपुर में श्रीरामकृष्ण मृत हैं या गहरी समाधि में मग्न, सेवक लोग यह समझने में अक्षम रहे। बैकुंठनाथ सान्याल ने लिखा है, 'इसलिए हम आशा में हिम्मत बाँधे रहे। वे अभी जाग जाएँगे, अभी उठ जाएँगे—यही सोचते-सोचते हम लोग समूची रात प्रभु को घेरे हुए, उनका अपूर्व भाव निहारते रहे।'

'अंतिम शय्या पर श्री श्री ठाकुर' निबंध में डॉ. तारकनाथ तरफदार ने श्रीरामकृष्ण का एक मेडिकल-इतिहास खड़ा करने की कोशिश की है। कथामृत में इस रोग का पहली बार उल्लेख २४ अप्रैल, १८८५ को हुआ—गले के अंदर गुट्टी! रात के आखिरी प्रहर में बेहद तकलीफ! चेहरा बेहद सूखा नजर आता हुआ! डॉक्टर तरफदार का अनुमान है कि उस रोग का सूत्रपात शायद काफी दिनों पहले ही हो चुका था। अंतिम रोग का पहला लक्षण, गले में गुट्टी! १५-१६ महीने बाद जीवन का अवसान!

कथामृत और अन्यान्य सूत्रों से डॉक्टर शोधकर्ता की रचना से और भी कई उदाहरण!

२६ मई, १८८५	पानिहाटी महोत्सव में धमार मचाने के बाद रोग में वृद्धि
१३ जून, १८८५	दुबारा गले में गुट्टी उभरने का उल्लेख, साथ ही सरदी-कफ में भयंकर दुर्गंध!

२८ जुलाई, १८८५	कथामृत के अनुसार श्रीरामकृष्ण के कंठ से अंतिम गीत।
अगस्त, १८८५	गले से पहली बार रक्त-क्षरण शुरू। खाने और निगलने में तकलीफ।
११ अगस्त, १८८५	धर्म-प्रचार में अत्यधिक बोलने से यह रोग! डॉक्टरी भाषा में 'क्लर्जीमैन्स थ्रोट'; इस दिन कुछेक क्षणों के लिए मौन।
३१ अगस्त, १८८५	रात को सूजी की खीर खाने में कोई तकलीफ नहीं हुई, यानी खाने की तकलीफ शुरू हो चुकी थी। खाकर ठाकुर प्रसन्न—"थोड़ा सा खा सका, मन काफी प्रसन्न हुआ। लेकिन रात को बदन पसीने से भीग उठा।"
१ सितंबर, १८८५	डॉ. राखाल दास घोष ने लैरिनजोस्कोप द्वारा जाँच की।
२ सितंबर, १८८५	प्रख्यात डॉ. महेंद्रलाल सरकार ने परीक्षण किया।
२३ सितंबर, १८८५	डॉ. दुर्गाचरण बंद्योपाध्याय
२६ सितंबर, १८८५	श्रीरामकृष्ण कलकत्ता आए। खाँसी का प्रकोप बढ़ गया।
२८ सितंबर, १८८५	रोग के प्रकोप की वृद्धि।
१ अक्तूबर, १८८५	रात में दर्द बढ़ गया! नींद नहीं आई।
२ अक्तूबर, १८८५	श्यामापुकुरवाले घर में आए।
४ अक्तूबर, १८८५	रक्तपात, पहले कच्चा खून, बाद में घना काला।
१२ अक्तूबर, १८८५	डॉ. महेंद्रलाल सरकार ने नियमित इलाज शुरू किया।
१५-१७ अक्तूबर, १८८५	इसी बीच किसी एक दिन डॉ. सरकार और उनके मित्र ने समाधि के समय श्रीरामकृष्ण की जाँच की।
४ नवंबर, १८८५	ठाकुर गुरुतररूप से पीड़ित।
८ नवंबर, १८८५	खून-मिले कफ की जाँच! इस रिपोर्ट का विवरण किसी के भी पास नहीं।
२९ नवंबर, १८८५	डॉ. सरकार का निदान, रोग कैंसर! इससे पहले सितंबर में कविराज ने बताया—'रोहिणी' रोग।

रोग के लक्षण पर विचार करके डॉ. तरफदार का अनुमान—'रामकृष्णदेव का रोग शुरू में 'हाइपोफैरिन्क्स' (या उसके बाद, अरोर्फेरिन्क्स) हिस्से में शुरू हुआ, स्वर-यंत्र में नहीं।'

□

श्यामापुकुरवाला घर छोड़ने के लिए मकान मालिक जोर-शोर से तकाजा कर

रहा था। नए घर की खोज जारी थी। ठाकुर से पूछा गया। उन्होंने कहा, ''मैं क्या जानूँ?'' काशीपुर-निवासी भक्त महिमाचरण चक्रवर्ती ने किसी एक घर की खबर दी। रानी कात्यायनी के दामाद गोपालचंद्र घोष की उद्यानबाटी। पता—काशीपुर रोड, मासिक किराया—८० रुपए।

जो तथ्य बेचैनी भरा और अप्रचलित था, वह यह कि श्रीरामकृष्ण श्यामपुकुर से दक्षिणेश्वर लौटकर जीवन के आखिरी कुछ दिन वहाँ व्यतीत करना चाहते थे, लेकिन मंदिर के परिचालकों से अनुमति नहीं मिली।

काशीपुर उद्यानबाटी के किराए ने श्रीरामकृष्ण को काफी चिंचित कर दिया। भक्तगण हर महीने चंदा उगाहें, यह उनके लिए परेशानी का कारण था। ऐसे में गृहीभक्त सुरेंद्रनाथ को बुलावा भेजा गया। ठाकुर उन्हें 'सुरेंदर' या 'सुरेश' बुलाते थे। श्रीरामकृष्ण ने कहा, ''देखो सुरेंदर, ये लोग क्लर्क-ट्रल्क, मामूली आय के लोग हैं, ये लोग इतना-इतना चंदा कहाँ से लाएँ और क्यों?''घर-किराए के रुपए तुम ही दे दिया करो।''

सुरेंद्र खुशी-खुशी राजी हो गए और मकान-मालिक के साथ अनुबंधस्वरूप छह महीने के गारंटर हो गए। वे किराए के ८० रुपए के अलावा भी काशीपुर पर्व में महीने-महीने २३० रुपए और देते थे। दारु पीकर रात को हल्ला-गुल्ला मचाते थे, इसलिए उन्हें एक बार दक्षिणेश्वर भेजा गया। बैकुंठनाथ सान्याल ने लिखा है, 'दक्षिणेश्वर जाकर उन्होंने देखा कि ठाकुर नौबतखाने के नजदीक मौलश्री के पेड़ तले दंडायमान हैं। प्रणाम करते ही उन्होंने छूटते ही कहा, 'ओ सुरेंदर, दारु पीता है, तो पी, तुझे मना नहीं करता, मगर पैर न डगमगाए और माँ जगदंबा के पादपद्म से मन न डगमगाए और पीने से पहले निवेदन करते हुए कहना—माँ, यह विष तुम पीओ तथा अमृत मुझे दो, ताकि मैं जी भरकर तुम्हारा नाम ले सकूँ।'

मासिक किराए के रुपयों के अलावा सुरेंद्र काशीपुर में श्रीरामकृष्ण के सोने के कक्ष में खसखस के परदे, फूलों की माला, फल वगैरह का खर्च भी वहन करते थे। महासमाधि के बाद बराहनगर का घर-किराया (११ रुपए) और खाने-पीने के बावद् महीने-महीने १०० रुपए सुरेंद्रनाथ ही देते थे।

काशीपुर उद्यानबाटी में प्रचुर मच्छर थे, इसकी भी जानकारी मिलती है। दूसरी मंजिल के कमरे में लेटे हुए थे। लालटेन जल रही थी और एक मच्छरदानी टँगी हुई थी। गिरीश और श्रीम से ठाकुर ने कहा, ''खाँसी, कफ, छाती में खिंचाव—यह सबकुछ भी नहीं है, लेकिन पेट गरम है। कमरे में ही पखाने का इंतजाम करना होगा। कमरे से बाहर जा सकूँगा, ऐसा नहीं लगता।'' सामने सेवक लाटू खड़े थे (बाद में स्वामी अद्भुतानंद)। उन्होंने छूटते ही कहा, ''जो आज्ञा महाशय! मैं आपका मेहतर हाजिर हूँ।''

लाटू (पूर्वनाम रखतूराम) के माध्यम से हमें जानकारी मिलती है कि एक दिन रुपए-पैसों का हिसाब-किताब रखने के बारे में बात छिड़ी। नरेन ने कहा, ''इतना हिसाब-किताब रखने को क्या है? यहाँ कोई चोरी करने तो आया नहीं।'' लेकिन लाटू ने कहा, ''हिसाब रखना बेहतर है।''

गोपाल दा पर हिसाब रखने का दायित्व पड़ा। लाटू ने (स्वामीजी उन्हें 'प्लेटो' कहकर बुलाते थे) जानकारी दी है—गृहस्थों का पैसा ठाकुर फिजूलखर्च नहीं होने देते थे। दक्षिणेश्वर में एक बार प्रदीप जलाते हुए किसी ने तीन-चार तीली नष्ट कर दी। तख्त से उतरकर ठाकुर ने खुद ही माचिस जलाई और कहा, ''ओ जी, संसारी-मध्यवित्त लोग काफी तकलीफ से पैसे बचाकर साधु को देते हैं। उन पैसों को फिजूल खर्च करना क्या उचित है?''

ठाकुर के गले के रोग के बारे में लाटू महाराज ने और भी कुछेक बातें कही हैं। एक बार गाँव में ठाकुर के बड़े भाई को विकार हुआ था। ठाकुर उन्हें पानी नहीं पीने देते थे। इस कारण बड़े भाई ने कहा था कि मरते समय तुम्हारे भी गले से पानी नहीं उतरेगा, देखना! इसके अलावा, काका कन्हाईराम के बड़ा बेटे हलधारी (रामतारक चट्टोपाध्याय) ने अपने इस भाई से नाराज होकर उन्हें श्राप दिया था कि वे खून उगलेंगे। हलधारी ठाकुर के अवतार रूप पर विश्वास नहीं करते थे।

□

काशीपुर की उद्यानबाटी में अनेक मजेदार घटनाएँ घटी हैं। एक घटना काली की जुबानी ही सुनें—

''नरेंद्रनाथ मुझसे प्रायः चार बरस बड़ा था। उस समय मैं नरेंद्रनाथ को अपना बड़ा भाई मानता था और प्यार करता था। नरेंद्रनाथ भी मुझे सहोदर की तरह स्नेह करता था। इसके अलावा मैं उसे सिर्फ प्यार ही नहीं करता था, बल्कि उसकी आज्ञा मानकर उसके सभी काम कर देता था। कहना चाहिए कि मैं छाया की तरह नरेंद्रनाथ के साथ-साथ रहता था और नरेंद्रनाथ जो-जो करता था, बेशक मैं भी वही-वही करता था। इसके अलावा नरेंद्रनाथ जो भी करने को कहता था, मैं आकुंठित मन से तत्काल वह कर डालता था।

''आत्म-ज्ञान लाभ करने के संबंध में विचार करते-करते, एक दिन नरेंद्रनाथ, हिंदुओं में आहार आदि को लेकर जो कुसंस्कार (prejudice) चलते हैं, उसके विरुद्ध काफी जोर देकर हमें समझाता रहा। शरत्, जोगेन, तारक दादा और मैं—हम सब भी इस बारे में विचार-विमर्श करते रहे। नरेंद्रनाथ ने कहा कि ब्रह्मज्ञान होने पर सबके हाथ का खाना खाया जा सकता है। ऐसे में कोई किसी से घृणा नहीं करता। जितने दिनों तक

कुसंस्कार रहेगा, उतने दिनों सही-सही ब्रह्मज्ञान नहीं होता।''

स्वामी अभेदानंद ने लिखा है, ''पहले हम सबमें से कोई भी मुसलमान के हाथ का पकाया हुआ खाना कभी नहीं खाता था। लेकिन नरेंद्रनाथ ब्राह्मविद् की तरह जाति-पाँति का भेद नहीं मानते थे। उनका दिल उदार था, इसलिए वे सभी के हाथों पकाया हुआ खाना खा लेते थे। उस दिन नरेंद्रनाथ ने कहा, 'चलो, आज मैं तुम लोगों का कुसंस्कार तोड़ डालूँ।' मैं तत्काल नरेंद्रनाथ के प्रस्ताव पर राजी हो गया और शरत् तथा निरंजन ने भी मेरी बात में सहमति जताई। संध्या समय नरेंद्रनाथ हम सबको लेकर काशीपुर बागान से बिडन स्ट्रीट (आजकल जहाँ मिनर्वा थिएटर स्थित है), पीरु के रेस्तराँ में जा पहुँचा। नरेंद्रनाथ ने 'फाउल करी' का ऑर्डर दिया और हम सब बेंच पर बैठे-बैठे खामोशी से इंतजार करने लगे। 'फाउल करी' आ गई। हम सब नरेंद्रनाथ के साथ अपने-अपने कुसंस्कार तोड़ रहे हैं और घृणा मिटा रहे हैं, मन में यही धारणा बनाते हुए वह 'फाउल करी' थोड़ी-बहुत ग्रहण की। नरेंद्रनाथ तो महानंद में सारी-की-सारी खा गया। हम थोड़े से में ही संतुष्ट हो गए और नरेंद्रनाथ का कांड-कारखाना देखने लगे। उसका खाना खत्म होने के बाद हम सब महानंद में दुबारा काशीपुर बागान में लौट आए।

''उस रात के लगभग दस बजे थे। कलकत्ता से लौटकर हम झटपट श्री श्री ठाकुर की सेवा करने के लिए उनके नजदीक जा पहुँचे। मैंने देखा कि काफी देर से हममें से किसी को भी काशीपुर बागान में न देखकर ठाकुर काफी परेशान थे।

मुझे सामने पाकर उन्होंने साग्रह पूछा, 'क्या, रे , तुम सब कहाँ गए थे?'

'कलकत्ता! बिडन स्ट्रीट, पीरु की दुकान में··· !' मैंने जवाब दिया।

'कौन-कौन गया था?'

मैंने सबका नाम बता दिया।

उन्होंने हँसते-हँसते दुबारा पूछा, 'वहाँ खाया क्या?'

'मु···की सब्जी··· !' मैंने जवाब दिया।

'स्वाद कैसा लगा, रे?'

'मुझे और शरत् वगैरह को बहुत अच्छा नहीं लगा। इसलिए जरा सा मुँह भर लगाया और कुसंस्कार तोड़ दिए।'

श्री श्री ठाकुर ने ठहाका लगाया, 'अच्छा किया! खूब अच्छा किया! भला हुआ, तुम सबके सारे कुसंस्कार दूर हो गए।'

श्री श्री ठाकुर की अभयवाणी सुनकर मैं आश्वस्त हुआ।''

□

ठाकुर के डॉक्टरी विवरण पर एक बार फिर नजर डाली जाए।

१२ दिसंबर, १८८५—ठाकुर को खाँसी तो नहीं थी, मगर पेट गरम। कोमल पांठा के मांस का सुरुफा पीया।

२७ दिसंबर, १८८५—डॉक्टरी दवा के अलावा दैव औषधि का प्रयोग। यह दवा श्रीरामपुर से आई थी। श्रीम को दिखाकर ठाकुर ने कहा, "दाम ये ही देंगे।" लेकिन इसी बीच नवगोपाल घोष और चुनीलाल ने कीमत चुका दी थी।

इस प्रसंग में भक्त रामचंद्र ने लिखा है कि रोग की विभीषिका दिखाने पर रामकृष्ण हँस पड़ते थे। वे कहते थे, "देह जाने, दुःख जाने, मन तुम खुश-खुश रहना।"

चंडीगढ़ से प्रकाशित स्वामी नित्यात्मानंद की बहु-खंडोंवाली पुस्तक 'श्रीराम दर्शन' में काशीपुर का जो वर्णन है, वह कुछ यूँ है—पश्चिमी खिड़की से तीन-चार हाथ पूरब की तरफ ठाकुर का बिछावन था। उनका सिरहाना दक्षिणी दीवार की तरफ था बाईं तरफ तीन हाथ की दूरी पर खड़खड़िया खिड़की! फर्श पर चटाई के ऊपर दरी बिछी हुई! उसके ऊपर श्रीरामकृष्ण का बिछावन!

१ जनवरी, १८८६—सुबह-सवेरे दूसरी मंजिल से नीचे उतरकर श्रीरामकृष्ण ने अपार दरियादिली से जो अगाध, आशीर्वाद बाँटा था, वह कल्पतरु उत्सव की मारफत अब 'लीजेंड' में परिणत हो चुका है। मठ और मिशन में इस अकल्पनीय घटना की भिन्न-भिन्न ढंग से व्याख्या की गई है। जिसने जो चाहा या माँगा, वह देने के अलावा, जिसने कुछ भी नहीं माँगा, उसे भी रामकृष्ण ने दिया—तुम चैतन्य बनो।

लीलाप्रसंग में इसकी व्याख्या है—'रामचंद्र वगैरह किसी-किसी भक्त ने उस घटना को ठाकुर का 'कल्पतरु' होने का निर्देश दिया है। लेकिन हमें लगता है कि उसे ठाकुर का 'अभय-प्रकाश' आत्मप्रकाश सहित सभी लोगों को अभय-प्रदान के नाम से अभिहित किया जाना चाहिए। यही युक्तिसंगत है। मशहूर है कि भली या बुरी, जो जिस चीज के लिए प्रार्थना करता है, कल्पतरु उसे वह प्रदान करता है। लेकिन ठाकुर ने तो ऐसा नहीं किया। उन्होंने देवत्व और मानवत्व का और जनसाधारण को बिना किसी भेदभाव के अभय आश्रय प्रदान करने का परिचय उस घटना में व्यक्त किया है।'

आश्चर्य की बात यह है कि ठाकुर के जो सभी भक्त बाद में संन्यासी हुए थे, उनमें से कोई एक भी कल्पतरु के दिन घटनास्थल में उपस्थित नहीं था। नरेंद्रनाथ पिछली रात काफी रात गए तक ठाकुर की सेवा करने के बाद, थके हुए, उद्यानबाटी की पहली मंजिल पर सो रहे थे।

अगले दिन २ जनवरी, १८८६, शनिवार को ठाकुर की शारीरिक दशा भयंकर शोचनीय हो आई, यह खबर डॉक्टर शोधकर्ताओं ने खोज निकाली है। अगले दिन रविवार को कम-से-कम दो बार रक्त-क्षरण! इससे कुछ दिनों पहले उन्होंने कविराज के

दिए हुए हरतालिका भस्म का सेवन किया था, लेकिन वह उल्टी हो गई थी।

११ जनवरी, १८८६—कविराज नवीन पाल की दवा का सेवन। बागबाजार के वही कविराज श्यामपुकुर भी आए थे और मर्त्यलीला के आखिरी दिन (१५ अगस्त) काशीपुर आकर उन्होंने उनकी असहनीय शारीरिक पीड़ा की बात सुनी।

१३ जनवरी, १८८६—डॉ. महेंद्रलाल सरकार ने श्रीरामकृष्ण की जाँच की। गले से लेकर कंधे तक, ठाकुर का समूचा दायाँ हिस्सा सूज गया था। वजन भी काफी घट गया था। एकमात्र 'कोनियम' ही सफल हुआ।

२८ जनवरी, १८८६—धर्मतत्त्व पत्रिका में छपी रिपोर्ट—'गले की आवाज बिलकुल बंद', प्राय: दो-ढाई सेर रक्तक्षरण और उसी रात हालत शोचनीय।

श्यामपुकुर आकर खर्च के मामले में चिंतित होकर ठाकुर ने भक्त बलराम बसु से कहा, "तुम मेरे खाने का खर्च दे देना। चंदे के पैसों से खाना-पीना मुझे अच्छा नहीं लगाता।" बलराम बसु धन्य हो उठे थे।

अब स्वामी अभेदानंद की 'मेरी जीवनकथा' पुस्तक में कलमबंद विवरण सुना जाए—'काशीपुर बागान में धीरे-धीरे सेवकों की तादाद बढ़ने लगी। राम बाबू वगैरह गृहीभक्त खाने-पीने का खर्च कम करने, सेवकों की संख्या घटाने-वगैरह मुद्दों पर विचार-विमर्श करने लगे। उन लोगों ने कहा कि बस, दो जन सेवक रहें, तो काफी है। वाकी सब अपने-अपने घर चले जाएँ।

'यह समाचार जब श्री श्री ठाकुर के कानों तक पहुँचा, तो उन्होंने नाराज होकर कहा, 'अब मेरा यहाँ रहने का मन नहीं है। जमींदार इंद्रनारायण को बुला भेजूँ? या बड़ाबाजार के उस मारवाड़ी बंदे को आवाज लगाऊँ? वह मारवाड़ी एक बार ढेरों रुपए लेकर आया था, लेकिन वे रुपए मैंने ग्रहण नहीं किए थे।' थोड़ा ठहरकर उन्होंने अपनी बात पूरी की, 'लेकिन···नहीं, किसी को भी बुला भेजने की जरूरत नहीं है। जगन्नमाता जो करेंगी, वही होगा।'

उस वक्त नरेंद्रनाथ वगैरह हम सब वहीं बैठे थे। उन्होंने हम सबको संबोधित करते हुए कहा, "तुम सब हमें अन्यत्र ले चलो। मेरे लिए भीख माँग सकते हो तुम लोग? तुम लोग मुझे जहाँ ले जाओगे, जाऊँगा। कैसे माँगोगे भीख तुम लोग, जरा दिखाओ तो सही, मैं देखूँ! भिक्षा का अन्न-वस्त्र शुद्ध होता है। गृही लोगों का अन्न खाने की मेरी इच्छा नहीं है।"

भीख माँगने के लिए निकलकर श्रीरामकृष्ण की त्यागी संतानों को ढेरों तजुर्बे हुए। किसी ने चावल, आलू, कच्चे केले भीख में दिए। किसी ने कहा, "मुटल्ले! मरदूद! नौकरी नहीं कर सकता? भिखारी का वेश बनाकर भीख माँगने निकला है?"

नरेंद्र-जननी भुवनेश्वरी देवी का यह चित्र उनकी मृत्यु के बाद ब्रह्मबांधव उपाध्याय द्वारा संपादित 'स्वराज' में छपा था। १० वर्ष की उम्र में भुवनेश्वरी का विवाह हुआ था। वे ६ बेटियों और ४ बेटों की माँ बनीं। अनिश्चित आर्थिक स्थिति, उस पर पति का घर छोड़ने को बाध्य, पारिवारिक मामले-मुकदमे, कम उम्र में वैधव्य, बड़े बेटे का संन्यास ग्रहण, प्रिय बेटियों की आत्महत्याएँ— यह सबकुछ सहते हुए बहुत दिनों तक विधवा माँ के आश्रय में निवास। उनका देहावसान कलकत्ता में २५ जुलाई, १९११ को हुआ।

विवेकानंद की नानी रघुमणि बसु, जिनके स्नेहपूर्ण आश्रय में विवेकानंद की माँ ने काफी दिन बिताए। प्रिय कन्या की मृत्यु के अड़तालीस घंटे बाद उनका भी देहावसान हो गया। तब वे नब्बे वर्ष की थीं। उपर्युक्त चित्र के अलावा रघुमणि का और कोई चित्र नहीं मिलता।

गौरमोहन स्ट्रीट का विशाल घर, जो खँडहर में बदल गया था। मठ-मिशन और जन-सहयोग से इस घर को अधिगृहीत कर इसका जीर्णोद्धार किया गया। उसके पहले भग्न प्रवेशद्वार का चित्र।

सबकी शुभेच्छा, संन्यासियों की प्रचेष्टा और समस्त कानूनी बाधाओं को लाँघकर विवेकानंद के जन्मस्थान का आखिर कायाकल्प हो गया। चित्र में नए मकान का सुसज्जित प्रवेशद्वार।

स्वामीजी की जीवनी और उनकी कीर्ति के लेखक महेंद्रनाथ दत्त, जन्म १ अगस्त, १८६९। १८९६ में खेतड़ी नरेश के आर्थिक सहयोग से वे लंदन गए और स्वामीजी से मिले। स्वामीजी ने उनके भाई को सोने की एक कलम देने के बाद कहा था, 'अपने नाखूनों को साफ-सुथरा रखना।' सन् १९५६ में ८८ वर्ष की उम्र में उनका देहावसान हुआ।

छोटे भाई डॉ. भूपेंद्रनाथ दत्त, जन्म सितंबर १८८०। स्वामीजी के देहावसान के बाद राजद्रोह के लिए जेल-यात्रा। ग्यारह महीने की सजा के बाद छिपकर अमेरिका पलायन। उपर्युक्त तसवीर सन् १९१५ में एथेंस में खींची गई थी। साल भर पहले वे अमेरिका छोड़कर यहाँ चले आए थे।

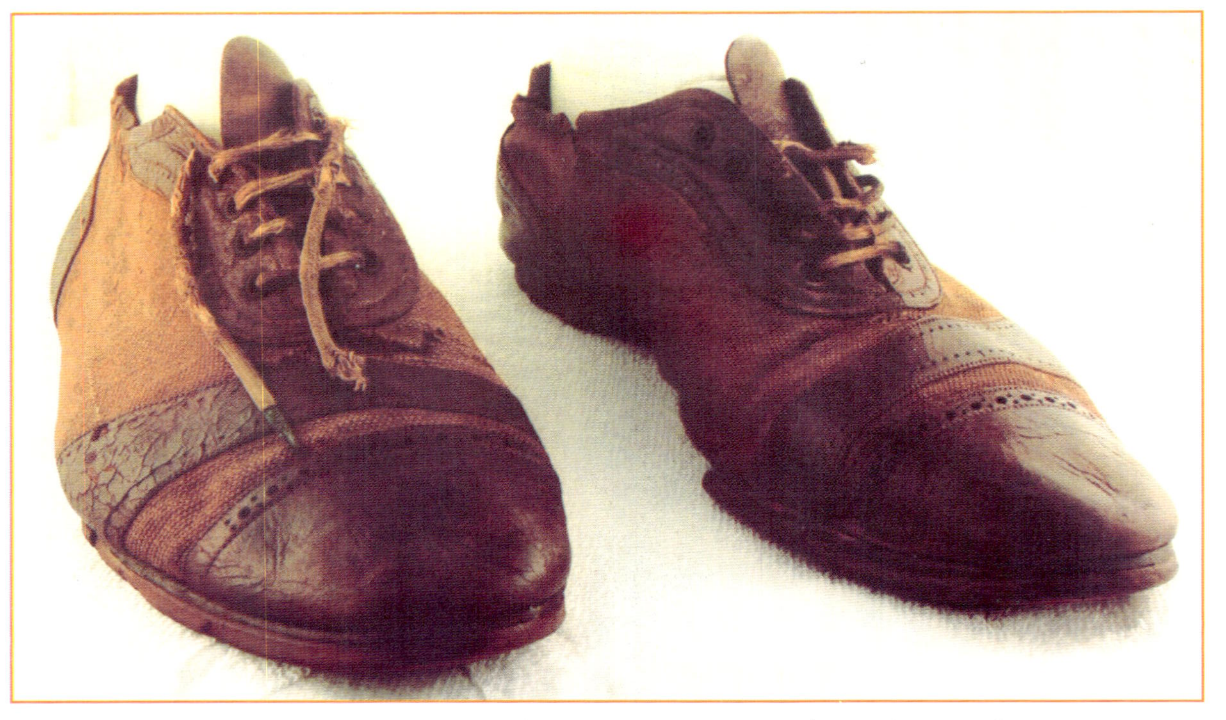

विश्वपथिक स्वामीजी के जूते। देखते ही समझ में आता है कि दुर्गम पथों, जंगलों, पर्वतों में पैदल चलते हुए इन जूतों पर क्या बीती थी!

तेईस वर्ष की उम्र में संसार त्याग कर जीवन के बाकी सोलह वर्ष तक स्वामीजी ने पैदल पूरे देश का भ्रमण किया और दो बार विश्व परिक्रमा पर निकले। स्पष्ट है, जूतों की उनके जीवन में महत्त्वपूर्ण भूमिका थी। बेलूर में सुरक्षित रखे स्वामीजी के काले और बादामी जूतों को देखकर समझा जा सकता है कि इन पर कितना अत्याचार हुआ है।

पहली अमेरिकी यात्रा के समय जूतों ने उनके पैरों को काफी तकलीफ पहुँचाई थी, जिस कारण उन्हें शिकागो की एक लेडी 'टो डॉक्टर' की शरण में जाना पड़ा था। बाद में वे प्राय: कहते— उन लेडी डॉक्टर की याद आते ही पैरों की उँगलियों का दर्द बढ़ जाता है।

यही वह विख्यात हरा कोट है, जिसे पहनकर १० दिसंबर, १८८१ को श्रीरामकृष्ण बंगाल फोटोग्राफर्स के राधाबाजार स्टूडियो में फोटो खिंचवाने गए थे।
इस कोट से पता चलता है कि श्रीरामकृष्ण की लंबाई ५ फीट ९.२५ इंच थी।
अर्थात् वे स्वामीजी से थोड़े लंबे ही थे।

आदि काशीपुर उद्यानबाटी की अप्रचलित तसवीर। यहीं पर १६ अगस्त, १८८६ को श्रीरामकृष्ण ने महासमाधि ली थी। जीर्णोद्धार करना संभव न होने के कारण इसी मकान के अनुकरण में काशीपुर में मकान बनाया गया, जहाँ हर वर्ष १ जनवरी को कल्पतरु उत्सव में लाखों की भीड़ होती है। सुरेंद्रनाथ मित्र के मासिक अस्सी रुपए किराये के आर्थिक सहायोग से १६ दिसंबर, १८८५ को बीमार श्रीरामकृष्ण को इस घर में लाया गया।

यही वह संगमरमर की मूर्ति है, जिसके निर्माण के समय स्वामी ब्रह्मानंद की स्वीकृति मिली थी। वर्तमान में यह मूर्ति काशी के अद्वैत आश्रम में है।

नरेंद्रनाथ— १६ अगस्त, १८८६ को काशीपुर के उद्यानबाटी में श्रीरामकृष्ण की महासमाधि के दिन। यह फोटो एक ग्रुप फोटो से अलग किया गया है।

स्वामी अखंडानंद (१८६४-१९३७) विवेकानंद के प्रिय 'गैंजेस'। मठ-मिशन की ओर से राहत-कार्य इन्होंने ही शुरू किया। बाद में रामकृष्ण मठ-मिशन के सभापति बने।

स्वामीजी के परम अनुरागी हरिभाई (स्वामी तुरीयानंद)। स्वामीजी के साथ ही १८९९ में जहाज से पश्चिम-यात्रा। स्वामीजी के देहावसान के बाद बेलूर लौट आए। १९२२ में काशी सेवाश्रम में देहावसान।

स्वामी ब्रह्मानंद

प्रिय गुरुभाई स्वामी सारदानंद को स्वामीजी ने १८९६ में इंग्लैंड बुला लिया। पाँच खंडों में 'श्री श्रीरामकृष्ण लीलाप्रसंग' इन्हीं की अक्षय कीर्ति है।

खेतड़ी नरेश महाराजा अजित सिंह (१८६१-१९०१)। इनके गुरु-प्रेम और उदारता की कहानियाँ आज भी किंवदंती की तरह विवेकानंद-प्रेमियों में प्रचलित हैं। स्वामीजी एकमात्र इन्हीं से समय-असमय सहायता लेने में संकोच नहीं करते थे।

खेतड़ी नरेश महाराजा अजित सिंह के दीवान मुंशी जगमोहनलाल। महाराजा के निर्देश पर ये ही स्वामीजी को बंबई जाकर जहाज पर चढ़ा आए थे। स्वामीजी की अनुपस्थिति में गौरमोहन मुखर्जी स्ट्रीट में दत्त परिवार के साथ इन्होंने ही संपर्क बनाए रखा था।

कनैडियन पैसिफिक लाइन का विख्यात जहाज 'एंप्रेस ऑफ इंडिया'। ३१ मई, १८९३ को इसी से स्वामीजी बंबई बंदरगाह से रवाना होकर चीन और जापान के रास्ते २५ जुलाई, १८९३ को वैंकूवर (कनाडा) पहुँचे थे।

२७ सितंबर, १८९३ को पार्लियामेंट ऑफ रिलीजियंस का अंतिम अधिवेशन। हालाँकि इस तसवीर में स्वामीजी को ढूँढ़ पाना मुश्किल है, लेकिन वे प्रतिनिधियों की दूसरी पंक्ति में बैठे हैं।

पार्लियामेंट ऑफ रिलीजियंस, शिकागो के शाश्वत भारत के अविश्वसनीय तरुण प्रतिनिधि स्वामी विवेकानंद।

सारा बुल— सुख-दु:ख में स्वामीजी इन पर ही निर्भर रहते थे। उन्होंने जननी का स्थान देकर इन्हें अविस्मरणीय बना दिया।

स्वामीजी की एक और निर्भर-योग्य महिला मित्र— जोसेफिन मैकलाउड।

किसी ने मंतव्य दिया, "ये लोग डकैत-दल हैं, खोज-खबर लेने आए हैं!' किसी ने गुंडों के आदमी कहकर खदेड़ दिया।"

श्री माँ ने भीख के चावल से गीला माँड़ पकाकर श्री श्री ठाकुर को परोस दिया। ठाकुर ने कहा, "भीख का अन्न खाकर मैंने परमानंद लाभ किया।"

फरवरी महीने में श्रीरामकृष्ण का स्वास्थ्य-विवरण, शोधकर्ता डॉ. तारकनाथ तरफदार ने परम जतन से उपलब्ध कराया है।

३ फरवरी, १८८६—वैद्य मुहाफिज का निर्देश—बूढ़ीगोपान का पत्ता पीसकर, सातपुरु केले के पत्ते में लपेटकर घाव पर बाँधना पड़ा।

४ फरवरी, १८८६—कान के हिस्से की सूजन बढ़ गई। नित्य आहार पाँच छटाँक बार्ली।

१३ फरवरी, १८८६—गेंदा के पत्ते की पुल्टिस लगाई गई।

१४ फरवरी, १८८६—घाव का मुँह नीचे की तरफ।

२३ फरवरी, १८८६—ठाकुर का जमरूद खाने का मन हुआ, मगर उनसे खाया नहीं गया।

२४ फरवरी, १८८६—घी से घाव की ड्रेसिंग।

मार्च महीने की २५ तारीख की दोपहर को डॉ. रामचंद दत्त, कलकत्ता मेडिकल कॉलेज के नौवें अध्यक्ष, डॉ. जे.एम. कोट्से को साथ लेकर काशीपुर आए।

इसके आगे का वर्णन स्वामी प्रभानंद की रचना से—'अपराह्नकाल! भक्त रामचंद्र दत्त मेडिकल कॉलेज के प्रधान चिकित्सक और अध्यक्ष डॉ. कोट्स साहब को साथ लेकर काशीपुर बागान-कोठी में हाजिर हुए।'

इसकी युक्ति की व्याख्या करते हुए बैकुंठनाथ सान्याल लिखते हैं—'हालाँकि प्रसिद्ध डॉक्टर द्वारा होमियोपैथिक इलाज चल रहा है, तथापि प्राय: आठ महीने होने को आए, आशानुरूप सुधार होते न देखकर भक्तगण अत्यधिक चिंतित हो उठे और उन्हें क्या रोग है, किस उपाय से वह शांत हो सकता है, इस आशा में मेडिकल कॉलेज के अध्यक्ष विज्ञ डॉ. कोट्स साहब को लाया गया।'

डॉ. कोट्स का पूरा नाम था, Dr. J.M. Coates। चिकित्सा विद्या में उनकी परिचायक उपाधि थी M.B.B.S., M.D., L.F.P.S.G.। वे मेडिकल कॉलेज के नौवें अध्यक्ष थे। सन् १८८० से १८९० तक वे इसी पद पर आसीन रहे। इस काम में सहयोग देने से पहले वे मिलीटरी में थे और वहाँ वे ब्रिगेडियर सर्जन के पद पर तैनात थे।

डॉ. कोट्स जबर्दस्त साहब थे, वे राम बाबू के साथ बागान-कोठी की दूसरी मंजिल के हॉल-कमरे के सामने उपस्थित हुए। जूते समेत वे फर्राटे से कमरे में दाखिल

हुए। सेवक शशि नजदीक ही खड़े थे। अपने हाथ का डॉक्टरी बैग, उन्होंने उनकी तरफ बढ़ा दिया। शशि ठहरे आचारनिष्ठ ब्राह्मण! ईसाई साहब का बैग छूने में उन्हें हिचकिचाते हुए देखकर कोट्स साहब गुस्से से अग्निशर्मा हो आए। वे चीख उठे—'You go from here! You...' वहाँ मौजूद किसी और व्यक्ति ने उनका बैग थाम लिया। इधर शशि के प्रति साहब डॉक्टर का रूढ़ आचरण देखकर श्रीरामकृष्ण गंभीर रूप से मर्माहत हो उठे। श्रीरामकृष्ण रोकते रहे, "अहा! रहने दो! रहने दो!"

डॉ. कोट्स चटाई पर ही बैठ गए। डॉक्टर को ठाकुर द्वारा इस्तेमाल किया गया तकिया पीठ टिकाने के लिए दिया गया था। इधर श्रीरामकृष्ण को थका हुआ देखकर मास्टर बाबू ने वही तकिया उठाकर ठाकुर की पीठ के पीछे टिका दिया। श्रीरामकृष्ण कुछ देर उस तकिए से टेक लगाकर बैठे रहे, उसके बाद उन्होंने तकिया हटा दिया। उन्होंने डॉक्टर का हाथ पकड़कर अनुरोध किया कि वे तकिए से पीठ टिकाकर बैठें। ठाकुर का मीठा व्यवहार देखकर डॉक्टर का मन प्रसन्न हो उठा। डॉ. कोट्स ने मुसकराकर कहा, "He (Sri Ramkrishna) is naturally a gentleman."

उसके बाद, 'डॉक्टर साहब ने उनका गला दबा-दबाकर जाँच करने का प्रयास किया। ठाकुर एकदम से सिहर उठे। उन्होंने कुछेक पल रुकने को कहा और अपनी भाव-समाधि में निमग्न हो गए। डॉक्टर ने अपने ढंग से जाँच-परीक्षण करके कहा कि इन्हें कैंसर यानी कंठनली में घाव हुआ है। बहुत दिनों से लगातार ईश्वर-चर्चा करते-करते गले के मध्य की सूक्ष्म नसों और झिल्ली में उत्तेजना की वजह से इस रोग की उत्पत्ति होती है। हमारे देश में इसे धर्मयाजक का कंठरोग कहते हैं। हमारी तेज-तेज दवाएँ इस हालत में बेहद तकलीफदेह होंगी, इसलिए जो दवा चल रही है वही शुभ है।'

डॉक्टर के परीक्षण-निरीक्षण के परिणाम के बारे में रामचंद्र दत्त ने लिखा है, "उनकी हालत देखकर उन्होंने (डॉ. कोट्स ने) उनका रोग लाइलाज बताया।" उन्होंने श्री रामकृष्ण की जुबानी भागवत प्रसंग सुनना चाहा। उनके अनुरोध पर श्री रामकृष्ण ने इशारे-इशारे में समझाकर कहा कि ईश्वर एक है, दो नहीं। वे ही सर्वभूत में विराज करते हैं।

स्वामी सारदानंद की स्मृतिकथा में एक और टुकड़ा तथ्य की जानकारी मिलती है। उन्होंने बताया है कि कोई विलायतयाफ्ता डॉक्टर, बीमारी के समय, उनके यहाँ आए थे। ठाकुर की शारीरिक हालत काफी गंभीर देखकर उन्होंने कहा, "आपकी तबीयत काफी खराब है, वरना मैं आपसे बहुत कुछ सीख पाता; आप भी मुझसे काफी कुछ सीख लेते।" कथा-प्रसंग में तीन-तीन बार यही वाक्य दुहराने पर ठाकुर ने उत्तर दिया, "तुमसे मुझे कुछ भी नहीं सीखना है।" डॉ. कोट्स के विदा लेने के बाद ठाकुर के निर्देश पर

उनके बिस्तर-पत्तर पर गंगाजल छिड़का गया। श्रीरामकृष्ण ने अपना बिस्तर स्पर्श करके मंत्र का जाप किया—'ओम् तए सए।'

श्रीरामकृष्ण का क्रियाकलाप देखकर वहाँ मौजूद भक्त भोलानाथ मुखोपाध्याय हँस पड़े। वहाँ उपस्थित मास्टर बाबू वगैरह भी हँसते रहे।

साहब डॉक्टर की फीस के बारे में तीन लोकश्रुतियाँ हैं। पहली राय : कल्पतरु के दिन ठाकुर के कृपाधन्य भूपतिनाथ मुखोपाध्याय (भाई विभूति) ने डॉ. कोट्स को बत्तीस रुपए दिए थे। स्वामी प्रभानंद का फुटनोट है, ' ४ मार्च, १८८६ के विवरण से यह जानकारी मिलती है कि ये रुपए भूधर चाटुज्या देना चाहते थे! वे शशधर तर्कचूड़मणि के शिष्य थे। ठाकुर उन लोगों के कॉर्नवालिस स्ट्रीट (२०३/१/१, विधान सरणी) गए थे। तीसरी राय के अनुसार डॉ. कोट्स ने फीस नहीं ली। उन्होंने यह रकम ठाकुर की सेवा में खर्च करने का अनुरोध किया।

डॉ. कोट्स जिस दिन काशीपुर आए थे, उस रात ठाकुर की हालत बहुत ज्यादा बिगड़ गई। रोगी की साँस घुटने लगी। वैसे डॉ. कोट्स तो जवाब दे ही गए थे कि रोग अब लाइलाज है।

शनिवार, ८ मार्च, १८८६, यानी होली के दिन का स्वामी प्रभानंद ने काशीपुर उद्यानबाटी का एक हृदयग्राही चित्र आँका है। रामचंद्र दत्त की पत्नी, ठाकुर के पाँवों में अबीर डालकर, प्रणाम करने आईं। बैठे-बैठे ठाकुर को पंखा झलती रहीं। कोन्ननगर से मनोमोहन मित्र हाजिर हुए। उन्हीं की बहन विश्वेश्वरी के साथ शखालचंद्र घोष (बाद में स्वामी ब्रह्मानंद) का विवाह हुआ। परवर्तीकाल में मनोमोहन ने 'मेरी जीवनकथा' नामक स्मृतिकथा लिखनी शुरू की, मगर उसे पूरा नहीं कर पाए। होली के दिन मनोमोहन ठाकुर के लिए नागकेशर वृक्ष की डाल लाए थे। ठाकुर डाल के कुछ पत्ते अपनी नाक तक ले गए, लेकिन उसकी तीखी गंध बरदाश्त नहीं कर पाए। उस दिन मनोमोहन के दल में बहन विश्वेश्वरी भी शामिल थीं।

उस दिन की एक और घटना को नजरअंदाज नहीं किया जा सकता। बड़ा बाजार के व्यवसायी, मारवाड़ी भक्त का एक दल ठाकुर से मिलने आया। बड़ा बाजार में ही श्रीरामकृष्ण को कभी संवर्धना दी गई थी। आज भी उन लोगों ने प्रणाम किया और 'जय सच्चिदानंद!' की जय-जयकार करते हुए विदा ली।

गिरीशचंद्र घोष के भाई, हाईकोर्ट के वकील, अतुलचंद्र भी बीच-बीच में ठाकुर की नाड़ी की जाँच किया करते थे। ठाकुर भी अतुल के नाड़ी-ज्ञान की प्रशंसा करते थे। 'अतुल को इतना-इतना नाड़ीज्ञान-व्याधिज्ञान है, मानो वह धनवंतरी के वेश में इनसान हो।'

बैकुंठनाथ सान्याल के 'लीलामृत' ग्रंथ में लिखा है—अतुल ने एक समय ठाकुर से कहा, 'नरेन अभी भी वकालत की परीक्षा की कोशिश कर रहा है, जबकि वकील और डॉक्टर के बारे में ठाकुर की धारणा खास अच्छी नहीं है।' अतुल की शिकायत के दो-चार दिन बाद अचानक एक दिन नरेंद्रनाथ पागलों की तरह जैसे-तैसे कपड़ों में ही नंगे पाँव गिरीश-भवन में हाजिर हुए। कारण पूछने पर उन्होंने बताया कि अविद्यामाता की मृत्यु और विवेक पुत्र के जन्म-अशौच की वजह से उसका यह हाल है। इसके बाद काशीपुर उद्यान में जाकर उन्होंने हमेशा-हमेशा के लिए आत्मनिवेदन के बहाने प्रभु के चरण-कमलों में सिर झुका दिया।

विख्यात होमियोपैथ डॉ. राजेंद्रनाथ दत्त ने इस पर्व में ठाकुर के दर्शन किए। ठाकुर ने अपना घाव दिखाकर कहा, "देखो तो सही, इसे तुम ठीक नहीं कर सकते?" डॉक्टर ने उन्हें दवा वगैरह दी। उन्हें ठाकुर का रोग कैंसर नहीं लगा था।

डॉ. महेंद्रनाथ सरकार की डायरी के मुताबिक श्रीरामकृष्ण को लाइपोडियम २०० देकर अच्छा परिणाम मिल रहा था। २२ मार्च की रात उन्होंने वर्मिशेली के साथ गरम दूध पीया। ३० मार्च को उन्हें ठंड लगने लगी। इसके बाद ही वह विख्यात घटना! नरेंद्रनाथ, तारकनाथ घोषाल (बाद में स्वामी शिवानंद) और कालीप्रसाद चंद्र (बाद में स्वामी अभेदानंद) किसी को भी बिना कुछ बताए काशीपुर से महात्मा बुद्ध के सिद्धि-लाभ के पुण्यक्षेत्र बोधगया चले गए।

अभेदानंद ने अपनी पुस्तक 'मेरी जीवनकथा' में अप्रैल महीने का उल्लेख किया है। लेकिन, प्रासंगिक तथ्यों वगैरह का विशेलषण करते हुए स्वामी प्रभानंद का निर्णय है—वे लोग ३१ मार्च, १८८६ की शाम को चले गए थे।

बैकुंठनाथ सान्याल ने उन दिनों की परिस्थिति का खूबसूरत चित्र आँका है। उन्हीं दिनों ठाकुर ने उदास लहजे में किसी युवक से कहा, "देखो, नरेंद्र इतना निष्ठुर है कि मेरी इस बीमारी के समय भी मुझे छोड़कर कानाइ घोषाल (पूर्व मित्र) के बेटे, जिसे उसी ने यहाँ आश्रय दिया, उसी तारक के साथ जाने कहाँ तो चला गया या तारक ही उसे हटा ले गया और काली भी उसके साथ हो लिया।" ('यह बात पहले से ही बताए रखना बेहतर है कि प्रभु-कृपा पाने के बावजूद कर्मदोष से इससे पहले नित्यगोपाल (बाद में ज्ञानानंद अवधूत) के साथ छाया की तरह धूमता रहता था।')

ठाकुर को सांत्वना देने के लिए किसी नौजवान ने कहा, "नरेंद्र भला कहाँ जाएगा? फट् से चला भी गया, तो आपको छोड़कर कितने दिन रह सकेगा?" प्रभु ने भी हँसकर कहा, "ठीक कहा तूने! जाएगा कहाँ? इधर जाए, उधर जाए, फिर उसी बूढ़े की पिछाड़ी में लौट आए। महामाया जब उसे मेरे ही काम के लिए लाई हैं, तो

उसे मेरे पीछे-पीछे घूमना ही होगा।'' जाहिर है कि दो-चार दिन बाद नरेंद्रनाथ मानो अपराधी की तरह प्रभु-समीप उपस्थित हो गया। (८ अप्रैल, १८८६ की शाम, वे लोग लौट आए।)

सारा मामला क्या था, इसका विस्तृत वर्णन 'मेरी जीवनकथा' (स्वामी अभेदानंद) पुस्तक में उपलब्ध है।

'नरेंद्रनाथ, तारक दास (स्वामी शिवानंद) और मैं, अकसर महात्मा बुद्ध की जीवनी-पाठ किया करते थे और उनके त्याग और कठोर साधना के बारे में आपस में चर्चा करते थे। उन्हीं दिनों हमने ललितबिस्तर की गाथाएँ भी खासी रट डाली थीं। बीच-बीच में 'इहासने शुष्यातु मे शरीरम्' आदि की आवृत्ति करते हुए हम ध्यान भी करते थे। धीरे-धीरे हम तीनों के ही मन में महात्मा बुद्ध की तपस्या-स्थली के दर्शनों की इच्छा बलवती हो उठी।

'एक दिन नरेंद्रनाथ, तारक दादा और मैं कलकत्ते से खाली पाँव पैदल चलते-चलते शाम से पहले काशीपुर बागान में हाजिर हुए। इच्छा इतनी बलवती हो उठी कि हम लोगों से रहा नहीं गया।

'नरेंद्रनाथ ने कहा, 'चल, किसी से कुछ कहे-सुने बिना ही हम सब दोस्त बुद्ध-गया पहुँच जाएँ।' श्री श्री ठाकुर को भी हमने बुद्ध-गया जाने के बारे में कुछ नहीं बताया। नरेंद्रनाथ ने हम तीनों के लिए रेल-किराया जुटाया और तैयार हो गया। हम सब कोपीन, बहिर्वास और कंबल के साथ तैयार हो गए।

'सन् १८८६ के अप्रैल माह में वरानगर खेयाघाट से हमने गंगा पार की और बाली की तरफ रवाना हो गए। वह रात हम तीनों ने सड़क-किनारे एक परचून की दुकान के चबूतरे पर गुजारी। अगले दिन अलसुबह उठकर हम बाली स्टेशन पहुँचे और रेलगाड़ी में सवार हो गए। अगले दिन गयाधाम के दर्शन करके बुद्धगया में उपस्थित हुए।

'बुद्ध-गया में उपस्थित होकर हमने मंदिर में प्रवेश किया। बुद्ध-मूर्ति के दर्शन करके हमने प्रसन्न मन से साष्टांग प्रणाम् किया।

'मंदिर के अभ्यांतर में अतिशय शांत परिवेश! मन वैसे ही समाधि-सागर में डूब जाता है। ध्यान के समय हम सब अपूर्व निर्वाण-सुख का आभास और आनंद का अनुभव करने लगे।

'बाद में मंदिर के बाहर बोधि-वृक्ष के सामने सम्राट अशोक-निर्मित वज्रासन पर बैठकर हम तीनों दुबारा ध्यान में डूब गए। नरेंद्रनाथ ने एक अपूर्व ज्योति का दर्शन किया। मेरे भी समूचे तन-बदन में मानो शांति-स्रोत प्रवाहित होने लगा। तारक दादा भी गहरे

ध्यान में तल्लीन हो गए।

'दो घंटे ध्यान के बाद हम तीनों ने निरंजना नदी में स्नान किया! थोड़ा भिक्षाटन किया और थोड़ा-बहुत नाश्ता करके वहाँ की धर्मशाला में विश्राम करने लगे। रात भी उसी धर्मशाला में व्यतीत की। हमारे पास कोई गरम कपड़ा नहीं था, इसलिए ठंड के मारे रात को नींद नहीं आई। ऊपर से आधी रात को नरेंद्रनाथ का पेट गड़बड़ा गया। उसने जो आहार किया था वह सब संभवत: हजम नहीं हुआ था। उसे दो-चार दस्त हुए और पेट-दर्द से वह छटपटाता रहा।

'हम लोग बेहद चिंतित हो आए। ऐसी हालत में क्या करें, हम कुछ तय नहीं कर पा रहे थे। अंत में कातर होकर श्री श्री ठाकुर से प्रार्थना करने लगे। कुछ देर बाद हमने देखा नरेंद्रनाथ थोड़ा ठीक हुआ। आने से पहले हम ठाकुर से कुछ कहकर नहीं आए। उनकी बीमारी के समय हम उन्हें छोड़कर चले आए और उनकी अनुमति लिए बिना ही हमारा यूँ चले आना भयंकर भूल हुई है, धीरे-धीरे हमें अहसास होने लगा।

'हमारा मन बेचैन हो उठा। हम सब मानो कोई आकर्षण महसूस करने लगे। नरेंद्रनाथ के पेट का रोग उस समय भी पूरी तरह ठीक नहीं हुआ था, लेकिन किसी से, किसी तरह की मदद पाने का भी उपाय नहीं था। हमारे पास रेल-किराया भी नहीं था। अस्तु, हम सब भयंकर मुसीबत में पड़ गए। हम कुछ तय नहीं कर पा रहे थे। इसलिए जल्द-से-जल्द काशीपुर लौट जाना ही हमें अपना कर्तव्य जान पड़ा। लेकिन वापस लौट जाने का हमारे पास कोई उपाय नहीं था।

'तब नरेंद्रनाथ ने कहा, 'चलो, हम बुद्ध-गया के महंत से जाकर मिलते हैं और उनसे कुछ रुपए माँग लेते हैं।'

'मैं और तारक दादा सहमत हो गए।

'हमने अगली सुबह निरंजना नदी का रेतीला तट पार किया। नदी की रेत इतनी सर्द थी कि उस पर नंगे-पाँव चलते हुए हमारे पाँव मानो ठिठुरकर सुन्न होने लगे। ठंड में नंगे पाँव चलते हुए मानो आग में झुलसने जैसा अहसास होता है, आज से पहले हम नहीं जानते थे। काफी कष्ट झेलते हुए हमने निरंजना नदी पार की और महंत के मठ में उपस्थित हुए। मठ के दसनामी संन्यासियों के साथ हमारा परिचय हुआ। वहीं साधुओं की पाँत में बैठकर हमने दोपहर का भोजन करके विश्राम किया।

'नरेंद्रनाथ संगीत के परम भक्त थे, यह सुनकर मठ के महंत महाराज ने उससे गाना सुनाने का अनुरोध किया। नरेंद्रनाथ हालाँकि पेट की बीमारी से अतिशय कमजोर हो गया था, लेकिन उसके गले का तेज कम नहीं हुआ था। उसने कई-एक भजन गाए। उसका अपूर्व संगीत सुनकर महंत महाराज अत्यंत प्रसन्न हुए। बाद में विदा लेते

समय जब उन्होंने सुना कि हमारे पास पाथेय नहीं है, तो उन्होंने थोड़ा-बहुत पाथेय भी थमा दिया।

'हम तीनों पुनः निरंजना नदी पार करके बुद्ध-गया लौट आए और गयाधाम में एक बंगाली सज्जन, उमेश बाबू के घर अतिथि बने। वहाँ भी संध्या के समय नरेंद्रनाथ ने दुबारा शास्त्रीय संगीत और भजन गाया। वहाँ भी अपूर्व संगीत सुनकर सभी लोग मुग्ध हो गए। उमेश बाबू ने हम तीनों का खास जतन किया और रात को अपने यहाँ आश्रय दिया। अगली सुबह ट्रेन में सवार होकर हम कलकत्ता की ओर वापसी के सफर पर चल पड़े। और अगले दिन शाम को हम काशीपुर के बागान में हाजिर हो गए।

'इधर श्री श्री ठाकुर हमारे लिए अतिशय परेशान थे और हमें वापस आया देखकर, महानंद से भरकर, साग्रह पूछताछ करने लगे। सारी घटना सुनकर वे बेहद खुश हुए और उन्होंने प्रशांत लहजे में कहा, 'अच्छा किया! खूब अच्छा किया।'

'श्री श्रीरामकृष्ण लीला-प्रसंग' हर तरह से निर्भरयोग्य ग्रंथ है। नरेंद्रनाथ के बारे में स्वयं श्रीरामकृष्ण ने कहा था, "तू फिकर क्यों करता है? कहाँ जाएगा वह? कितने दिनों बाहर-बाहर रह सकेगा? तू देखता रहा, बस, आने ही वाला होगा।" अगले ही पल उन्होंने हँसते-हँसते कहा, "चारों खूँटे तक घूम आ। देखेगा, कहीं कुछ नहीं; जो कुछ है सब (अपने शरीर की ओर इशारा करके)…सब यहीं है।"

इस प्रसंग में बाबूराम महाराज (बाद में स्वामी प्रेमानंद) कह गए हैं—"परमहंसदेव रो पड़े थे। उन्होंने कहा कि जैसे वह (नरेंद्र) एड़ी-चोटी का पसीना एक करके जुटा हुआ है, वह जो चाहता है जल्दी ही पा लेगा।"

६ अप्रैल, १८८६—डॉ. राजेंद्रनाथ दत्त काशीपुर आए। बाद में डॉक्टर ने श्रीम से कहा—पहली बार पता चला कि बचपन में उनके गले में 'गंडमाला' (स्क्रोफुला) हुआ था।

ठाकुर के पेट पर जले का दाग देखकर डॉ. दत्त ने पूछा, "यह क्या है?"

मास्टरबाबू ने जवाब दिया, "प्लीहे का इलाज हुआ था।"

श्रीरामकृष्ण ने इशारों में कहा, "वह तो काफी बचपन में!"

"देख रहा हूँ कि कर्ता हर तरह का कांड किए बैठे हैं।" डॉक्टर ने कहा।

□

रोग-बीमारी चाहे जितनी भी हो, काशीपुर से आनंद का विर्सजन कभी नहीं हुआ। एक दिन रसोइया बीमार हो गया। उस दिन सबके लिए तारक (बाद में स्वामी शिवानंद) ने खाना पकाया—दाल-भात-रोटी और सूखी तरकारी! तरकारी की भुजिया में अभी फोरन छौंक दिया ही था कि ऊपर ठाकुर को इसकी खुशबू मिल गई। उन्होंने

किसी सेवक से पूछा, "हाँ, रे, आज क्या पकाया जा रहा है, उन लोगों के लिए? वा-ह! फोरन की सुगंध तो काफी बढ़िया है। खाना पका कौन रहा है?" खाना मैं पका रहा हूँ, यह सुनकर उन्होंने कहा, "जा, मेरे लिए थोड़ी सी ले आ।" वह सब्जी ठाकुर ने थोड़ी सी चखी थी।

२९ अप्रैल, १८८६—किसी-किसी चिकित्सक को आशा थी—'रामकृष्ण संपूर्ण आरोग्य-पथ पर' हैं। भक्त नाग महाशय उस दिन काफी खोजकर ठाकुर के लिए ताजा आँवला ले आए थे। नाग महाशय को भात परोसा गया। उन्होंने जानकारी दी—आज एकादशी है।

इसके बाद की घटना के बारे में स्वामी प्रभानंद ने 'श्री श्री माँ की कथा' से उदाहरणस्वरूप प्रस्तुत किया है।

ठाकुर ने माँ से कहा, "मिर्च डालकर जरा सूखी सब्जी बना दो। वे लोग पूर्वी बंगाल के निवासी हैं, मिर्च ज्यादा खाते हैं।" ठाकुर ने यह भी निर्देश दिया, "एक थाली में सारी सब्जी परोस दो। प्रसाद न हुआ, तो वे लोग नहीं खाएँगे।" ठाकुर उसे प्रसाद बनाने में जुट गए। वह सब भात में सानकर उन्होंने जरा सा मुँह जुठार लिया।

माँ ने कहा, "लो, अच्छी तरह तो खा रहे हो, तब आज सूजी क्यों खाना? थोड़ा सा भात ही खा लो।" ठाकुर ने जवाब दिया, "नहीं-नहीं, आखिरी समय में यही आहार भला है।" मई महीने की २१ तारीख को उनकी शारीरिक हालत काफी बिगड़ गई। दो दिन बाद की रिपोर्ट : समूचे तन-बदन में असहनीय यंत्रणा! अगले सप्ताह उन्होंने इशारे में फुसफुसाते हुए बात की! देह कंकाल मात्र रह गई थी!

□

इसके बाद से ही कई महीनों तक काशीपुर के समाचारों में मानो अकाल पड़ गया! रोग-जर्जर होने के बावजूद श्रीरामकृष्ण अपने भक्त सेवकों का हाल-समाचार लेते रहते थे। जोगीन (बाद में स्वामी योगानंद) बीमार है, यह सुनकर उन्होंने कहा, "सेवा में त्रुटि होगी, यह सोचकर तुम लोग अपने स्वास्थ्य का जतन नहीं करते। तुम्हीं लोगों का स्वास्थ्य अगर टूट गया, तो मेरी देखभाल भला कौन करेगा? तुम लोग, भइया, असमय खाना-पीना मत किया करो।"

इसके बाद से ही काशीपुर में विस्तृत विवरण में जैसे भाटा नजर आता है। डॉ. सरकार भी काफी दिनों से अनुपस्थित! डॉ. राजेन दत्त का आना-जाना भी अनियमित! श्रीरामकृष्ण की चिकित्सा का क्या होगा, यह सोच-सोचकर सभी लोग काफी चिंतित थे।

कथामृत के कथाकार मास्टर बाबू महेंद्रनाथ गुप्त भी इस समय कम ही आते।

उन दिनों उन पर काफी मुसीबत आन पड़ी थी। उनकी नौकरी चली गई। विद्यासागर के स्कूल में वे हेडमास्टर थे। प्रवेशिका की परीक्षा में छात्रों के परीक्षा-परिणाम, चूँकि आशानुरूप नहीं आए थे, विद्यासागर ने उन्हें तलब किया और जो-सो कहकर उनका अपमान किया। उन्होंने मास्टर बाबू के मुँह पर ही सुना दिया—परमहंसदेव के यहाँ जरूरत से ज्यादा आने-जाने की वजह से ही इस किस्म की लापरवाही हुई है।

अपमानित मास्टर बाबू ने अगले दिन ही (शुक्रवार) अपना इस्तीफा भेज दिया। घर-गृहस्थी कैसे चलेगी, यह बिना सोचे ही पदत्याग! काशीपुर में बिस्तर पर लेटे-लेटे ही ठाकुर ने पूरी खबर सुनने के बाद कहा, "चलो, साढ़े तीन से पास!"। उन्होंने अपने भक्त को तीन बार शाबासी दी—अच्छा किया! अच्छा किया!! अच्छा किया!!!

रविवार को भी मास्टर बाबू काशीपुर बागान कोठी में आए थे। उसी दिन, किसी समय, गंगाधर ने नरेंद्रनाथ को बताया कि राज चटर्जी बता रहे थे कि छात्रों ने मास्टर बाबू के विरुद्ध शिकायत की थी। मास्टरबाबू यह सुनकर काफी उदास और चिंतित हो गए।

नरेंद्रनाथ फूत्कार उठे। उन्होंने कहा—क्या बात करता है? मास्टर बाबू क्या इन बातों की परवाह करते हैं भला? तेरे विद्यासागर को शायद यह गलतफहमी है कि मास्टर बाबू का परिवार है, बाल-बच्चे हैं, उनसे नौकरी नहीं छोड़ी जाएगी।

□

इसके बाद ही लगभग छलाँग लगाकर सन् १८८६ के अगस्त महीने में आ पड़ना! अब हम 'श्रीरामकृष्ण-लीलामृत' के लेखक बैकुंठनाथ सान्याल पर कुछ ज्यादा निर्भर करेंगे।

'ठाकुर भूख लगने के बावजूद बूँद भर तरल पदार्थ ग्रहण करने में लाचार हो गए। किसी तरह अगर थोड़ा सा कुछ पीया भी, तो दुगनी उल्टी हो जाती थी और इससे उन्हें और ज्यादा कष्ट होता था।...एक दिन श्रीमुख-विगलित, क्लेदमिश्रित खीर हाथ में लेकर नरेंद्रनाथ ने कातर लहजे में कहा, 'प्रभु की सुव्यवस्था से उनका प्रसाद ग्रहण करके हम सबका चित्त प्रसन्न होता था, लेकिन अब विधि विमुख है। आओ, उनके सत्तास्वरूप यही ग्रहण करके अपनी अस्थि-मज्जा में मानो उनका अबाध अधिष्ठान महसूस कर सकते हैं। इतना कहकर, वह कियदंश उन्होंने थोड़ा सा खुद ग्रहण किया और हमें भी कराया।'

रसिक चूड़ामणि ठाकुर! उन्होंने कहा, "देख रहा हूँ सागर-पार अनेक श्वेतांग भक्त हैं। उन लोगों से हेल-मेल के लिए उन लोगों जैसी पोशाक पहननी होगी। इसलिए मेरा मन होता है कि जाँघिया पहनकर, डिश-कटोरे में खाऊँ। उनके कहने भर की देर थी, सारी सामग्रियाँ जुटाई गईं और उनका इस्तेमाल करके प्रभु प्रसन्न हुए। प्रभु की प्रेरणा

से ही पश्चिमी देशों में उनकी महिमा के प्रचार के दिनों में नरेंद्रनाथ ने उनकी यह बात याद रखी और उस देश के उपयुक्त पोशाकों का इस्तेमाल किया, वरना संन्यासी होकर, साहब सजने की उनकी कोई अभिलाषा नहीं थी।''

स्वामी सारदानंद का 'श्रीरामकृष्ण-लीलाप्रसंग' ठाकुर के बारे में जानकारी के लिए हमारे लिए सबसे निर्भरयोग्य आकार ग्रंथ है। इस ग्रंथ में काशीपुर-पर्व प्रायः अनुपस्थित है, ग्रंथकार यह स्वयं भी महसूस करते थे। स्वामी निर्लेपानंद ने इस बारे में मूल्यवान तथ्य दिया है—'शेष जीवन में श्रीरामकृष्ण की चरित-कथा का शेषांश (काशीपुर बागान की घटनावली) लिखकर लीलाप्रसंग को पूर्ण अवयव और संपूर्ण गठन प्रदान करने की जब जरूरत समझी गई, तो एक दिन उन्होंने कहा, 'देखो, अब समझ में आ रहा है कि ठाकुर के बारे में हमने कुछ नहीं समझा। खैर, उनकी इच्छा होगी, तो लिखी जाएगी।'

बहरहाल, उस प्रत्याशा से भक्तगण वंचित रह गए। इसके बावजूद बिखरे-छितराए रूप में, लीलाप्रसंग में यहाँ-वहाँ जो उल्लेख है वह भी कम नहीं, लेकिन, उन सबकी खोज-खबर लेने से पहले जल्दी से टुकड़े-टुकड़ों में कुछ और खबर भी दे दी जाए। यथा, श्रीरामकृष्ण कभी भी अपना कर्तव्य भूलने की मंशा नहीं रखते थे। अपनी दीदी कात्यायनी की संतानों के बारे में उन्होंने दादा के बेटे रामलाल से कहा, ''उन सबकी खबर लेते रहना रामलाल, वरना वे लोग कहेंगे कि उनके ममिहाल में कोई नहीं है। 'पूजा' के समय उन लोगों के लिए एक-एक कपड़े भेजते रहना।'' अपने उस भतीजे को ठाकुर प्यार से 'रामनेलो' पुकारते थे।

श्री श्री सारदामणि से ठाकुर ने कहा था, ''तुम कामारपुकुर में रहना। साग बोना-चुनना; साग-भात खाना और हरि-नाम जपना। पराया-अन्न भला, पराया घर भला नहीं होता। कामारपुकुरवाला अपना घर कभी नष्ट मत करना। किसी के भी सामने एक पैसे के लिए भी कभी हाथ मत फैलाना। तुम्हें मोटा भात और साड़ी का अभाव नहीं होगा।'' सारदामणि को उन्होंने अपने रोग-जर्जर कंठ से एक गीत भी सुनाया था, जो बेहद अर्थपूर्ण है—

'आय पड़ा हूँ, जिस दाय में, वह दाय मैं बताऊँ किसे,
जिसका दाय, वो खुद ही जाने, गैर क्या जाने गैर का दाय।'

श्रीरामकृष्ण ने इसी काशीपुर में अंतिम गीत भी भविष्य के स्वामी विवेकानंद के उदात्त कंठ से सुना था। काशीपुर में सेवकगण अकसर ही गीतों के माध्यम से अपना दुःख भूलने की कोशिश करते थे।

स्वामीजी के मँझले भाई महेंद्रनाथ दत्त ने लिखा है, ''महाप्रयाण के कुछ दिन

पहले तक भी नरेंद्रनाथ के गानों के लिए जमघट लगता था। रात को उन लोगों ने 'उद्दाम कीर्तन' शुरू कर दिया। उनके शोर से समूचा मकान काँपने लगा। श्रीरामकृष्ण ने भजन-मंडली के किसी व्यक्ति को बुलाकर कहा—तुम लोग क्या हो, जी? कोई मरे या किसी का 'राम-नाम सत्त' हो,···अगले ही पल उन्होंने खुश होकर कहा—उसका तो सुर ही ऐसा है, खैर, फलाँ जगह, तुम लोग गाने की एक कड़ी भूल गए थे। उस जगह वह कड़ी जोड़ी जानी चाहिए थी।''

काशीपुर में शेष पर्व के संबंध में भक्तप्रवर रामचंद्र ने अपने 'जीवन-वृत्तांत' में लिखा है—''हालत में दिनोदिन परिवर्तन हो रहा था। जब···उत्थान, शक्ति-रहित हुआ, जब आवाज बिलकुल ही टूट गई, तब बहुतेरे लोग हताश हो गए। डॉक्टरी, कविराज, आधिभौतिक, टोटके वगैरह सभी की मदद ली गई, लेकिन कोई सुफल नहीं निकला। कई-कई महिला-भक्तों ने बाबा तारकनाथ के प्रति सोमवार व्रत किया; नारायण के चरणों में तुलसीदल अर्पित किया; किसी-किसी भक्त ने बाबा तारकनाथ का चरणामृत और पीपल-पत्र लाकर, उन्हें धारण कराया, किसी-किसी ने (श्री माँ की) बलि दी। लेकिन सारा कुछ विफल हो गया।''

बीमार हालत में भाव-समाधि के बारे में विश्लेषक डॉ. तरफदार ने व्याख्या प्रस्तुत की है—'भाव या समाधि' में गले का दर्द बढ़ जाता है। संभावित कारण: समाधि-काल में 'कुंभक या श्वासबंध' रहता है। इस समय शायद दोनों वोकल-कॉर्ड आपस में कसकर चिपक जाते हैं और ग्लॉटिस को कसकर अवरुद्ध किए रहते हैं। फुसफुस से विश्वास-वायु उस पर धक्का मारते हैं।' उन्होंने यह भी उल्लेख किया कि समाधि-काल में कैंसर कोष से पीड़ादायक रसायन भी निकलता है। 'फिर भी श्रीरामकृष्ण की समाधि ने कोई बाधा नहीं मानी। आखिरी दिन भी प्राय: दो घंटे तक वे समाधि में मग्न रहे।'

डॉक्टरी विश्लेषण में रविवार, ३१ श्रावण, १२९३ (१५ अगस्त, १८८६) की सुबह, काशीपुर में श्रीरामकृष्ण 'काफी बेहतर' थे।

अन्य विवरण—'उस दिन सुबह से ही ठाकुर की बीमारी अत्यधिक बढ़ गई और वे दर्द से छटपटाते रहे। पीड़ा कम करने के लिए, उन्हें तकिए के सहारे टिकाकर बैठाए रखा गया।'

श्री श्री माँ जैसे ही उनके नजदीक आईं, उन्होंने कहा, ''आ गईं? देखो, मैं जाने कहाँ तो जा रहा हूँ, जल के अंदर-अंदर से···ब-हो-त दूर!''

श्री श्री माँ रोती रहीं।

ठाकुर ने फिर कहा, ''तुम क्यों चिंतित हो? जैसे रहती थीं, वैसे ही रहना। ये लोग जैसे मेरा कर रहे हैं, तुम्हारा भी करेंगे।''

बैकुंठनाथ सान्याल ने लिखा है, 'प्रियतम नरेंद्रनाथ को परमतत्व-उपदेश के मनोभाव के साथ तद्गतप्राण शशिभूषण को भी नीचे चले जाने को कहकर, उन्होंने नरेंद्रनाथ से कहा, 'अच्छी तरह देख, ऊपर कोई न हो।' अब, प्रभु ने उन्हें अपने अति निकट बिठाकर, जिस ब्रह्मतान का सृष्टिकाल से गुरु-परंपरा में उपदेश दिया गया है, वही उपदेश देकर, उन्होंने कहा—'यद्यपि तुममें और मुझमें अभेदात्मा है, फिर भी बाहरी दृष्टि से गुरु-शिष्य रूप में हम अलग-अलग थे। आज तुम्हें अपना यथासर्वस्व अर्पित करके भिखारी रूप में मैं सिर्फ नाम भर को रामकृष्ण रह गया। तुम राजराजेश्वर होकर दूसरे रामकृष्ण बनो।'

इसके अलावा और भी कई विवरण हैं।

बैकुंठनाथ सान्याल ने लिखा है, 'आज धारा श्रावण का आखिरी दिन है या हम भाग्यहीनों की अश्रुधारा का पहला दिन। उनके कुछ न खाने पर सेवकों ने सोचा—पीड़ा शायद बढ़ गई है, इसलिए आहार की अनिच्छा है।' 'आज भात की खीर खाऊँगा' 'यह सुनकर सभी आश्वस्त हो गए। जब खीर लाई गई, तो उन्होंने कहा—बैठकर खाऊँगा।'

खाने के प्रसंग में चार प्रकार के खाने का विवरण उपलब्ध होता है : भात की खीर, भात की लेई, सूजी की लेई और खिचड़ी। बैकुंठनाथ के वर्णन के अनुसार, गले के अंदर जब कुछ भी नहीं उतर रहा था, तब ठाकुर ने सेवकों से कहा, "अंदर इतनी भूख है कि हँडिया-हँडिया खिचड़ी खाने का मन करता है, लेकिन महामाया कुछ भी खाने नहीं दे रही हैं।"

आजीवन जिनके सभी कार्यकलाप नए-नए हुआ करते थे, उनकी खिचड़ी खाने की इच्छा भी एक नई बात थी। गौर किया जाए, तो हर अवतार-पुरुष मात्र को एक-एक प्रकार का भोजन प्रिय था। अयोध्यानाथ को राजभोग, वृंदावनचंद्र को खीर-मलाई, अमिताभ को फाणित (एक प्रकार की मिठाई), शंकर का प्रिय खाद्य क्या था, पता नहीं। लेकिन उनके संन्यासी संप्रदाय को भोज में लड्डू-पूड़ी का समादार होता था। निमाइचंद का मालसाभोग (मिट्टी के बरतन में भरा हुआ चिउड़ा, लहया और दही)…दक्षिणेश्वर भूषण प्रभु ने ऐसे अभिनव सुखसाध्य, खेचरान्न भोजन की इच्छा व्यक्त की। इसलिए प्रियतम नरेंद्रनाथ ने प्रभु के जन्मोत्सव पर उन्हीं की अभिलाषा अनुरूप खेचरान्न द्वारा उनके विराट रूप के प्रति इस विराट भोग का प्रबंध किया था, जो भारत में ही क्यों, दुनिया के किसी भी देश में नजर नहीं आता।

उस आखिरी रविवार को काशीपुर में खिचड़ी को लेकर और भी गड़बड़ी मची। श्री माँ सेवकों के लिए खिचड़ी पका रही थीं! खिचड़ी तले से चिपक गई। लड़कों ने वही खाया। उनकी एक साड़ी छत पर सूखने के लिए फैलाई हुई थी। वह साड़ी नहीं मिली।

उतारते समय पानी की एक सुराही टूटकर चूर-चूर हो गई।

रविवार को दोपहर के समय कोई व्यक्ति ठाकुर से मिलने आए। वे योग के बारे में बातचीत करने आए थे। ठाकुर ने उनके साथ पूरे दो घंटे तक बातचीत की। कहते हैं, बुद्ध के लौकिक जीवन के आखिरी दिन भी ऐसा ही कुछ घटा था। सेवक शशि (बाद में स्वामी कृष्णानंद) कई मीलों तक दौड़कर गए और डॉ. नवीन पाल को गाड़ी में बिठाकर काशीपुर लिवा लाए।

ठाकुर ने डॉक्टर से कहा, ''आज मुझे बहुत अधिक कष्ट है।''

नाड़ी-परीक्षा करते हुए डॉ. पाल को कुछ समझ में नहीं आया।

ठाकुर ने डॉक्टर से पूछा, ''ठीक हो जाएगा?''

डॉक्टर निरुत्तर!

ठाकुर ने फिर कहा, ''किसी हाल भी कुछ नहीं हो रहा है। यह रोग क्या असाध्य हो गया है?''

''हाँ, परेशानी तो है।'' डॉ. पाल ने सिर झुका लिया।

भक्त देवेंद्रनाथ मजूमदार को संबोधित करके ठाकुर ने कहा, ''ये क्या बोल रहे हैं, जी? इतने दिनों बाद ये लोग कह रहे हैं कि रोग ठीक नहीं होगा।''

गिरीश के भाई अतुलकृष्ण घोष ने नाड़ी की जाँच करके आशंका व्यक्त की—''नाड़ी तो रुक-रुककर...।''

ठाकुर ने भक्तों से कहा, ''इसे ही कहते हैं-नाभिश्वास!''

उनकी बात पर भक्तों को विश्वास नहीं हुआ। वे लोग सूजी की कटोरी ले आए।

अन्य राय के अनुसार, सेवकों ने श्रीरामकृष्ण को भात की लेई खाने को दी।

परिपाक विचार करने के बाद स्वामी प्रभानंद ने राय जाहिर की है—उस वक्त रात के प्रायः नौ बजे थे। उस समय दुबारा समाधि! नरेंद्रनाथ ने सबको 'हरि ॐ तए सए' नाम-जाप करने को कहा।

जब समाधि टूटी, तब रात के प्रायः ग्यारह बजे थे। सेवकगण ने उन्हें उठाकर बैठा दिया और उन्हें पथ्य खिलाने के लिए व्यस्त हो उठे।

''उठकर बैठूँ? सिर जो चक्कर देगा।'' ठाकुर ने कहा।

''सिर पर जरा जल उड़ेलकर हवा करें, तो नहीं होगा?'' श्रीम ने पूछा।

शशि ठाकुर ने कहा, ''एइ, उन्हें हिला-डुला क्यों रहा है?''

उस वक्त रुई में भिंगोकर, उनके मुँह में पानी डाला जा रहा था।

ठाकुर को तब कसकर भूख लगी थी। उन्होंने पथ्य के रूप में सूजी की खीर खाई अन्य की राय में, उन्होंने भात की लेई खाई।

सेवक शशि द्वारा अंग्रेजी में लिखे नोट के अनुसार, ''खाने के रूप में उन्होंने एक गिलास पतली खीर पी।'' कहते हैं, उसके बाद ठाकुर ने संतोष प्रकट किया, ''आ-ह! अब चैन मिला। अब और कोई रोग नहीं रहा।''

बैकुंठनाथ सान्याल ने इस पर्व में एक निष्ठावान पुजारी ब्राह्मण रामकृष्ण की एक छवि आँकी है, जिसे स्वामी प्रभानंद ने कहा है, ''विवरण निर्भरयोग्य नहीं है।''

बैकुंठनाथ ने लिखा है—

'ठाकुर खीर खाने जा ही रहे थे कि उनकी नजर पड़ी दो अ-ब्राह्मण सेवक उनकी शय्या पकड़े हुए हैं।

'उन दोनों को बिछावन छोड़ने को कहो।'

'क्यों? वे बिस्तर से हाथ क्यों हटाएँ?' नरेंद्र ने पूछा।

'ओ रे, खीर में भात जो है, रे!'

'आप तो विधि-निषेध से ऊपर हैं, फिर यह आदेश क्यों?'

ठाकुर ने नरेंद्र से कहा, 'ओ रे, ब्राह्मण का शरीर जो है! इसलिए ब्राह्मण-संस्कार जानेवाला नहीं है, रे!'

बैकुंठनाथ ने व्याख्या दी है—'ठाकुर सभी लोगों के यहाँ अन्न ग्रहण नहीं करते थे। वे कहा करते थे—पूड़ी-तरकारी खाई जा सकती है, लेकिन अन्न नहीं।'

काशीपुर का सारा कुछ बड़ी सतर्कता से विचार करके यह लेखक स्वामी प्रभानंद से एकमत है कि यह विवरण निर्भरयोग्य नहीं है।

ठाकुर के शेष पर्व के बारे में स्वामी अभेदानंद की 'मेरी जीवनकथा' एक निर्भरयोग्य रचना है। 'उस दिन रात १ बजे हम सब उनके नजदीक ही बैठे थे। आमतौर पर जिस रूप में ठाकुर समाधिस्थ होते थे, उसी तरह समाधि में डूब गए। उनकी दृष्टि नाक की नोंक पर थिर हो गई। नरेंद्रनाथ ने जोर-जोर से ओंकार मंत्र का जाप शुरू कर दिया। हम सब भी समवेत स्वर में 'ओंकार मंत्र' दुहराने लगे।...पूरी रात गुजर गई। श्री श्री ठाकुर का बाह्य-ज्ञान वापस नहीं आया।'

नरेंद्रनाथ ने उसी रात ठाकुर के भतीजे, रामलाल को खबर देने के लिए एक व्यक्ति को दक्षिणेश्वर भेज दिया। रामलाल तत्काल आ पहुँचे। उन्होंने ठाकुर की देह-परीक्षा करके कहा, ''अभी भी ब्रह्मतालु गरम है। तुम लोग एक बार कप्तान उपाध्याय को खबर करो। नेपाल के कप्तान विश्वनाथ उपाध्याय तत्काल हाजिर हुए और उन्होंने कहा कि श्री श्री ठाकुर के मेरुदंड पर अगर गाय के घी की मालिश की जाए, तो उन्हें होश आ जाएगा।''

शशिभूषण, शरतचंद्र और बैकुंठनाथ सान्याल बारी-बारी से ठाकुर की गरदन,

छाती और पैरों में घी की मालिश करने लगे। लेकिन तीन घंटे से भी अधिक समय तक मालिश करते रहने के बाद भी कोई सुफल नहीं हुआ।

काशीपुर में डॉ. महेंद्रलाल सरकार का आविर्भाव हुआ। लेकिन कितने बजे? ठाकुर को महेंद्रलाल 'तुम' कहकर बात करते थे, इसके बावजूद उन्हें अतिशय श्रद्धा-भक्ति देते थे। बैकुंठनाथ की रचना के अनुसार, 'अगले दिन भोर-भोर महेंद्रलाल सरकार पहली बार उद्यान में हाजिर हुए और प्रभु के आनंदपूर्ण आनन, रोमांचित तनु और अंग-ज्योति के गृहपूर्ण दर्शनों से मुग्ध होकर उन्होंने कहा, मुझे लगता है कि इस दिव्यावस्था की प्रतिकृति-ग्रहण वांछनीय है। इसलिए कलकत्ता जाकर अभी ही मैं इसका इंतजाम करता हूँ।'

'माँ-ठकुराइन प्राणों के भरपूर आवेग के साथ 'हे काली मइया हो! मोरे कौन से कसूर पर तुम मुझे छोड़कर चले गए, जी' कहकर, जमीन पर लोट गईं और जोर-जोर से रोने-बिलखने और विलाप करने लगीं।'

ग्रुप-फोटो के बारे में बैकुंठनाथ का मंतव्य है—'परिताप का विषय है, अत्यधिक विलंबवश प्रातःकाल का वह ज्योतिर्मय प्राण, तब अंतर्निहित हो चुका था।'

स्वामी अभेदानंद के वर्णन के अनुसार, डॉ. सरकार दस बजे आए और उनकी नाड़ी की जाँच करके उन्होंने कहा—''ठाकुर की प्राणवायु निर्गत हो चुकी है।''

काफी विचार-समीक्षा के बाद, स्वामी प्रभानंद का निर्णय : डॉ. सरकार 'काशीपुर एक बजे पहुँचे थे।'

डॉ. महेंद्रलाल सरकार की दिन लिपि! 'खाना-पीना करके पहले मैं एक रोगिणी को देखने डफ स्ट्रीट गया, वहाँ से परमहंस के यहाँ। वे मृत थे। पिछली रात, एक बजे उनका देहावसान हुआ। He was lying on the left side drawn up, eyes open, mouth partly open; इसके बाद यह भी लिखा गया है—महेंद्रनाथ ने तसवीर उतारने का परामर्श दिया उनकी अपनी तरफ से चंदे के रूप में दस रुपए रखे गए।

बंगाल फोटो-ग्राफर्स द्वारा फोटो उतारने के बारे मे अभेदानंद का वर्णन—'राम बाबू स्वयं खाट के सम्मुख खड़े हो गए और नरेंद्रनाथ को अपनी बगल में खड़े होने को कहा, हम लोग पीछे की तरफ निर्वाक होकर सीढ़ी पर खड़े हो गए। बंगाल फोटोग्राफर कंपनी ने दो-दो ग्रुप-फोटो उतार लिए।'

काशीपुर महाश्मशान की तरफ शवयात्रा शाम छह बजे के बाद शुरू हुई।

लाहौर के ट्रिब्यून पत्रिका के संपादक, नगेंद्रनाथ गुप्त, अंतिम दर्शन का एक सुंदर वर्णन छोड़ गए हैं—'उनकी पूतदेह श्मशानघाट तक ले जाने के लिए दिन की तापमात्रा कम होने की प्रतीक्षा में थी। उसी समय टुकड़ा भर बादलों से बारिश की बड़ी-बड़ी बूँदें झर पड़ीं। वहाँ उपस्थित सभी लोग आपस में कहते रहे—यही है, पुराणकथित स्वर्ग से

झरती हुई पुष्पवृष्टि! अमर देवतागण स्वर्ग-मर्त्य के अन्यतम श्रेष्ठ व्यक्ति की नश्वरता से अमरता में उत्तरणकाल में अभिनंदन ज्ञापित कर रहे हैं।'

स्वामीजी के पूजनीय आचार्य परमपुरुष श्रीरामकृष्ण की अंतिम-यात्रा का विवरण अभी तक पूर्ण रूप से संगृहीत नहीं हुआ है, फिर भी उनके शेष जीवन के शेष मुहूर्त के वर्णन में गुरु रामकृष्ण और परवर्ती नेता नरेंद्रनाथ, दोनों ही काफी कुछ नए आलोक में उद्भाषित हो उठे हैं।

□

ठाकुर का चिकित्सक-संवाद

चिकित्सकों और वकीलों की प्रबल आलोचना जरूर करते थे, लेकिन श्रीरामकृष्ण उन लोगों को बेहद प्यार करते थे, विभिन्न कृतियों में इसका यथेष्ठ प्रमाण बिखरा पड़ा है। किसी एक डॉक्टर ने उन्हें जूते उपहार दिए थे, उन्होंने खुशी-खुशी ग्रहण किया था। इससे पहले उनके जूते चोरी हो गए थे। अन्य एक चिकित्सक के पास बड़े जतन से उनकी पादुका सुरक्षित थी। वकीलों के बारे में तो कहना ही क्या! जिसे वे सबसे ज्यादा प्यार करते थे, ३ नंबर, मोहन मुखर्जी स्ट्रीट का वह नरेंद्रनाथ दत्त उनकी सात-सात पीढ़ी वकीलों की वंशज है। नरेंद्रनाथ खुद भी कभी एटॉर्नी दफ्तर में काम कर चुके थे। हाँ, अंत में काशीपुर जाने-आने के दिनों में कानून की फाइनल परीक्षा में बैठना नहीं हुआ।

ठाकुर के चिकित्सक-अनुसंधान में ३८ लोगों का नाम मिला है—ये लोग थे डॉक्टर, कविराज, वैद्य, नाड़ी-ज्ञानी। कोई एम.डी. था, कोई एलोपैथ होकर भी बाद में होमियोपैथ बन गया, कोई पारिवारिक पेशे के अनुसार वैद्य था। यह भी गौर किया गया कि इन ३८ लोगों में कम-से-कम २७ लोग किसी-न-किसी समय श्रीरामकृष्ण के स्वास्थ्य से जुड़े हुए थे। बाकी ११ लोगों के बारे में जानकारी अभी तक अस्पष्ट है।

स्वास्थ्य-विशेषज्ञों का नाम नीचे दिया जा रहा है। किसी-किसी का पूरा नाम सहज-लभ्य नहीं हो सका। उस जमाने की रीति के अनुसार फलाँ डॉक्टर, फलाँ कविराज के संबोधन से सुपरिचित होते थे—

- अतुलचंद्र घोष
- अब्दुल वाजिद
- ईशानचंद्र कविराज
- उपेंद्रनाथ घोष
- काली डॉक्टर
- कैलाशचंद्र बसु
- गंगाप्रसाद सेन
- गोपाल कविराज
- गोपीमोहन कविराज
- ज्ञानेंद्रमोहन कांजीलाल
- त्रैलोक्यनाथ बंद्योपाध्याय
- दाढ़ीवाला डॉक्टर
- दुर्गाचरण बंद्योपाध्याय
- द्वारिकानाथ कविराज
- दो कौड़ी डॉक्टर
- नवगोपाल कविराज
- नवीन पाल
- निताई मल्लिक
- निताई हालदार
- भगवान रुद्र
- प्रताप चंद्र मजूमदार
- भगवानदास
- मधुसूदन डॉक्टर
- महलानवीश डॉक्टर
- महेंद्रनाथ पाल
- महेंद्रनाथ सरकार
- राखालदास घोष
- राजेंद्रलाल दत्त
- राम कविराज
- रामनारायण डॉक्टर
- विपिनबिहारी घोष

- विश्वनाथ कविराज
- बिहारीलाल भादुड़ी
- वैद्य महाराज
- शशिभूषण घोष
- शशिभूषण सान्याल
- श्रीनाथ डॉक्टर

□

स्वामीजी की अविश्वसनीय एकाउंटिंग पॉलिसी

अकालमृत्यु और अकालवार्धक्य के इस देश में स्वामी विवेकानंद द्वारा प्रतिष्ठित रामकृष्ण मठ और मिशन कैसे शतवर्ष की सीमा पार करके कालजयी बना, वह इस काल के मैनेजमेंट विशेषज्ञों के लिए आज भी कौतूहल का विषय है।

इस देश के सामाजिक, राजनीतिक और धार्मिक संघ पूज्यपाद महामानवों के संस्पर्श से धन्य होकर भी, कुछ ही दिनों में टुकड़े-टुकड़े क्यों हो जाते हैं या दलीय द्वंद्व के जहर में आत्महनन के लिए क्यों व्याकुल हो उठते हैं, इसका विस्तृत विश्लेषण इस देश के प्रतिष्ठान-संचालकों के लिए बेहद जरूरी है। साथ ही यह जानना भी जरूरी है कि श्रीरामकृष्ण आशीर्वाद-धन्य बेलूर मठ का संन्यासी-संघ किस शक्ति के दम पर ऐसा कालजयी बन गया और वृहद् अरण्य-वनस्पतियों की तरह, सभी श्रेणियों के लोगों के समर्थन और विस्मय को थामे रख सका? दार्शनिक, देशप्रेमी और मानवप्रेमी विवेकानंद को लेकर पिछले एक सौ वर्षों से देश-विदेश में कम विचार-विमर्श, आलोचना तो नहीं हुई, लेकिन मैनेजमेंट विज्ञान के परिप्रेक्ष्य में उनके विचार-चिंतन के प्रयोग और विश्लेषण के बारे में खास निर्भरयोग्य व्याख्या अभी भी उपलब्ध नहीं हुई।

रुपए-पैसों के बारे में, खासकर दूसरों के रुपए-पैसों के बारे में, स्वामी विवेकानंद और उनके गुरु श्रीरामकृष्ण ने कभी भी दबी-छिपी बात नहीं की। श्रीरामकृष्ण अपने अंतिम पर्व में प्रियजन और भक्तजन की आर्थिक सहायता पर विशेष निर्भरशील रहे,

लेकिन वे एक बार भी नहीं भूले कि अर्थ गृहस्थ लोगों का खून है और उस अर्थ को यथायोग्य सम्मान देना बेहद जरूरी है।

ईश्वर-प्रेम में मतवाले श्रीरामकृष्ण ने किसी भी स्थिति में अर्थ की बरबादी या फिजूलखर्ची को समर्थन या प्रश्रय नहीं दिया। दूसरों से रुपए-पैसे संगृहीत होते ही उसका हिसाब रखना भी जरूरी है, यह खयाल जवानी में अनभिज्ञ-नरेंद्रनाथ के दिमाग में नहीं आया, तभी काशीपुर पर्व में ठाकुर की बीमारी के समय खर्चा-पानी का हिसाब-पत्तर रखने के बारे में प्रदानकर्ताओं का सवाल उठते ही वे अपना धीरज खो बैठे। काफी सावधानी से, नितांत जरूरत पर अति-मामूली सा खर्च किया जाता है, यही तो यथेष्ट है। जो लोग यथासर्वस्व देने आए हैं, उन लोगों के सामने हिसाब का उल्लेख करने को स्वाभिमानी नरेंद्रनाथ प्रसन्न मन से स्वीकार नहीं कर सके। वे धीरज खो बैठे। सुनने में आता है कि काशीपुर में नितांत सख्त मंतव्य करते हुए उन्होंने खाता-पत्तर उछालकर फेंक दिया था।

लेकिन वही इनसान परवर्तीकाल में स्वदेश और विदेश के विभिन्न अनुभवों के आलोक में विस्तृत हिसाब-पत्तर रखने के प्रबल विश्वासी हो उठा। जिसने मामूली-से-मामूली आर्थिक-सहायता की, उसका हिसाब माँगे जाने से पहले ही स्वतःप्रेरित भाव से हिसाब दाखिल करना संघ के स्वास्थ्य के लिए नितांत महत्त्वपूर्ण है, यह उन्होंने मन-प्राण से अनुभव किया। आर्थिक स्वच्छता और आर्थिक परिच्छन्नता के संघ-जीवन का अविच्छेद्य अंग बनाने के लिए, जो व्याकुलता स्वामीजी ने दिखाई है, उसे मठ और मिशन के परवर्तीकाल के संचालकगण ने परित्याग नहीं किया।

इन दिनों किसी-किसी का कहना है कि इसी हिसाब-किताब की परिच्छन्नता ने रामकृष्ण मठ-मिशन को एक विशेष महिमा से आलोकित किया है। मैनेजमेंट-विशेषज्ञ इस आदर्श के सुदूर-प्रसारी परिणाम के बारे में विश्लेषण के समय रामकृष्ण मठ और मिशन से ढेरों नए तथ्य और तत्त्वों का संधान पाएँगे।

सर्वत्यागी संन्यासी स्वयं धनोपार्जन नहीं करते, लेकिन विगत् कई-कई हजार वर्षों से दूसरों की आर्थिक सहायता से ढेरों बड़े-बड़े काम करने में सक्षम हुए हैं। लेकिन दूसरों के रुपए-पैसों का मतलब ही है हिसाब-किताब की कड़ी। इसके लिए नियम-कानून का बंधन जरूरी है; अपने बेहद मामूली व्यक्तिगत अर्थ और संघ के कामकाज के लिए संगृहीत अर्थ में सुरक्षित और स्वास्थ्यप्रद दूरी रखना भी जरूरी है। हिसाब के मामले में स्वामीजी का वह महामूल्यवान मंतव्य याद रखना जरूरी है—'साग से ढँकी मछली और मछली से ढँके साग की तरह खर्च करने से नहीं चलेगा।' आजकल हिसाब-विशेषज्ञ खुलेआम स्वीकार करते हैं कि किसी भी प्रतिष्ठान के एकाउंटिंग सिद्धांत की

आखिरी बात इतने सहज ढंग से दुनिया का कोई भी मैनेजमेंट गुरु आज तक नहीं बता पाया।

स्वामी विवेकानंद की चिट्ठी-पत्री और बातचीत में व्यक्तिगत-अर्थ और संघ-अर्थ का यह नैतिक पार्थक्य बड़े जबरदस्त ढंग से समाया हुआ है, यहाँ तक कि इसके लिए स्वामीजी खुद भी, मृत्यु के बाद भी, असुविधा में पड़ गए थे।

बिलकुल आखिरी दौर से शुरू किया जा सकता है। बेलूर में ४ जुलाई, १९०२ को स्वामीजी के अप्रत्याशित देहावसान के बाद भी हिसाब के बंधन से उन्हें मुक्ति नहीं दी गई। उनके देहावसान के १८ दिन बाद २२ जुलाई, १९०२ को मठ के ट्रस्टीगण की मीटिंग में बातचीत का पहला मुद्दा स्वामीजी का 'प्राइवेट फंड' था, जो सभापति स्वामी ब्रह्मानंद के पास जमा था-३,७०० रुपए के सरकारी कागज और १,७०० रुपए नकद। स्वामीजी की आखिरी इच्छा थी, वे रुपए उनकी गर्भधारिणी जननी भुवनेश्वरी दासी को दे दिए जाएँ। लेकिन हिसाब की कड़ी! ट्रस्टी लोगों ने मामूली सी रकम उस अमानत से भी काट ली—

१. स्वामीजी के नाम शांतिराम घोष का कर्ज—९ रुपए
२. स्वामीजी ने अपने शिष्यों के लिए मशहरी खरीद के लिए दिए—२० रुपए
३. स्वामी अद्वैतानंद की आँखों के ऑपरेशन की फीस देने के लिए, स्वामीजी का निर्देश—३० रुपए!

कुल ५९ रुपए!

□

मठ के प्रशासकों को दूसरा प्रस्ताव भी दिया गया। अमेरिका निवासी, मिसेज ओली बुल ने किसी विदेशी भक्त की अमेरिका-वापसी के लिए, जहाज-किराए के स्वरूप, स्वामीजी को ७०० रुपए का चेक दिया था। प्रस्ताव यह था कि अगर यह किराया कोई और दे दे, तो ये ७०० रुपए भी स्वामीजी की माँ भुवनेश्वरी दासी को दे दिए जाएँगे।

शुरू से ही रामकृष्ण मिशन का हिसाब-पत्तर कितना सख्त था, उसका स्पष्ट प्रमाण मिलता है। इसी ७०० रुपयों से बाद में संघ-गुरु स्वामी ब्रह्मानंद ने स्वामीजी की माँ को तीर्थ कराया और दत्त घराने के पारिवारिक मुकदमे में भी कुछ खर्च किया।

बहुत साल पहले श्रीमती सरलाबाला सरकार रामकृष्ण मिशन के बारे में लिख गई हैं कि प्रत्येक मामले के लिए अलग-अलग फंड था। जिसने, जिस काम के लिए रुपए दिए हैं, वह अन्य किसी खाते में खर्च करना नहीं चलेगा। इस बारे में स्वामीजी का वक्तव्य—'अगर तुम्हें अनाहार मरना भी पड़े तो भी अन्य बावत के रुपयों से एक पैसा

भी खर्च मत करना।' यानी काशीपुर के बाद विराट मानसिक परिवर्तन!

कमजोर हिसाब-किताब शायद काफी कुछ ब्लड-शुगर जैसा होता है, किसी भी प्रतिष्ठान को बिलकुल खामोशी से निश्चित मौत के मुँह में धकेल देने के लिए यथेष्ट है। श्रीमती सरलाबाला ने उसमें और कुछ भी जोड़ा है—'मठ और मिशन दोनों अलग-अलग हैं। इसलिए अगर कोई भक्त प्रणामी देता है या ठाकुर-सेवा के लिए रुपए देता है, तो वह रकम मठ के अर्थ-भंडार में ही जमा होगी और जो आम-लोग जनहित के कार्यों के लिए अर्थदान करते हैं, वह मिशन के रुपए होंगे। उस रुपए के पाई-पैसे के हिसाब तक हिसाब-परीक्षक से पुष्टि करानी होगी।'

मृत्यु के बाद भी विषय-संपत्ति को लेकर कोई कानूनी गड़बड़ी न हो जाए, इस बारे में सुदूर अमेरिका देश में भी परिव्राजक विवेकानंद की चिंता-परेशानी का अंत नहीं था। दुर्बल स्वास्थ्य को लेकर जब भी उन्हें घबराहट हुई है, वे झटपट अपने हाथों से अपनी एक वसीयत लिख डालते थे। मेढक की अठन्नी में से कितना सा किसको दिया जाए, उसका दायित्व कौन ले, यह सब वे साफ-साफ भाषा में लिख गए हैं। स्वामीजी की इन सब वसीयतों के बारे में विभिन्न परिस्थितियों में विस्तृत ढंग से चर्चा हुई है, लेकिन उन मानस-पत्रों के निर्देशों को अगर और अधिक उकेरकर देखा जाए, और अधिक विस्तृत रूप से विचार किया जाए, तो इस दूरदर्शी संन्यासी को और भी अच्छी तरह जाना-समझा जा सकता है। सात-सात पीढ़ियों से वकील-घराने का बेटा, संन्यास लेने के बावजूद; जरूरत के मुताबिक, कोई भी कानूनी-इंतजाम करने में दुविधा नहीं करता।

सिर्फ अपने उपार्जित मामूली से अर्थ के लिए ही नहीं, दूसरों के नाम भी जो सब संपत्तियाँ खरीदी गई थीं उस बारे में भी सभी प्रकार की सुरक्षा के मामले में स्वामीजी बेतरह अक्खड़ थे, इसका भी यथेष्ट प्रमाण मिलता है। विदेशी मिस हेनरिएटा मूलर के रुपयों से बेलूर की जो जमीन खरीदी गई, उसका बयाना (१,००१ रुपए) सन् १८९८ में किया गया। १५ मार्च, १८९८ को बकाया ३८,९९९ रुपए देकर दलील रजिस्टरी कराई गई। इसी बीच कोई जोखिम न लेकर स्वामी ब्रह्मानंद ने अपनी व्यक्तिगत वसीयत १९ जनवरी, १८९८ को कर डाली थी, क्योंकि विवेकानंद विदेश से जो मामूली अर्थ लाए थे, वह उन्होंने ब्रह्मानंद को ही सौंप दिया था। अगर कहीं स्वामी ब्रह्मानंद लोकांतरित हो जाएँ, तो क्या हो, इसी आशंका से यह इच्छा-पत्र भी तैयार कर लिया।

'लिखित स्वामी ब्रह्मानंद, दक्षिणेश्वर निवासी परमहंस रामकृष्ण देव के शिष्य, संन्यासी, साकिन आलमबाजार, मठ आलमबाजार, जिला चौबीस परगना कस्य चरमपत्रमिद्—इसके द्वारा मैं निर्देश देता हूँ कि मेरा तख्त, मेरी स्वनामी या बेनामी नकद

अर्थ, सरकारी सिक्योरिटी और स्थायी-अस्थायी संपत्ति, मेरी न होने पर, उक्त रामकृष्ण परमहंसदेव के शिष्य, आलमबाजार मठ-निवासी, स्वामी तुरीयानंद और स्वामी सारदानंद संन्यासी-द्वय को मिलेगी और उन दोनों के संपूर्ण कब्जे और अधीन में रहेगी। मैं उन दोनों को इस 'विल' का एक्जिक्यूटर नियुक्त करता हूँ। इसके द्वारा स्वेच्छा से यह आखिरी 'विल' या चरम-पत्र संपन्न करता हूँ।'

स्वामी ब्रह्मानंद के इस 'विल' के साक्षी थे विख्यात सॉलिसिटर प्रमथनाथ धर और डॉ. विपिन बिहारी घोष!

अगले वर्ष लंदन से हिसाब-पत्तर के बारे में बँगला में लिखे गए दो पत्र काफी जबरदस्त हैं। मित्र ब्रह्मानंद को लिखे हुए पहले पत्र की तारीख है १० अगस्त, १८९९। नए अखबार, 'उद्‌बोधन' के बारे में प्रबल नाराजगी से इस पत्र की शुरुआत होती है।

'मन में सोच लो कि मैं जा चुका। यह समझकर स्वाधीन ढंग से तुम लोग काम करो। 'रुपए-पैसे, विद्या-बुद्धि-सब दादा के भरोसे', यह सोचते रहे, तो गए काम से! अखबार के लिए रुपए मैं लाऊँ, उस पर से सब लिखूँ भी मैं ही—तो तुम लोग क्या करोगे? साहब लोग क्या कर रहे हैं?'

'मेरा काम खत्म! तुम लोगों को जो करना है, करो! एक भी पैसा लाने वाला कोई नहीं है; जरा प्रचार करनेवाला कोई नहीं है; एक विषय की रक्षा करने की बुद्धि किसी में नहीं है! एक वाक्य तक लिखने की···क्षमता किसी में नहीं है—सब खामखाह महापुरुष!'

'···तुम लोगों की जब यह हालत है, तो सारा मुद्दा छह महीने के लिए लड़कों के हाथ में सौंप दो—कागज-पत्तर, रुपए-पैसे, प्रचार वगैरह, सबकुछ! वे लोग भी अगर करने में विफल हों, तो सारा कुछ बेच-बाचकर, जिनके रुपए हैं उन्हें वापस लौटाकर फकीर हो जाओ।'

'मठ की तो कोई खबर मिली नहीं। शरत् क्या कर रहा है? मैं काम चाहता हूँ। मरने से पहले मैं देखना चाहता हूँ कि जीवन भर कष्ट-तकलीफ उठाकर मैंने जो खड़ा किया है, वह ठीक तरह चल रहा है। तुम रुपए-पैसों के प्रत्येक मामले में कमेटी से सलाह लेकर ही काम करना। हर खर्च के लिए कमेटी का लिखित हस्ताक्षर ले लेना, वरना तुम भी बदनाम हो जाओगे, और क्या?'

लोग रुपए देते हैं, तो किसी-न-किसी दिन हिसाब माँगते हैं—यही दस्तूर है। हर कदम पर यह तैयार न रखना, भीषण गलत है। शुरू-शुरू में इस किस्म का आलस्य और निकम्मापन करते-करते ही इनसान जुआचोर बन जाता है। मठ में जो लोग हैं, उनको बटोरकर एक कमेटी बनाओ और हर खर्च के लिए, अगर वे लोग हस्ताक्षर न करें, तो वह खर्च न किया जाए! एकदम!···मैं काम चाहता हूँ, उद्यम चाहिए-चाहे मरें या जीएँ;

संन्यासी का मरना क्या, जीना क्या?

□

तीन महीने बाद (२१ नवंबर, १८९९) न्यूयॉर्क से स्वामी ब्रह्मानंद के लिखे अन्य एक पत्र से स्पष्ट होता है कि हिसाब-किताब के बारे में स्वामीजी के मनोभाव में बूँद भर भी बदलाव नहीं आया। रामकृष्ण संघ को वे अंतरराष्ट्रीय एकाउंट्स के नियम-कानून में बाँधने को बेचैन थे।

स्वामीजी ने लिखा है—'हिसाब सब ठीक है। मैंने वह सब मिसेज बुल के हाथों में सौंप दिया है और उन्होंने विभिन्न दाताओं को हिसाब के विभिन्न अंशों की जानकारी देने का जिम्मा लिया है।'

'पिछले पत्रों में मैंने जो सख्त बातें लिखी हैं, उनका बुरा न मानना। पहली बात तो यह कि उससे तुम्हारा भला होगा। इसके परिणामस्वरूप भविष्य में तुम यथा-नियम चुस्त-दुरुस्त हिसाब रखना सीखोगे और गुरु-भाइयों को भी यह सिखा-पढ़ा लोगे।

'दूसरी बात यह कि इन डाँट-फटकार से भी अगर तुम लोग साहसी न बनो, तब तुम लोगों से सारी आशाएँ त्याग देनी होंगी। मैं चाहता हूँ कि अगर तुम लोग मर भी जाओ (काम करते-करते), तब भी तुम सबको लड़ना होगा। फौजियों की तरह आज्ञापालन करते-करते शहीद हो जाओ और निर्वाण लाभ करो, लेकिन किसी किस्म की भीरुता नहीं चलेगी।'

हिसाब-किताब के प्रति सजग होने के मामले में स्वामी विवेकानंद के ढेरों तीखे अनुभव थे, यह बात परवर्तीकाल में एडवर्ड स्टर्डी को लिखे गए पत्र से स्पष्ट होती है। स्वामीजी के विदेशी भक्त, किन्हीं अज्ञात कारणों से उनके समालोचक हो उठे थे। जिस मिस हेनरिएटा मूलर ने बेलूर में जमीन खरीदने के लिए मूल रुपए जुटाए थे, उनसे विवेकानंद का खुले तौर पर अलगाव हो गया था, यह बात रामकृष्ण भक्तों के लिए अज्ञात नहीं है। और एक अप्रिय घटना! स्टर्डी के अकारण समालोचना के विरोध में स्वामीजी का पत्र-विस्फोट! इस किस्म का धैर्यहीन विस्फोट स्वामीजी के जीवन में कम ही घटा है, लेकिन एक बात स्पष्ट है, आर्थिक मामलों में किसी प्रकार का अशोभन संकेत उन्हें पीड़ा देता था।

स्टर्डी के साथ पत्राचार से साफ जाहिर होता है कि इंग्लैंड की धरती पर उस असहाय इनसान को कितनी तकलीफ उठानी पड़ी थी, फिर भी विदेशी भक्तों को यह गलतफहमी है कि उन लोगों ने संन्यासी विवेकानंद को यथेष्ठ सुख में रखा है। नवंबर १८९९ में आने से पहले न्यूयॉर्क से मिस्टर स्टर्डी को लिखे गए तारीखहीन पत्र में स्वामीजी के लिखे हुए परवर्ती पत्र की चर्चा जरूरी है। आर्थिक सहायता बिलकुल

मामूली सी होने के बावजूद साहब लोग उसके बदले में संन्यासी से क्या प्रत्याशा करते हैं, वह इस पत्र से स्पष्ट है।

अपमानित होने पर विवेकानंद ने सीधे-सीधे प्रतिवाद व्यक्त करते हुए खुले आम उनकी पोल खोली है—'विलास! विलास! पिछले कई महीनों से यह शब्द मेरे कानों में बहुत अधिक बज रहा है। कहा जा रहा है कि पाश्चात्यवादियों ने इसके उपकरण जुटाए हैं और हर समय त्याग की महिमा का कीर्तन करते हुए, धूर्त और पाखंडी मैं, खुद वह विलास भोग करता आ रहा हूँ।...तुम लोगों की समालोचना में अब मेरी आस्था नहीं है। इन सब विलास-व्यसन के आक्षेपों पर अब मैं कान नहीं देता।'

इसके बाद, कुछेक अप्रिय सत्य की तीखी तालिका!

'कैप्टेन सेवियर और मिसेज सेवियर की बात अगर छोड़ दें, तो इंग्लैंड से मुझे रूमाल का टुकड़ा तक मिला हो, मुझे याद नहीं पड़ता, हालाँकि इंग्लैंड में तन-मन पर लगातार मेहनत के दबाव के फलस्वरूप ही मेरी सेहत टूट गई। तुम अंग्रेज लोगों ने मुझे यही तो दिया है और मुझसे अमानवीय ढंग से काम लेकर मुझे मौत की तरफ धकेल दिया। अब, विलास-व्यसन का आक्षेप लगाकर मेरी निंदा कर रहे हो।'

नाराज स्वामीजी द्वारा ब्रह्मानंद को लिखे गए उपर्युक्त दो पत्रों का कारण समझने के लिए, स्टर्डी के अंतर्वती पत्रों को पढ़ना खासतौर पर जरूरी हो आया है। रिजली मैनर, न्यूयॉर्क से लिखे गए पत्र में घूम फिरकर वही हिसाब-पत्तर की बात! स्वामीजी ने लिखा है—'हिसाब-पत्तर पहले पेश नहीं किया गया, क्योंकि काम अभी भी समाप्त नहीं हुआ। मैंने सोचा था कि सारा काम पूरा हो जाने के बाद दाता को पूरा-पूरा हिसाब दाखिल कर दूँगा। चूँकि रुपयों के लिए काफी लंबे अरसे इंतजार करना पड़ा, इसलिए काम तो महज पिछले वर्ष शुरू हो सका और मेरी नीति है रुपयों के लिए हाथ फैलाने के बजाय स्वेच्छा-दान की प्रतीक्षा करना।'

अंतिम पंक्ति रामकृष्ण संघ के लिए अतिशय महत्त्वपूर्ण है। इस नीति को पूरी निष्ठा से मानकर चलने की वजह से उन लोगों को किसी भी दिन विपुल परिमाण में आर्थिक-सहायता नहीं मिली। लेकिन कारण-अकारण, सहायता के लिए जनसाधारण के सामने हाथ पसारना उन लोगों की संस्कृति के विरुद्ध था। अपने प्रतिष्ठाता के मनोभावों को संन्यासी वर्ग ने, सैकड़ों अभाव के बावजूद, विसर्जित नहीं किया। कुछ दिनों पहले वेटिकन के पोप से भेंट के समय रामकृष्ण मिशन के एक वृद्ध संन्यासी ने कहा, 'मैं पृथ्वी पर तरुणतम और क्षुद्रतम हूँ और निःसंदेह दरिद्रतम संन्यासी संघ के प्रतिनिधि के रूप में आपके समक्ष उपस्थित हुआ हूँ।'

साधारण और असाधारण लोगों की भक्ति, श्रद्धा और प्यार यथेष्ट परिमाण में

पाते रहने पर भी रामकृष्ण संघ शतवर्ष के प्रवाह में भी अर्थ के बारे में उतना संपन्न नहीं हो सका, इस बारे में द्विमत होने की गुंजाइश नहीं है। हालाँकि बाहर बहुतेरे लोगों की धारणा है कि संन्यासियों के पास अगाध अर्थ है और संघ-सदस्य किसी भी प्रकार की अर्थ-चिंता किए अपना अभीष्ट काम किए जाने में सक्षम हैं। इस बारे में यथासमय और भी थोड़ी चर्चा की जरूरत पड़ेगी। अनुमान पर निर्भर होकर अगर किसी राय की सृष्टि होती है, तो वहाँ जरूर भ्रांति की संभावना भी होती है। इसलिए स्वयं विवेकानंद ने भी किसी समय दुःख व्यक्त करते हुए कहा (२८ जून, १८९४), "हे प्रभु, मद्रासियों को आशीष दें। वे लोग बंगालियों की अपेक्षा अधिक उन्नत हैं। बंगाली लोग केवल बुद्धू ही नहीं हैं, उन लोगों में हृदय नहीं है, न ही प्राणशक्ति!"

आठ महीने बाद (९ फरवरी, १८९५) अपनों के व्यवहार और वाक्य से अत्यंत व्यथित विवेकानंद की एक और तसवीर उपलब्ध हुई है। न्यूयॉर्क से स्वामीजी ने बैकुंठनाथ को लिखा—'मैं बंगाल देश जानता हूँ, मैं इंडिया को जानता हूँ—कहते हैं, लंबी-लंबी बातें मगर काम की बारी फुस्स''यहाँ मैंने न जमींदारी खरीदी है, न बैंक में लाख रुपए जमा किए हैं। इस घोर ठंड में रात के एक-दो बजे तक सड़क-सड़क घिसटते हुए लेक्चर दे-देकर मैंने दो-चार हजार रुपए जमा किए हैं।'

उसी वर्ष वेदना से आर्त विवेकानंद के और भी दो मंतव्य हमारी दृष्टि आकर्षित करते हैं—'मुझे मदद की हो, ऐसा कोई व्यक्ति तो नजर नहीं आता! बंगाली''उन लोगों के देश में जितने भी लोग पैदा हुए हैं, उनमें सर्वश्रेष्ठ रामकृष्ण परमहंस के कामों में सहायता के लिए मामूली से रुपए तक तो संग्रह नहीं कर पाते और लगातार बकवास करते रहते हैं और जिसके लिए उन लोगों ने कुछ भी नहीं किया, बल्कि जिसने उन लोगों के लिए यथासाध्य किया है, उस पर ही हुक्म झाड़ना चाहते हैं। यह दुनिया वाकई इतनी कृतघ्न है।'

इंग्लैंड के रीडिंग से स्वामी विवेकानंद ने अपने गुरुभाई स्वामी रामकृष्णानंद को अपने मन का दुःख प्रकट करते हुए लिखा है—'इनसान हैं या कीड़े-मकोड़े!''बंगालियों ने ही मुझे इनसान बनाया, रुपए-पैसे देकर भेजा, अभी भी मेरा परिपोषण कर रहे हैं—हः!!! जिसके जन्म लेने से वह देश पवित्र हो गया, उसके लिए चवन्नी भर भी तो कुछ कर नहीं पाए, उस पर से लंबी-चौड़ी बातें! क्या सोचते हो, अब क्या बंगाल वापस लौटूँगा? वे लोग भारतवर्ष का नाम खराब कर रहे हैं।'

अपनी जाति के बारे में वह विख्यात उक्ति, जो एकमात्र स्वामीजी के लिए ही संभव थी—"राम! राम! खाने को कीड़े-केकड़े! पान-पेशाब-सुवासित पोखर का पानी। आहार के बरतन! फटा-चीथड़ा शहर कलकत्ता। बेटे के मल-मूल में भींगा, मिट्टी का

फ़र्श! विहार भूतनी-प्रेतिनी का साथ! दिगंबर! कोपीन आदि—! हुँहः, जितना जोर, जुबा़न का जोर! अरे, इनकी राय से क्या फर्क पड़ता है, रे भइये? जा, तू अपना काम कर!''

लेकिन सिर्फ मन के दुःख में ज़ाति-निंदा ही नहीं की, जरूरत पड़ने पर बंगालियों की प्रशंसा में भी विवेकानंद पंचमुख हुए हैं। पहली बार अमेरिका से वापस लौटने पर देशवासियों के अभिनंदन के जवाब में स्वामीजी ने कहा, ''लोग कहते हैं कि बंगाली जाति की कल्पना-शक्ति अति प्रखर है, मैं भी इस बात पर विश्वास करता हूँ। लोग हमें कल्पनाप्रिय भावुक जाति समझते हैं, उपहास करते हैं। लेकिन, साथियो, मैं तुम लोगों से कहता हूँ कि यह उपहास का विषय नहीं है, क्योंकि प्रबल उच्छ्वास में ही मन के तत्वालोक का स्फुरण होता है। बुद्धिवृत्ति, विचारशक्ति काफी अच्छी चीजें हैं। ये सब ज्यादा दूर तक साथ नहीं देतीं। भावों के माध्यम से ही गंभीरतम रहस्य-समूह उद्‌भाषित होता है।'

रामकृष्ण मठ-मिशन स्थापित करने पर भी स्वामी विवेकानंद जाने से पहले इस संघ का संपूर्ण शैशव तक नहीं देख पाए। लेकिन इसके बावजूद समस्त बाधा-विपत्ति पार करके रामकृष्ण संघ यथासमय जो विराट महीरुह की तरह विस्तृत हुआ, उसके पीछे इसके संस्थापक की अविश्वसनीय दूरदृष्टि है। सभी परिस्थितियों में सदस्यों का आचरण कैसा हो स्वामी विवेकानंद इस बारे में साफ-साफ लिख गए हैं। संघ पर कौन-कौन सी मुसीबतें आ सकती हैं, इसका भी उन्होंने अंदाजा लगा लिया था। वे इसका भी संकेत दे गए हैं कि उन मुसीबतों का मुकाबला कैसे किया जाए।

एक समय स्वामीजी ने कहा था, ''To organise or not to organise? If I oraganise, the spirit will diminish. If I do not organise, the message will not shread.''

अप्रैल १८९७ में स्वामी विवेकानंद ने आलम बाजार मठ में कहा, ''आजकल अनेक नए-नए लड़के संसार त्याग करके मठवासी हो रहे हैं। उन लोगों के लिए एक निर्दिष्ट नियम के तहत शिक्षा-दान किया जाए, तो बड़ा भला हो।''

नियमों का डिक्टेशन देने से पहले दूरदर्शी स्वामीजी ने जो मंतव्य दिया, मैनेजमेंट शास्त्र में शायद वही अंतिम बात है—'देखो, ये सब नियम बनाए तो जा रहे हैं, लेकिन पहले हमें यह समझना होगा कि ये सब नियम बनाने का मुख्य लक्ष्य क्या है? हमारा मुख्य लक्ष्य है—सभी नियमों से परे चले जाना।'

सामाजिक और संघबद्ध लोगों के बारे में भी शायद यही अंतिम बात है। नियमों के दायरे में रहते हुए भी, समय के तकाजे पर, समस्त नियमों से परे जाकर, प्रतिष्ठान को कैसे प्राणवंत रखा जाए, यानी अति मात्रा में नियमों का उल्लंघन, स्वतंत्रता पर आघात न करे और मात्राहीन स्वतंत्रता शृंखला का सर्वनाश न करे।

प्रसिद्ध पुस्तक 'स्वामी-शिष्य-संवाद' में और विस्तृत विचार व्यक्त किए गए हैं। अनुभवी स्वामीजी ने अपने शिष्य शरच्चंद्र चक्रवर्ती से कहा था, "आगे चलकर संप्रदाय बनेगा ही बनेगा। देखो न, चैतन्यदेव को इन दिनों दो-तीन सौ बन गए हैं; ईशु के हजारों-हजार राय प्रकाशित किए जा रहे हैं; लेकिन ये सभी संप्रदाय चैतन्यदेव और ईशु को ही मानते हैं।"

स्वामीजी ने इस चिंता का भी जवाब दिया है—"हमारा जो मठ बन रहा है, उसमें सकल मतों का सामंजस्य होगा।...यहाँ से जो महासमन्वय की ऐसी दिक छटा विकीर्ण होगी, उसमें समस्त जगत् प्लावित हो जाएगा।"

बेलूर की मठभूमि में होमाग्नि प्रज्वलित करके, हवन के बाद, स्वामीजी ने उपस्थित सकल का आह्वान करते हुए कहा था, "आप लोग आज मन-कर्म-वचन से ठाकुर के चरण-कमलों में प्रार्थना करें कि महायुगावतार ठाकुर आज से अनंत काल तक 'बहुजन हिताय बहुजन सुखाय' इस पुण्यक्षेत्र में अवस्थित हों और सर्वधर्म का अपूर्व समन्वय-केंद्र बनाए रखें।"

रामकृष्ण संघ में अर्थ के अभाव की बात समझने के लिए थोड़ा पीछे मुड़ना गलत नहीं होगा। आदि-पर्व में वराहनगर में रामकृष्ण-संतानों की दशा इतनी ही शोचनीय थी। उन लोगों को भर पेट आहार तक नहीं जुटता था। बाहर निकलने के लिए न धोती-कपड़े थे, न आहार नसीब होता था। प्रायः नग्न दशा में जीवनयापन!

इस अभाव की छवि स्वामीजी के मँझले भाई महेंद्रनाथ दत्त की 'स्मृतिकथा' में विस्तार से वर्णित है, वह पढ़ लेना बेहतर होगा। 'पहनने के लिए प्रत्येक के पास एक कोपीन और एक टुकड़ा गेरुआ बहिर्वास था। अनेक साधु केवल कोपीन पहने रहते थे। किसी काम से अगर बाहर जाने की जरूरत हो, तो सभी के इस्तेमाल योग्य दो-एक सफेद धोती और सफेद चादर दीवार पर टँगी होती थीं। गेरुआ बहिर्वास धारण करके ही वे लोग भिक्षाटन के लिए निकलते थे। शुरू-शुरू में कई जोड़े जूते-चप्पल भी थे। धीरे-धीरे वे सब फट गए, इसलिए मठवासी नंगे पैर घूमते-फिरते थे। वे लोग महीने में एक बार दाढ़ी-मूँछ मुँड़ाते थे।

'बड़े कमरे के फर्श पर बालंदा की झीनी सी दो-तीन चटाई बिछी होती थीं। एक कोने में दरी रखी रहती थी। तकिए के नाम पर चटाई के नीचे ईंटें रखी होती थीं। मच्छरों का हद उत्पात था। एक बड़ी सी मशहरी टाँगी जाती थी।'

उन दिनों मठवासी प्रायः एक बेला खाते थे। थाली की जगह केले के पत्ते या अरवी के पत्ते का प्रयोग होता था। 'तपस्वी लोग शारीरिक श्रम के विविध काम करते थे। मठ-प्रांगण और घर-द्वार-सीढ़ी पर झाड़ू लगाना, पोखर से पानी लाकर पाखाना साफ

करना और शौच के लिए पानी लाना, बरतन-भाँड़े माँजना—ये सभी काम उन लोगों को ही करने पड़ते थे।'

स्वामी अभेदानंद ने लिखा है—'तारक' दा, मैं, लाटू, गोपाल दादा वगैरह सभी लोग भिक्षा के लिए बाहर जाते थे। मामूली मात्रा में जो चावल मिलता था उन्हें बारी-बारी से पकाकर पेट की भूख मिटाते थे। किसी-किसी दिन जब साग-सब्जी नहीं मिलती थी, तो तेलाकूची (एक किस्म का जंगली फल) के पत्ते ले आते थे और उसे उबालकर भात में सानकर खा लेते थे। वैसे खाने के लिए आहार, हमें कुल एक बेला ही जुटाना था।'

मठ के अंदर मठवासी साधकों के लिए कोपीन का आसरा-भरोसा था। एक दिन कई एक महिलाओं को वराहनगर के मठ की तरफ आते हुए देखकर एक व्यक्ति बोल उठा, "दि मागीज आर कमिंग!" दूसरे ने प्रतिवाद किया। 'मागीज' शब्द संशोधित होकर 'मगीज' और अंत में 'वर्मीज' बन गया। इसके बाद अधनंगे मठवासियों को सजग किया जाता था—"दि वर्मीज आर कमिंग!" इस पर्व के बारे में स्वामीजी ने स्वयं ही कहा है—"खर्च-पत्तर में कड़की की वजह से कभी-कभी मठ बंद कर देने के लिए लट्ठम्-लट्ठा भी कर बैठता था। लेकिन शशि को इस बारे में किसी हाल में भी राजी नहीं करा पाया।" शशि महाराज (स्वामी रामकृष्णानंद) ने अर्थाभाव मिटाने के लिए स्थानीय स्कूल में कुछ दिनों के लिए अस्थायी नौकरी भी की।

सन् १८९० में मठ के दुःख के दिनों में, दो सहायक, सुरेश मित्र और बलराम बसु का निधन हो गया। ये दोनों नियमित रूप से आर्थिक सहायता करते थे। किसी समय बलराम बाबू की तरफ से आर्थिक सहायता की राशि ८० रुपए मासिक थी। इन दोनों के देहावसान के बाद नरेंद्रनाथ ने स्वयं वाराणसी के प्रमदा दास मित्र से आर्थिक सहायता की प्रार्थना की। प्रमदादास ने परामर्श दिया कि दो-दो, चार-चार लोग यहाँ-वहाँ फैल जाओ।

अर्थ-कष्ट टालने के लिए कई-कई गुरुभाई तीर्थ करने या तपस्या करने के लिए वराहनगर छोड़कर बाहर निकल पड़े। आलमबाजार मठ में आर्थिक दशा में मामूली सी बेहतरी आई। आलमबाजार की परिस्थितियों का काफी सारा विवरण विशेष धैर्य के साथ शोधकर्ता स्वामी प्रभानंद ने अपने 'रामकृष्ण मठ की आदि कथा' ग्रंथ में संग्रह किया है। उस ग्रंथ से कुछेक उद्धरण देना बेहतर होगा। शरच्चंद्र चक्रवर्ती ने लिखा है—'उन दिनों मठ में कामकाज करनेवाला कोई आदमी नहीं था। शशि महाराज ठाकुर का भोग तैयार करते थे, कानाइ महाराज बरतन माँजते थे, योगीन महाराज, हरि महाराज घर में झाड़ू देने, मसाला पीसने, सब्जी काटने वगैरह का काम करते थे।'

स्वामी रामकृष्णानंद का उद्धरण देते हुए स्वामी अखंडानंद ने कुछेक अतिरिक्त विवरण भी दया है—'मठ में इतना अभाव था कि ऐसे भी कई-कई दिन गुरजते थे, जब

ठाकुर को जरा सी मिश्री-शरबत का भोग लगाने के लिए दो-चार पैसे भी नहीं होते थे। एक मेज में दो दराज लगे थे, उसी में मामूली से पैसे-कौड़ी पड़े रहते थे।'

महेंद्रनाथ दत्त की राय में आलमबाजार में अर्थाभाव था, लेकिन वराहनगर जैसा नहीं। लंदन में एक बार स्वामीजी ने कहा था, ''उस समय राखाल से मैंने कहा था कि खेतड़ी के राजा मठ में १०० रुपए मासिक देने को राजी हैं, तू ले ले न! लेकिन राखाल घोर वैराग्य दिखाने लगा। नहीं लिया! कष्ट में जान देता रहा! इसलिए मैं उस पर बेतरह भड़क गया।''

सन् १८९४ की गरमी में स्वामीजी ने विदेश से जानकारी माँगी, 'तुम लोगों का चल कैसे रहा है? कौन चला रहा है?' स्वामीजी ने खुद भी विदेश से कुछ मदद भेजी। उन्हीं दिनों (११ जुलाई, १८९४) आलासिंगा को लिखा गया स्वामीजी का आर्थिक हाल-समाचार—

'ड्रेट्रॉएट में भाषण देकर मुझे ९०० डॉलर यानी २,७०० रुपयों की कमाई हुई, लेकिन मुझे मिले कुल २०० डॉलर! एक जुआचोर लेक्चर-कंपनी ने मुझे धोखा दिया। मैंने उनका साथ छोड़ दिया है। यहाँ भी काफी सारे रुपए खर्च हो गए—हाथ में कुल, ३,००० डॉलर बच रहा है।'

अगले महीने (३१ अगस्त, १८९४) आलासिंगा को लिखे गए एक अन्य पत्र से रुपए-पैसों के बारे में स्वामीजी की मानसिकता और ज्यादा स्पष्ट होती है—'मेरे हाथ में अभी ९,००० हैं। इसमें से कुछ भारत में काम शुरू करने के लिए भेज दूँगा और यहाँ कई-कई लोगों को धर-पकड़कर, उनके जरिए वार्षिक या छमाही या मासिक हिसाब से रुपए-पैसे भेजने का बंदोस्त करूँगा...'

स्वामी प्रभानंद ने जानकारी दी है कि सन् १८९५ के आरंभ में स्वामी अखंडानंद ने लिखा है, 'उन दिनों मठ में हम दाल-भात और सूखी तरकारी खाते थे।' अखंडानंद की परवर्ती रिपोर्ट—'अब मठ की दैनिक हालत पहले के मुकाबले काफी बेहतर है।...भक्तगण अपनी-अपनी क्षमता के अनुसार मठ में खाद्य-द्रव्य ले आते थे। सैकड़ों छेदवाली दरी को हटाकर भक्त दो-एक नई दरी भी ले आए हैं। छोटी सी एक चौकी और पढ़ने के लिए एक बत्ती भी मिल गई थी। कमोबेश सकल संन्यासी-परिवार के लिए एक-एक धोती और चादर का इंतजाम हो गया।'

इस बेहतरी के पीछे प्रधान भूमिका निश्चित रूप से ठाकुर के शिष्य (बाद में संघ-सभापति, स्वामी विज्ञानानंद), इटावा के डिस्ट्रिक्ट इंजीनियर, हरिप्रसाद चट्टोपाध्याय की भी थी। स्वामी सुबोधानंद की जुबानी, मठ के शोचनीय अर्थाभाव का हाल सुनकर, हरिप्रसन्न नियमित रूप से महीने-महीने ६० रुपए भेजने लगे।

बहरहाल, अपनी दशा चाहे कैसी भी हो, संन्यासी भाई लोग नरेंद्रनाथ की माँ और नानी का हमेशा ध्यान रखते थे।

स्वामीजी के मँझले भाई महेंद्रनाथ दत्त एक बार रक्त-पित्त रोग के शिकार हो गए। आलमबाजार में खबर भेजकर उनका इलाज कराया गया और बाद में स्वास्थ्य-सुधार के लिए गाजीपुर भेजा गया।

आलमबाजार मठ के द्वितीय पर्व में (१८९४-९७) स्वामीजी की तरफ से ढेरों अग्निगर्भ पत्र आए। एक पत्र में उनके 'वर्ल्ड प्लान' का उल्लेख था—'तहलका मचा दे! तहलका मचा दे! एक बंदे को चीन देश भेज दे! एक को जापान पार कर दे।'

स्वामीजी की राय में संघ शब्द का अर्थ है—'श्रम-विभाग'। हर कोई अपना-अपना काम करे, ताकि सकल काम मिलकर एक खूबसूरत भाव की सृष्टि करें। २५ सितंबर, १८९४ को स्वामीजी ने प्रस्ताव दिया, 'काली (अभेदानंद) की विषय-बुद्धि खासी पक्की है। काली बिजनेस मैनेजर हो जाए।'

लेकिन अगले साल (१८९५) स्वामीजी ने अपनी राय बदल दी—'शशि घर-गृहस्थी देखे, सान्याल रुपए-पैसे, बाजार वगैरह का जिम्मा सँभाले, शरत् सेक्रेटरी बन जाए।'

एक अन्य पत्र में स्वामीजी का प्रस्ताव मिला, 'रुपए-पैसों का जिम्मा राखाल (ब्रह्मानंद) ले ले, कोई दूसरा इसमें आपत्ति न उठाए। अर्थ और मैनेजमेंट के मामले में विवेकानंद को राखाल पर पूरा-पूरा भरोसा था।

सन् १८९४ में अमेरिका से स्वामी ब्रह्मानंद को लिखा हुआ तारीखहीन पत्र—इस बीच अगर हो सके, तो तत्काल हवाला के जरिए केदार बाबू को सूद समेत रुपए भेज देना। पत्र पाते ही मैं फौरन रुपए भेज दूँगा। मैं किसे रुपए भेजता हूँ, कहाँ भेजता हूँ, तुम लोगों के लिए हरिघोष की गोशाला जो हूँ।··· केदार बाबू को दुगना रुपए चुका दूँगा। उनसे कहना, वे नाराज न हों। मुझे लगा था कि उसने इतने दिनों में रुपए चुका दिए होंगे।'

'जो महापुरुष, धुन की खत्म करके, देश लौट आने को लिख रहे हैं, उनसे कहना, कुत्ते की तरह किसी के तलवे चाटना मेरा स्वभाव नहीं है उससे कहना कि अगर वह मरद-बच्चा है तो एक मठ बनवाकर मुझे बुलाए, वरना मैं किसके घर लौटूँ? हुँहः घर लौट आओ!!! घर कहाँ है?'

□

विदेश से पहली बार कलकत्ता लौटकर स्वामीजी आलमबाजार मठ में रात व्यतीत करते थे।

उन दिनों के बारे में स्वामी बिरजानंद ने परवर्ती समय में लिखा है—'अन्य सकल

लोगों की तरह उनका बिस्तर जमीन पर ही लगता था। उन दिनों किसी के लिए तख्तपोश नहीं था।'

आलमबाजार में बैठे-बैठे, स्वामीजी जो नियमावली, मुँहजुबानी बताते रहते थे और स्वामी शुद्धानंद ने हिम्मत करके वह सब लिख लिया था, उसकी शक्ति सुदूर प्रसारी है—'नियम बनाने का मतलब यह है कि हम लोगों के स्वभावत: ही कई एक कु-नियम मौजूद हैं। स-नियम द्वारा इन कु-नियमों को मिटाकर अंत में सारे नियमों से बाहर चले जाने की चेष्टा करनी होगी।'

विस्तृत विवरण देते हुए स्वामी प्रभानंद ने जानकारी दी है कि शुरू-शुरू में स्वामीजी ने २३ नियमों की रचना की थी। बाद में उसमें एक और नियम जुड़ गया। ये २४ नियम आज भी आलमबाजार मठ की नियमावली बनकर उजागर हैं।

संन्यासी-संघ के संभावित आफत-विपदा के बारे में स्वामीजी को अतिशय जानकारी थी, यह बात परवर्तीकाल के श्रद्धेय संन्यासियों की बातचीत से भी स्पष्ट हो उठी है। दूरदर्शी संन्यासियों को 'दक्ष-स्मृति' से उद्धरण देने में कोई दुविधा नहीं की है—'हिंदू संन्यासी को 'विरक्त' साधु होना है, ···दो संन्यासी अगर एकत्र निवास करते हैं, वहाँ 'संन्यासी मिथुन' गढ़ उठता है, तीन साधुओं से बनता है—'संन्यासी-ग्राम', चार या उससे अधिक साधुओं से 'संन्यासी-नगर' तैयार होता है—यह सब त्याज्य है। बौद्ध संन्यासीगण आदर्श हैं—'नि:संग जीवन'।

रामकृष्ण मठ की स्थापना के बारे में भी स्वामीजी का मनोभाव विभिन्न पत्रों में बिलकुल स्पष्ट है। सन् १८९७ के सितंबर महीने में उन्होंने लिखा—कलकत्ता में अगर एक मठ बन जाए, तो मैं निश्चिंत हो जाऊँ। जीवन भर इतने-इतने दु:ख-कष्ट में काम किया, वह मेरे शरीर के अंत होने के बाद निर्वाण नहीं पाएगा, मुझे भरोसा है।

शुरू-शुरू में गंगा नदी के पश्चिम के बजाय पूरब पर ही स्वामीजी की नजर थी, हालाँकि बेलूर की जमीन का अता-पता लगभग जुलाई १८९७ को मिला था। लेकिन बयाना दिया गया फरवरी १८९८ में! इससे पहले सितंबर १८९७ में बागबाजार के हरिवल्लभ बाबू का आवास बीस हजार रुपयों में मिलने की संभावना नजर आई थी। लेकिन उस घर में बहुत अधिक तोड़-फोड़ करनी होगी, इस आशंका से स्वामीजी ने इस जायदाद के लिए अनिच्छा जाहिर की थी। मठ के लिए कामारहाटी में भी एक बगीचा मिला था, लेकिन काफी दूर होने की वजह से बहुत से लोगों ने उसे नापसंद कर दिया।

उत्तर प्रदेश की बहुत बड़ी सरकारी नौकरी छोड़कर हरिप्रसन्न महाराज, मठ में शामिल हो गए थे, इसलिए संन्यासी-संघ जिस आर्थिक विपर्यय में पड़ गया था, अब

वह हमसे अनजाना नहीं है। वे हर महीने जो ६० रुपए भेजते थे, वह अप्रैल १८९७ से शायद बंद हो गया।

अगले महीने के शुरू में स्वामीजी अल्मोड़ा चले गए। तीन दिनों बाद मद्रास के स्वामी रामकृष्णानंद को स्वामी प्रेमानंद का पत्र : 'कल अल्मोड़ा से हुक्म आया है कि यह मठ भीख माँगकर चलाया जाए।' जाहिर है कि आर्थिक स्वनिर्भरता के बारे में स्वामीजी की चिंतनधारा बिलकुल स्पष्ट थी।

मठ-मिशन की शाखा-प्रशाखा जब फैल गई, तब भी प्रत्येक केंद्र में यह स्वनिर्भरता ही मूल-मंत्र थी। कोई भी केंद्रीय संस्था अर्थ नहीं जुटाएगी, नितांत जरूरत पर अगर सहायता आए भी तो वह कर्ज के तौर पर आएगी। कर्ज के बारे में भी स्वामीजी की चिंतनधारा बिलकुल पारदर्शी है। किसी कारण से अगर खुद भी रुपए लिए जाएँ, तो उसके लिए संघ को ब्याज देने का वादा किया है यानी हिसाब-किताब के मामले में मामूली-से-मामूली शिथिलता न हो।

बहरहाल, आलमबाजार के बारे में चाहे जो भी निर्देश हो, स्वामी विवेकानंद ने उत्तर भारत में थोड़े-बहुत रुपए प्राप्त करने की कोशिश की। स्वामी ब्रह्मानंद को लिखा गया, उनका पत्र (१५ नवंबर, १८९७)—'मठ के खर्च के लिए बाबू नगेंद्रनाथ गुप्त महाशय यहाँ से चंदा उगाहकर भेजेंगे। उन्हें बाकायदा रसीद दे देना।...रुपए-पैसे जरा हिसाब से खर्च करना। तीर्थयात्रा वगैरह अपने-अपने जिम्मे, प्रचार वगैरह मठ के जिम्मो!'

उन दिनों खेतड़ी के राजा ने स्वामीजी को तीन हजार रुपए दिए, वह भी उन्होंने स्वामी सदानंद और स्वामी सच्चिदानंद के माध्यम से मठ को भेज दिए। रुपए संग्रह करने के साथ-साथ प्रत्येक प्राप्ति की रसीद देने के मामले में संन्यासी वर्ग तभी से सजग हो गया। रुपए-पैसों के बारे में यह श्रृंखला सौ साल बाद भी रामकृष्ण मठ-मिशन में अटूट है।

बिलकुल शुरू से ही जिस काम के लिए जो रुपए मिलते थे वह अन्य किसी खाते में खर्च करना रामकृष्ण मिशन में बिलकुल शुरू से ही निषिद्ध है। राहत-कार्यों के लिए उगाहे गए रुपयों के बारे में भी स्वामीजी का साफ निर्देश था—'Femine (दुर्भिक्ष) फंड में जो रुपए बचे हैं, उसे एक परमानेंट वर्क फंड बनाकर रख दो, किसी अन्य मुद्दे पर उसे खर्च मत करना और समूचे 'फेमिन वर्क' का हिसाब दिखाते हुए लिखना कि बाकी इतना बचा है, अन्य good-work के लिए!'

मठ के लिए सिर्फ जमीन जुटाने से ही नहीं चलेगा। मठ के संचालन के लिए भी जिस राशि की जरूरत होगी, यह बात भी स्वामीजी कभी नहीं भूले। इस मामले में उनका

प्रधान भरोसा विदेशीनी भक्त थी। स्वामीजी के एकांत अनुयाई गुडविन के एक पत्र (२६ सितंबर, १८९६) से यह मामला बिलकुल स्पष्ट हो जाता है। मिसेज बुल को लिखे गए पत्र का वक्तव्य—'मठ के रख-रखाव के लिए मिस मूलर साल में २०० पाउंड देंगी, मिस साउटर १,००० पाउंड दे रही हैं, मिस्टर स्टर्डी ५०० पाउंड और स्वामीजी खुद २०० पाउंड।' थोड़ी और रकम के लिए अनुयायी गुडविन ने स्वामीजी की मित्र मिस जोसेफिन मैकलाउड को भी लिखा है।

नीलांबर बाबू के बागान में संसार-त्यागी साधु, शायद दो भागों में विभक्त थे। कहते हैं, स्वामीजी की इच्छा थी कि मठ में दो प्रकार के साधु निवास करेंगे—निष्ठावान, ब्रह्मचारी और संन्यासी। प्रथम दल के निष्ठावान् ब्रह्मचारी आजीवान निष्ठावान ब्रह्मचारी रहेंगे। वे लोग दाढ़ी-मूँछ रखेंगे और आत्मपाकी रहेंगे। जब नए ब्रह्मचारी आते थे, तो स्वामीजी उन लोगों को बेलूर के आसपास की जगहों में भिक्षाटन के लिए भेजते थे। भीख में उन लोगों को जो मिलता था, वही अपने हाथों से पकाकर ठाकुर को भोग लगाना पड़ता था। यानी नए संन्यासियों को कठोर-कठिन जीवन से फरार होने की कोई राह नहीं थी।

आलमबाजार में निर्मित नियमावली के साथ-साथ स्वामीजी ने नीलांबर बाबू के बागान में बैठकर जिस नियमावली की रचना की, उन सबको मिलाकर 'बेलूर मठ की नियमावली' बन गई। यहीं यह भी स्पष्ट हो गया कि ज्ञान, भक्ति और योग तथा कर्म के समन्वय से मठवासियों के चरित्र का निर्माण होगा। लेकिन हर अच्छे काम के लिए अर्थ की भी तो जरूरत पड़ती है।

एक समय, नियमित अर्थ कहने को सिर्फ खेतड़ी के राजा का मासिक सौ रुपए। उस समय यह देखा गया कि विभिन्न फंड से रुपए उधार ले-लेकर स्वामी ब्रह्मानंद किसी तरह खर्च चला रहे हैं।

'अर्थाभाव ही प्रधान असुविधा है।' स्वामीजी ने मिस मैकलाउड को एक पत्र में लिखा था। लेकिन साथ ही स्वामीजी की प्रधान चिंता थी—हिसाब! लंदन से उन्होंने स्वामी ब्रह्मानंद को लिखा (१० अगस्त, १८९९) 'रुपए देने से ही लोग किसी-न-किसी दिन हिसाब माँगते हैं, यही दस्तूर है। हर कदम पर अगर यह तैयार न रहे, तो यह भयंकर भूल है।'

स्वामीजी के मैनेजमेंट चिंतन की मूल कथा दो हैं—'जितनी दूर तक संभव हो, कम-से-कम खर्च में जितना अधिक संभव हो स्थायी सुकर्म करना।' और राहत-कार्यों का सिर्फ आर्थिक हिसाब देने से ही नहीं चलेगा, वह 'पब्लिश' यानी प्रकाशित भी करना होगा। प्रकाशन की यह नीति पूरी निष्ठा से आज भी रामकृष्ण मठ-मिशन में जारी है।

इसके साथ हिसाब के बाहर रुपयों के बारे में भी स्थिर नीति! जो रुपए प्रदान कर रहे हैं, उनका नाम-पता लिखा होना चाहिए। सेवा प्रतिष्ठान प्लैटिनम जुबिली के अंतिम सभा में (२७ जुलाई, २००८) मठ के जनरल सेक्रेटरी स्वामी प्रभानंद ने खुलेआम कहा—"एक समय जब प्रचंड अर्थाभाव था, जब सेवा-प्रतिष्ठान के कर्मचारियों को वेतन देने की हालत नहीं थी, तब एक सज्जन बैग में ढेरों नकद रुपए भरकर ले आए, लेकिन उन्होंने कहा कि उनका नाम-पता न दिया जाए। तरुण संन्यासी प्रभानंद ने वह दान नहीं लिया। बाद में सेक्रेटरी (स्वामी गहनानंद) जब वापस लौटे, उन्हें यह मामला बताया गया। स्वामी गहनानंद परवर्तीकाल में मठ के प्रेसिडेंट बने। तरुण संन्यासी से उन्होंने कहा, 'तुमने ठीक काम ही किया। नीति-भ्रष्ट होकर कोई बड़ा काम नहीं किया जा सकता। इससे अगर अभाव न खत्म हो, तो क्या किया जाए?"

स्वामीजी के जीवनकाल में नियम-कानून और हिसाब-पत्तर के बंधन यथासंभव कठोर होने के बावजूद सभी समस्याओं का समाधान नहीं हुआ। मठ की जमीन जिनके पैसों से खरीदी गई थी, वहीं मिस मूलर के साथ संबंध टूटना एक वेदनादायक अध्याय था। वैसे इस विषय में थोड़ा-बहुत आगामी संकेत स्वामीजी के पत्रों में ही मौजूद है—'मिस मूलर भयंकर नाराज हैं···सब पर उनको महा-गुस्सा! गाली-गलौज!···इस बीच नौकर ने सारा कुछ चोरी कर लिया, इसलिए भी बहुत बड़ा हंगामा हो गया।'

इसके बाद ही विस्फोट! दिसंबर १८९८ में मिस हेनरिएटा मूलर की घोषणा—वे स्वामी विवेकानंद के हिंदू धर्म-प्रचार आंदोलन से अपने सारे संबंध तोड़ रही हैं। कलकत्ता के बड़े-बड़े समाचार-पत्रों ने काफी चटखारे ले-लेकर इस खबर को प्रचारित करने में कोई दुविधा नहीं की।

□

स्वामीजी के जीवनकाल में मठ के उत्थान-पतन को लेकर काफी चर्चाएँ हुई हैं। अनागत समय पर नजरें गड़ाए, विशेषज्ञों से कानूनी सलाह लेकर उन्होंने संघ के नियम-कानून में कई-कई बार परिवर्तन किए। उनका लक्ष्य बस यही था कि समय के खयाली स्रोत में रामकृष्ण संघ की प्रगति कहीं भिन्नमुखी न हो जाए। जीवनकाल में समूचे विश्व में विस्मय-सृष्टि करने के बावजूद बंगाल के कई एक प्रतिष्ठानों ने मिशन की राह में हर किस्म की बाधा डालने में जरा भी शर्म नहीं महसूस की। यथा, स्थानीय म्यूनिसिपैलिटी ने बेलूर मठ को नरेन दत्त की 'बागानबाड़ी' की मुहर लगाकर उन पर मोटा टैक्स जड़ दिया। फलस्वरूप प्रॉपर्टी टैक्स को लेकर लंबा मुकदमा शुरू हो गया, जिसका फैसला अंत में मठ के पक्ष में ही हुआ। स्वामीजी के देहावसान से पहले ही बेलूर मठ की जमीन निष्कर घोषित की गई।

कलकत्ता हाईकोर्ट की इस राय की तारीख है—२३ फरवरी, १९०१। इस राय की घोषणा से दो हफ्ते पहले स्वामीजी ने हावड़ा कोर्ट में मठ के देवत्तर कागजात रजिस्ट्री करा लिए (४ फरवरी, १९०१) और चार दिनों बाद बेलूर में स्वामीजी की उपस्थिति में मठ का पहला साधारण अधिवेशन १२ फरवरी, १९०१ को हुआ। मीटिंग में ट्रस्ट-डीड पढ़ी गई, सभापित थे स्वामी अद्वैतानंद। ११ ट्रस्टियों में से ८ ट्रस्टी उपस्थित थे। उन लोगों ने ही वोट देकर सभापति का चुनाव किया। सभापति पद के लिए स्वामी ब्रह्मानंद के पक्ष में ५ वोट पड़े और विपक्ष में ३ वोट। स्वामी सारदानंद के पक्ष में १ और विपक्ष में ७ तथा स्वामी रामकृष्णानंद के पक्ष में २ और विपक्ष में ६ वोट आए। लगता है स्वामीजी चाहते थे कि वोटा-वोटी हो, क्योंकि प्रेसिडेंट पद पर पराजित होने के बाद भी स्वामी सारदानंद सर्वसम्मति से सेक्रेटरी चुने गए।

हिसाब-किताब के मामले में संन्यासी-समुदाय शुरू से ही सावधान रहा। श्रीरामकृष्ण जन्मोत्सव फंड और स्वामीजी जन्मोत्सव फंड अलग-अलग थे। इस मामले में स्वामीजी का कठोर निर्देश था—'अगर तुम्हें अनाहार भी मरना पड़े, फिर भी अन्य बावद के रुपयों से एक पैसा भी खर्च मत करना।'

४ जुलाई, १९०२ को स्वामीजी का अकाल-प्रयाण मानो बिन बादल वज्रपात जैसा था। इस मुश्किल हालत से संघ को खींचकर ऊपर उठाए रखने और समूचे विश्व भर में बिखेर देने में स्वामी ब्रह्मानंद और स्वामी सारदानंद का प्रधान योगदान था। दूरदर्शी विवेकानंद ने अपने न होने पर संघ को प्राणमय रखने के लिए जिन सब नियमों का निर्देश किया था उनका अक्षर-अक्षर पालन करने का दुर्लभ कृतित्व भी उन्हीं लोगों का था।

परवर्तीकाल में स्वामी निखिलानंद ने जानकारी दी है कि स्वामीजी के देहत्याग के बाद बेलूर मठ के संन्यासी स्वाभाविक ढंग से ही हताश-उद्यम हो गए और उनमें से बहुतेरे संन्यासियों ने कर्म त्याग करके निभृत जीवनयापन की इच्छा जाहिर की। तब स्वाभी सारदानंद ने संन्यासियों की एक सभा बुलाई और श्रीरामकृष्ण-संघ के गुरुदायित्व का विवरण दिया और उन लोगों को याद दिलाया कि सभी को यह विशाल दायित्व वहन करते हुए आगे बढ़ना होगा। उन्होंने प्रश्न किया कि वे स्वामीजी के मनोनीत सेक्रेटरी हैं। कौन-कौन उन्हें सहयोग देने को इच्छुक हैं और कौन-कौन तपस्या का जीवन बिताना पसंद करेंगे? वे स्वयं पाँच वर्ष तक संघ का कामकाज करेंगे और वे आगे बढ़ आए। सिर्फ एक जन को छोड़कर बाकी सभी संन्यासी उनसे सहयोग करने को सम्मत हो गए।

संघ-संचालकगण दान की रकम के बारे में कितने सावधान थे, स्वामी निखिलानंद ने उसका एक उदाहरण दिया है। स्वामी सारदानंद सिगरेट पीते थे और राख सिगरेट के

एक टिन के डिब्बे में फेंकते थे। एक बार एक धनी भक्त ने सारदानंद को कुछ उपहार देना चाहा। निखिलानंद ने काँच की एक राखदान का प्रस्ताव दिया, जिसकी कीमत आठ आने थी। भक्त के पैसे से निखिलानंद ने राखदान खरीदकर उनके बिस्तर के सिरहाने रख दिया।

प्रात:काल सारदानंद जब सोकर उठे, तो उन्होंने जानना चाहा कि इसकी कीमत किसने दी है। मैंने उस भक्त का नाम बता दिया। वे नाराज हो गए और उन्होंने मुझे सावधान किया कि वर-बारी लोगों के रुपए इस ढंग से खर्च न किए जाएँ। उन्होंने याद दिलाया कि हम सब संन्यासी हैं और हमें साधारण चीजों में ही संतुष्ट रहना चाहिए। उन्होंने मुझे निर्देश दिया कि मैं वह राखदान वापस करके पैसे वापस ले आऊँ और अगर नकद पैसे मिलना संभव न हो, तो उसी पैसे के कपड़े धोने का साबुन खरीद लाऊँ।

रुपए-पैसों के बारे में परवर्तीकाल के अनेक संघ-प्रधान भी इसी ढंग से सावधान थे। आजकल अन्य एक प्रधान स्वामी भूतेशानंद अमीर घराने के बेटे थे, लेकिन वे कुल एक ही ब्लेड से पूरे महीने भर अपनी दाढ़ी बनाते थे। बिलकुल इसी किस्म का किस्सा है स्व. संघ-सभापति स्वामी शहनानंद के बारे में!

आर्थिक अनुशासन किस हद तक कठिन था उसका एक अविश्वस्य निदर्शन वाराणसी में अगल-बगल स्थित दो प्रतिष्ठानों—सेवाश्रम और अद्वैत आश्रम है! सेवाश्रम के कर्मियों को अस्पताल से खाना मिलेगा। लेकिन अद्वैत आश्रम साधना की जगह थी। वहाँ जो लोग तपस्या करने आते थे। वे लोग भीख माँग-माँगकर खाएँगे, यही नियम लागू हुआ। भयंकर अर्थाभाव में स्वामी शिवानंद एक समय काशी के घरबारियों के घर-घर भिक्षा माँगते थे।

स्वामी ब्रह्मानंद समूची जिंदगी संघ-सभापति थे—यही बात पूरी तरह सच नहीं है, सरलाबाला ने एक जगह उल्लेख किया है—'एक बार किसी कारणवश यथारीति 'प्रेसिडेंट' चुनाव न होने की वजह से वयोवृद्ध साधु, स्वामी अद्वैतानंद बिना वोट के ही सन् १९०९ में प्रेसिडेंट हुए।' उसी वर्ष २८ नवंबर को स्वामी अद्वैतानंद ने देहत्याग किया और ब्रह्मानंद दुबारा प्रेसिडेंट चुने गए। अगर उनके जैसा नेता न होता, तो उन दिनों मिशन का अस्तित्व विपन्न होता।'

श्रीमती सरलाबाला सरकार ने जानकारी दी है कि एक समय मठ में लोक-संख्या बढ़ गई, लेकिन दाना-पानी कम हो गया। 'ब्रह्मचारी लड़कों को सुबह मुरमुरों का नाश्ता मिलता था, लेकिन मुरमरे इतनी जल्दी खत्म हो जाते थे कि घंटों की आवाज आते-आते ही बहुतों की किस्मत में मुरमुरे तक नहीं जुटते थे। स्वामी ब्रह्मानंद का आदेश था कि उनके कमरे में जो कुछ भी मौजूद होगा, अगर किसी को नाश्ता न मिला हो, तो वह

आकर अपना नाश्ता ले जाए।'

सन् १८९७ में रामकृष्ण मिशन की प्रतिष्ठा! स्वामीजी चाहते थे कि हर वर्ष मिशन की मीटिंग होगी और हिसाब-किताब प्रदर्शित किया जाएगा। लेकिन पहले कई वर्षों की छपी हुई रिपोर्ट और एकाउंट्स हमें नजर नहीं आए। पहली वार्षिक जनरल रिपोर्ट की तारीख कई वर्षों बाद प्रकाशित हुई। सन् १९०९ में सरकारी कानून के मुताबिक रामकृष्ण मिशन की रजिस्ट्री की गई।

स्वामी सारदानंद के स्वाक्षरधन्य मिशन की पहली रिपोर्ट की ऐतिहासिक महत्ता है। उस समय कैसे परिवेश और कठिन दशा में रामकृष्ण मिशन को टिका रहना पड़ा, वह मठ-मिशन के पहले युग का हिसाब-पत्तर देखते ही स्पष्ट हो जाता है। पाठक-पाठिका अगर अधैर्य न हों, तो पहली रिपोर्ट से कुछेक उदाहरण देने की अनुमति की प्रार्थना की जाए।

गवर्निंग बॉडी द्वारा प्रस्तुत इस 'फर्स्ट जनरल रिपोर्ट' में लेखा-परीक्षक का नाम अंकित है—श्री बी.एन. सान्याल, सेक्रेटरी स्वामी सारदानंद और ट्रेजरर स्वामी प्रेमानंद। एक ही प्रतिवदेन में सन् १९१०, १९११ और १९१२ का हिसाब-पत्तर शामिल है। साथ ही उसमें उस समय के ३५ संन्यासी के नाम भी दिए गए हैं, जिन्हें 'मोनास्टिक मेंबर्स' कहा गया है। इसके अलावा ३५ ब्रह्मचारियों के नाम भी हैं। मठ के वाइस प्रेसिडेंट और मिशन के ट्रेजरर थे—स्वामी प्रेमानंद! स्वामी शिवानंद मिशन के वाइस-प्रेसिडेंट थे। ट्रस्टी ११ जन थे। इनमें स्वामी त्रिगुणातीतानंद और स्वामी बोधानंद अमेरिकी निवासी थे। ३५ ब्रह्मचारियों की तालिका में पहला नाम ब्रह्मचारी ज्ञान और आखिरी नाम पंचानन, जो तिनकौड़ी के नाम से भी परिचित थे। रिपोर्ट में कहा गया है कि संविधान तैयार करने का काम १९०६ से धीमी रफ्तार से चल रहा था। ४ मई, १९०९ को जिस मिशन की रजिस्ट्री हुई, उसके प्रमोटर बेलूर मठ के आठ ट्रस्टी थे। मेमोरेंडम के अनुसार मिशन के तीन मुख्य काम थे—

१. मिशनरी काम (प्रचार और संगठन),
२. सेवा कार्य और
३. शिक्षा।

रिपोर्ट का एक हलचलभरा तथ्य स्वदेशी युग की अशांत राजनीतिक आबोहवा में खुलेआम प्रचार, भाषण वगैरह पिछले छह-सात वर्ष बंद रहा। स्वदेश में सात शाखा-प्रशाखाएँ! विदेश में, न्यूयॉर्क, पिट्सबर्ग, कैलिफोर्निया, बोस्टन, वाशिंगटन में ५ वेदांत सोसाइटी और वाराणसी में 'होम ऑफ सर्विस', कनखल सेवाश्रम और वृंदावन सेवाश्रम। इसके अलावा इलाहाबाद सेवाश्रम के सेवा-कार्यों का विस्तृत विवरण भी इस रिपोर्ट में

मौजूद है। वाराणसी में हर महीने पचास रोगियों का इलाज-खर्च वहन करने के लिए ५०० रुपए निर्धारित किए गए हैं, यानी प्रति व्यक्ति मासिक १० रुपए।

काशी सेवाश्रम के सन् १९००-१२ के विस्तारित प्रतिवेदन से देखा गया, वहाँ वर्ष में २७७ लोग इनडोर और आउटडोर रोगियों से शुरू करके १९११-१२ में ८,३४४ रोगियों का इलाज हुआ।

स्वदेशी आंदोलन की पृष्ठभूमि में मिशन का खुलेआम प्रचार-कार्य उत्तर भारत में पूरी तरह बंद हो जाने के बावजूद दक्षिण भारत में खासकर मद्रास और बैंगलोर में बिना थमे जारी रहा। उत्तर भारत में उल्लेखयोग्य कार्य थे, केवल कई एक शहरों में, सद्यः न्यूयॉर्क प्रत्यागत स्वामी अभेदानंद की व्याख्यान माला! रिपोर्ट में यह भी नजर आया कि जनसाधारण द्वारा एकमुश्त दान के लिए पाँच फंड खोले गए थे। उसमें पुअर फंड, एजुकेशन फंड और प्रॉविडेंड रिलीफ फंड उल्लेखनीय हैं।

सन् १९१० में रामकृष्ण मिशन की आर्थिक दशा कितनी शोचनीय थी, उसके भी कुछेक नमूने प्रस्तुत हैं। प्रॉविडेंड रिलीफ फंड में वर्ष के सबसे बड़े दाता थे (१०) कालीचंद्र, कलकत्ता। चार्टर्ड बैंक से जुलाई-दिसंबर १९०२ में प्राप्त ब्याज १,३८५ रुपए ११ आने, ४७ रुपए १३ आने ५ पाई। खर्चा-पाँती काटकर वर्ष के अंत में बैलेंस था—१,३०९ रुपए ६ आने। अगले साल (१९११) में सबसे अधिक दान दिया सिंधु प्रदेश के (अब, पाकिस्तान में) पी.के. मेथूमल! राशि ३० रुपए। बंबई के पी.डी. ब्रह्म ने ५ रुपए दिए थे। त्रिलोचन भट्टाचार्य ने ५ आने दिए थे। वर्ष के अंत में बैलेंस था—१४९९ रुपए, ५ आने, ११ पाई।

उसके अगले साल भागलपुर प्लेग रिलीफ कर्मियों के आने-जाने के बावद् खर्च ८ रुपए, ११ आनें, ६ पैसे। वर्ष के अंत में हाथ में रह गए थे १५०८ रुपए, १२ आने, ५ पाई।

पुअर फंड १९१० में बैलेंस था ६० रुपए, १३ आने, ९ पाई। सबसे बड़े दाता थे, टूटूचेरा का मामूली सा ग्वाला (२१ रुपए)। किसी बैकुंठनाथ दास को आर्थिक सहायता ५ रुपए, १ आना, एक महिला को मदद मिली—१ आना। एक अन्य महिला को ४ आने।

रामकृष्ण के मुद्रित जनरल एकाउंट्स या हिसाब १९०७ से उपलब्ध होता है। जमा राशि ४६९ रुपए, खर्च २९५ रुपए, १ आना, ९ पाई। रामकृष्ण मिशन नियमावली छपाने के कागज और मुद्रण के बावद् खर्च हुए ६५ रुपए, १ आना।

प्रथम जनरल मीटिंग में नाश्ते के बावद् खर्च हुए १४ रुपए, १ आना, ६ पाई! रानीगंज तक कोढ़ के किसी रोगी के लिए रेल-किराए बावद् खर्च १ रुपए, ८ आने, ३ पाई! गाड़ी के किराए बावद् खर्च ७ आने। १,००० पोस्टकार्ड छपाने के लिए खर्च २

रुपए। रामकृष्णपुर के डॉ. रामलाल घोष ने १०५ रुपए दान दिए। कलकत्ता के कुमार के. नंदी ने १०५ रुपए दिए। डायमंड हार्बर के शेख मतिउद्दीन ने ५ रुपए प्रदान किए।

सन् १९१० से छलाँग लगाकर अब मार्च २००९ में पहुँच जाएँ। उन दिनों बेलूर मुख्यालय को मिलाकर मठ और मिशन के १७२ केंद्र थे। उनमें भारत में १२९, बँगलादेश में १२, अमेरिका में १३ और अन्यान्य देशों में १८। मठ और मिशन के अधीन १५ अस्पताल, शय्या संख्या २,२४९, इनडोर रोगियों की संख्या ९९,३९२, आउटडोर में प्राय: ३० लाख! डिस्पेंसरी और भ्रमणशील यूनिट में रोगियों की संख्या प्राय: ३० लाख। शिक्षा-कार्य में तो जैसे विप्लव ही आ गया। २,३२० शिक्षा-केंद्रों में छात्र-छात्राओं की संख्या ४,८४,६४६। इसके अलावा ३ वृद्धाश्रम और ७ नर्सिंग शिक्षण केंद्र, पोस्ट ग्रेजुएट चिकित्सा अनुसंधान केंद्र-२। राहत-कार्यों की तादाद भी विशाल थी। १,६३६ गाँवों में १० लाख दुर्गतों की सेवा में राहत का आर्थिक परिमाण ६ करोड़ से भी अधिक रुपए।

सन् २००९ के हिसाब का लेखा-परीक्षण प्रख्यात रे ऐंड रे चार्टर्ड एकाउंटेंट ने किया था। ऐसा विशाल प्रतिष्ठान, जिसके अधीन सैकड़ों-सैकड़ों शिक्षा और सेवा-केंद्र थे, लेकिन सभी प्रकार के दान की राशि ३३ करोड़ रुपए। सर्वाधिक-उल्लेखयोग्य ढंग से बढ़े थे—शिक्षा, सेवा और राहत के सरकारी अनुदान—९२ करोड़ रुपये। जिन लोगों की धारणा है कि रामकृष्ण मिशन करोड़ों-करोड़ों भक्तों के उदार दान से आर्थिक समृद्धि के ज्वार में बह रहा है, उन्हें यह जानकर शायद अफसोस हो कि कई वर्ष पहले भी (१९९५) दान की राशि कुल ८ करोड़ थी। उस वर्ष शत-शत मिशन प्रोजेक्ट में सरकारी सहायता की रकम थी २३ करोड़ रुपए।

करोड़ों रुपयों का हिसाब देखकर भी जो लोग हताश हो रहे हैं, वे लोग जान लें, सन् १९४० में भी आसमुद्र हिमालय के जनसाधारण के डोनेशन की रकम थी कुल १३ लाख रुपए। उस वर्ष सरकारी अनुदान की रकम थी कुल १० लाख रुपए। सन् १९५८ में भी आम जनता के अनुदान की राशि ३५ लाख रुपए तक भी नहीं पहुँची, हालाँकि उन्हीं दिनों भारत में कहाँ तो मठ-मिशन का कामकाज चल रहा था! सन् १९८० में भी साधारण अनुदान की रकम कुल २९ लाख रुपए थी।

सन् १९२६ में बेलूर मठ में मठ और मिशन का जो ऐतिहासिक कन्वेंशन आयोजित किया गया था, वह यादगार समारोह था। इस विराट कर्मयज्ञ का हिसाब भी देखा जा सकता है। कुल अनुदान-प्राप्ति की राशि ६,०८७ रुपए, ६ आने, ६ पाई। खाने-पीने पर खर्च २,६४१ रुपए, १४ आने, ३ पाई, पंडाल ११५ रुपए, १२ आने, ९ पाई; कन्वेंशन रिपोर्ट मुद्रण १,८६३ रुपए, २ आने। इस रिपोर्ट पर हस्ताक्षर किया था तत्कालीन सेक्रेटरी स्वामी शुद्धानंद ने।

अपनी फकीरी की दशा में रामकृष्ण मिशन के प्रतिष्ठाता ने अपनी मुक्ति के बारे में सोचने के बजाय बहुजन के हित और मंगल के बारे में सोचा। पास में जो थोड़ा सा संबल था, उसे भी सर्वहारा लोगों की सेवा और पूजा में बेच देने में उन्होंने कोई दुविधा नहीं की। उनके असमय तिरोभाव के बाद भी कामकाज की गति स्तब्ध नहीं हुई। सन् १९१० में जिनके केंद्र में ३५ संसार-त्यागी संन्यासी थे, ईश्वर के आशीर्वाद से बढ़ते-बढ़ते सन् २००८ में १,५०० संन्यासियों में परिणत हो गए। निष्ठावान ब्रह्मचारियों की संख्या में ५०० की बढ़ोतरी हुई। इतने कम अर्थ में इतने बड़े-बड़े काम वे लोग कैसे चला रहे थे, यह सोच-सोचकर भी विस्मय होता है!

अन्यान्य आध्यात्मिक प्रतिष्ठान की तुलना में रामकृष्ण मिशन कितना छोटा और दरिद्र था, अगर इसका तुलनात्मक अध्ययन कर लिया जाए तो बेहतर होगा। छोटे से अमेरिकी प्रतिष्ठान बिली ग्राहम इवांजलिस्ट एसोसिएशन का थोड़ा-बहुत हिसाब-पत्तर उपलब्ध हुआ है। इस प्रतिष्ठान ने परम निष्ठापूर्वक अपना हिसाब-पत्तर प्रकाशित किया। जाहिर है, उन लोगों की व्याप्ति और कार्य-परिधि मठ-मिशन का शतांश भी नहीं है। समय सन् २००६। उस वर्ष उन लोगों का कुल उपार्जन साढ़े बारह करोड़ अमेरिकी डॉलर था, यानी रुपयों के हिसाब से कम-से-कम ६०० करोड़ रुपए। उस वर्ष उन लोगों के संपद का परिमाण २० करोड़ डॉलर यानी ९०० करोड़ रुपए हो गया। बिली ग्राहम की इस तरुण प्रचार संघ की प्रतिष्ठा सन् १९५० में हुई। इन लोगों ने छोटे से दायरे में अपना आध्यात्मिक प्रचार चलाया था। चूँकि इन लोगों के हिसाब में पारदर्शिता मौजूद है, इसलिए पता चला कि इन लोगों के प्रधान विलियम फ्रैंकलिन ग्राहम (तृतीय) वर्ष में ५ लाख डॉलर यानी प्रायः ढाई करोड़ रुपए पारिश्रमिक लेते हैं। चेयरमैन बिली ग्राहम ४ लाख डॉलर यानी पौने दो करोड़ रुपए लेते हैं।

पोप के वेटिकन शहर का खर्चा-पत्तर काफी लंबे अरसे तक प्रकाशित नहीं होता था। पोप जॉन पॉल द्वितीय ने हिसाब-पत्तर में स्वच्छता लाने का वादा किया। समाचार पत्रों की रिपोर्ट के अनुसार, अनुमान है कि वेटिकन के घर-द्वार, संपत्ति की तादाद ७० करोड़ यूरो है, यानी साढ़े चार हजार करोड़ रुपए। सन् २००३ में आमदनी का परिमाण २५ करोड़ डॉलर, खर्च २६ करोड़ डॉलर! इसमें सुविशाल म्यूजियम, डाक-टिकट वगैरह की आमदनी नहीं शामिल की गई है। वेटिकन की संपत्ति का मूल्यांकन प्रायः असंभव है। हिसाब में उन लोगों के विशाल-विशाल भजनालयों का कुल मूल्य महज एक यूरो बताया गया है।

वैसे किसी एक प्रतिष्ठान के साथ अन्य किसी प्रतिष्ठान की इस ढंग से तुलना करना बेमतलब है। मैं जो कहने की चेष्टा कर रहा हूँ, वह यह कि लाखों-लाखों

लोगों की भक्ति-श्रद्धा पाकर भी, लाखों-लाखों छात्र-छात्राओं और रोगियों के सेवा-कार्य का दायित्व लेकर भी और राहत-कार्य के लिए सदा व्यग्र रहते हुए भी रामकृष्ण मठ और मिशन प्रकृत अर्थ में दरिद्र ही रह गया। संस्थापक स्वामी विवेकानंद शायद ऐसा ही चाहते थे। आजीवन इस सत्य पर उनकी अविचलित आस्था बनी रही कि कोई भी अच्छा कार्य रुपयों के लिए रुका नहीं रहेगा। उन सब परवर्ती संघ-संचालकों की भी अविचलित प्रत्याशा थी कि दरिद्र देश के दरिद्र लोग संघ का काम ठीक चलाते रहेंगे। स्वामी विवेकानंद का विश्वास था कि ठाकुर श्री श्रीरामकृष्ण के आशीर्वादधन्य इस प्रतिष्ठान में अविश्वसनीय घटना घटेगी और बार-बार असंभव संभव होता रहेगा।

□

गुरु का रामकृष्णनॉमिक्स और शिष्य का विवेकानंदनॉमिक्स

'हिसाब के अभाव में मैं कहीं जुआचोर न बन जाऊँ।' उद्वीग्न स्वामी विवेकानंद ने एक बार अपने प्रियजनवर्ग से कहा था।

उनके गुरु श्रीरामकृष्ण में भी अर्थ के बारे में कोई दुराव-छिपाव या, धुक्-धुक् नहीं थी। उनकी जुबान पर जब जो आया बिना किसी की परवाह किए वे कह डालते थे। खुद कथामृत में ही उन्होंने अर्थ के बारे में सैंतीस बार जुबान खोली है। ठाकुर ने जब कहा, ''टाका माटी, माटी टाका'' वह भी सच है और जब यह कहा कि रुपया गृहस्थजन का रक्त होता है। रुपयों का सम्मान न हो, तो गृहस्थ विपन्न हो जाता है, यह भी सच है। प्रेम के इस देवता को और भी सख्त बात निष्ठुर ढंग से अपनी जुबान पर लानी पड़ी। उन्होंने कहा, ''अर्थ जिसका दास है, वही इनसान है, जो लोग अर्थ का व्यवहार करना नहीं जानते, वे लोग इनसान होकर भी इनसान नहीं होते।'' इसके बाद और भी सख्त बात कही, ''उन लोगों की आकृति इनसान जैसी होती है, मगर आचरण पशु जैसा।''

नए युग की नई बात नई भाषा में व्यक्त न कर पाए, तो मन नहीं भरता। रामकृष्ण और उनके प्रधान शिष्य की एक अर्थनीति थी। आध्यात्मिक मामलों में हमेशा डूबे रहने के फलस्वरूप रामकृष्णनॉमिक्स पर इतने दिनों नजर नहीं पड़ी थी, अब पड़ेगी। तब श्रीश्रीरामकृष्ण कथामृत के सैंतीस आर्थिक मंतव्य के आधार पर सैंतीस अध्याय अनायास ही रचे जा सकेंगे।

शिष्य विवेकानंद ने गुरु के अर्थ-चिंतन से जरूरी शिक्षा लेकर और देश-विदेश से सैकड़ों धक्के खाकर अपने प्रतिष्ठित संघ के लिए जो इकॉनॉमिक्स रची, उसे आजकल विवेकानंदनॉमिक्स कहा जाने लगा है।

गुरु-शिष्य के चिंतन का विवर्तन कौतूहल जगाता है। पहली धारणा, अर्थ का मतलब ही है अनर्थ! दूसरा विचार, अर्थ गृहस्थ का रक्त होता है और इसी अर्थ के सहारे वे लोग संन्यासियों की मदद करते हैं। इस मदद के बिना संन्यासी जीवन धारण नहीं कर पाते। लेकिन अर्थ के साथ संन्यासियों का अत्यधिक संपर्क अभिप्रेत नहीं है। वित्त से साधुओं की जितनी दूरी बनी रहे, उतना ही भला है।

ठाकुर के मानस-पुत्र, विवेकानंद ने इस काल के संन्यासियों की जिस स्पेसिफिकेशन यानी विशेषताओं की अपने हाथों से रचना की है, वह बेहद सख्त है। उनकी प्रत्याशा सुनें—'बहुजन हिताय-बहुजन सुखाय के लिए संन्यासी का जन्म हुआ है। दूसरों के लिए प्राण देने, जीवों का गगनभेदी क्रंदन निवारण करने, विधवाओं के अश्रु पोंछने, पुत्र-वियोग विधुरा के प्राणों को शक्ति-दान करने, अज्ञ, इतर साधारण को जीवन-संग्राम के उपयुक्त करने, शास्त्रोपदेश-विस्तार द्वारा सबके ऐहिक और परमार्थिक मंगल करने और ज्ञानालोक देकर, सबमें प्रस्तुत ब्रह्म-सिंह को जागृत करने के लिए ही संन्यासी का जन्म हुआ है।'

इस सुदीर्घ प्रत्याशा की सूची बेहद भयावह है, यह तो स्वीकार करना ही होगा। एक नहीं, दस बड़े-बड़े दायित्व लेने के लिए सभी लोगों का आह्वान और साथ ही ग्यारहवाँ दायित्व, अपने प्रति!

उत्तर हो सकता है कि दफा-दफा में कर्तव्यों का विश्लेषण करने के बजाय एक वाक्य में स्वामी विवेकानंद ने प्रेसक्रिप्शन लिख दिया है—'आत्मनो मोक्षार्थ: जगद्धिताय च!' हम सबका जन्म हुआ है।

यहाँ भी एक तकनीकी असुविधा है। संन्यासी विवेकानंद ने 'जन्म' शब्द एकाधिक बार इस्तेमाल क्यों किया? कोई भी संन्यासी बनकर अपनी माँ के गर्भ से भूमिष्ठ नहीं होता। श्रेष्ठ संन्यासी तो बाकी दूसरे लोगों की तरह जन्मग्रहण करके, किसी एक समय अपनों की आँखों में आँसुओं के बावजूद विचित्रतर जीवनयात्रा का निर्णय लेते हैं। उसके बाद सोच-विचार करके अपने को मृत घोषित करके, आत्मश्राद्ध का प्रबंध करके, नए जीवन में प्रवेश करते हैं। यानी गृहस्थ की भावधारा में कोई संन्यासी जन्म नहीं लेता। संसार ही किसी-किसी को संन्यासी होने की प्रेरणा देता है, हालाँकि अति कठिन है वह जीवन और कठिनतर है वह तीर्थयात्रा।

अर्थ के बारे में गुरु के सिद्धांतों के साथ स्वामी विवेकानंद के सिद्धांतों में क्या

कोई टकराव था? अर्थ की मोहताजी किसे कहते हैं, अपनी जवानी में विवेकानंद ने हाड़-हाड़ जाना था। अर्थ के बारे में मन में कहीं-कहीं मान भी भरा हुआ था। यथा, प्रचंड प्रभाव में दक्षिणेश्वर की देवी-माँ से अर्थ देने की प्रार्थना करना। लेकिन निर्धारित समय में वे इतना मामूली आशीर्वाद नहीं माँग सके। वित्त के बजाय उन्होंने वैराग्य का ही अधिक समर्थन किया। जिस वंश में उनका जन्म हुआ था, वहाँ कम उम्र में ही वित्त-सुख का सैकड़ों बार अनुभव हो चुका था। त्याग का पथ प्रस्तुत करने के लिए भोग का अनुभव भी जरूरी होता है, यह जान-समझकर उन्होंने स्वयं ही कहा है कि जो जीवन में लाख रुपयों पर नहीं बैठा, उसे कभी त्याग का खयाल कैसे आएगा?

एक और मामले में स्वामीजी के तेज मिजाज के बारे में सुनने में आया है। वह था पैसों का हिसाब! पैसों के प्रति गुरु को बूँद भर भी खिंचाव नहीं था, लेकिन फिजूलखर्ची में उन्हें सख्त आपत्ति थी। दो-तीन दुकानों में मोल-भाव की जाँच किए बिना, किसी भी खरीदारी के लिए वे हरगिज राजी नहीं थे। किसी और ने पैसा दिया है, इसलिए अधिक दामी चीज खरीदना उन्हें बिलकुल मंजूर नहीं था। प्रधान शिष्य की प्रारंभिक धारणा थी कि भले दूसरों का पैसा हो, काफी सोच-समझकर सत्यपथ पर खर्च करना चाहिए। लेकिन इसलिए दूसरों के आगे हिसाब क्यों दाखिल करना होगा? खर्च और हिसाब हरिहर-आत्मा है, एक आलोक है, तो दूसरा उसकी छाया, यह हरगिज भूलने की बात नहीं है, काशीपुर उद्यानबाटी में नरेंद्रनाथ दत्त जैसे भूल ही गए थे। भक्तगण चंदा उगाहकर बीमार रामकृष्ण का खर्च-पत्तर चला रहे थे, दूसरे-दूसरे भक्त पैसे तो नहीं देते थे मगर दिन-रात उनकी सेवा करते थे, उन लोगों पर खर्च पड़ता था, सहायक भक्तगण खर्च पर लगाम कसने के लिए हिसाब माँगते हैं, यह सुनकर विवेकानंद ने गुस्से से आगभभूखा होकर सारे खाते-पत्तर उछालकर फेंक दिए। वे किसी के आगे जबावदेही नहीं करेंगे। जो आदमी उन लोगों पर भरोसा नहीं कर सकता, उसके रुपए अपने हाथ में लेने की कोई जरूरत नहीं।

परवर्ती पर्व में उनकी धारणाओं में विपुल परिवर्तन हुआ। विश्वपथिक विवेकानंद हिसाब को प्रायः पूजा की वेदी पर बिठा देना चाहते थे, इसलिए उनके संघ की एकाउंटिंग पॉलिसी में कठिन नियमों का अनुशासन है। वहाँ भूल के लिए कोई क्षमा नहीं है।

अमेरिका से (३१ अगस्त, १८९४) को स्वामीजी ने अपने प्रिय शिष्य आलासिंगा पेरूमल को लिखा, 'तुम तो जानते हो, रुपए रखना, यहाँ तक कि रुपए को हाथ लगाना तक मेरे लिए बेहद मुश्किल है। यह मेरे लिए नितांत विरक्तिकर है और यह मन को बड़ा नीचे फेंक देता है। इसीलिए कामकाज और रुपए-पैसों के बंदोबस्त के लिए तुम लोगों को संघबद्ध होकर एक समिति की स्थापना करनी होगी।...इन भयंकर रुपए-पैसों के

झमेलों से रिहाई पा जाऊँ, तो मैं चैन की साँस लूँ।'

उसी वर्ष तारीखहीन आधा अंग्रेजी-आधा बँगला में लिखे पत्र में स्वामी शिवानंद को लिखा, 'मैं बहुत पहले ही भारतवर्ष चला जाता, लेकिन भारतवर्ष में रुपए नहीं हैं। हजारों-हजार लोग रामकृष्ण परमहंस को मानते हैं, लेकिन कोई एक पैसा भी नहीं देता—यह है भारतवर्ष! यहाँ लोगों के पास धन है और ये लोग देते भी हैं।'

रुपए देने के बावजूद दान के रुपयों पर अनेक अदृश्य बंधन होते हैं, उनमें एक है—हिसाब! यह बात अनुभवी स्वामीजी ने अच्छी तरह समझ लियी थी।

स्वामीजी के पास अपनी कमाई के भी रुपए थे। विवेकानंद ने न्यूयॉर्क से (९ फरवरी, १८९५) बैकुंठनाथ सान्याल को लिखा, 'मैं बंगाल देश को जानता हूँ, इंडिया को जानता हूँ—लोग एक तरफ लंबी-लंबी बातें हाँकते हैं, काम के नाम पर फिस्स! यहाँ मैंने न कोई जमींदारी खरीदी है, न बैंक में लाख-लाख रुपए जमा किए हैं। इस प्रचंड शीत में पर्वत-पहाड़-बर्फ को धकियाकर, इस घोर ठंड में रात के एक-दो बजे तक सड़कों को ठेलते-रौंदते जाकर लेक्चर देता हूँ और दो-चार हजार रुपए कमाए हैं। अब माँ-ठकुराइन के लिए कोई जगह खरीद लूँ, तो निश्चिंत हो जाऊँ।'

विदेश से और एक तारीखहीन पत्र स्वामी ब्रह्मानंद को लिखा, 'जो आदमी जो करता है करने दो (उत्पात छोड़कर)। रुपए-पैसों का खर्च बिलकुल अपने हाथ में रखना।' यानी वही पुरानी सांसारिक सावधानी! घर-संसार तुम्हारा, चाबी-काठी मेरे। सन् १८९९ की सितंबर को फ्रांस के पारी नगर से आलासिंगा को खत लिखकर स्वामीजी ने रुपए-पैसों के बारे में दुःख प्रकट किया है—'मैं ही तो जिंदगी भर दूसरों की मदद करता आया हूँ। ऐसा कोई व्यक्ति तो मैंने आज तक नहीं देखा जिसने मेरी मदद की है। ये बंगाली लोग। उनके देश में जितने भी इनसान पैदा हुए हैं, उनमें सर्वश्रेष्ठ हैं, रामकृष्ण परमहंस के कामों में सहायता के लिए रुपए-पैसे तक तो संग्रह नहीं कर पाते, इधर लगातार बकवास करते रहते हैं; ···दुनिया इसी तरह कृतघ्न है!!'

सन् १८९५ में प्रवासी विवेकानंद के लिए अर्थ के बारे में आँखें खुलने का समय! रीडिंग से स्वामी रामकृष्णानंद को पत्र,—'बंगाली लोगों ने ही मुझे इनसान बनाया, रुपए-पैसे देकर भेजा, यहाँ भी मेरा लालन-पालन कर रहे हैं···हः! उनका मन सँजोकर बात करनी होगी? क्या सच? बंगाली लोग क्या कहते हैं या नहीं कहते हैं, उसकी क्या परवाह करनी होगी?···विष्ठालोक में रुपए-पैसों के कामकाज में बिलकुल भरोसा मत करना; इतने कांचन-त्याग की जरूरत नहीं है। अपने पैसे-कौड़ी का सारा खर्च जरूर वसूल करना। इस बीच, जो-जो कहता हूँ, किए जा; मुझ पर उस्तादी मत चला।'

रुपयों का उल्लेख सन् १८९५ की चिट्ठी-पत्री में बार-बार आया है। उन्होंने स्वामी ब्रह्मानंद को लिखा, 'देश के लोगों की क्या बात करते हो? अब तक किसी ने भी क्या एकाध पैसा देकर मदद की है? या कोई मदद के लिए आगे बढ़ आया है? इस दुनिया में सभी लोग मदद चाहते हैं और जितना करो उससे ज्यादा चाहते हैं। अगर तुम मदद न करे सको, तो तुम चोर!'

प्राय: उन्हीं दिनों स्वामी अखंडानंद को लिखा गया (१३ नवंबर, १८९५) पत्र—'...अर्थ-संग्रह का संकल्प उत्तम है। लेकिन, बिरादर, यह दुनिया बड़ी अजीब है। काम-कांचन से हाथ बचाना ब्रह्मा-विष्णु के लिए भी दुष्कर है। रुपए-पैसों का संबंध मात्र ही गड़बड़ी की संभावना।' अब, मठ के फिनांस के बारे में स्वामीजी का स्पष्ट निर्देश है—'अस्तु, मठ के निमित्त अर्थ-संग्रह करने आदि का काम किसी और को हरगिज मत करने देना।...अगर सुनो कि मेरे या हमारे नाम कोई गृहस्थ, मठ या किसी और बहाने अर्थ-संग्रह कर रहा है, तो उस पर संदेह जरूर करना।' उसके बाद ही अपने अनुभव से निर्मम सत्य की उपलब्धि—'विशेष दरिद्र गृहस्थ लोग अभाव पूरा करने के लिए कई-कई तरह के नाटक करते हैं।' संन्यासी-भाई 'गैंजेस' को, वकील घराने के बेटे नरेंद्रनाथ की सावधान-वाणी—'तुम बच्चे हो! कांचन की माया नहीं समझते। मौका पाकर महानीतिपरायण लोग भी प्रतारक बन जाते हैं, इसी का नाम दुनिया है।'

यहाँ 'मौका पाकर' शब्द यथेष्ट महत्त्वपूर्ण है। प्रतारणा का मौका अगर न देना हो, तो बेशक हिसाब पर यथेष्ट खबरदारी जरूरी है। इस बारे में विवेकानंद की राय बिलकुल स्पष्ट है। आलासिंगा पेरूमल को उन्होंने साफ-साफ लिखा (८ अगस्त, १८९६)—'तुम लोगों में कई एक गुणों का होना जरूरी है। पहला, हिसाब-पत्तर के बारे में विशेष ईमानदारी का सहारा लेना जरूरी है। यह कहते हुए मैं कोई आभास नहीं दे रहा हूँ, कि तुम लोगों में से किसी का पद-स्खलन होगा, लेकिन कामकाज में हिंदुओं के मन में विचित्र, बिखरे-बिखरे भाव मौजूद हैं। हिसाब-पत्र रखने के बारे में उनमें कोई शृंखला या बंधन नहीं होता। मुमकिन है कि किसी विशेष फंड के रुपए अपने निजी काम में इस्तेमाल कर लेते हैं और सोचते हैं कि जल्दी ही लौटा देंगे—इत्यादि।'

हिसाब के संदर्भ में स्वामीजी की राय क्रमश: और सख्त हो उठी है। मद्रास केंद्र में प्रबल अर्थाभाव के बारे में उन्होंने अंबाला से स्वामी रामकृष्णानंद को पत्र लिखा है (१९ अगस्त, १८९७)—'लेक्चर के रुपए अभ्यर्थना में खर्च करना अति नीच कार्य है। इस विषय में मैं किसी से कोई बात नहीं करना चाहता। रुपए-पैसों के बारे में हमारे देश के लोग कैसे हैं, वह मैं विलक्षण समझ चुका हूँ।'

दो महीने बाद अर्थ के बारे में उन्होंने स्वामी ब्रह्मानंद को जो पत्र लिखा (१०

अक्तूबर, १८९७) उसमें उनकी धारणा और स्पष्ट हो उठी है—' मैंने यहीं से (मरी) मठ के लिए अर्थ-संग्रह शुरू कर दिया है। जहाँ से भी तुम्हारे नाम रुपए आएँ, तुम मठ के फंड में जमा कर लेना और हिसाब दुरुस्त रखना। दो फंड बिलकुल अलग-अलग हों— एक कलकत्ता मठ के लिए और एक दुर्भिक्ष के समय सेवा आदि कार्य के लिए।'

ठीक दो दिनों बाद, (१२ अक्तूबर, १८९७) गुरुभाई स्वामी ब्रह्मानंद को हिसाबनिष्ठ विवेकानंद का कठोर निर्देश—'किस-किस विषय में विशेष direction यानी निर्देश आवश्यक समझता हूँ। ⋯(१) जो-जो व्यक्ति रुपए संग्रह करके भेजे, उसको acknowledgement (पावती) मठ की तरफ से जरूर मिले, (२) acknowledgement दो हों—एक उसकी और एक मठ में रहेगा, (३) किसी बड़े रजिस्टर में उन लोगों का नाम-पता लिपिबद्ध रहे, (४) मठ के फंड में जो रुपए आए, उसका पैसा-पैसा हिसाब रखा जाए और सारदा वगैरह, जिसको भी जो दिया जाए, उनसे पैसा-पैसा हिसाब लिया जाए। हिसाब के अभाव में मैं कहीं जुआचोर न बन जाऊँ। सारा हिसाब बाद में छपाकर प्रदर्शित करना होगा।'

जाहिर है कि विदेश की आर्थिक संस्थाओं में विविध डिसिप्लिन देखकर स्वामी विवेकानंद ने दूसरों के दिए गए धन के बारे में एक कठिन नियमानुवर्तिता की जरूरत महसूस की थी और संघ में शुरू से ही आर्थिक संयम को प्राथमिकता दी है। उनके गुरुभाई शुरू-शुरू में इस विषय के प्रति खास तत्पर नहीं थे। इसके बावजूद, उन लोगों ने कितने अद्‌भुत ढंग से इन नियमों को संघ-जीवन का अंग बना लिया, यह भी अविश्वसनीय कहानी है। इस बारे में और अधिक चर्चा न की जाए, तो विवेकानंदनॉमिक्स को समझना मुश्किल है। इसके प्रभाव में मठ और मिशन कैसे और क्यों शताब्दी से भी अधिक समय से संदेह और समालोचन से पृथक रहने में समर्थ हुआ है। इस देश के धाकड़-धाकड़ चार्टर्ड एकाउंटेंसी प्रतिष्ठान और दुनिया भर के ऑडिटिंग प्रतिष्ठान विवेकानंद से मार्गदर्शन लाभ प्राप्त कर सकते हैं।

□

दरिद्र पुजारी ब्राह्मण होने के बावजूद एक मुश्त आर्थिक-सहायता के संदर्भ में ठाकुर श्रीरामकृष्ण को भी भीषण भय था।

स्वामी ब्रह्मानंद संकलित 'श्रीश्रीरामकृष्ण उपदेश' पुस्तक में एक बेहद दिलचस्प वर्णन है—

लक्ष्मीनारायण नामक एक मारवाड़ी सत्संगी और धनाढ्य व्यक्ति एक दिन ठाकुर के दर्शनों के लिए दक्षिणेश्वर आए। ठाकुर से काफी देर तक वेदांत-चर्चा होती रही। ठाकुर से धर्म-प्रसंग के बाद उनकी वेदांत के बारे में वाणी सुनकर वे अतिशय प्रसन्न हुए।

अंत में ठाकुर से विदा लेते समय लक्ष्मीनारायण ने कहा, "मैं आपकी सेवा के निमित्त दस हजार रुपए अर्पित करना चाहता हूँ।"

उनकी यह बात सुनकर ठाकुर प्राय: मूर्छित हो गए, मानो उनके सिर पर भयंकर आघात लगा हो।

कुछ देर बाद, महा-नाराजगी जाहिर करते हुए बच्चों की तरह उन धनी महाशय को संबोधित करके कहा, "शाला, तुम ईहां से अभी उठ जाओ। तुम हामको माया का प्रलोभन दिखाता है—"

मारवाड़ी भक्त ने ईषत् सकुचाकर कहा, "आप अभी थोड़े कच्चे हैं···।"

उत्तर में ठाकुर ने प्रश्न किया, "कैसे हैं?"

मारवाड़ी भक्त ने उत्तर दिया, "महापुरुष लोग जब खूब उच्च अवस्था में पहुँच जाते हैं, तो उनके लिए त्याज्य-ग्राह्य एक बराबर हो जाते हैं। कोई कुछ दे या ले, उससे उनके चित्त में संतोष या क्षोभ कुछ भी नहीं होता।"

उनकी यह बात सुनकर ठाकुर ईषत् हँस पड़े।

वे समझाने लगे, "देखो, आईने में कहीं थोड़ी सी मैल या दाग जमा हो, तो जैसे चेहरा ठीक-ठीक नजर नहीं आता, वैसे ही जिसका मन निर्मल हो चुका हो, उस निर्मल मन पर कामिनी-कंचन का दाग पड़ना सही नहीं है।"

भक्त मारवाड़ी ने फिर कहा, "चलें, ठीक है। आपका भतीजा हृदय है न, आपकी सेवा के लिए ये रुपए न हो, उसी के पास पड़ा रहे।"

उत्तर में ठाकुर ने फिर कहा, "नहीं, यह भी संभव नहीं है, क्योंकि रुपए अगर उसके पास रहे और किसी समय मैंने कहा कि फलाँ को कुछ दे दो या कहूँ किसी और विषय में, मेरा खर्च का मन है और वह देना न चाहे, तो मेने मन में सहज ही यह अप्रसन्न आक्षेप जाग सकता है कि वे रुपए तो तेरे नहीं हैं, उसने तो ये रुपए मुझे दिए हैं, यह भी सही नहीं है।"

परवर्तीकाल में संघ चलाने के लिए यह डोनेशन-आधार रामकृष्ण मठ-मिशन को कबूल करना पड़ा। संन्यासी रुपए-पैसे उपार्जन नहीं करते, स्वास्थ्य-रक्षा के किए वे लोग केवल घर-बारी लोगों से यथा-मामूली दान ग्रहण करते हैं। लेकिन स्वामी विवेकानंद के लिए ऐसे अर्थ का अविच्छेद अंग था—हिसाब-किताब! मठ के लिए लाहौर के बाबू नगेंद्रनाथ गुप्त चंदा उगाहकर भेजेंगे—यह खबर पाकर स्वामी विवेकानंद ने स्वामी ब्रह्मानंद को (२५ नवंबर, १८९७) को निर्देश दिया, 'उन्हें बाकायदा रसीद भेज देना।' ठाकुर की वाणी से लाहौर काफी भड़क गया है, खासा चंदा उठा है।'

यानी हिसाब-पत्तर जरूर-से-जरूर!

उसके बाद, विवेकानंदनॉमिक्स द्वितीय पर्व—'रुपए-पैसे जरा हिसाब से खर्च करो।' उन्होंने संन्यासियों से साफ-साफ कहा कि अभाव की गृहस्थी में 'तीर्थयात्रा अपने खर्च पर करो।'

खर्च कम करने के लिए और जमीन-जमा का मोल कहीं ज्यादा न हाँकने लगें, इसके लिए स्वामी विवेकानंद ने अपने विश्वासभाजन गुरुभाइयों को जो सलाह दी है, वह किसी तजुर्बेकार एटॉर्नी परिवार की संतान के लिए ही संभव है, यथा जमीन के लिए दर-दस्तूर! ब्रह्मानंद को स्वामीजी ने परामर्श दिया है—'किसी दूसरे आदमी के जरिए अगर बात चलाई जाए, तो बेहतर! हम खरीद रहे हैं, यह सुनगुन लगी, तो लोग लंबी कीमत हाँकेंगे।'

रुपए-पैसों के मामले में स्वामी ब्रह्मानंद ही विवेकानंद के बल-भरोसा थे। 'दुर्भिक्ष फंड में जो रुपए बच रहे हैं, वह एक पर्मानेंट वर्क फंड बनाकर उसमें जमा कर दो। किसी और मुद्दे पर खर्च मत करना और सभी दुर्भिक्ष-राहत कार्यों पर किए गए खर्च, सबको दिखाकर और लिखकर रखना कि बाकी इतनी रकम किसी अन्य अच्छे काम के लिए है।'

अभी पत्र में (८ दिसंबर, १८९७) गुरुभाई को स्वामीजी की मारात्मक सावधानीवाणी—'रुपए-पैसों के बारे में विशेष सावधान रहना। हिसाब टनाटन रखना और रुपयों के संदर्भ में अपने बाप पर भी भरोसा न करना।' नहीं, यह लोकश्रुति नहीं है, संन्यासी के अपने हाथ से लिखे पत्र में ऐसा कठिन निर्देश मिलता है।

दूसरों को निर्देश देकर अपनी खुशी मुताबिक खर्च करना स्वामीजी का स्वभाव नहीं था। श्रीनगर से उन्होंने स्वामी ब्रह्मानंद को लिखा (१ अगस्त, १८९८)—'अरे, हाँ, याद आया, कुछेक लोगों को…इस हिसाब से रुपए देना। ये रुपए मैंने मठ से कर्ज लिए हैं और तुम्हें सूद समेत चुका दूँगा।' यानी सिर्फ उधार ही नहीं, सूद समेत उधार! परवर्ती समय में हमने देखा है कि मठ के प्रतिष्ठाता विवेकानंद ने भी उधार लिया और सूद समेत चुका भी दिया। श्रीरामकृष्ण के चेलों के संघ में कौन से रुपए अपने हैं और कौन से संघ के, इस बारे में कहीं, किसी संदेह का अवसर नहीं दिया गया है।

यह हिसाब-निष्ठा कभी-कभी संन्यासियों के प्रबल कष्ट का भी कारण बना। आजकल की नजर में यह थोड़ा-बहुत पागलपन भी लग सकता है। एकाध घटना याद करना असंगत नहीं होगा। यथा, स्वामीजी के जीवनकाल में मठ-मिशन के संन्यासियों द्वारा दुर्भिक्ष-त्राण कार्य! स्वामी अखंडानंद के नेतृत्व में मुर्शिदाबाद क्षेत्र में रामकृष्ण संघ की पहली सुसंगत आर्त-त्राण-सेवा शुरू हुई। स्वामी ब्रह्मानंद ने कलकत्ता के आलमबाजार मठ से दो साधुओं के साथ अखंडानंद को डेढ़ सौ रुपए देकर मुर्शिदाबाद के महला क्षेत्र

में भेजा। वह सेवा-कार्य १८ मई, १८९७ को शुरू हुआ था, यह हमारे लिए अजाना नहीं है। लेकिन जो बात खास प्रचारित नहीं है, वह यह कि जो लोग सेवा करने गए थे, उन लोगों के खाने-पीने का खर्च क्या त्राण-फंड से ही लिया गए? यह विभाजन काफी सूक्ष्म है, कभी-कभी यह निरा पागलपन भी लग सकता है, लेकिन इस बारे में स्वामीजी के प्रिय मित्र चिर-विश्वस्त संघ नायक स्वामी ब्रह्मानंद का वक्तव्य—

१९ मई, १८९७ को स्वामी अखंडानंद के खाइ-खर्चे के बारे में स्वामी ब्रह्मानंद का निर्देश सुनें—'और अधिक रुपयों की जरूरत हो, तो १०-१२ दिन पहले लिखना। तुम लोग अगर गाँवों में भिक्षाटन न कर सको, तो फिलहाल इसी फंड से १० रुपए लेकर अपना खर्च चलाना। जब यहाँ से रुपए पहुँचे, तो वे रुपए उक्त फंड में डाल देना।'

त्राण-कार्य में जाकर भी अपने जीवन-धारण के लिए संन्यासियों द्वारा भिक्षावृत्ति आश्चर्यजनक है।

रामकृष्ण मठ-मिशन के कई एक साधु, ब्रह्मचारी, किसी समय तीर्थयात्रा पर मद्रास मठ में पहुँचे। कोई काम-धाम न करें, सिर्फ सैर करते फिरें, यह बात विवेकानंद को बिलकुल पसंद नहीं थी। १५ नवंबर, १८९७ को लाहौर से अपने चिरविश्वस्त ब्रह्मानंद को लिखे गए पत्र में स्वामी विवेकानंद ने नाराजगी जाहिर की—'रुपए-पैसे जरा हिसाब से खर्च करो; तीर्थयात्रा तो अपने-अपने निजी खर्च पर हो। प्रचारादि का जिम्मा मठ पर है।'

८ दिसंबर, १८९७ को खेतड़ी से स्वामी ब्रह्मानंद को लिखे गए पत्र में विवेकानंद का स्वर और कड़ा है—'मैं काम चाहता हूँ, कोई प्रतारक नहीं। जिन लोगों का काम करने का मन नहीं है, वे फूटें यहाँ से, कहीं और रास्ता देखें।'

विवेकानंद के चिंतन का सूत्र थामकर स्वामी ब्रह्मानंद ने जो पत्र मद्रास के स्वामी रामकृष्णानंद को लिखा, वह आज भी बहुतेरे लोगों की नजर में नहीं आया है। 'तुम लोगों ने एक संग काफी सारा जमा कर लिया है। देखो, कहीं तुम्हारे काम में नुकसान न हो।...खर्च वगैरह सोच-विचारकर करना। खर्च किसी हाल में भी ज्यादा न हो। किसी भी सनक पर मत चलना।...जो लोग साधन-भजन या काम न करके आलस्य और लक्ष्यहीन घूमते-फिरते हैं, स्वामीजी उनसे बेहद नाराज होते हैं...तुम किसी भी तरह की आँखों की शर्म न रखना। मैंने देखा है कि आँखों की शर्म से किसी को भी खुश नहीं किया जा सकता।'

कई महीनों बाद (१७ जुलाई, १८९८) को स्वामी ब्रह्मानंद को लिखे गए अन्य एक पत्र में स्वामीजी की अर्थ संबंधी चिंतनधारा और अधिक स्पष्ट है—'रुपए-पैसों के बारे में जो कुछ मैंने लिखा है, वही अंतिम बात है। इसके आगे देने-रखने के बारे में तुम

जैसा समझो, वही करना।...मैं बखूबी देख रहा हूँ कि मेरी पॉलिसी भूल है, तुम्हारी ही सही है। दूसरों की मदद करने के बारे में भी यानी किसी को ज्यादा-ज्यादा दो, तो वह कृतज्ञ होने के बजाय उल्टे यह समझ लेगा कि चलो एक बेवकूफ हाथ आ गया है। दान के फलस्वरूप ग्रहणकर्ता का जो नैतिक पतन होता है, उस पर मेरी निगाह नहीं होती। दूसरी बात यह कि जो लोग भीख के पैसे जिस उद्‌देश्य से देते हैं, उसे जरा भी इधर-उधर करने का हमें कोई अधिकार नहीं है।'

अंतिम मंतव्य अत्यंत महत्त्वपूर्ण है, यह बात परवर्ती समय में स्वामीजी के आचरण से ही स्पष्ट समझ में आ जाता है। फरवरी १९०२ में स्वामीजी की भेंट वाराणसीधाम के धनाढ्‌य भूमिअधिकारी भिंगर के राजा से हुई। उस सुपंडित राजा ने कहा कि अगर वे काशी में एक धर्मप्रतिष्ठान निर्माण करें, तो वे आर्थिक सहायता करने को तैयार हैं।

स्वामीजी ने जवाब दिया कि फ़िलहाल उनकी तबीयत गिरी-गिरी रहती है, इसलिए किसी प्रतिष्ठान के प्रस्ताव के बारे में कोई पक्का वादा करने की स्थिति में नहीं हैं। कलकत्ता लौटकर तबीयत ठीक होने पर वे सोचेंगे।

'युगनायक विवेकानंद' ग्रंथ में स्वामी गंभीरानंद ने लिखा है—'अगले दिन एक व्यक्ति भिंगर भवन से आया और स्वामीजी को एक बंद लिफाफा थमा गया। जब उसे खोला गया, उसमें भेंटस्वरूप भिंगराज द्वारा स्वामीजी को भेजा गया पाँच सौ रुपए का एक चेक था और पत्र में उसी का उल्लेख था। उसी क्षण स्वामीजी ने बगल में बैठे हुए स्वामी शिवानंद की ओर देखा और कहा, ''महापुरुष, आप इन रुपयों से काशी में ठाकुर का मठ स्थापित करें।''

जीवन के शेष पर्व में, दूसरों द्वारा दिए हुए अर्थ के संबंध में, संन्यासी विवेकानंद आज भी सजग थे। स्वामी गंभीरानंद ने लिखा है—'उन दिनों भी स्वामीजी का एक काम बाकी था—भिंगर के राजा द्वारा प्रदत्त अर्थ (५०० रुपए) से काशीधाम में एक आश्रम स्थापित करना। उन्होंने प्रधानत: स्वामी सारदानंद को इस कार्य का जिम्मा सौंपना चाहा; लेकिन सारदानंद राजी नहीं हुए। तब उन्होंने स्वामी शिवानंद को (महापुरुष महाराज) यह कर्तव्य वरण करने को कहा। उन दिनों स्वामी शिवानंद स्वामीजी की सेवा में नियुक्त थे। स्वेच्छा से चुने हुए इस अत्यावश्यक कर्तव्य को छोड़कर कहीं अन्यत्र जाने की उनकी बिलकुल इच्छा नहीं थी; इसलिए उन्होंने भी मना कर दिया। स्वामीजी ने फिर भी कोशिश नहीं छोड़ी।' इसके बाद दान के रुपयों के दाय-दायित्व के बारे में स्वामीजी की वह जगत्-विख्यात उक्ति! उन्होंने नाराजगी जताते हुए शिकायत और भर्त्सना के मिले-जुले लहजे में कहा, ''रुपए लेकर काम न करने के लिए क्या मुझे आपकी वजह से अंत

में जुआचोर बनना होगा?''

इसके बाद सोच-विचार का अवकाश नहीं था। अब झटपट काम! मृत्युपथ-यात्री गुरुभाई को बेलूर में छोड़कर संन्यासी स्वामी शिवानंद ने दान की रकम की मर्यादा रखने के लिए काशी-यात्रा की।

४ जुलाई, १९०२ को बेलूर मठ में महासंन्यासी विवेकानंद जब महाप्रस्थान के पथ पर थे, उस समय स्वामी शिवानंद ने अपने गुरुभाई के इच्छापूरण के लिए उनकी शेष कीर्ति काशीधाम में 'श्रीरामकृष्ण अद्वैत आश्रम' स्थापन किया। 'युगनायक विवेकानंद' के लेखक स्वामी गंभीरानंद ने इस घटना के बारे में मंतव्य दिया है—'हैरत है!' लेकिन जिन लोगों को अर्थ के बारे में श्रीरामकृष्ण और विवेकानंद-चिंतन की जानकारी है, वे लोग बिलकुल भी विस्मित नहीं, बल्कि अगर ऐसा न होता, तो उन लोगों को आश्चर्य होता।'

स्वामीजी की राय में अर्थ के प्रति निरासक्ति, लेकिन संघ के अर्थ के प्रति अतिमात्रा में सावधानी, दोनों परस्पर-विरोधी मानसिकता नहीं हैं। हिसाब के नागपाश के बिना इस युग का संन्यासी मानवसेवी नहीं हो सकता—यही शिक्षा है।

हिसाब का मतलब, केवल नकद रुपयों पर नजर रखना नहीं है। स्वामीजी की उद्भासित एकाउंटिंग पॉलिसी में और भी दो विशेषताएँ मौजूद हैं। पहली विशेषता तो देश-विख्यात है—साग से ढँकी मछली या मछली से ढंका साग जैसा खर्च नैव नैव च!

इससे पहले हम लोग साग से मछली ढँकने के नीतिविहीन प्रयासों की व्यर्थता की खबर जान चुके हैं; लेकिन एक ही खाते में संगृहीत अर्थ, दाता की अनुमति के बिना, किसी अन्य आवश्यकता पर खर्च करना कानून-सम्मत नहीं है, यह बात स्वामीजी ही अपनी अनन्य वाचनभंगि में अविस्मरणीय बना गए हैं। इस देश के चार्टर्ड एकाउंटेंट वर्ग अन्य किसी आध्यात्मिक पुरुष की ऐसी मैनेजमेंट-वाणी कहीं भी खोज आएँ, उन्हें नहीं मिलेगी।

स्वामी विवेकानंद के हिसाब-चिंतन की दूसरी विशेषता को भी ईषत् प्रधानता न देने का कोई उपाय नहीं। वह विषय है, संभावित खर्च या 'एस्टिमेट' (पूर्वानुमान) की पवित्रता का अतिक्रम नहीं किया जा सकता। इस देश में अनुमान या एस्टिमेट की कोई पवित्रता या 'सैंग्टिटी' नहीं है। हजार रुपयों का संकेत देकर काम पूरा करना और अंत में लाख रुपए खर्च करा देना, इस देश की सरकारी और गैर सरकारी संस्कृति के अंग बन गए हैं। इसके खिलाफ भी स्वामी विवेकानंद जीवन के आखिरी छोर पर भी किस कदर खड्गहस्त थे, यहाँ निवेदन कर दिया जाए, तो बेहतर होगा।

इस बारे में दूसरों की जुबान का सहारा लेने के बजाय ठाकुर के तीन साक्षात्

शिष्यों के आचरण और स्मृति में सीमाबद्ध रहेंगे। वे थे—स्वामी विज्ञानानंद (बाद में मठ-मिशन के सभापति), स्वामी ब्रह्मानंद (स्वामीजी के परम विश्वस्त बाद में मठ-मिशन के सभापति) और स्वामी विवेकानंद स्वयं।

अब हम स्वामी विज्ञानानंद की 'स्मृतिकथा' पर निर्भरशील होंगे। लेकिन इससे पहले 'युगनायक विवेकानंद' के तृतीय खंड के एक छोटे से फुटनोट पर पल भर के लिए नजर डाल लें। वहाँ स्वामी ब्रह्मानंद की दिनलिपि से एक छोटा सा उद्धरण दिया गया है—'२९ मार्च, १९०२—आज पोस्ता की आधारशिला रखी गई। आज मिट्टी-कटाई शुरू हुई। ३० मार्च—नए पोस्ता के लिए आज डेढ़ बजे हम सबने पूजा की। आज खोवा डालने का काम शुरू हुआ।' समय-सीमा की भी जानकारी मिल जाती, तो इस मामलों को समझना सहज हो जाता।

इसके बाद हमारा उद्धरण स्वामी विज्ञानानंद से! परवर्तीकाल में बेलूर मठ के बरामदे में बैठे-बैठे ये इंजीनियर महाराज अपने बारे में बता रहे थे। राजा महाराज को स्वामीजी बेहद प्यार करते थे, खूब मानते भी थे। ठीक, गुरुवत् गुरुपुत्रेषु—ऐसा भाव! लेकिन किसी में जरा भी भूल-त्रुटि देखते थे, तो बिलकुल बरदाश्त नहीं कर पाते थे।

जिन राखाल महाराज को अपने प्राणों से अधिक प्यार करते थे, उन्हें ही एक बार इतनी-इतनी गालियाँ दीं कि महाराज तो रो-रोकर बेहाल हो गए। वैसे उस मामले में पूरा-पूरा दोष मेरा ही था। मुझे बचाने के चक्कर में महाराज ने मेरी गलती अपने ऊपर ले ली थी।

उन दिनों गंगा-किनारे स्थित पोस्ता और घाट का काम चल रहा था। स्वामीजी ने मुझसे कहा, ''पेसन, सामने एक घाट होना बेहद जरूरी है। साथ ही गंगा-किनारे पोस्ता को भी थोड़ा सा समेटना होगा। ऐसा कर, तू एक प्लान बना और मुझे खर्च का अंदाजा बताना।'' मैंने एक प्लान बना डाला और उस पर कितना खर्च आएगा, यह भी दिखा दिया। स्वामीजी के डर से मैंने खर्च कम पकड़ा था और वह प्लान दिखाकर कहा, ''करीब तीन हजार रुपए हों, तो शायद सब काम हो जाएगा।''

मेरी बात सुनकर स्वामीजी परम खुश! उन्होंने उसी वक्त महाराज को संबोधित करते हुए कहा, ''तुम क्या कहते हो, राजा? वहाँ सामने की तरफ एक घाट और पोस्ता हो जाए, तो अच्छा हो। पेसन तो बता रहा है कि तीन हजार रुपयों में हो जाएगा। अगर तुम 'हाँ' करो, तो काम शुरू कर दें।'' महाराज ने भी कहा, ''अगर तीन हजार रुपयों में हो जाए, तो इतने रुपयों का जुगाड़ तो हो ही जाएगा।''

सो, काम तो शुरू हो गया। मैं ही सारा कामकाज देख-सुन रहा था। सारे हिसाब-पत्तर महाराज रख रहे थे। रुपए-पैसों का जुगाड़ भी वही करते थे। काम जितना-जितना

आगे बढ़ रहा था, स्वामीजी उतने ही खुश! बीच-बीच में हिसाब-पत्तर देखकर रुपए-पैसे हैं या नहीं, इसकी भी खोज-खबर लेते रहते थे।

इधर काम जितना-जितना आगे बढ़ने लगा, उतना-उतना यह देखा गया कि तीन हजार रुपयों में काम पूरा नहीं होगा। मामला गड़बड़ाते हुए देखकर मैंने महाराज के पास जाकर कहा, ''देखिए, मैंने तो स्वामीजी के डर के मारे उनसे कह दिया था कि तीन हज़ार रुपए में काम पूरा हो जाएगा, लेकिन यह काम पूरा करने में तीन हजार से अधिक खर्व पड़ेगा। अब्र उपाय बताइए!''

महाराज निहायत भलेमानस थे। मेरी दशा देखकर उन्हें दया आ गई। उन्होंने मुझे हिम्मत बँधाते हुए कहा, ''अब जो हुआ, सो हुआ, अब क्या किया जाए? जब काम में हाथ लगा ही दिया है, तब चाहे जैसे भी हो, काम तो पूरा करना ही होगा। तुम परेशान मत हो। काम जैसे अच्छा हो, वही करो। मैंने राहत की साँस ली। लेकिन मन-ही-मन अभी भी डरा हुआ था कि किसी-न-किसी दिन स्वामीजी की गालियाँ तो सुननी ही होंगी।''

ऐसे में एक दिन स्वामीजी ने काम के खर्च-पत्तर का हिसाब देखना चाहा। महाराज कामों का हिसाब काफी सुंदर ढंग से रखते थे। हिसाब देखते हुए स्वामीजी को जब यह जानकारी हुई कि अब तक तीन हजार से अधिक खर्च हो चुके हैं, तो वे महाराज पर ही एक दौर बरस पड़े। उनकी खूब खबर ली। महाराज ने एक शब्द भी नहीं कहा, चुपचाप सबकुछ सह लिया। लेकिन अंदर-ही-अंदर वे काफी दुःखी हुए थे।

□

विडंबित विवेकानंद

महामानव के आविर्भाव के समय देवलोक से जयशंख बज उठते हैं, ऐसी बात कवि, शास्त्रकार जाने कब ही हमें बता गए हैं। लेकिन स्वामी विवेकानंद की उनतालीस वर्ष के सीमित जीवनकाल में जो विरामहीन स्रोत नजर आता है, उससे लगता है कि हमारे इस अभागे देश में इनसान के परम पूज्यगण प्रायः हर पल ही दुःख के अवतार रहे। देहावसान के बाद हम विवेकानंद की तुलना प्रज्वलित सूर्य से करते हैं, नगर-नगर में सुसज्जित सभागार में उनकी कीर्तिकहानी घोषित की जाती है, लेकिन जीवितकाल में समकालीन लोगों से उन्हें क्या मिला है, इसका पूरा-पूरा विवरण एकत्रित किया जाए, तो शर्म से सिर झुक जाता है।

महाजीवन के स्मृतिप्रसंग में महाकाल किसी अज्ञात कारण से काफी कुछ भुला देने की जी-जान से कोशिश करते हैं। आम लोगों में यह धारणा है कि ईश्वर के आशीर्वाद से धन्य होकर जो लोग मर्त्य लोक में आते हैं, वे लोग शायद दुंदुभी बजाते हुए नीचे उतर आते हैं। वे लोग देखते हैं और जय-जयकार करते हैं और समस्त विश्व नतमस्तक होकर, उन लोगों की वंदना करके धन्य होना चाहता है।

स्वामी विवेकानंद का उनतालीस वर्ष का जीवन अतिशय यंत्रणादायक रहा। प्रज्वलित अंगार की तरह तिल-तिल दग्ध होते हुए विवेकानंद कैसे समय का शासन पार करके परवर्तीकाल में उन्होंने भक्तजन के हृदय में धधकते सूर्य का रूप ग्रहण किया उसका पूरा-पूरा इतिहास किसी-न-किसी दिन निश्चय लिखा जाएगा। लेकिन इस बात से इनकार करने से कोई फायदा नहीं कि वह वृत्तांत आज भी लिपिबद्ध होने के इंतजार में है।

बिलकुल छोर से शुरू किया जाए और स्वामीजी के जीवन के घटना-प्रवाह पर गौर किया जाए, तो अचंभा होता है। समय ने कितने-कितने ढंग से उस इनसान को सिर्फ अवहेलना और अपमान से ही जर्जर नहीं किया, उन्हें क्षत-विक्षत करने की भी कोशिश चलती रही। इस विडंबना से विवेकानंद स्वयं भी बीच-बीच में अपने को विपन्न महसूस करते रहे, इसके बावजूंद प्रतिकूल परिवेश से जूझते हुए कैसे वे पुरुषोत्तम हो उठे और विश्व-संसार को जो देना था वह सौंप गए—यह सब सोचते हुए परम आश्चर्य होता है। अवहेलना, अवज्ञा और अपमान के अलावा भी उनके जीवन में जाने कितनी-कितनी तरह की कुत्सा, चरित्र-हनन के कितने ही षड्यंत्र, आघात; ऐसी कितनी ही ठोकरें, जिनकी सुपरिकल्पित चोट से किसी संवेदनशील इनसान की तीर्थयात्रा चिर-स्तब्ध हो जाए, कतई अस्वाभाविक नहीं है।

दुर्गम पथ के यात्री विवेकानंद विडंबित होने के बावजूद क्यों पराजित विवेकानंद होने को राजी नहीं हुए? किस महाशक्ति के बल पर वे हमेशा उन्नत-सिर विवेकानंद के रूप में ही अपना मर्त्य जीवन पूरा करने में सक्षम हुए? यह अनुसंधान इस काल और अनागतकाल के लोगों के लिए विशेष जरूरी है।

विडंबित विवेकानंद पर यह अनुसंधान शुरू करने से पहले मैंने एक प्रश्न का उत्तर खोजा था कि ऐसे भावप्रवण इनसान जिंदगी भर कैसे तो इतने अपवादों के आघात सहन करने में समर्थ हुए? यह महाशक्ति उन्होंने कहाँ से पाई?

एकमात्र संन्यास की अध्यात्म शक्ति ही उन्हें दुर्गम पथ पर अटल रख सकी, यह कहना शायद समीचीन नहीं होगा, क्योंकि अध्यात्म पथ का यात्री होने से काफी पहले से ही उनकी किस्मत में तरह-तरह आघात और अपमान जुटने लगा था।

बचपन में नरेंद्रनाथ ने एक बार अपने पिता से यह जानना चाहा था कि दुनिया में किस ढंग से चलना उचित है? पिता विश्वनाथ दत्त ने जो उत्तर दिया था, वह उनके पुत्र ने जीवन भार याद रखा, इस बात के ढेरों प्रमाण घर-बाहर और देश-विदेश में बिखरे पड़े है। अपने प्रिय पुत्र से विश्वनाथ ने कहा था, "कभी भी, किसी भी विषय में अवाक् मत होना।" खोजकर्ताओं ने पिता के इस उपदेश की नाना व्याख्या की है, लेकिन मुझे लगता है कि प्रत्याशित या अप्रत्याशित सूत्रों से प्राप्त आघात-अपमान इनसान को आहत कर सकता है—मानसिक रूप से यह होशियारी नरेंद्रनाथ को अपने पिता से मिली थी।

दूसरा, अति मूल्यवान उपदेश उन्हें अपनी गर्भधारिणी जननी भुवनेश्वरी देवी से मिला था। प्रिय नरेंद्रनाथ से उन्होंने कहा था, "हमेशा खूब शांत रहना, लेकिन अगर जरूरत पड़े तो अपने मन को दृढ़ रखना।" माँ भुवनेश्वरी ने एक और जबर्दस्त सलाह दी थी, "आजीवन पवित्र रहना, अपने सम्मान की रक्षा करना और कभी भी किसी के सम्मान का

लंघन मत करना।'' इस हिदायत को वे किसी हाल भी अमान्य करने को राजी नहीं थे, इसके नाना प्रमाण भी विडंबित विवेकानंद के जीवन में कोई भी खोज निकाल सकता है।

आजीवन विडंबित होने के दु:ख की शुरुआत नरेन के स्कूली जीवन से ही हो गई थी। वह स्कूल था—विद्यासागर द्वारा प्रतिष्ठित, सुकिया स्ट्रीट का मेट्रोपोलिटन इंस्टिट्यूशन, इस बात से आज कोई भी अनजान नहीं है। इस स्कूल में भूगोल के शिक्षक भूगोल पढ़ा रहे थे। अचानक टीचर को लगा कि नरेन गलत जवाब दे रहे हैं। उन्होंने अविलंब उन्हें शारीरिक दंड दे डाला। नरेन बार-बार कहते रहे कि उन्होंने कोई भूल नहीं की। उन्होंने ठीक जवाब दिया है। उनकी इस बात पर शिक्षक महोदय को और ज्यादा गुस्सा चढ़ गया। वे बालक नरेंद्रनाथ पर ढंग से बेंत बरसाने लगे।

जर्जर देह लिये नरेंद्रनाथ घर लौटे। उन्होंने आँखों में आँसू भरकर अपनी माँ से यह घटना बताई। स्नेहमयी भुवनेश्वरी ने···विगलित लहजे में समझाया, 'सुन बच्चे, अगर सच ही कोई भूल नहीं हो, तो इसमें क्या आता-जाता है? नतीजा चाहे जो भी निकले, जो सच है हमेशा वही कहना, वैसा ही करते रहना। बहुत बार मुमकिन है कि इसके लिए अन्यायपूर्ण और अप्रीतिकर नतीजा सहन करना पड़े, लेकिन सच का दामन कभी मत छोड़ना।'

सुना जाता है कि बाद में शिक्षक को बेहद पछतावा हुआ। लेकिन उसी स्कूल के अन्य एक शिक्षक के बारे में सुनें—यह गुस्सैल शिक्षक किसी छात्र को मारते-मारते अचानक नरेन पर भड़क गए और उन्हें भी पीटने लगे। शिक्षक द्वारा पिटाई की मात्रा धीरे-धीरे बढ़ गई और अपने दोनों हाथ से उन्होंने कान उमेठना शुरू कर दिया। बाद में कान पकड़कर बेंच पर खड़ा कर दिया। मँझले भाई, महेंद्रनाथ दत्त की मूल्यवान स्मृति के अनुसार—मास्टर ने इतनी जोर से कान उमेठा था कि बच्चे का कान जख्मी हो गया था और खून की धार से उसका जाँघिया तक भीग गया।···नरेंद्रनाथ दत्त जब घर लौटे, तो घर में हंगामा मच गया। विश्वनाथ दत्त और तारकनाथ दत्त (काका) ने फैसला किया कि उस मास्टर को वकील का नोटिस भेजकर उसे अदालत मे ला खड़ा करेंगे और उसे सजा दिलाएँगे। लेकिन नरेंद्रनाथ ने खुद मध्यस्थ बनकर नालिश-मुकदमे का झमेला मिटा दिया और अगले दिन यथासमय स्कूल पहुँच गया। इस सजा की खबर विद्यासागर के कानों तक भी पहुँच गई। उन्होंने बच्चों को मारने की प्रथा ही उठा दी।

बहरहाल, अपने बारे में किसी लड़ाई में न उतरने के बावजूद जब भाई महेंद्रनाथ को एक बार स्कूल में अकारण ही सजा मिली, तो नरेंद्रनाथ एकदम से दहक उठे, महेंद्रनाथ के शब्दों में—''सच तो यह था कि मैंने कोई कसूर नहीं किया था। मैं अपने कसूर का कोई कारण भी नहीं जानता था। घर लौटकर जब मैंने यह बात बताई, नरेंद्रनाथ

ने उसी वक्त सुपरिटेंडेंट श्री ब्रजनाथ डे को उस शिक्षक के विरुद्ध पत्र लिखा। फलस्वरूप उस नए शिक्षक को नौकरी से जवाब मिल गया।''

स्कूल में सिर्फ छात्र के तौर पर ही नहीं, परवर्ती जीवन में शिक्षक के तौर पर भी हमारे विवेकानंद को चरम अपमान का सामना करना पड़ा, यह बात भी यहीं निपटा ली जाए।

विश्वनाथ की आकस्मिक मृत्यु के बाद पिता की डूबती हुई गृहस्थी को बचाने के लिए नरेंद्रनाथ ऑफिस-मुहल्ले में नौकरी की तलाश में भटकते रहे। उस जमाने के कलकत्ते में भी नौकरी की कैसी शोचनीय हालत थी, इसका प्रमाण है, उम्मीदवार नरेंद्रनाथ के निरर्थक कार्य-संधान! कितने ही दफ्तरों में वे हाथ में आवेदन-पत्र लेकर पहुँचे और विफल होकर लौट आए। मामूली से क्लर्क के कामकाज की योग्यता भी नियुक्तिकर्ताओं को उनमें नजर नहीं आई, इस पर गौर करें, तो हमारे अपने समय की दु:सह बेकारी की समस्या समझने में तकलीफ नहीं होगी।

अंत में सन् १८८४ में किसी समय श्रीश्रीरामकृष्ण कथामृत के रचयिता हेडमास्टर श्री महेंद्रनाथ गुप्त की कोशिशों से उन्हें कुछ दिनों के लिए सुकिया स्ट्रीट के मेट्रोपोलिटन स्कूल की मुख्य ब्रांच में नौकरी मिल गई। बाद में (जून १८८६) चांपातला में सिद्धेश्वर चंद्र लेन में स्थित स्कूल की नई शाखा खुलने पर उन्हें वहाँ के प्रधान शिक्षक के तौर पर भेजा गया।

अब उसके बाद की घटना स्वामी गंभीरानंद की कृति से सुनें—'वे इस नौकरी में कुल महीने भर रहे, क्योंकि श्रीम दर्शन के अनुसार इस विद्यालय के सेक्रेटरी थे—विद्यासागर के दामाद! वे चाहते थे कि हेडमास्टर उनके इशारे पर चलें, लेकिन नरेंद्रनाथ की प्रकृति बिलकुल अन्य थी।'

अस्तु, उच्चतम दो श्रेणियों के छात्रों द्वारा विद्यासागर को लिखित शिकायत पहुँची कि नए हेडमास्टर पढ़ाने के अयोग्य हैं। तब विद्यासागर ने कहा, ''तो फिर नरेंद्रनाथ से कहो—अब वह न आए।''

श्रीम दर्शन से ही सुनें—'पहली और दूसरी कक्षा के छात्रों ने लिखा कि वे अच्छा नहीं पढ़ाते। विद्यासागर महाशय ने मुझसे (श्रीम) कहा, 'तो फिर नरेंद्र से कहो—वह न आए। उसकी जरूरत नहीं हैं।' यह बात सुनकर हमारा सिर घूम गया।'

यह विवरण सुनकर आज भी विश्व भर के पाठकों का सिर घूम जाता है। विश्व-संसार को शिक्षा देने के लिए जिनका अविस्मरणीय आविर्भाव हुआ था, वे अपने छात्रों और स्कूल के मालिकों के हाथ निगृहीत हुए। उन पर यह चरमतम् अभियोग लगाया गया, जो आगामी कुछ ही दिनों में मानव-जाति के शिक्षक बनने वाले थे; जो विवेकानंद

के रूप में समूचे विश्व भर के लिए परम विस्मय बनने वाले थे, उन पर यह आक्षेप लगाया गया कि इस चांपातला स्कूल में वे शिक्षण के अयोग्य हैं।

कथामृत-कथाकार श्रीम की स्मृति के आलोक में और भी कुछ खबरें—हालाँकि बड़े कष्ट से एक काम जुटा, लेकिन दुबारा यह कैसी मुसीबत आन पड़ी? मैंने सारा किस्सा नरेंद्र को बताया। मेरी बात सुनकर नरेंद्र ने कहा, ''बच्चों ने ऐसा क्यों कहा? मैं तो घर में काफी तैयारी करके पढ़ाने जाता था।'' उन्होंने और कुछ नहीं कहा। उन्होंने न आत्मपक्ष का समर्थन किया, न किसी दूसरे पर दोषारोपण किया। उन्होंने कोई कैफियत भी नहीं दी। इसके बावजूद उन्होंने इस किस्म से बात की। नोबेल सोल! महापुरुष!'

उस समय कलकत्ता के नियुक्तिकर्ताओं ने बेरोजगार विवेकानंद से कैसा व्यवहार किया, यह सोच-सोचकर आज भी सिर झुक जाता है!

श्रीम के स्मृति-संचय से और एक उद्धरण जरूरी हो आया है—'और एक बार नौकरी के लिए वे सिमला स्ट्रीटवाले घर से निकलकर एक व्यक्ति के पीछे-पीछे बहू बाजार के मोड़ तक गए। उस व्यक्ति ने कहा, 'ना, आप मेरे साथ न आएँ।' नोबेल सोल को उम्मीदवार बनाने को वे राजी नहीं थे। उन दिनों उपवासी नरेंद्रनाथ ने कितनी-कितनी रातें कलकत्ता की सड़कों पर, घरों के चबूतरों पर बैठे-बैठे गुजारी थीं। इतना सब दुःख-कष्ट वे अपने जीवन में देख चुके थे, तभी तो परवर्तीकाल में उन्होंने उतने सब सेवाश्रम का निर्माण किया। इसीलिए वे चिरकाल दीन-दरिद्रों पर दयावान रहे। अमेरिका से वापस लौटने के बाद वे अकसर कहा करते थे, 'जो लोग दुःख-कष्ट में नहीं पड़े, वे लोग 'बेबीज' हैं।'

पिता के देहावसान के बाद जीविका-संधानी नरेंद्रनाथ के जीवन के बारे में हमें श्रेष्ठ उपहार दिया है स्वामी सारदानंद ने। सारदानंद के दिए विवरण से उद्धरण की चर्चा मैं पहले ही कर लूँ। इस विवरण पर विश्वास करने में समय लगता, अगर संन्यासी गवेषक यह न लिखते—'इस काल की चर्चा करते हुए उन्होंने हमसे कहा'। नरेंद्रनाथ की इस आत्मकथा में विडंबित इनसान मानो अपने सामने दिखाई देते हैं। बहुत बार पढ़ने के बाद भी इस आत्मा का अंश हमारे वर्तमान अनुसंधान के लिए जरूरी है।'

'मृतक के शौच-समय के अवसान होने के पहले से ही मुझे काम की खोज में भटकना पड़ा। भूखे-प्यासे, नंगे पाँव, हाथ में नौकरी का आवेदन लिए-लिए, दोपहर की तीखी धूप में ऑफिस-ऑफिस घूमता-भटकता फिरता था। अंतरंग मित्रों में से कोई-कोई मेरे दुःख से दुःखी होकर किसी-किसी दिन मेरे साथ होते थे, किसी दिन नहीं भी होते थे। लेकिन हर जगह से विफल-मनोरथ होकर लौट आना पड़ा। संसार से मेरा यह पहला परिचय ही खासतौर पर हृदयंगम हो रहा था। स्वार्थशून्य सहानुभूति यहाँ अतिशय

विरल है। यहाँ दुर्बल और दरिद्र लोगों के लिए कोई स्थान नहीं है। मैंने देखा, दो दिनों पहले तक जो लोग मुझे किसी भी विषय में बूँद भर सहायता करने का मौका पाकर अपने को धन्य समझते थे, समय आने पर वे लोग ही मुझे देखकर मुँह बिचकाते और क्षमता होने के बावजूद मदद करने से पीछे हट जाते थे। यह सब देख-सुनकर कभी-कभी मुझे लगता था कि यह संसार किसी दानव ने रचा है। मुझे याद है, उन्हीं दिनों किसी दिन धूप में घूमते-घूमते मेरे पाँवों के तलवों में छाले पड़ गए थे और नितांत थककर मैं गड़ेर माठ को स्थित भनुपेंट तले में बैठ गया था। उस दिन दो-एक मित्र मेरे साथ थे या संयोगवश वहाँ उनसे भेंट हो गई थी। उन्हीं में से किसी ने शायद मुझे सांत्वना देने के लिए गाया था—'बहता हे कृपाधन ब्रह्म-विश्वास में…' वगैरह-वगैरह'।

'वह गीत सुनकर मुझे लगा, जैसे कोई मेरे सिर पर दमादम मार रहा है। अपनी माँ और भाइयों की नितांत असहाय दशा का खयाल आते ही मैं मारे क्षोभ, निराशा, अभिमान से भरकर बोल उठा, 'चल, चल, चुप हो जा। भूख-प्यास की ताड़ना से जिसके आत्मीयजन को तकलीफ नहीं झेलनी पड़ती है; जिसे कभी आहार के दाने-दाने की मोहताजी नहीं सहनी पड़ती, हाथ से खींचे जानेवाले पंखे की हवा खाते-खाते उन लोगों के लिए ऐसी कल्पना मधुर लग सकती है, कभी मुझे भी लगती थी, लेकिन अब कठोर सत्य के सामने यह भयंकर जहर लग रहा है।

'मेरी ऐसी बातों से मेरा वह मित्र शायद नितांत क्षुब्ध हो उठा! दारिद्रय के कैसे कठोर पेषण से जुबान से ऐसी बातें निकली थीं, वह कैसे समझता? सुबह-सुबह उठकर जब चुपके-चुपके यह पता चलता कि उस दिन घर में सबके लिए पर्याप्त आहार नहीं है और हाथ में पैसे भी नहीं हैं, उस दिन माँ से कहता, 'मेरा कहीं निमंत्रण है।' और घर से बाहर निकल जाता था। किसी दिन मामूली सा कुछ खाकर, किसी दिन निराहार गुजार देता था। मारे अभिमान के, यह बात किसी को बता भी नहीं पाता था। धनी मित्रों में से बहुतेरे मित्र पहले की तरह मुझे अपने घर या बगीचे में ले जाकर गा-बजाकर अपने आनंदवर्धन के लिए अनुरोध करते थे। कभी-कभी उनका अनुरोध टाल नहीं पाता था और उन लोगों के साथ जाकर उनके मनोरंजन में जुट जाता था। लेकिन उन लोगों से कभी अपने मन की बात व्यक्त करने में प्रवृत्त नहीं होता था। वे लोग भी खुद आगे बढ़कर इस बारे में कुछ जानने की कभी कोशिश नहीं करते थे। उन लोगों में विरल दो-एक मित्र कभी-कभी पूछ भी लेते थे, 'तू आज इतना उदास और कमजोर क्यों नजर आ रहा है? कुछ बता तो सही!' उनमें से केवल एक मित्र, किसी दूसरे से मेरी हालत का पता लगाकर, बेनामी पत्र में माँ को समय-समय पर रुपए भेजकर मुझे चिर-ऋणी बना गए।

'यौवन के कदम रखते ही बचपन के जो सभी साथी चरित्रहीन होकर गलत उपायों से मामूली सा कुछ कमा-धमा रहे थे, उनमें से किसी-किसी ने मेरी दरिद्रता का हाल जानकर मौका देखकर मुझे अपने दल में खींचने की कोशिश की। उन लोगों में से जो मित्र इससे पहले मेरी तरह दशा बदलते ही सहसा पतित हो गए थे और एक तरह से विवश होकर जिन्होंने जीवन-यात्रा निर्वाह के लिए हीन पथ का अवलंबन किया था, मैंने देखा वे लोग सच-सच ही मेरे लिए दुःखी थे। मौका देखकर अविद्यारूपिणी महामाया भी उस समय पीछे पड़ने से बाज नहीं आई।

'एक गायिका की पहले से ही मुझ पर नजर गड़ी हुई थी। मौका देखकर उसने मुझे प्रस्ताव भेजा कि मैं उसके समेत उसकी पूरी संपत्ति ग्रहण करके अपना दुःख-दारिद्र्य समाप्त कर सकता हूँ। भयंकर अवज्ञा और सख्ती दिखाते हुए उसे दूर करना पड़ा। ऐसी ही एक और महिला मुझे प्रलोभन देकर खींचने आई थी। मैंने उससे कहा, 'भद्रे, इस राख-भस्म शरीर की तृप्ति के लिए तो इतने दिनों कितना कुछ दिया। अब मृत्यु सामने है, उस वक्त के संबल के लिए कुछ किया है? हीन बुद्धि छोड़ो और भगवान का नाम भजो।'

'बहरहाल, इतने दुःख-कष्ट में भी इतने दिनों मेरी आस्तिक-बुद्धि विलुप्त नहीं हुई या 'ईश्वर मंगलमय हैं।' इस बात पर कभी संदेह नहीं किया। प्रातः जब निद्रा भंग होती थी उनका स्मरण-मनन करते हुए, उनका नाम जपते-जपते शय्या त्याग करता था और हिम्मत बाँधकर आशा-आशा में कमाई-धमाई के उपाय की खोज में घूमता-भटकता फिरता था। एक दिन इसी तरह बिस्तर छोड़ते-छोड़ते बगल के कमरे में मौजूद मेरी माँ को मेरे प्रभु-जप की आहट मिल गई। वे बोल उठीं, चुप कर, रे छँउड़ा! बचपन से सिर्फ भगवान-भगवान! भगवान की ही तो सारी करतूत है।'

'उनकी बातें सुनकर कहीं भीषण चोट लगी। स्तंभित होकर मैं सोचने लगा, 'भगवान क्या वाकई विद्यमान हैं? अगर हैं, तो क्या वे मानव की सकरुण प्रार्थना सुनते हैं? अगर वे सच ही हैं, तो मैं जो इतनी-इतनी प्रार्थना करता हूँ, उसका कोई उत्तर क्यों नहीं देते? शिव के संसार में इतने सारे अ-शिव कहाँ से आ गए? मंगलमय के राज में इतने प्रकार के अमंगल क्यों?'

'कभी विद्यासागर महाशय ने दूसरों के दुःख से कातर होकर कहा था, 'भगवान अगर दयामय और मंगलमय है, तो दुर्भिक्ष के कराल पंजों में फँसे लाखों-लाखों लोग मुट्ठी भर आहार न पाकर यूँ मरते क्यों हैं?—उनका वह कठोर व्यंग्य उस पल मेरे कानों में गूँज उठा। मेरा हृदय ईश्वर के प्रति प्रचंड अभिमान से भर उठा। उस अवसर पर संदेह ने भी मेरे अंतर में दखल जमाया।

'गुपचुप कोई काम करना मेरे स्वभाव के विरुद्ध था। बचपन से ही यूँ गुपचुप कोई काम करना तो दूर की बात है, अंतर का चिंतन तक किसी डर-भय या किसी और कारण से, किसी से कभी छिपाकर करने की मेरी आदत नहीं थी। अस्तु, ईश्वर नहीं है या अगर है, तो उसे आवाज़ देने में कोई सफलता पाना जरूरी नहीं है, हाँक-डाक मचाते हुए लोगों के सामने इसे प्रमाणित करने की दिशा में अगर अग्रसर होऊँ, तो इसमें अजीब क्या है?

'फलस्वरूप कुछ ही दिनों बाद यह शोर मच गया कि मैं नास्तिक हो गया हूँ और दुश्चरित्र लोगों के साथ मिलता-जुलता हूँ; शराब पीने लगा हूँ; वेश्यालय जाने में भी संकोच नहीं करता। मेरा भी बचपनहीन, अनाश्रित मन व्यर्थ की निंदा से तत्काल सख्त हो उठा और किसी ने भले न पूछा हो, मैं सबसे यह कहता फिरा कि इस दु:ख-कष्ट की दुनिया में, अपने अदृष्ट भी बात, कुछेक पल भूले रहने के लिए अगर कोई शराब पीता है या वेश्यागृह में जाकर अपने को खुश मान लेता है, इसमें मुझे बूँद भर भी आपत्ति नहीं है। सिर्फ इतना ही नहीं, खुद मैं भी उन लोगों की तरह क्षणिक सुखभोगी हो सकता हूँ—यह बात जिस दिन नि:संशय समझ लूँगा, उस दिन मैं भी यही करूँगा। किसी के डर से पीछे नहीं हटूँगा।

'बातें कानोकान चलती हैं। मेरी ये सारी बातें सैकड़ों से विकृत होकर दक्षिणेश्वर ठाकुर के पास पहुँच गईं और उनके कलकत्ता स्थित भक्तगण तक पहुँचने में भी देर नहीं लगी। कोई-कोई तो मेरा स्वरूप और मेरी दशा देखने-समझने के लिए मुझ तक भी आ पहुँचे। जो-जो अफवाहें फैली हैं, उस पर पूरी-पूरी तरह न सही, कितना सा विश्वास करने को तैयारी हैं, इशारे-इशारे में उन लोगों ने इसकी जानकारी दी।

'मुझे वे लोग इस हद तक हीन समझ सकते हैं, यह जानकर मैं भी अभिमान से भर उठा और मैंने भी उन लोगों से जबर्दस्त बहस छेड़ दी कि दंड पाने के डर से ईश्वर पर विश्वास करना बहुत बड़ी कमजोरी है। मैंने उन लोगों के सामने पूरी ताकत के साथ ह्यूम, बेन, मिल, कांत वगैरह पश्चिमी दार्शनिकों की राय उद्धृत करते हुए यह कहा कि ईश्वर के अस्तित्व का कोई प्रमाण नहीं है। फलस्वरूप वे समझ गए कि मेरा अद्य:पतन हो चुका है, इस बात पर अपना विश्वास दृढ़तर बनाते हुए उन लोगों ने विदा ली। मैं समझ गया और खूब खुश हुआ। मुझे लगा कि ठाकुर भी जब इन लोगों की जुबानी यह सब सुनेंगे तो शायद इसी तरह विश्वास कर लेंगे। यह खयाल आते ही मेरा मन दुबारा अतिशय अभिमान से भर उठा।

'मैंने तय किया, अगर वे इन बातों पर विश्वास करते हैं, तो करें। इनसान की अच्छी-बुरी राय का जब इतना ही तुच्छ मूल्य है, तो क्या फर्क पड़ता है? लेकिन बाद में यह सुनकर मैं स्तंभित रह गया कि ठाकुर ने उन लोगों की जुबानी सुनकर पहले तो 'हाँ'

या 'ना' कुछ भी नहीं कहा। बाद में भवनाथ ने रोते-रोते जब उन्हें यह बात बताई, 'महाशय, नरेंद्र का यह हाल होगा यह बात सपने में भी नहीं सोची जा सकती थी—' तो वे अत्यंत उत्तेजित हो उठे। उन्होंने कहा, 'चुप कर, साले सब! देवी-माँ ने कहा कि ऐसा कभी नहीं हो सकता। अब कभी दुबारा ऐसी बात मुँह से निकाली, मैं तुम लोगों का मुँह नहीं देखूँगा।'

'गरमी के बाद वर्षा आ पहुँची। अब पहले की तरह ही मैं नौकरी की खोज में दुबारा भटकता फिर रहा हूँ। एक दिन पूरे दिन उपवास रहकर और बारिश में भींगकर जब मैं थके पाँव और उससे भी अधिक थके मन से जब घर लौट रहा था, तो अचानक अपने पूरे तन-बदन में ऐसी टूटन महसूस की कि एक कदम भी चला नहीं गया और नजदीक के मकान के चबूतरे पर मुर्दे की तरह ढह गया। कुछ देर के लिए मेरे होश भी लुप्त हो गए थे या नहीं, बता नहीं सकता। लेकिन मुझे यह जरूर याद है कि मन-ही-मन सैकड़ों चिंता-फिक्र और तसवीर खुद ही उदित और लुप्त हो रही थीं और उन सब खयालों को खदेड़कर किसी एक विशेष चिंतन पर मन को आबद्ध रख सकूँ, मुझमें इतना भी सामर्थ्य नहीं था। सहसा, मैंने महसूस किया कि मानो किसी देवशक्ति के प्रभाव में मन के भीतर एक के बाद एक अनेक परदे मानो खुलते गए और मन में यह खयाल जागा कि शिव के संसार में अ-शिव क्यों? ईश्वर की न्यायपरायणता और अपार करुणा के सामंजस्य वगैरह सकल विषयों का निर्णय न कर पाने की वजह से इतने दिनों मेरा मन संदेह से इतना आकुल-व्याकुल क्यों हो उठा था? इन सभी विषयों के बारे में मुझे अपने अंतस के निविड़तम प्रदेश में स्थिर निर्णय के दर्शन हुए। मैं खुशी से उत्फुल्ल हो उठा। इसके बाद घर लौटते हुए शरीर में बूँद भर भी क्लांति शेष नहीं बची। मन अमित बल और शांति से भर उठा। रात्रि के अवसान में अब कुछ ही देर है...'

□

परमहंस के कृपाधन्य होने से ही संसार के समालोचक अपनी निर्मम समालोचना बंद कर देंगे, यह सोचने का मौका नरेंद्रनाथ या विवेकानंद के जीवन में कभी नहीं आया। काशीपुर में श्रीरामकृष्ण के देहावसान के बाद वराहनगर के एक टूटे-फूटे मकान में रामकृष्ण-शिष्यों में अध्यात्म-साधना की जो सूचना हुई थी, वह इस काल के इतिहास में अभूतपूर्व था और परवर्ती युग में उच्च कंठ से स्वीकृत होने के बावजूद नरेंद्रनाथ समकालीन विडंबना के हाथ से मुक्त नहीं हो पाए, जिन्होंने विविदिशानंद नाम से संन्यास-पथ की पहली यात्रा शुरू की थी।

वराहनगर पर्व के तरुण संसारत्यागी संन्यासियों की कठोर जीवनयात्रा मन को आलोड़ित करती है, कभी-कभी अविश्वसनीय भी लगती है। उन दिनों नरेंद्रनाथ 'अति

कठोर तपस्या में जुटे हुए थे···कैसा त्याग! कैसा वैराग्य! कितना जप-ध्यान! कितना अध्ययन! कैसी तेजस्वी वाणी और गुरुभाइयों के प्रति कितना प्यार!'

रामकृष्ण के त्यागी संतानों पर उन दिनों वैराग धधक उठा था। लेकिन आम लोग उस समय खुलेआम क्या-क्या कहते फिर रहे थे, कुछेक नमूने स्वामीजी के भाई महेंद्रनाथ दत्त हमारे लिए रख गए हैं। 'जनसाधारण में ये बातें घूम-फिर रही थीं—'यह नरेन तो पागल हो गया है। उसका तो दिमाग खराब हो गया है। वह क्या बकवास करता है···उसका कोई सिर-पैर नहीं। उस पर से कहता है···वेदांत! अद्वैतवाद!···हमने तो कभी ऐसी बातें नहीं सुनीं, भइये, बस, टोकरी-टोकरी भर बोल-वचन सीख लिए है! न कोई काम-धाम, न नौकरी-चाकरी का नाम-गंध। इस-उस के घर पेट भर ठाँस आता है और काम-धाम के नाम पर कुछेक छोकरों को बिगाड़ रहा है। उन छोकरों को लेकर क्या-क्या खुराफात मचाए हुए है···कर्मनाशे लोगों का एक दल ही तैयार कर डाला है।'

सिर्फ अचीन्हे महल में ही नहीं, भक्त परिमंडल में भी नरेन के बारे में मंतव्य था—'सुना है, वे तो श्रीरामकृष्ण को भी नहीं मानते थे।' प्रसंगवश यह भी बता रखें, श्रीरामकृष्ण के लिए भी एक व्यंग्यभरा नाम जोड़ दिया गया था। उन्हें परमहंस न कहकर लोग टिटकारी मारकर कहते थे—ग्रेट गूज—!

नरेन के बारे में अफवाह गरम थी कि वे रामकृष्ण के मुँह पर बहस करते थे, बेहद आत्मप्रशंसा के गरूर में रहते थे। परिव्राजक जीवन की शुरुआत के बावजूद ऐसी सब विडंबनाओं के अवसान का कहीं कोई लक्षण नहीं था।

लोग आपस में कहने-सुनने लगे—'नरेन ने अब फिर गुरुगिरी शुरू की है। पश्चिम में जाकर वह चेले बना रहा है, संन्यासी तैयार कर रहा है। अरे, ठाकुर ने क्या उसे गुरुगीरी करने को कहा था? वह तो उसी समय उनको नहीं मानता था, उनके मुँह पर ही बहस करता था। अब जो हम देख रहे हैं कि स्वयं गुरु होकर एक और दल पका रहा है।' यही था श्रीरामकृष्ण का पहला मठ वराहनगर के बारे में समकालीन मंतव्य!

उसी समय नरेंद्रनाथ के शारीरिक और मानसिक कष्ट असहनीय सीमा तक पहुँच चुके थे। लोग-बाग जब उपहास कर रहे होते थे—'नरेन तो पगला गया है, क्या कहता है, क्या करता है। उसकी बातों का कोई सिर-पैर नहीं है।' उस समय वराहनगर में नरेंद्रनाथ के जीवन में महाकष्ट! 'अनाहार! अनिंद्रा! सब-के-सब बिवस्त्र! विकट मलिन! पांशु रंग में अवगुंठित! और जो रात के समय जमीन पर सोते थे। घर में नाते-रिश्तेदार अन्न के अभाव में कातर और निराश्रित! रिश्तेदारों के साथ मामला-मुकदमा।' महेंद्रनाथ दत्त ने अपने बड़े भाई के किसी मित्र की समकालीन उक्ति आगामी पीढ़ी को उपहार दिया है—'इसीलिए तो, जी, नरेंद्रनाथ पागल होकर निकल गया। ऐसा गीत

मिट्टी कर गया; इस वर्ष वह गाना सीखा, गला साध लिया—सब मिट्टी हो गया।'

बदन पर धूल-कीचड़ लिपटी हुई! बड़े-बड़े नाखून! सिर पर झौव्वा-झौव्वा ऊबड़-खाबड़ बाल! बालों में किस कदर धूल-मिट्टी भरी हुई! लक्ष्यहीन!—यही था, परिचित महल में, उस समय के नरेंद्रनाथ की भावमूर्ति!

सिर्फ मुँह जुबानी निंदा और बदनामी नहीं, हम अच्छी तरह यह भी जानते हैं कि वराहनगर में नरेंद्रनाथ की हत्या करने की भी कोशिश की गई थी। वराहनगर के अस्वास्थ्यकर परिवेश और अनाहार से नरेंद्रनाथ अकसर ही गंभीर रूप से बीमार पड़ जाते थे।

सन् १८८७ में, गरमी के शुरू में नरेन का टायफाइड ऐसी गंभीर चिंता का कारण हो उठा कि माँ भुवनेश्वरी अपने एक बेटे को लेकर वराहनगर के किराए के मकान में दौड़ती हुई आ पहुँची। स्वामीजी के समूचे तन-बदन में भीषण पीड़ा। एक बार तो गुरुभाई स्वामी प्रेमानंद उनकी नाड़ी की गति मंद पड़ते देखकर, एकदम से रो उठे। मृत्यु से जंग लड़ते-लड़ते नरेंद्रनाथ ने कहा, ''रो मत। अभी मैं नहीं मरूँगा। तू डर मत! अभी मुझे ढेरों काम करना है। मुझे वे सब काम अपने सामने नजर आ रहे हैं। अभी मुझे मरने की फ़ुर्सत नहीं है।''

लेकिन रोग के अलावा भी मृत्यु उस समय किसी और राह से अपना अभीष्ट सिद्ध करने की कोशिश में थी। वह रविवार का दिन था। दिन के दस-साढ़े दस बजे किराए के दो गुंडे लेकर एक व्यक्ति वराहनगर मठ में घुस आया। उसका कोई रिश्तेदार घर छोड़कर चला गया था। उस व्यक्ति को शक था कि नरेनदत्त ने ही उसके रिश्तेदार को मुक्ति-पत्र दिया है। आगंतुक बाहर के बरामदे में खड़े होकर गाली-गलौज करने लगा। लाठी-खेल में विशेष पारदर्शी निरंजन महाराज अगर उस दिन आधा जगकर खड़े न हो जाते, तो पता नहीं बीमार नरेंद्रनाथ का क्या होता। निरंजन महाराज के पूर्वाश्रम का नाम था—नित्यनिरंजन घोष!

सिर्फ प्राणों की आशंका ही नहीं, महेंद्रनाथ दत्त ने वराहनगर मठ के संन्यासियों को प्रलोभन देने की एक और मनमोहक तसवीर का हम सबको उपहार दिया है। 'ईसाई धर्मप्रचारकों को खबर मिली कि वराहनगर में कई एक नौजवान एक घर में रहते हैं। उन लोगों ने शादी-विवाह नहीं किया और अतिशय ईश्वर-भक्त हैं।' उन नौजवान संन्यासियों को अपने धर्म में खींचने के लिए प्रचारक साफ-साफ कहने लगे—'बहुत सारी जवान-जहान मेम आई हैं। हम तुम लोगों की उनसे शादी कर देंगे। बस, तुम लोग ईसाई हो जाओ।' सभी संन्यासी गुस्से से आग हो उठे। संन्यासियों ने उन लोगों के प्रति नाराजगी व्यक्त की। वराहनगर बाजार में प्रचारकों का जो अड्डा खुला

था, वह बंद कर दिया गया।

हमारी चर्चा का विषय काफी सीरियस होता जा रहा है। रसिक चूड़ामणि विवेकानंद को यह सदा-गंभीर भाव बिलकुल बरदाश्त नहीं था। परिव्राजक जीवन में स्वामीजी एक बार गाजीपुर के पउहारी बाबा के दर्शनों के लिए गए। वहाँ स्वामीजी की भेंट ब्रह्मप्रचारक अमृतलाल बसु से हुई। अमृतलाल सच ही श्रीरामकृष्ण की भक्ति करते हैं या नहीं, यह जानने के लिए उस बार छल की आड़ में स्वामीजी ने रामकृष्ण की निंदा शुरू कर दी— "कैसा तो वह आदमी था! पुतुल-पूजा करता था और बीच-बीच में चक्कर खाकर बेहोश हो जाता था। उसमें ऐसा था ही क्या?"

अमृतलाल ने उनके बिछाए जाल में पाँव रख दिया।

उन्होंने बेतरह भड़कर कहा, "नरेन, तुम्हारी जुबान से ऐसी बात? परमहंस महाशय तुमको कितनी-कितनी संदेश मिठाई खिलाते थे; कितना प्यार करते थे और तुम उनके बारे में ऐसी अवज्ञाभरी बातें कर रहे हो?" सुरसिक नरेंद्रनाथ ने परमहंस के प्रति और तीखी व्यंग्योक्ति की।

अब अमृतलाल गुस्से से आगभभूखा हो उठे, "जाओ, मैं तुमसे बात नहीं करता।" और वे अपनी जगह से उठ खड़े हुए।

उनके उठ जाने के बाद नरेंद्रनाथ का मंतव्य—'उस इनसान के अंदर परमहंस मोशाय के प्रति इस प्रकार की श्रद्धा-भक्ति थी, इसकी हमें जानकारी नहीं थी।'

अमृतलाल काफी दिनों तक नाराज रहे। अरसे बाद जब उनके भतीजे सुरेंद्रनाथ बसु ने स्वामीजी के हाथों संन्यास ग्रहण किया, अमृतलाल बसु ने कहा, "क्या हो, सुरेन, तुम्हें क्या और कोई गुरु नहीं मिला? अंत में एक कायेथ छोकरे के हाथों संन्यास लिया?"

कायस्थ संन्यासी! इसकी वजह से, स्वामीजी जाने कितनी ही बार घर-बाहर विडंबित और निगृहीत हुए हैं, उसके कुछेक नमूने अभी ही दे दिया जाएँ, तो शायद बेहतर होगा। यह विडंबना उनके संन्यासी-जीवन के शुरू से लेकर उनके मृत्यु-वर्ष के बाद भी इस प्रकार जीवित रही कि विश्वास नहीं होता कि विवेकानंद बीसवीं सदी में भी वनवास काट रहे थे।

शिकागो धर्मसभा में अप्रत्याशित ढंग से वक्तव्य देने का मौका पाना और सभा में अविश्वसनीय सफलता के बाद स्वार्थी लोगों ने प्रचार शुरू कर दिया कि यह आदमी तो अपने देश में ही घुमंतू-आवारा है। इसका कहीं, कोई खूँटा नहीं है। इस दशा में स्वदेश का कुछ समर्थन उसके लिए बेहद जरूरी है।

स्वदेश से कोई निदर्शन-पत्र लेकर नहीं आए थे। जो लोग उनके विरुद्ध आचरण

कर रहे थे उनके सामने 'मैं जुआचोर नहीं हूँ, यह कैसे प्रमाण करता?'

विवेकानंद को आशा थी कि मद्रास और कलकत्ता के कुछेक सज्जन एक साथ जुड़ जाएँगे और उनके अभिनंदन के लिए सभा आयोजित करेंगे और वे सब प्रस्ताव अमेरिका आ पहुँचेंगे। 'लेकिन अब देख रहा हूँ कि भारत के लिए यह काम बेहद अहम और कठिन है। एक वर्ष के अंदर भारत से किसी ने भी मेरे लिए चूँ तक नहीं किया और यहाँ भी सभी लोग मेरे विरुद्ध हैं।'

गुरुभाई शशि महाराज (स्वामी रामकृष्णानंद) और कालीवेदांती (स्वामी अभेदानंद) कलकत्ता में कुछ आयोजित करने के लिए जैसे संकल्पबद्ध हो उठे। सभापति के चुनाव के लिए वे दोनों माननीय न्यायाधीश गुरुदास बंद्योपाध्याय के पास पहुँचे।

अब उस साक्षात्कार का विवरण सुनें—

'शुरू से ही सर गुरुदास बंद्योपाध्याय इस बारे में खास उत्साहहीनता व्यक्त करने लगे। उनसे इस बारे में काफी चर्चा हुई। बाद में उन्होंने कहा कि किसी विशिष्ट महामहोपाध्याय पंडित ने कहा है कि 'स्वामी विवेकानंद' नाम गुरु-प्रदत्त नहीं है। शास्त्र मत से शूद्र को संन्यास ग्रहण करने का अधिकार है या नहीं, इस बारे में बहुत मतभेद है और बहुत से लोग यह आलोचना भी करते हैं कि संन्यासी होकर म्लेच्छ देश में गमन भी विशेष पाप है। जिन सब कार्यों में सामाजिक और धर्म के बारे में मतभेद है, उन सब कामों में सर गुरुदास नहीं जाना चाहते थे।'

'नगेंद्रनाथ मित्र बोल उठे,' आपने जो यह म्लेच्छ देश जाने का दोष लगाया, लेकिन शुद्ध आचारी ब्राह्मण होकर भी आपने तो चिरकाल म्लेच्छों की चाकरी की, इसके लिए तो शास्त्र में तूषानल की व्यवस्था है।' इतना कहकर सभी लोग खिन्न मन से लौट आए।'

इस द्वंद्व का अवसान विश्वविजेता विवेकानंद के महाप्रयाण के बाद भी खत्म नहीं हुआ, इसका भी इशारा स्वामीजी के छोटे भाई की रचना में मौजूद है—'स्वामीजी की स्मृति-सभा में सभापतित्व के लिए हाईकोर्ट के दो न्यायाधीशों से आग्रह किया गया। एक थे—ब्राह्मण और दूसरे थे—कायस्थ! इन दोनों ने ही स्वामीजी के प्रति कटूक्ति बरसाई।'

ब्राह्मण न्यायाधीश ने कहा, "देश में अगर हिंदू राज होता, तो उन्हें फाँसी दे दी जाती।"

दूसरे न्यायाधीश ने भी स्वामीजी की तीखी निंदा की थी।

दूसरे व्यक्ति ने ही किसी समय प्रस्ताव दिया था कि ब्रिटिश राजपरिवार का कोई सदस्य भारत आकर श्वेतांग सामंतों की मदद से नृपति के तौर पर देश पर शासन करे। इस बारे में छोटे भाई भूपेंद्रनाथ दत्त का संयोजन है—'न्यायाधीश सारदाचरण मित्र ने अखबारों

में यह प्रस्ताव दिया था। स्वामीजी की मृत्यु के बाद उनकी स्मृति-सभा में जब सभापतित्व करने के लिए कहा गया, तो उन्होंने स्वामीजी की घोर निंदा और समालोचना की थी।'

स्वामी अभेदानंद ने अपनी जीवनकथा में गुरुदास बंद्योपाध्याय के बारे में लिखा है—'वे प्रतिदिन गंगा-स्नान करके पूजा-पाठ, जप करते थे। इसके अलावा मैंने सुना है कि वे प्राचीन पंथी ब्राह्मण धर्म को अत्यंत सम्मान का स्थान देते थे। इसीलिए तथाकथित शूद्र कुल में उत्पन्न दत्त वंश के नरेंद्रनाथ के लिए आयोजित सभा में शामिल होने में उन्होंने असहमति व्यक्त की।'

अमेरिका से नरेंद्रनाथ ने लिख भेजा था, 'तुम लोग कलकत्ता में एक आम-सभा आयोजित करके, मेरे कार्यों का समर्थन और साथ-साथ, मैं जो हिंदू धर्म का प्रतिनिधि हूँ, इसका उल्लेख करते हुए एक और पत्र भेजो।'

स्वामी अभेदानंद आहार-निद्रा भूलकर, विशिष्ट-विशिष्ट नागरिकों के घर जा-जाकर सभा में योगदान के लिए अनुरोध करने लगे। एक विशिष्ट मारवाड़ी नागरिक के यहाँ जाने पर उन्होंने कहा, "बाबूजी, हिंदू होकर भी जो लोग विदेश जाते हैं, वे लोग तो भ्रष्टाचारी होते हैं। ऐसे लोगों से अपना संबंध रखना क्या उचित होगा?"

मनमोहन बाबू मारवाड़ी कारोबारियों से खास मिलते-जुलते थे। इसीलिए उन लोगों का स्वभाव वे बखूबी जानते थे।

वे तत्काल बोल उठे, "सेठ जी, आपका नाम तो कमेटी में चढ़ गया है।" यह सुनते ही, मारवाड़ी सज्जन से कुछ भी कहते नहीं बना।

आखिरकार उत्तरपाड़ा के राजा पियारीमोहन मुखोपाध्याय सभापतित्व के लिए राजी हो गए। लेकिन उन्होंने भी 'स्वामी विवेकानंद' में आपत्ति की और 'ब्रदर विवेकानंद' कहकर संबोधित किया, क्योंकि कायस्थ बंदा संन्यासी बन सकता है या नहीं, इस बारे में उन दिनों भी संदेह था।

शिकागो की ऐतिहासिक धर्मसभा में और भी एक विशिष्ट बंगाली सज्जन उपस्थित थे, यह बात प्रायः किसी को भी याद नहीं। वे थे विशिष्ट ब्राह्मण भाई प्रतापचंद्र मजूमदार। उत्तर कलकत्ता में रहते समय वे नरेंद्रनाथ से विशेष रूप से परिचित थे! किसी समय उन्होंने श्रीरामकृष्ण के बारे में एक किताब भी लिखी थी, जो किताब स्वामीजी ने अमेरिका-प्रवास के दौरान भारत से मँगा भेजी थी। यही प्रताप मजूमदार जाने क्यों तो स्वामीजी पर भड़क गए और उनकी निंदा में एकदम से पिल पड़े, इस बारे में विस्तृत खोज हुई है।

हम केवल महेंद्रनाथ दत्त की रचना से कुछेक खबरें उद्धृत करेंगे। 'प्रताप चंद्र मजूमदार महाशय लौटकर यह कहते फिरे कि नरेन⋯अरे, वही छोकरा, जो 'बेगाबॉन्ड'

आवारा की तरह रास्ते-रास्ते की खाक छानता था, वही लंबा सा कुरता झुलाए, सिर पर पगड़ी बाँधे, शिकागो पार्लियामेंट में जाकर हाजिर हुआ। वही बंदा लेक्चर देने को उठ खड़ा हुआ! उस पर से वेदांत पर हाँकने लगा! मायावाद की बात करने लगा! बेकार की असंगत बातें! और पौत्तलिक धर्म का समर्थन करता रहा। अरे, यह सब क्या आज के युग में चलता है? सब फालतू की बकवास! वह छोकरा ऐसा असभ्य···ऐसा बदतमीज है कि महिलाओं के सामने बैठकर चुरुट के कश लगाता है। लेक्चर ऐसा कि···उसका कोई सिर-पैर नहीं, मगरमच्छ की तरह आँय-बाँय बकता रहा।'

इस निंदा से जो भीषण क्षति हुई वह हम स्वामीजी की पत्रावली में देखेंगे, लेकिन हर बुरी चीज का एक अच्छा पक्ष भी होता है। विख्यात इंडियन मिरर के संपादक और प्रतापचंद्र मजूमदार महाशय के नजदीकी रिश्तेदार नरेंद्रनाथ सेन मारे गुस्से के अपने उस आत्मीय को धुआँधार गालियाँ देने लगे। महेंद्रनाथ ने इन सब प्रतिवादों के बारे में सविस्तार लिखा है—'देखो तो जरा एक बेसहारा बंगाली बच्चा विदेश-मुंई में जाकर अपने देश के लिए, अपनी जाति के लिए, अपने धर्म के लिए जूझ रहा है और विदेशियों की निगाह में इस देश का थोड़ा सम्मान हो, इसकी कोशिश कर रहा है और यह बूढ़ा मरदूद, कहाँ उसके पक्ष में वहाँ बात करेगा, इसके बजाय उसकी निंदा-बदनामी करके, कैसे उसे नुकसान पहुँचे, यह कोशिश कर रहा है—।'

विवेकानंद की विडंबना का क्षेत्र विस्तृत करने के लिए विभिन्न स्तरों पर कैसी-कैसी साजिश चल रही थी, इसके प्रमाण जगह-जगह बिखरे पड़े हैं। प्रोफेसर एन. घोष की विख्यात 'इंडियन नेशन' पत्रिका में विवेकानंद पर हँसी-मजाक और विद्रूप करते हुए एक लंबी-चौड़ी रचना प्रकाशित हुई! हैरत की बात! बाद में संपादक ने स्वीकार किया—'मद्रास से किसी ने एक रचना लिखकर भेजी, असावधानीवश उसे ध्यान से पढ़े बिना ही संपादकीय स्तंभ में उसे प्रकाशित कर दिया गया। इस भूल के लिए वे लज्जित और दुःखी हुए थे।'

प्रबल निंदा के परिवेश में भी स्वामी विवेकानंद पूरी तरह खामोश रहते थे। इस नीति का परिणाम दूर-प्रसारी था, यह बात विवेकानंद के शोधकर्ताओं ने बाद में स्पष्ट रूप से देखा। किसी पर अन्यायपूर्ण ढंग से आघात किया जा रहा है, यह देखकर अकसर आम लोगों की सहानुभूति निगृहीत मनुष्य के पक्ष में चली जाती है, निंदक बूँद भर भी लाभवान नहीं होता। इसके कुछेक निदर्शन प्रख्यात प्रतापचंद्र मजूमदार के बर्ताव और अपप्रचार से दिए जा सकते हैं।

५ जुलाई, १८९४ को विवेकानंद ने अमेरिका से अपने मित्र मन्मथनाथ भट्टाचार्य को एक दुर्धर्ष पत्र लिखा था। विवेकनंद की ही भाषा में सुनें, मजूमदार द्वारा की गई निंदा

का नतीजा—'कितना आग्रह है इन लोगों में कि समस्त देश अपनी-अपनी भाषा में मुझे जाने !' लेकिन पादरी काफी भड़के हुए हैं। वैसे सभी पादरी ऐसे नहीं हैं। इन लोगों के अनेक पढ़े-लिखे, विद्वान पादरी मेरे चेले हैं। मूर्ख-गँवार पादरी कुछ समझते-बूझते नहीं, बेकार हंगामा करते हैं। खैर, इस तरह अपने पैरों में खुद ही कुल्हाड़ी मारते हैं। मजूमदार मुझे गालियाँ दे-देकर इस देश में उनका जितना प्रसार था, उसमें से तीन हिस्सा खो चुके हैं। मैं हूँ इन लोगों द्वारा पोषित। मुझे गालियाँ देने से महिला-महल में धिक्कार मच जाता है।

इस पत्र में स्वदेश के प्रिय बंधुओं से अनुरोध है—'इस चिट्ठी के बारे में किसी को कुछ न कहें, समझ गए? मुझे इन दिनों हर बात काफी सतर्क होकर कहनी पड़ती है। पब्लिक मैन हूँ न! ये सारे कमबख्त घात लगाए बैठे रहते हैं।'

निंदा के बारे में स्वामीजी की सुचिंतित नीति क्या है, इसका उन्होंने खुद ही आलासिंगा पेरूमल को लिखे गए एक पत्र में (२७ सितंबर, १८९४) विश्लेषण किया है।

'मेरे मित्रों से कहना, जो लोग मेरी निंदा-आलोचना करते हैं, उन लोगों को मेरा एकमात्र उत्तर है—एकदम चुप रहना। मैं उनका ढेला खाकर, अगर उन्हें कंकड़ मारने जाऊँ, तब तो मैं उनके स्तर पर उतर जाऊँगा। उन लोगों से कहना, सत्य अपनी प्रतिष्ठा स्वयं करेगा। मेरे लिए उन लोगों का किसी से विरोध करने की जरूरत नहीं है। मेरे मित्रों को अभी बहुत कुछ सीखना है, वे लोग अभी भी शिशु-समान हैं।···आम लोगों से जुड़े इस बकवास जीवन और अखबारों के अफवाहों से मैं बिलकुल तंग आ गया हूँ। अब मेरे मन में आकांक्षा जागती है—हिमालय की उसी शांतिमय गोद में लौट जाऊँ।'

निंदा में भी अविचलित रहने का कठिन संकल्प ग्रहण करने के बावजूद स्वामीजी एक विषय से विचलित होते रहे। प्रतापचंद्र मजूमदार उनकी जो चारित्रिक निंदा फैला रहे हैं, अगर यह सब उनकी माँ के कानों तक पहुँची तब क्या होगा?

उन्हीं दिनों विदेश से स्वामीजी का एक करुण पत्र—'मेरी बूढ़ी माँ अभी भी जिंदा हैं। जिंदगी भर वे असीम कष्ट पाती रहीं। ऊपर से मनुष्य और भगवान की सेवा में मुझे उत्सर्ग कर देने की वेदना भी सह रही हैं। लेकिन सबसे अधिक प्यार करने वाले जिस प्रिय बेटे को उन्होंने दान कर दिया, वह दूर-देश जाकर, जैसा कि कलकत्ता के मजूमदार बदनामी फैला रहे हैं, अत्यंत जघन्य और गंदा जीवनयापन कर रहा है, यह खबर उन्हें बिलकुल खत्म कर देगी।'

चरित्र-हनन की कुचेष्टा के परिप्रेक्ष्य में शिकागो से प्रोफेसर राइट को (२४ मई, १८९४) स्वामीजी ने एक महत्त्वपूर्ण पत्र लिखा—

'मैं जो सचमुच संन्यासी हूँ, इस बारे में हर तरह से आपको आश्वस्त करने को प्रतिबद्ध हूँ। लेकिन सिर्फ आपको ही'। बाकी निकृष्ट लोग क्या कहते हैं, नहीं कहते

हैं, मैं उसकी परवाह नहीं करता। 'कोई उन्हें साधु कहेगा, कोई चांडाल, कोई दानव—किसी भी ओर बिना ध्यान दिए अपनी राह चलते रहो।' यह बात बुढ़ापे में संन्यास ग्रहण करने वाले राजा भर्तृहरि ने कही थी। वे भारत के एक प्राचीन सम्राट और महान् संन्यासी थे।'

शिकागो की अकल्पनीय सफलता के परिपेक्ष्य में मजूमदार के बारे में पाठकों के मन में जो सब कौतूहल जागना स्वाभाविक है, उसका थोड़ा-बहुत भाई महेंद्रनाथ दत्त की जुबानी रखा जाए।

प्रतापचंद्र मजूमदार कलकत्ता में केशवचंद्र सेन के समाज से थे और रामकृष्णदेव से थे। वे उन्हें पहचानते थे। 'उनकी धारणा थी कि स्वामीजी कलकत्ता के एक गवैय्या हैं, जाहिल-गँवार छोकरा, जो बाद में संन्यासी हो गया। राह-राह घूमता-भटकता फिरता है और भीख माँग-माँगकर खाता है। लिखना-पढ़ना या भद्र आचार-व्यवहार कुछ भी नहीं जानता। कुल मिलाकर, एक 'वेगाबॉन्ड'...आवारा, घुमंतू छोकरा है।'

महेंद्रनाथ ने लिखा है—अमेरिका की धर्मसभा में आकर प्रतापचंद्र की आर्थिक दशा उन दिनों ठीक नहीं थी, उस पर से वे बूढ़े भी हो चुके थे। उन्हीं दिनों एक विश्वविद्यालय ने हिंदू धर्म पर भाषण देने के लिए स्वामीजी को आमंत्रित किया। जो चार भाषण देने थे, प्रत्येक भाषण के लिए १,००० रुपए सम्मान मूल्य मिलना था। स्वामीजी को धन नहीं लेना था, इसलिए इन भाषणों की जिम्मेदारी खुद न लेकर अधिकारियों को प्रतापचंद्र मजूमदार का नाम उल्लेख कर दिया। प्रतापचंद्र ने वे चारों भाषण देकर चार हजार रुपए कमा लिए।'

लेकिन नतीजा उलटा हुआ। प्रतापचंद्र मजूमदार ने बदनामी शुरू कर दी—'वह छोकरा भीख माँग-माँगकर पेट भरता है। सड़कों की खाक छानता फिरता है। लगता है किसी मुसीबत में पड़कर यहाँ भाग आया है।'

प्रताप की निंदा के बारे में स्वामीजी उन दिनों भी निश्चिंत थे—'करने दो बदनामी! हम लोग रामकृष्ण के तनय हैं। बदमानी करके क्या करेगा? महाशक्ति के प्रभाव से सबकुछ तिनके की तरह उड़ जाएगा।'

प्रवास में गँवार पादरियों के बारे में भी स्वामीजी की यही धारणा थी। उन दिनों अखबारों में जाने कितनी-कितनी बदमानी का प्रचार किया गया। स्वामीजी ने अपने एक शिष्य से कहा था, ''मैं किसी बात की भी परवाह नहीं करता था।''

संदेह और विरुद्ध आचरण सिर्फ बाहर ही नहीं; घर में भी मिला। अमेरिका जाने का मामला, स्वामीजी ने बैकुंठनाथ सान्याल और स्वामी सारदानंद से गुप्त रखने का अनुरोध किया था।

इसके कारण को लेकर काफी गंदा पानी खंगाला गया है। 'किसी-किसी ने यह सवाल उठाया कि वहाँ तो अंग्रेजी में बातचीत करनी पड़ती है, अंग्रेजी में ही भाषण देना पड़ता है, स्वामीजी तो यह सबकुछ भी नहीं जानते, तब वे वहाँ जाकर क्या करेंगे? किसी-किसी ने यह चर्चा भी उठाई कि वहाँ तो गैर लोगों के साथ आहार करना पड़ता है, किसी साधु या हिंदू के लिए भला यह कैसे संभव है? किसी-किसी ने कहा कि हिंदुओं के लिए समुद्र-यात्रा निषिद्ध है, स्वामीजी कैसे जा सकते हैं? एक जन ने तो भीषण आपत्ति उठाई और उसकी मीमांसा न कर पाने की वजह से वह धीरे-धीरे यह सवाल करता फिरा कि अमेरिका तो एक सर्द प्रदेश है; साहबों का देश; वहाँ तो जाँघिया पहनना पड़ता है, स्वामीजी तो गेरुआ पहनते हैं, वे भला कैसे जाँघिया पहनेंगे और गेरुआ कपड़े त्यागकर दूसरे रंग के कपड़े कैसे पहनेंगे? उस समय के कलकत्ता समाज में ये सारी बातें अत्यंत भीषण लग रही थीं।'

घर के अंदर की कुछेक खबरें महेंद्रनाथ वगैरह कई एक लोगों की स्मृतिकथा से पता चली हैं। 'शिकागो में स्वामीजी की खबर छपने से आलमबाजार मठ में महा-हंगामा मच गया। बलराम बाबू (बसु) के घर पर एक दिन संध्या के समय जब एक व्यक्ति वह भाषण पढ़ने लगा और बाकी लोग सुनने लगे, तो कई लोग खासकर एक व्यक्ति हाथ उठाकर तरह-तरह की भाव-भंगिमा बनाकर विद्रूप करने लगे। तरह-तरह से सिर नचाकर, भाषण से ही कई-कई उद्धरण दे-देकर, अवज्ञा से व्यंग्य-ताने बरसाने लगे।

'इससे भी ज्यादा अचरज की बात यह थी कि प्रिय गुरुभाई स्वामी प्रेमानंद भी अचानक बेभाव बिफर पड़े। वैसे बाद में अपनी भूल समझकर मामला रफा-दफा कर दिया गया। लेकिन आलमबाजार में शुरू-शुरू में दशा काफी उद्वेगजनक हो उठी। स्वामी प्रेमानंद (बाबूराम महाराज) ने कहना शुरू किया,'यह नरेन···मारे अहंकार के फूल उठा है। अपना नाम कमा रहा है। नाम खरीदने के लिए महा जल्दी में है। चेले बना-बनाकर खुद कोई बड़ा महंत बनेगा। अहंकार में इस कदर चूर है कि अपने भाषण में श्री श्रीरामकृष्णदेव के नाम तक का उल्लेख नहीं करता, सिर्फ अपना नाम लेता है। खैर, यह बात तो शुरू से ही जाहिर थी कि उन्हें वह बिलकुल नहीं मानता था। मुँह पर ही बहसबाजी करता था और जवाब देता था। सिर्फ अपना नाम जाहिर करना और अपना मत प्रचार करना ही उसका उद्देश्य है।'

महेंद्रनाथ दत्त की स्मृति के अनुसार—'प्रेमानंद पर उन दिनों मानो भूत सवार हो गया था। आलमबाजार मठ और कलकत्ता आकर वे सभी भक्तों के घर जा-जाकर बदनामी, निंदा फैलाने लगे और गाली-गलौज करते फिरे।'···बाबूराम महाराज का यह रवैया देखकर गिरीश बाबू (घोष) ने एक दिन कहा, 'बाबूराम यह कर क्या रहा है। कहीं

उसका दिमाग-विभाग तो खराब नहीं हो गया?'

स्वामीजी के अन्यान्य गुरुभाई क्रमशः उन्हें काबू में लाने के लिए बीच-बीच में डाँट भी पिलाने लगे। स्वामीजी के सर्वाधिक विश्वासी इनसान ब्रह्मानंद जो इस समय रंग-तमाश करते थे, वह भी जान लेना बेहतर होगा। गाली-गलौज करते हुए प्रेमानंद जब थककर चुप हो जाते थे, स्वामी ब्रह्मानंद उन्हें उकसाने के लिए कहते थे, 'ओ बाबूराम, कुछ सुना? अभी-अभी खबर आई है। नरेन वहाँ की महिलाओं के साथ खाना-पीना तो कर ही रहा है और कहता क्या है, पता है? किसी रुपए-पैसेवाली अमीर महिला से वह विवाह करेगा और वहीं बस जाएगा। इस देश में वह कभी वापस नहीं लौटेगा। तुम लोगों के साथ वह कभी भेंट-मुलाकात भी नहीं करेगा।'

वह सामयिक पागलपन इतनी दूर तक बढ़ गया कि बाबूराम महाराज और स्वामीजी के सहपाठी हरमोहन मित्र ने विवेकानंद-विरोधी एक पुस्तिका ही लिख मारी और बिडन-उद्यान तथा अन्यत्र, उसका वितरण भी शुरू कर दिया। अन्य गुरुभाई स्वामी अभेदानंद वह पुस्तिका देखकर खासे नाराज हुए और उन्होंने प्रेमानंद से कहा, 'क्या, बाबूराम, नरेन शायद अपनी दाढ़ी नोंचते-नोंचते भागा जा रहा था, इसीलिए शायद उसे खींच-खाँचकर व्यंग्य-तानों में बाँध रहे हो—।'

शिकागो सफलता के परवर्ती दौर को अगर ख्याति की विडंबना कहना स्वाभाविक लगे, तो पाठक-पाठिकाओं से निवेदन है कि अख्यात परिव्राजक संन्यासी के रूप में विवेकानंद जब भारत में इस छोर से उस छोर तक घूम-फिर रहे थे, उस वक्त भी वे दूसरों के अकारण निपीड़न से मुक्ति नहीं पा सके थे।

विदेश जाने से पहले बिहार के किसी अंचल में वह घटना घटी थी। अलसुबह नींद से जागते ही स्वामीजी ग्रैंड ट्रंक रोड के किनारे-किनारे इस प्रत्याशा के साथ चले जा रहे थे कि कोई भिक्षा देने के लिए उन्हें आवाज देगा। ऐसे में उन्हें सुनाई दिया, जैसे कोई उन्हें पीछे से बुला रहा हो। स्वामीजी ने पलटकर देखा। अश्वारोही कोई पुलिस कर्मचारी उनकी तरफ बढ़ा आ रहा था। कर्मचारी ने कर्कश लहजे में उनका पता-ठिकाना पूछा। स्वामीजी ने जवाब दिया, 'देख ही तो रहे हैं, खाँ साहब, मैं साधु हूँ।' 'सारे-के-सारे साधु बदमाश होते हैं। चलो, मेरे साथ चलो। जेलखाने में तुम्हारा इंतजाम किए देता हूँ।' 'कितने दिनों के लिए?' स्वामीजी ने मीठे लहजे में पूछा। उत्तर मिला, दो हफ्ते भी हो सकते हैं, महीना भर भी हो सकता है।'

स्वामीजी ने और नजदीक जाकर अनुनय भरे लहजे में पूछा, 'सिर्फ महीने भर ही, खाँ साहब? छह महीने का इंतजाम नहीं कर सकते? कम-से-कम तीन-चार महीने?' अजीब फरमाइश थी। कर्मचारी का मिजाज नरम हो आया। उसने पूछा, 'भई,

तुम एक महीने से ज्यादा क्यों रहना चाहते हो?' स्वामीजी ने पहले की तरह ही धीर लहजे में कहा,'जेल जीवन इससे ज्यादा आसान है। सुबह से लेकर शाम तक लगातार चलते रहने की तुलना में, दिन भर की मेहनत कुछ भी नहीं है। रोज आहार भी नसीब नहीं होता; प्राय: उपवास करना पड़ता है। जेल में दोनों बेला भर पेट खाना तो मिलेगा। आप अगर मुझे जेल में कुछेक महीनों के लिए ठूँस दें, तो आपका बड़ा अहसान हो।' यह सुनकर खाँ साहब का चेहरा निराशा और विरक्ति से भर उठा। अचानक उन्होंने स्वामीजी को हुक्म दिया, 'जाओ, भागो।'

घर-छोड़े संन्यासी को राह की विपत्तियाँ घर नहीं लौटा सकतीं। राह ही उनका घर है। अजाने की खोज में कितनी बार, कितने ढंग से वे ट्रेन में सवार हुए हैं, इसका एक निर्भरयोग्य विवरण अगर भारतीय रेल-पथ के संचालक तैयार कर देते, तो हमारे अनेक प्रश्नों का उत्तर जुट सकता था। हम जानते हैं कि परिव्राजककाल में ही स्वामीजी पेट की बीमारियों के मरीज बन चुके थे। इस पेट के रोग की ताड़ना से ही अमेरिका जाते समय वे डेक के यात्री बनने का जोखिम नहीं उठा सके। डेक की टिकट खरीदने जितना धन इकट्ठा हो जाने के बावजूद खेतड़ी के महाराजा उनकी समस्या समझ गए और उनके लिए उन्होंने उच्च श्रेणी की टिकट खरीद दी। परिव्राजक होकर स्वामीजी के पेट की दशा कितनी शोचनीय हो उठी थी, इस बारे में एस.एन. पेनिनसुला के जहाज से खेतड़ी-नरेश अजित सिंह को लिखा गया पत्र इस बात का समर्थन करता है। राजासाहब को स्वामीजी ने लिखा, 'पिछले दिनों हाथ में लोटा लेकर २५ बार पाखाने जाना पड़ता था, लेकिन जहाज पर आने के बाद पेट काफी ठीक हो गया है। अब उतनी बार पाखाने नहीं जाना पड़ता।'

जब सेहत की ऐसी दशा हो, तो किसी भी यात्री के लिए रेल के थर्ड क्लास में जाना काफी विपत्तिजनक हो उठता है। लेकिन इस संदर्भ में भी उनकी किस्मत में निंदा ही जुटी कि संन्यासी होकर भी वे इतने भोग-विलासी हैं कि फर्स्ट क्लास में ही यात्रा करना पसंद करते हैं। एक जमाना था जब इस देश में साधु-संन्यासी बिना टिकट यात्री हुआ करते थे। लेकिन स्वामीजी के मामले में काफी खोजबीन के बाद भी इस किस्म की किसी घटना का उल्लेख नहीं मिला। बल्कि यह देखा गया है कि जब उनकी किसी शुभाकांक्षी से भेंट होती थी, तभी वे अपने अगले गंतव्य-स्थान के लिए टिकट कटाने की अनुमति देते थे। लेकिन इससे अधिक कुछ नहीं, यानी संन्यासी रुपए-पैसों से फक्कड़-हाल ही हमेशा अजाने की खोज में निकल पड़ते थे।

बहरहाल, बिना टिकट के यात्री न होते हुए भी भारतीय रेल के डिब्बे में रवींद्रनाथ और विवेकानंद जैसे महामानव कई-कई बार निगृहीत हुए हैं। रवींद्रनाथ स्वयं और अपने पितृदेव के तजुर्बों को काफी दिनों बाद लिपिबद्ध कर गए हैं; जिससे यह

प्रमाणित होता है कि राह में मिली हुई अवमानना की यादें सहज ही नहीं मिटतीं। स्वामीजी स्वयं इस बारे में मौन रहे हैं, मगर संयोग से काफी सारी विडंबनाओं की घटना उनके विश्वस्त जीवनीकार लिपिबद्ध करने में सक्षम रहे हैं। हम दो-एक घटनाओं पर नजर डाल सकते हैं। अकसर यही देखा गया है कि रेल में अपमान कभी दुर्विनीत सहयात्रियों की तरफ से आता है और कभी-बदतमीज, दंभी कर्मचारियों की तरफ से।

विवेकानंद के जीवनीकारों ने भी यह स्वीकार किया है कि घटना का स्थान और समय की सटीक जानकारी नहीं है। ट्रेन में एक बार राजस्थान जाते हुए उनके डिब्बे में दो अंग्रेज सहयात्री भी थे। उन लोगों ने सोचा स्वामीजी महज एक फकीर जीव हैं, इसीलिए अंग्रेजी में उनका प्रसंग छेड़कर उनका अपमान करते-करते उनका मजाक उड़ाने में मगन हो गए। स्वामीजी मानो कुछ भी नहीं समझ रहे हैं, ऐसी भंगिमा बनाए चुपचाप अम्लान चेहरा लिए बैठे रहे। थोड़ी देर बाद ट्रेन एक स्टेशन पर रुकी। स्वामीजी ने अंग्रेजी में स्टेशन-मास्टर से एक गिलास पानी माँगा। दोनों सहयात्रियों को पता चला कि स्वामीजी उन लोगों की भाषा जानते हैं। तब विशेष लज्जित और विस्मित होकर उन्होंने स्वामीजी से पूछा कि उन लोगों की बातचीत समझकर भी बिना बूँद भर क्रोध दिखाए, वे खामोश कैसे बैठे रहे? जवाब में स्वामीजी ने कहा, 'देखिए, बंधुओं, मैं कोई पहली बार तो आप जैसों के संस्पर्श में आया नहीं हूँ।' उनकी इस बात पर सहयात्रियों को गुस्सा तो जरूर आया होगा, लेकिन उनके तेजस्वी, सुगठित शरीर का दर्शन करके उन लोगों ने अपना क्रोध दबा लिया और उनसे माफी माँग ली।'

अगली घटना आबू स्टेशन की है। 'युग नायक विवेकानंद' के पूज्यपाद लेखक स्वामी गंभीरानंद ने इस अप्रिय घटना का विवरण दिया है—'स्वामीजी के साथ उनके एक भक्त भी रेल के डिब्बे में बैठे हुए थे। भक्त किसी बंगाली सज्जन से बातें कर रहा था। ऐसे समय एक श्वेतांग टिकट-परीक्षक ने आकर उस बंगाली सज्जन को उतर जाने का हुक्म दिया। लेकिन वे सज्जन खुद भी रेल कर्मचारी थे, इसलिए उन्होंने परवाह नहीं की। वे साहब से बहसबाजी करने लगे। आखिकार स्वामीजी ने उन दोनों को शांत करने की कोशिश की। साहब और अधिक भड़क गया। उसने रूखे लहजे में कहा, 'तुम क्यों बीच में बोलते हो?' स्वामीजी को मामूली संन्यासी समझकर उन्हें डाँटकर चुप कराने के इरादे से साहब ने हिंदी की मदद ली थी। लेकिन जब स्वामीजी भी अंग्रेजी में दहाड़ उठे, 'यह तुम! तुम! किसे कह रहे हो? ऊँची श्रेणी के यात्री से कैसे बातें करनी चाहिए क्या तुम नहीं जानते? 'आप' नहीं कह सकते?'

टिकट-परीक्षक साहब ने मामला बिगड़ते देखकर कहा, 'मुझसे भूल हो गई! असल में, मुझे हिंदी ठीक से नहीं आती। मैं तो सिर्फ उस आदमी (फेलो) को…'

स्वामीजी से अब और बरदाश्त नहीं हुआ। उस साहब को अपनी बात पूरी भी नहीं करने दी। वे बीच में ही उसकी बात काटकर चीख उठे, 'तुमने अभी-अभी कहा कि तुम हिंदी नहीं जानते। देख रहा हूँ, तुम अपनी भाषा भी नहीं जानते। 'आदमी' क्या होता है? 'सज्जन' नहीं बोल सकते? लाओ, अपना नाम और नंबर दो, मैं ऊपरवालों से शिकायत करूँगा।' तब तक उनके चारों तरफ भीड़ जम गई थी और साहब का यह हाल था कि वह किसी तरह भागकर अपनी जान बचाए। स्वामीजी ने फिर कहा, 'सुनो, मैं आखिरी बार कहता हूँ, या तो अपना नंबर दो या फिर देखने दो भीड़ को तमाशा···कि तुम जैसा कायर दुनिया में नहीं है।'

'साहब सिर झुकाए-झुकाए वहाँ से हट गया। श्वेतांग के चले जाने के बाद, स्वामीजी ने मुंशी जगमोहन की तरफ पलटकर कहा,'यूरोपीय लोगों से बर्ताव करते हुए हमें किसकी जरूरत है, मालूम? ऐसा आत्मसम्मानबोध! हम कौन हैं, किस स्तर के इनसान हैं, यह बिना समझे ही लोग हमसे बर्ताव करते हैं और हमारे सिर पर चढ़ बैठते हैं, वरना वे लोग हमें तुच्छ समझते हैं और उपेक्षा तथा अपमान करते हैं। इस तरह हम दुर्नीति को प्रश्रय देते हैं।' शिक्षा और सभ्यता में भारतीय दुनिया की किसी भी जाति से हीन नहीं हैं। 'लेकिन वे लोग खुद ही अपने को हीन मानते हैं, इसलिए कोई मामूली सा विदेशी भी हमें लात-झाड़ू मारता है और हम चुपचाप वह सब हजम करते हैं।'

रेलवे स्टेशन और ट्रेन में अप्रत्याशित विडंबना का मानो कहीं, कोई अंत नहीं था। आखिरी बार हिमालय-भ्रमण करके उस बार स्वामीजी बेलूर लौटे। समय सन् १९०१ की शुरुआत! स्वामीजी पीलीभीत स्टेशन पर आए। साथ में सहयात्री थे, उनके चिर-विश्वासी स्वामी सदानंद, जो बहुत दिन पहले हाथरस स्टेशन के कर्मचारी थे। पीलीभीत स्टेशन के उस दृश्य का स्वामी गंभीरानंद ने यूँ वर्णन किया है—'ट्रेन आते ही स्वामीजी और सदानंद दूसरी श्रेणी के डिब्बे में प्रवेश करने जा ही रहे थे, ऐसे समय हंगामा मच गया।' इस युग के पाठक-पाठिकाओं को यह याद दिलाना जरूरी है कि उस जमाने का सेकेंड क्लास और इस जमाने का सेकेंड क्लास एक जैसे नहीं हैं। उन दिनों थर्ड क्लास और इंटर क्लास के ऊपर सेकेंड क्लास हुआ करता था।

पीलीभीत की घटना—'उस डिब्बे में कर्नल पदस्थ एक अंग्रेज सेनाध्यक्ष पहले से ही मौजूद थे। उन दोनों 'नेटिव' को डिब्बे में प्रवेश करते देखकर उनका मन विद्वेष से भर उठा। लेकिन उस वक्त इतने सारे 'नेटिव' दोनों संन्यासी सज्जन को गाड़ी में चढ़ाने आए थे, यह देखकर उनको सीधे-सीधे बाधा देने की हिम्मत नहीं पड़ी। आखिरकार उन दोनों अवांछित व्यक्तियों को वहाँ से हटाने के लिए वे स्टेशन-मास्टर की शरण में पहुँचे। अंग्रेज-पुंगव के रोब-दाब से हतबुद्ध स्टेशन-मास्टर, कानून की मर्यादा लाँघकर, स्वामीजी

के करीब आए और उन्होंने विनीत भाव से उन्हें डिब्बा खाली कर देने का अनुरोध किया। लेकिन स्वामीजी इस तरह सिर झुकाकर स्वदेश और स्वजाति का अपमान बढ़ाने को तैयार नहीं थे। उस व्यक्ति की बात पूरी होते-न होते वे गरज उठे, 'आपकी हिम्मत कैसे पड़ी मुझसे यह बात कहने की? आपको शर्म नहीं आती?' मामला बिगड़ते देखकर स्टेशन मास्टर वहाँ से खिसक लिए। इस बीच अपने अभिप्राय के अनुरूप काम बन गया, इस विश्वास के साथ कर्नल अपने स्थान पर लौट आए। उन्होंने देखा, स्वामीजी और सदानंद, पहले की तरह वहाँ जमे हुए हैं। उनके तन-बदन में जैसे दुबारा आग लग गई। इस छोर से उस छोर तक पूरे स्टेशन को गुँजाते हुए वे चीख उठे, 'स्टेशन मास्टर! स्टेशन मास्टर।' 'स्टेशन-मास्टर को आवाज देते हुए वे दौड़-भाग करने लगे। लेकिन स्टेशन-मास्टर तो हवा हो गए थे। इधर ट्रेन छूटने में भी देर नहीं थी। इस बीच साहब को एक तरकीब सूझ गई। उन्होंने अपनी गठरी-मोटरी सँभाली और दूसरे डिब्बे में चले गए। उनकी वीरता वहीं समाप्त! स्वामीजी उनका पागलपन देखकर अपनी हँसी नहीं रोक पाए। ऐसी थी समसामयिक भारतवर्ष की दशा!'

महासमुद्र के उस पार सुदूर अमेरिका में विजेता विवेकानंद को आघात-अपमान से क्षत-विक्षत कर डालने की जो विरामहीन कोशिश चल रही थी, उसका विस्तृत विवरण अमेरिकी शोधकर्ता मेरी लुइस बर्क की अंग्रेजी में लिखी छह खंडों की पुस्तक में दर्ज है। ऐसी धीरज भरी खोज के लिए, यह अमेरिकी लेखिका हमारे लिए सर्वाधिक श्रद्धा की पात्रा है। गुरु अशोकानंद के निर्देश पर यह शोधकर्ता सन् १९४४ से कई युगों से स्वामीजी के बारे में विविध अज़ाने तथ्य इकट्ठा करती रही और हमारे विस्मय की पात्र बन गई।

सुदूर अमेरिकी मुल्क में स्वामी विवेकानंद जैसे असंख्य जन के हृदयेश्वर हो उठे थे, वैसे ही प्रवास के परिवेश में पैसा-कौड़ीहीन फक्कड़ हाल में उस संन्यासी की तकदीर में सैकड़ों तरह के अत्याचार और अपमान भी आ जुटे थे। कभी वे अपनी विचित्र वेश-भूषा के लिए वहाँ के राहगीरों द्वारा आक्रांत हुए, कभी बाल काटने वाले सैलून से विताड़ित हुए, कभी पैसे देकर भी रात के आश्रयस्थल, किसी होटल में कदम नहीं रख पाए। ये वही संन्यासी थे, जिनके बारे में मेरी लुइस बर्क ने रेल यार्ड के वैगन में सोने की खबर खोज निकाली थी।

मेरी लुइस बर्क ने पाँच हजार पन्नों में अमेरिका के समाचार पत्र और समसामयिक व्यक्तियों की यादें विपुल निष्ठा से पुनरुद्धार की हैं, इस निबंध में उसके प्रति सुविचार करना मेरे लिए संभव नहीं है। महासमुद्र को होमियोपैथी की शीशी में बूँद करने की कोशिश का कोई अर्थ नहीं होता। बेहतर है कि गंगाजल से गंगा-पूजा करने के इरादे से

खुद विवेकानंद द्वारा अमेरिका से लिखी गई चिट्ठी-पत्री पर ही निर्भर करें।

२८ दिसंबर, १८९३, हेल परिवार के डियरबर्न एमिन्यू, शिकागो से हरिपद मित्र को लिखा गया स्वामीजी का पत्र—'मैं इस देश में आया हूँ देश देखने नहीं; तमाशा देखने नहीं; नाम कमाने भी नहीं; इस दरिद्र के लिए उपाय देखने। वह उपाय क्या है, बाद में जान जाओगे, अगर भगवान सहाय हों।'

२४ जनवरी, १८९४, उसी ठिकाने से स्वामीजी ने अखबार के टुकड़े काटकर अपने मद्रासी भक्त को भेजा। 'इस अखबार का अविरिक्त गँवारपन! मुझे गालियाँ देते हुए, एक नाम हाजिर करने की कोशिश के बावजूद, इन लोगों को कबूल करना पड़ा कि मैं सर्वसाधारण का प्रिय वक्ता था।'

२८ मार्च, १८९४, डेट्रॉएट से मिस मेरी होल को लिखा गया पत्र, पत्र में गुरुभाइयों ने कलकत्ता से लिखा है—'म—कलकत्ता लौटकर, यह बदनामी फैला रहा है कि विवेकानंद अमेरिका में हर तरह का पाप-कर्म कर रहा है।'''यही तो है तुम लोगों के अमेरिका का अपूर्व आध्यात्मिक पुरुष!' 'म— ' बेचारे के इतनी दूर तक अद्य:पतन, मैं अतिशय दु:खी हूँ। भगवान उस भलेमानस को क्षमा करें।' जाहिर है, ये 'म' प्रतापचंद्र मजूमदार के अलावा और कोई नहीं है।

अगले दिन १९ मार्च शिकागो के डियरबर्न एमिन्यू से कलकत्ता शशि महाराज को लिखा गया पत्र—'बड़ा डर था कि मेरे नाक-कान गलकर गिर पड़ेंगे, लेकिन आज तक कुछ भी नहीं हुआ। लेकिन ढेर-ढेर गरम कपड़े चढ़ाकर उसके ऊपर चमड़े का रोंएदार कोट, जूते, जूतों पर ऊनी जूते वगैरह से ढँके-बँधे बाहर निकलना पड़ता है।'''प्रभु की इच्छा'''कि यहाँ मजूमदार महाशय से भेंट हो गई। पहले तो बड़ा प्यार दिखाया, बाद में जब शिकागो के नारी-पुरुषों की भीड़ मुझ पर टूट पड़ी, तब मजूमदार बिरादर के मन में आग दहक उठी।'''सुनो, भाई, मैं तो यह सब देख-सुनकर अवाक् रह गया। जरा बताओ भइये, मैंने क्या तुम लोगों का आहार मारा है? इस देश में तेरी तो खूब-खूब खातिर है, मगर मेरी तरह अगर तेरा नहीं हुआ तो उसमें मेरा क्या कसूर?'''और यह मजूमदार पार्लियामेंट ऑफ रिलीजियंस के पादरी समुदाय से मेरी खूब-खूब निंदा करता है। 'अरे, वह कुछ भी नहीं है! निरा ठग है! जुआचोर! वह तुम लोगों के देश में आकार कहता है'''मैं फकीर हूँ''' ' वगैरह-वगैरह। मेरे प्रति उन लोगों के मन में जहर भर दिया है। व्यारोज प्रेसिडेंट को तो उसने इतना भर दिया है कि वह मुझसे ठीक तरह बात तक नहीं करता। उन लोगों की पुस्तकों और पैंफ्लेटों में यथासाध्य मुझे दबाने की कोशिश रहती है। लेकिन गुरु सहाय है, मेरे भाई! मजूमदार क्या बोलेगा? समस्त अमेरिकी मुझे प्यार करते हैं; मेरी भक्ति करते हैं; मुझे रुपए देते हैं, मुझे गुरु जैसा मानते हैं—मजूमदार मेरा क्या

बिगाड़ लेगा?···भाई, मजूमदार को देखकर मुझे अक्ल आ गई। सब चला जाता है, ब्रदर, बस, यह मुँहजली ईर्ष्या नहीं जाती। ईर्ष्या हम लोगों के अंतर में भी बहुत अधिक है। यह हमारी जाति का दोष है—सिर्फ पर-निंदा और पर-श्री कातरता! सिर्फ मैं बड़ा, अन्य कोई बड़ा न हो।'

९ अप्रैल, १८९४, न्यूयॉर्क से प्रिय आलासिंगा पेरूमल को स्वामी विवेकानंद द्वारा लिखा गया पत्र—'गँवार पादरी मेरे विरुद्ध हैं। उन लोगों ने देखा कि सीधे रास्ते से मुझसे टकराना आसान नहीं होगा, इसलिए अब मुझे गालियाँ दे-देकर मेरी निंदा फैलाने लगे हैं और 'म···' जनाब उनकी मदद कर रहे हैं। जरूर वे निंदा से पगला गए हैं। उन हजरत ने उन लोगों को पट्टी पढ़ाई है कि मैं एक जुआचोर हूँ, बदमाश हूँ। उधर कलकत्ता जाकर वहाँ के लोगों के कान भरे हैं कि मैं घोर पाप में लिप्त हूँ, खासकर मैं व्यभिचार में डूबा रहता हूँ!!! प्रभु उन्हें आशीष दे!'

मई १८९४, १७ बेकन स्ट्रीट, बॉस्टन से प्रोफेसर राइट को स्वामी विवेकानंद ने लिखा—'हे सहृदय बंधु, सब तरह से आपके संतोष का विधान करना न्याय की दृष्टि से मैं प्रतिबद्ध हूँ। रही बाकी पृथ्वी—उनकी बतकही की मैं परवाह नहीं करता। आत्मसमर्थन स्वामी का काम नहीं है। इसलिए आपसे मेरी विनती है···इन बूढ़े मिशनरी लोगों के आक्रमण की मुझे कतई परवाह नहीं। लेकिन मजूमदार की ईर्ष्या-जलन देखकर मुझे जबर्दस्त धक्का लगा है। प्रार्थना करता हूँ कि उन्हें सद्बुद्धि हो।···साधु होने या पवित्र होने की कोई कितनी भी कोशिश क्यों न करे, इनसान जब तक इस दुनिया में है, उसका स्वभाव किसी-न-किसी मात्रा में निम्नगामी होगा-ही-होगा।'

मेरी लुइस बर्क रचित छह खंड अगर धीरज के साथ पढ़ा जाए, तो यह बात स्पष्ट हो उठती है कि विवेकानंद क्यों एक वर्ग के लोगों के विद्वेष का कारण हो उठे थे। स्वामीजी के भाषणों के फलस्वरूप भारत की यथार्थ खबरें पाने के बाद बहुतेरे लोगों ने भारत में धर्मांतरण के लिए चंदा देना कम कर दिया था। नतीजा यह हुआ कि चर्च के फंड में दान की मात्रा कुल एक साल में दस लाख पाउंड, यानी उस समय के हिसाब से डेढ़ करोड़ रुपए (और आज के हिसाब से साढ़े आठ करोड़ रुपए) कम हो गए। इसलिए किसी-किसी ने प्रतिज्ञा के ज़हन्नुम में भी जाना पड़े, तो मंजूर! लेकिन इस बेहया विवेकानंद का सर्वनाश करना होगा।'

डेट्राएट के भूतपूर्व गवर्नर की पत्नी श्रीमती जॉन जी बैगली विवेकानंद के गुणों पर मुग्ध थीं। स्वामीजी ने उनके घर का आतिथ्य ग्रहण किया। प्रायः पगलाए हुए शत्रुपक्ष ने यह अफवाह फैला दी कि संन्यासी विवेकानंद के आचरण से तंग आकर एक कमउम्र नौकरानी को बैगली के घर से विदा लेनी पड़ी। बैगली के घर गें आया हुआ मेहमान

असंभव रूप से संयमहीन है।

इन झूठी अफवाहों से तंग आकर मिसेज बैगली ने २२ जून, १८९४ को पत्र लिखा—'वे हमारे घर में तीन हफ्ते से अधिक दिनों तक अतिथि रहे और उन्हें मैंने, मेरे बेटे, मेरे दामाद और समूचे परिवार ने हमेशा सज्जन के रूप में ही पाया है। उनका व्यवहार अतिशय निश्छल, सरल और सौजन्यपूर्ण था। संगी के तौर पर वे बेहद खुशमिजाज और अतिथिरूप में सदा-वांछित!' काफी दिनों बाद मेरी लुइस बर्क को पता चला कि मिसेज बैगली की नौ वर्षीया नातिन को भी उन दिनों परेशानी उठानी पड़ी थी। उसके स्कूल की सहपाठिनें घर में विधर्मी रखने के जुर्म में उनकी नातिन को मुँह चिढ़ाया करती थीं।

यहाँ तक कि हेल परिवार को भी प्रबल धक्का लगा था। एक बेनामी पत्र भेजकर श्रीमती हेल से यह कहा गया कि स्वामीजी दुश्चरित्र हैं, इसलिए हेल परिवार की महिलाओं के साथ उन्हें हेल-मेल नहीं बढ़ाने देना चाहिए।

सिर्फ बदनामी ही नहीं फैलाई गई, अमेरिकी मुल्क में परिस्थिति इस सीमा तक आ पहुँची कि ऐसी आशंका भी जागने लगी कि जहर देकर स्वामीजी की हत्या कर दी जाएगी। जो लोग अलौकिक में विश्वास करते हैं, वे लोग जानते हैं कि डेट्राएट के एक डिनर में स्वामीजी जिस वक्त कॉफी के प्याले में चुस्की लेने जा ही रहे थे, तब उन्हें आभास हुआ, जैसे श्रीरामकृष्ण उनसे कह रहे हैं—'मत पी! इसमें जहर है।'

स्वदेश में भी निंदा का जो निरंतर प्रचार चल रहा था, उसका लब्बो-लुआब यह था—स्वामीजी हालाँकि आधुनिक विवेकानंद हैं, लेकिन असल में वे नरेंद्रनाथ दत्त हैं; वे विशुद्ध हिंदू भी नहीं थे, वे म्लेच्छाचारी, तंबाकूखोर, सागरलंघनकारी, गायक और अभिनेता हैं, स्वेच्छाचारी और गुलछर्रे उड़ानेवाले रसिया हैं।

समय फरवरी १८९८, स्थान बेलूर, किराए का मठ-बाटी! स्वामीजी ने अपने प्रिय शिष्य शरच्चंद्र चक्रवर्ती से नीलांबर बाबू की बागान-कोठी में कहा था—"बचपन से ही मैं बेहद खुराफती और ऊधमी था, वरना बिना किसी सहारे के क्या मैं समूची दुनिया घूमकर आ सकता था, रे?"

अमेरिका का जिक्र छिड़ते ही किसी समय उन्होंने कहा था—"अखबारों में मेरे नाम कितनी-कितनी निंदा-बदनामी लिखी गई। कितने ही लोगों ने कहा कि मैं उसका प्रतिवाद करूँ। लेकिन मैंने कान ही नहीं दिया। मेरा दृढ़ विश्वास है कि चालाकी से दुनिया में कोई महान् काम नहीं होता। इसलिए इन सभी अश्लील निंदा-बदनामी पर कान न देकर धीरे-धीरे मैं अपना काम करता गया। मैंने यह भी देखा कि जिन लोगों ने बेवजह ही मुझ पर गालियाँ बरसाई थीं, बहुत बार वे ही लोग पछतावे की आग में जलते

हुए मेरी शरण में आ पहुँचते थे और अपने आप ही अखबारों में माफी माँगते थे। कभी-कभी तो ऐसा भी हुआ कि मुझे अपने घर आमंत्रित किया। बस, कोई-कोई उनके यहाँ पहुँच गया और मेरे नाम झूठी-झूठी निंदा-बदनामी सुना आया। यह सब सुनकर उस घर के लोग अपने दरवाजे पर ताला लगाकर कहीं खिसक लिए। जब मैं आमंत्रण के सम्मान में उनके घर पहुँचा, तो देखा, घर के सभी लोग धाँ हो गए थे। घर में कोई नहीं था। कुछ दिनों बाद जब उन्हीं लोगों को सच्ची बात पता चली, तो उन लोगों को अफसोस हुआ और वे ही लोग मुझसे जान-पहचान के लिए आ पहुँचे। 'पता है, वत्स, इस संसार में सबकुछ दुनियादारी है। सच्चे, साहसी और ज्ञानी क्या इन तमाम दुनियादारी में भूलते हैं, रे बाप! दुनिया जो चाहे, कहे, मैं अपना कर्तव्य, अपना काम किए जाऊँगा। काम और कर्तव्य निभाते हुए चला जाऊँगा। जान ले, यही वीरों का कर्म है!···लोग चाहे तेरी स्तुति करें या निंदा, तुझ पर लक्ष्मी की कृपा हो या न हो। चाहे आज या सौ वर्षों बाद तेरी देह साथ छोड़ दे, लेकिन तू सत्यपथ से कभी भ्रष्ट न होना। कितने-कितने आँधी-तूफान पार करने के बाद शांति के साम्राज्य में पहुँचा जाता है, जो जितना बड़ा है, उसे उतनी ही कड़ी-परीक्षा से गुजरना पड़ा है। परीक्षा की कसौटी पर उसे घिस-माँजकर, जाँच कर, तब जाकर दुनिया ने उसे बड़ा माना है। उसकी महानता कबूल की है। जो लोग डरपोक या कायर होते हैं, वे लोग ही सागर की लहरें देखकर तीर पर ही अपनी नाव डुबा देते हैं।"

डॉ. बैरोज, जो पहले स्नेहपरायण होते हुए भी बाद में धीरे-धीरे कान के कच्चे हो गए और विवेकानंद के खिलाफ होकर भड़क गए थे, उसका विस्तृत विवरण शंकरीप्रसाद बसु महाशय ने हमें उपहार दिया है। पुराने भक्त जब नए दुश्मन की भूमिका ग्रहण करते हैं, तब स्थिति संगीन हो आती है।

डॉ. बैरोज जब भारत-भ्रमण पर आए थे, प्रबल शारीरिक अस्वस्थता के बावजूद विवेकानंद ने उनके स्वागत की सारी व्यवस्था की थी, जो डॉ. बैरोज को पसंद नहीं आई। परवर्तीकाल में उनके एक छोटे से वक्तव्य ने इस देश में भयंकर तहलका मचा दिया था। जो सवाल उठाया गया था, वह भारतीय समाज के लिए गंभीर था। खबर यह थी कि शिकागो में भाषण देने के बाद, बैरोज, स्वामीजी को किसी भोजनालय में लिवा ले गए और जब उन्होंने स्वामीजी से पूछा कि वे क्या खाएँगे, कहते हैं कि स्वामीजी ने 'बीफ' का ऑर्डर दिया। देर से ही सही, जब यह खबर कलकत्ता के समाज में पहुँची, तो 'गया···गया···जहन्नुम में गया।' का शोर मच गया। बीमार विवेकानंद उन दिनों कलकत्ता से काफी दूर थे। विरोध की यह खबर स्वामीजी तक भी पहुँची। खबर झूठी होने के बावजूद स्वामीजी खुले आम तर्कयुद्ध में नहीं उतरे। जीवन की बड़ी-बड़ी समस्याओं से

मुकाबला करते समय विवेकानंद ने खामोश रहना ही श्रेयस्कर समझा। इसका नतीजा क्या निकला, इस बात को लेकर गुरुतर बीमार हालत में भी वे जरा भी उत्तेजित नहीं हुए।

सिर्फ दुश्मन ही नहीं, स्वामीजी अपनों के हाथों भी जिस ढंग से निगृहीत-अपमानित हुए, उसका भी एक लंबा इतिहास है। अगर ठीक ढंग से लिखा जाए, तो उनके केवल दो संन्यासी-शिष्य लियो लैंड्सबर्ग और मेरी लुइस के बारे में, पूरी एक किताब लिखी जा सकती है। स्वामीजी ने उन दोनों को संन्यास में दीक्षित किया और उन्हें कृपानंद और अभयानंद नाम दिए। प्रवास के समय अपने इस शिष्य और शिष्या को लेकर स्वामीजी जैसे फजीहत में पड़ गए, वह वाकई दुःखजनक है।

लैंड्सबर्ग पूरे तीन वर्ष तक स्वामीजी के अविच्छेद्य साथी, बंधु, सेक्रेटरी और सेवक रहे। वे न्यूयॉर्क के प्रसिद्ध समाचार-पत्र न्यूयॉर्क ट्रिब्यून में काम करते थे। न्यूयॉर्क में वे स्वामीजी के साथ एक ही मकान में रहते थे और उनके असीम स्नेह के पात्र हो उठे थे। प्रथम पर्व में बॉस्टन से (१९ नवंबर, १८९४) स्वामीजी के प्रिय शिष्य कृपानंद को लिखा—'तुम अपने इस्तेमाल के लिए थोड़े कपड़े जरूर खरीद लेना, क्योंकि इस देश में, इन सबका अभाव कोई भी काम करने में, तुम्हारे लिए बाधा बन जाएगा।'''मुझे धन्यवाद देने की कोई जरूरत नहीं, क्योंकि यह मेरा कर्तव्य मात्र है। हिंदू कानून के मुताबिक शिष्य ही संन्यासी का उत्तराधिकारी होता है। संन्यास-ग्रहण से पहले अगर उसका कोई पुत्र हो भी, तो वह उत्तराधिकारी नहीं होगा। यह रिश्ता विशुद्ध आध्यात्मिक रिश्ता है। अमेरिकी लोगों का 'अभिभावकगीरी' का धंधा नहीं है, तुम समझ सकते हो।'

कृपानंद जाति से यहूदी और जन्म से पोलैंडवासी थे। उन्होंने ब्रह्मवादी पत्रिका में कई पांडित्यपूर्ण निबंध लिखे थे।

अब सुनें, स्वामी अभेदानंद की 'मेरी जीवनकथा' से विवरण—'२७ मार्च, १८९८ में न्यूयॉर्क हेराल्ड में स्वामी विवेकानंद पर हमला करते हुए और राजयोग पर व्यंग्य करते हुए एक निबंध प्रकाशित हुआ। उसमें सिर पर पगड़ी बाँधे, मुगल जैसी सूरतवाले श्यामकाय व्यक्ति के चरणों में एक श्वेतांगिनी महिला का चित्र था। हैरत की बात यह थी कि यह निबंध स्वामीजी के अद्यःपतित शिष्य कृपानंद ने लिखा था। स्वामी अभेदानंद वह निबंध लेकर मिस्टर लेगेट को दिखाने के लिए उनके घर पहुँचे। वे दोनों बातचीत कर ही रहे थे कि अचानक कृपानंद उनके घर आ धमके। कृपानंद के आने की खबर पाते ही, गुस्से से आगभभूखा होते हुए अभेदानंद बाहर निकल आए और वह निबंध दिखाते हुए पूछा,'यह निबंध क्या तुमने लिखा है?'

'जी-हाँ,' कृपानंद ने जवाब दिया।

'कितने रुपए मिले हैं?'

'ज्यादा नहीं, कुल पचास डॉलर!'

'तुम इतने नीच, इतने स्वार्थी हो कि मामूली से रुपयों के लिए तुमने अपने गुरु को उपहास का पात्र बना दिया? निकल जाओ मेरे घर से!'

कृपानंद जैसे आए थे, उसी तरह बाहर निकल गए।

परवर्तीकाल में हम स्वामी अभेदानंद की जुबानी और भी कुछ सुनते हैं—'अभयानंद, योगानंद, कृपानंद—ये तीनों लोग स्वामीजी के विरुद्ध चले गए। योगानंद भलामानस था, 'वेदांत' उच्चारण नहीं कर पाता था, 'भादांत' कहता था। सन् १८९९-१९०१ में स्वामी जब दूसरी बार अमेरिका गए, वे बेहद बीमार थे ...वे लेगेट के घर ठहरे। एक डॉक्टर (डॉ. गार्नसी) उन्हें काफी प्यार करते थे। उनके एक बेटे का निधन हो गया। कहते हैं उसकी सूरत-शक्ल बिलकुल स्वामीजी जैसी थी। इसलिए स्वामीजी उस डॉक्टर के घर में रहने लगे।

एक दिन डॉ. गार्नसी उनके स्वास्थ्य की जाँच कर रहे थे। उसी समय कृपानंद आ पहुँचे। उन्हें देखते ही स्वामीजी की नाड़ी ही जैसे रुकने लगी। पूछने पर उन्होंने बताया कि उन जनाब को देखते ही उनका यह हाल हुआ। डॉक्टर ने कृपानंद से फौरन चले जाने को कह दिया।

अटलांटिक पार करके इंग्लैंड लौट आने के बाद भी स्वामीजी को मानसिक शांति नहीं मिली, इसका विवरण भी जगह-जगह बिखरा पड़ा है। जो कभी मित्र होते हैं, तकदीर का मजाक ऐसा होता है कि वे लोग बाद में दुश्मन बन जाते हैं और महापुरुषों के दुःख का कारण बन जाते हैं। दो चरित्रों का खयाल खासतौर पर आने लगता है—मिस हेनरिएटा मूलर, जो कभी प्रबल उत्साही हो उठी और बेलूर मठ को जमीन खरीदने के लिए कुछ रुपए दिए थे और दूसरे थे—एडवर्ड स्टर्डी! स्वामीजी कभी उन पर बहुत ज्यादा निर्भर रहते थे।

लंदन में मिस मूलर के आतिथ्य में रहने के दौरान ही परिस्थिति बिगड़ रही है, यह बात विवेकानंद के भाई महेंद्रनाथ की पुस्तक 'लंदन में स्वामी विवेकानंद' में स्वामी सदानंद और स्वामीजी के आशुलिपिक गुडविन के विभिन्न अशांत मंतव्यों से ही काफी स्पष्ट है। एडवर्ड स्टर्डी का मामला भी काफी वेदनाप्रद है। इस आदमी के आचरण से स्वामीजी को काफी मानसिक आघात पहुँचा था, उनकी लंबी चिट्ठी में इसका भी प्रमाण मौजूद है।

एक भक्त ने पत्र के जरिए जानकारी दी कि मिस मूलर स्वामीजी के विरुद्ध खड़ी हो गई हैं। गुरुभाई स्वामी अभेदानंद उनसे मिलने जा पहुँचे। लेकिन वे कोई बात समझने को तैयार ही नहीं हुई। उन्होंने साफ कह दिया,'इंडिया इज एक गॉड फौरसेकन कंट्री।'

उन्होंने स्वामीजी को 'ब्लैक मैजीशियन', काला जादू दिखानेवाला तक कह डाला।

इससे पहले के पर्व में, प्रत्यक्षदर्शी की निगाह में मिस मूलर—'एक तो महिला, उस पर से बुढ़िया, बेहद खिटखिटिया मिजाजवाली, उनकी किसी से भी पटरी नहीं बैठती।' अन्य एक विवरण—'उनके होंठों पर मर्दों की तरह हल्की-हल्की मूँछ-दाढ़ी!'

इसी महिला ने भारत-तत्त्व विशेषज्ञ प्रोफेसर मैक्समूलर को एक पत्र लिखा। बाद में उन्हें और स्वामी सारदानंद को साथ लेकर विवेकानंद मैक्समूलर से मिलने भी गए।

उनके घर में मेज पर एक किताब देखकर स्वामीजी के भाई महेंद्रनाथ ने उसे पढ़ने में दिलचस्पी दिखाई। महेंद्रनाथ ने वर्णन किया है—'मिस मूलर : किताब मैं किसी को भी नहीं दूँगी। किताब ले जाने के बाद कोई वापस नहीं लौटाता।' स्वामीजी ने कहा, 'नहीं-नहीं, मिहिम वापस लौटा देगा।' बड़ी विरक्ति से वह किताब महेंद्रनाथ को पकड़ाते हुए मिस मूलर ने कहा, 'मर्दों को कभी भी किताब पढ़ने के लिए नहीं देना चाहिए। ले जाने के बाद वे किताब कभी वापस नहीं लौटाते। मर्दों में यह भयंकर दोष है और अगर छिनाल औरतों की बात करो, तो वे सुई का डिब्बा, अंगुलदस्ता और कैंची देखते ही मौके से उठाकर खिसक लेती हैं। स्वामीजी ने मुसकारते हुए व्यंग्य के लहजे में पूछा,'क्यों? उन लोगों के घर में क्या कैंची, सुई का डिब्बा नहीं होता?' मिस मूलर ने तैशभरे लहजे में कहा,'होता क्या नहीं? लेकिन, उन छिनालों को यह रोग है। इसलिए जब वे सब छिनाल आती हैं, तो डर ही लगा रहता है।'

बेहद गुस्सैल औरत थीं मिस मूलर। इसलिए स्वामी सदानंद का उस देवी की पूजा करने का मंत्र है—

क्षणे रुष्टे, क्षणे तुष्टे
तुष्ट रुष्ट, क्षणे-क्षणे

उन्हें संतुष्ट रखने के लिए भाई और गुरुभाई को स्वामीजी का विशेष उपदेश था—'देख, खूब होशियारी से चलना। कमरे में उनके कदम रखते ही उठकर खड़े हो जाना। उनका कुशल-समाचार पूछना। पतलून की जेब में हाथ मत डालना; सीने पर हाथ मत रखना। बुढ़िया जब तक खड़ी रहे, खबरदार! तुम लोग मत बैठना।'

स्वामीजी के जीवन में विंबलडन-निवासी मिस हेनरिएटा मूलर की भूमिका को स्वामी प्रभानंद ने 'एक ही समय में सुखद और दुःखद' बताया है। सुखद इसलिए कि उन्होंने मठ-अधिकारियों को निजी जमीन खरीदने के लिए अर्थ-दान में मदद की थी, 'दुःखद इसलिए कि उन्होंने बाद में संघ की भावमूर्ति खंडित करने की यथासाध्य कोशिश की थी।'

यह देखा गया कि बेलूर की जमीन जब खोजी जा रही थी, उसी समय मिस मूलर

ने आर्थिक सहायता भेज दी थी। ३० नवंबर, १८९७ को स्वामीजी ने अपने प्रिय गुरुभाई शिष्य ब्रह्मानंद को लिखा—'मिस मूलर ने जितने रुपए देने का वादा किया था, उसमें से कुछ तो कलकत्ता पहुँचे हैं, बाकी बाद में आएगा! जल्दी पहुँच जाएगा··· । तुम खुद और हरि पटना जाकर उस आदमी को पकड़ो, जैसे भी हो सके उसे प्रभावित करो और जमीन और सही-सही कीमत में मिले, तो खरीद लो।'

२५ फरवरी, १८९८ को स्वामीजी ने शशि महाराज को लिखा—'जो जमीन खरीदी गई है, आज मैं उसकी दखल लूँगा।' ६ मार्च को स्वामी प्रेमानंद ने शशि महाराज को लिखा—'कल यह जमीन ३९,००० रुपयों में खरीद ली गई।' संगमरमर का मंदिर बनवाने का संकेत दिया गया है—'उसे देख-सुनकर लोग चकित रह जाएँगे।' २५ फरवरी को ही अन्य एक पत्र में स्वामी त्रिगुणातीता ने प्रमदादास मित्र को लिखा—'४०,००० रुपए देकर अठारह बीघा उत्तम जमीन गंगा के पश्चिमी तट पर खरीदी गई। मठ के लिए इसी जमीन की चारों तरफ की और सौ बीघा जमीन खरीदने की बात है। जमीन पर ही लगभग दो लाख रुपए का खर्च आएगा।'

स्वामी प्रभानंद ने मिस मूलर के बारे में और भी काफी सारी खबरें दी हैं। वे सन् १८९७ के मार्च महीने के दूसरे हफ्ते में भारत आई थीं। खामख्याली और हमलावर-स्वभाव की मिस मूलर का आचरण स्वामीजी को कितना परेशान करता था, इस बात का अंदाजा स्वामीजी के अप्रकाशित पत्र से लग जाता है। ९ जुलाई, १८९७ को स्वामीजी ने अल्मोड़ा से सिंहल, अपने गुरुभाई, स्वामी शिवानंद को लिखा—'यहाँ हम लोग दो-तीन दिन विनसर डाकबँगलो में थे। बाद में, मेरी श्यामधुरा यात्रा से मिस मूलर नाराज होकर अल्मोड़ा लौट गईं। मिस मूलर भयंकर नाराज हो गई हैं। मैं अपने एक मित्र की वाटिका में जा रहा हूँ। उनका बड़ा ही खिटखिटाया स्वभाव है। इतना बड़ा मकान मुझे बताए बिना ८० रुपए महीने पर पूरे सीजन के लिए किराए पर ले लिया। सब पर महागुस्सा! गाली-गलौज! जब मैंने उन्हें किराए की आधी रकम देने का आश्वासन दिया, तब जरा ईषत् शांत हुईं। लगता है, बेचारी का दिमाग खिसक गया है।···अब, महोदया कहती हैं कि मैंने और बद्री शाहरा—सभी ने मिलकर उन्हें लूट लिया।'

स्वामीजी की महाशक्ति से उस महिला में सामयिक परिवर्तन हुआ था। स्टार थिएटर में मिस्टर निवेदिता के बाद (११ मार्च, १८९८) उन्होंने एक भाषण दिया था। अब सवाल यह उठता है कि बेलूर की जमीन के लिए मिस मूलर ने कितनी रकम दी थी। जमीन की कीमत थी ४०,००० रुपए और जमीन बराबर कराने में और ४,००० रुपए। गुडविन के जरिए मिस मूलर ने ३०,००० रुपए दिए थे।

मेरी लुई ने जानकारी दी है कि प्रचंड गुस्से में मिस मूलर सन् १८९९ की शुरुआत

में इंग्लैंड लौट गईं। 'लेकिन भारत छोड़ने से पहले वे एक अकल्पनीय कांड कर बैठीं। उनके अंदर जमा हुआ सारा गुस्सा एकाएक फट पड़ा।' उनके विष भरे उद्गार विभिन्न पत्र-पत्रिकाओं में छपे। उसके बाद, २५ नवंबर, १८९८ में गँवार ईसाई पत्रिका,'द इंडियन सोशल रिफॉर्म' में घोषणा प्रकाशित हुई, मिस मूलर स्वामी विवेकानंद से सारे संबंध तोड़कर अपने ईसाई विश्वास में लौट गई हैं।

मिस मूलर बेलूर मठ में आखिरी बार ९ नवंबर, १८९८ को आई थीं।

यह भी याद दिलाना बेहतर है कि लंदन में तरह-तरह से परेशान रहने के बावजूद स्वामीजी विपुल साहस के साथ अपना काम करते रहे। समस्याओं का कहीं कोई अंत नहीं था। इन्हीं सबके बीच भाई महेंद्रनाथ बैरिस्टर पढ़ने की साध लिए अचानक विलायत आ धमके। यह भी याद रखना जरूरी है कि इसी समय हमें पहली बार स्वामीजी को दिल का दौरा पड़ने की खबर मिलती है। भक्त फॉक्स और महेंद्रनाथ उस समय वहाँ मौजूद थे। दोपहर खाना खाने के बाद स्वामीजी एक कुरसी पर बैठे हुए थे। अचानक उनके चेहरे पर भयंकर दर्द के भाव उभर आए।

कुछेक पलों बाद उन्होंने साँस लेकर कहा, "देखो, फॉक्स, मेरा जैसे हार्ट फेल होनेवाला था। मेरे पिता भी इसी रोग में चल बसे थे। अचानक मेरी छाती में भीषण दर्द उठा था। यह मेरा खानदानी रोग है।"

प्रवास में भाई को लेकर स्वामीजी की दुश्चिंता का अंत नहीं था, विभिन्न सूत्रों से इसकी जानकारी मिलती है। खेतड़ी के महाराजा से रुपए लेकर महेंद्रनाथ विलायत पहुँच गए, इस बात से स्वामीजी भाई पर बेहद नाराज हुए! 'उनके परिचित मित्र वगैरह से कोई रुपए उधार ले, यह बात स्वामीजी को बिलकुल पसंद नहीं थी। यही भाई जब इलेक्ट्रिकल इंजीनियरिंग पढ़ने के लिए अमेरिका जाने को राजी नहीं हुए, तब स्वामीजी ने गुस्से से भड़ककर कहा था, मैं एक पैसा भी नहीं दूँगा। तुम जाओ, पैदल-पैदल लौट जाओ।' सबसे ज्यादा आश्चर्य की बात यह है कि महेंद्रनाथ पैदल-पैदल ही भारत वापस लौटे। मनुष्य किस हद तक अक्खड़ और दुःसाहसी हो सकता है, यह बात सिमला के दत्त परिवार के तीनों भाइयों को देखे बिना समझना असंभव है। स्वदेश में विवेकानंद ने खुद भी एक बार कहा था कि अमेरिका जाने के लिए जहाज-किराया अगर न जुटा सका, तो वे भी पैदल-पैदल ही निकल पड़ेंगे।

लंदन के विभिन्न भाषणों के जरिए स्वामीजी ने जैसे दुनिया के लोगों का ध्यान अपनी ओर आकर्षित किया था, उसी तरह उनके विरामहीन कष्टों का सिलसिला भी जारी था। संसार की तमाम प्रतिकूल स्थितियों से जूझते हुए, रोग-जीर्ण सेहतवाला इनसान, कैसे तो इनसानों के लिए इतना-इतना सोचता और करता रहा, इस बारे में सोचने

बैठो तो इसका कोई जवाब नहीं मिलता।

लंदन में एक विख्यात मीटिंग में कोई पेंशनयाफ्ता साहब अचानक प्रकट हुए। वे साहब शायद जिंदगी भर बंगाल में काम करते रहे थे। भाषण के शुरू में ही वे साहब अति अभद्र मंतव्य देने लगे। उन्होंने चीख-चीखकर कहा, "सर, मनियर विलियम्स ने किसी किताब में लिखा है कि बुद्ध बेहद क्रूर इनसान थे। अपने बीवी-बच्चों को और घर छोड़कर चले गए थे।' स्वामीजी ने उसके मंतव्य पर कान नहीं दिया और बुद्ध-चर्चा में लगे रहे। उन साहब ने दुबारा फिकरा कसा, 'मैं जानता हूँ, साधु लोग नंबरी चोर होते हैं! सब-के-सब चोर! मैं तो उनके पीछे पुलिस लगा दिया करता था। बहुत बार पुलिस के जरिए गाँवों से खदेड़ देता था। चोर-छिछोरे ही गेरुआ पहनते हैं और वही साधु कहलाते हैं।'

साहब ने सोचा था—'स्वामी विवेकानंद कोई मद्रासी बंदा होगा, क्योंकि पहले अर्श के इलाज के लिए बहुतेरे मद्रासी बहूबाजार में निवास करते थे और उन लोगों के लंबे-लबे मद्रासी नाम से पहले 'स्वामी' शब्द जुड़ा होता था।'

साहब समझ गया कि वक्ता बंगाली है। उसने फिर चीखकर कहा, "इन्हीं बंगाली बाबुओं को हमने 'म्युटिनी' (विद्रोह) के समय बचाया था।"

स्वामीजी का एक भक्त भी चींख उठा, "अरे, उसके लिए मोटी तनख्वाह भी तो ली थी।"

मीटिंग में प्रबल उत्तेजना फैल गई! हाथापाई की नौबत आ पहुँची।

सदानंद और महेंद्रनाथ प्रवास की धरती पर हंगामा मचते देखकर थर-थर काँपने लगे। उस वक्त अपनी शांत मूर्ति त्यागकर स्वामीजी ने भयंकर मूर्ति धारण की।...उस अंग्रेज साहब की ओर देखते हुए वे पूरे ३५ मिनट तक अनर्गल अग्नि-वर्षण करते रहे। हेनजेस्ट और हरसा के जमाने से लेकर इस समय तक अंग्रेज जाति ने देश में किस समय, किस-किस ढंग से अत्याचार और अनाचार किया है, उसका इतिहास धाराप्रवाह सुनाते गए।

स्वामीजी का इतिहास-ज्ञान देखकर श्रोतागण स्तब्ध रह गए। अपमानित अंग्रेज जेब से रूमाल निकालकर रो पड़ा और रूमाल से नाक सुड़कने लगा।

'पैंतीस मिनट बाद श्रोताओं की तरफ मुखातिब होकर शांत-स्निग्ध लहजे में स्वामीजी फिर शुरू हो गए,'नाउ आई एम टु प्रत्याहार ऐंड धारणा।' मानो यहाँ कुछ भी न घटा हो। स्थिर, निश्चल, सिद्ध योगी की तरह स्वामीजी धाराप्रवाह बोलते रहे।'

'आपने हम सबको महाशक्ति की शिक्षा दी है।' यह कहकर भाषण के समापन पर श्रोतागण ने स्वामीजी का अभिनंदन किया। भक्तों ने कहा कि उस असभ्य, बेहया इनसान को झाड़ना सही था। स्वामीजी अब तक धीर-स्थिर लहजे में बोले जा रहे थे।

उन्होंने कहा, "हर कोई नारायण है। यह इनसान भी नारायण है। लेकिन उसके अंदर दुष्ट नारायण बसा है।" इसके बाद उन्होंने गुडविन को टोपी, लबादा और छड़ी लाने का निर्देश दिया और होंठों में एक सिगरेट दबाकर वे सैर के लिए निकल पड़े। उस रात वे काफी देर से लौटे।

स्वामीजी के जीवन की अनेक विडंबनाओं का इतिहास मेरी लुइस बर्क की गवेषणा में लिपिबद्ध हुआ है।

शंकरीप्रसाद बसु ने स्वामीजी की विद्रोहिणी शिष्या स्वामी अभयानंद के बारे में कई एक तथ्य प्रस्तुत किए हैं—यथा, पूर्वाश्रम में (मेरी लुई डेविड) अभयानंद फ्रांसीसी थीं। बाद में उन्होंने अमेरिकी नागरिकता ग्रहण कर ली। कृपानंद ने २ मार्च, १८९६ में ब्रह्मवादिन पत्रिका में खुद ही लिखा कि उनके और मेरी लुई की विशेष जिद पर आखिरकार स्वामीजी उन्हें संन्यास देने के लिए राजी हो गए। इन दोनों को शिष्यरूप में ग्रहण करने के पीछे स्वामीजी की सोच थी—गँवार पागलपन, विपथगामी शक्ति के अलावा कुछ भी नहीं है। यह शक्ति अगर रूपांतरित करके ऊर्ध्वतर प्रणाली में प्रवाहित कर दी जाए, तो वह विराट मंगलशक्ति बन सकती है। सन् १८९५ में ही न्यूयॉर्क वेदांत समिति और कृपानंद से उनका विरोध शुरू हो गया। यह विरोध दूर करने के लिए (दिसंबर १८९५) स्वामीजी पिस वाल्डो को लेकर उनके घर भी गए, मगर कोई खास सफलता नहीं मिली। सन् १८९९ के फरवरी महीने में अभयानंद भारत आईं और ढाका, मैमनसिंह और बरिमाल की यात्रा की। बाद में वेदांत त्यागकर गौरांग समाज में शामिल हो गईं और वैष्णव शक्ति द्वारा संचालित अमृतबाजार गोष्ठी का उदार प्रश्रय लाभ किया। उस समय उनके गले में वैष्णवकंठी नजर आती थी।

७ मई, १९०२ को खबर मिली कि कासिमबाजार के माननीय महाराज की आर्थिक-मदद से मदाम मेरी लुई दुबारा भारत आईं। स्वामीजी के देहत्याग के समय (४ जुलाई, १९०२) वे इसी देश में थीं और विभिन्न धनी परिवारों में जा-जाकर भाषण दिया करती थीं। ७ जुलाई, १९०२ से पहले स्वामीजी के प्रयाण की खबर अमृतबाजार पत्रिका में प्रकाशित नहीं हुई। जिस दिन इस खबर की रिपोर्ट छपी, तो उसका महज चवन्नी कॉलम था, जबकि उसी दिन अभयानंद के किसी भाषण की रिपोर्ट कई-कई कॉलम में ठूँस-ठूँसकर छापी गई थी, १४ जून, १९०२ को मिसेज सारा बुल को एक पत्र में स्वामीजी ने अपनी इस शिष्या के बारे में लिखा था—'सुना है, कई एक धनी लोगों ने उसे लपक लिया है। भगवान करें, इस बार उसे प्रचुर अर्थ-लाभ हो, यही मेरी आकांक्षा है।'

'जो भी व्यक्ति, जिस भाव से मेरी उपासना करता है, मैं उसी भाव से उस पर अनुग्रह करता हूँ। उसने रुपए चाहे थे। भगवान उसे प्रचुर रुपए दें।'

स्वामी अभेदानंद की स्मृतिकथा में और भी एक कहानी वर्णित है। उसे भी जान लें। अभेदानंद सूत्र से यह भी जानकारी मिलती है कि बाद में काफी सारे दुःख-कष्ट भोगकर, बेहद शोचनीय दशा में संन्यासिन शिष्या अभयानंद के जीवन की समाप्ति हुई। सन् १९१३ में उनके शिकागो वाले घर में आग लग गई और उसमें अभयानंद जलकर खाक हो गईं। सन् १९१५ में सत्तर वर्षीया इस वृद्धा के बारे में 'कोल्ड, हंग्री और पेनीलेस' में लिखा गया। उन्होंने भी दुःख से कहा था—जीवन में अनेक गलतियाँ कीं, अब तो कर्मफल भुगतना ही होगा। लेकिन, इससे भी पहले स्वामी अभेदानंद की जुबानी यह भी सुना कि मेरी लुई भारत आने पर विशेष रूप से अभिनंदित हुई थीं और रुपए लेकर उन्होंने कई-कई भाषण दिए थे।

वहाँ से लौटकर वे बेलूर पहुँची। उस वक्त वहाँ स्वामी विवेकानंद, सिस्टर निवेदिता, मिसेज उली बुल, मिस मैकलाउड वगैरह हवन के चारों तरफ व्याघ्र-चर्म और मृग-चर्म पर आसीन थे। अचानक मेरी लुई को वहाँ देखकर, चूँकि वहाँ कोई आसन नहीं था, इसलिए उनके लिए बकरी के चर्म का आसन बिछा दिया गया। यह देखकर वे भयंकर नाराज हो गईं और स्वामीजी के विरुद्ध-दल से जा मिलीं।

जैसे सिर्फ एक कोयल से वसंत नहीं आता, उसी तरह एक अभयानंद या कृपानंद किसी महामानव के जीवन में कष्ट नहीं लाते। विवेकानंद के भी बेकसूर, अभागे जीवन में भी काले मेघ की तरह ऐसे अनेक लोग हाजिर होते रहे।

इसी तरह ई.टी. स्टर्डी के जीवन के साथ, किन्हीं दिनों, विवेकानंद और उनका आंदोलन अंतरंग ढंग से जुड़ गया था। वे स्कॉट सज्जन थे। तकदीर की खोज में वे ऑस्ट्रेलिया गए और साल भर के अंदर-अंदर दस हजार पाउंड कमाकर इंग्लैंड वापस लौट आए। ब्रह्मवाद की प्यास उन्हें भारत ले आई। बाद में वे संन्यासी हो गए और यथासमय वे विवेकानंद के गुरुभाइयों के प्रति खासतौर पर आकर्षित हुए। इसके बाद स्टर्डी हॉलैंड लौट गए और विवाह करके संसारी हो गए। महेंद्रनाथ के ग्रंथ 'लंदन में स्वामी विवेकानंद' में हम स्टर्डी और उसकी पत्नी के बारे में ढेरों जानकारियाँ पाते हैं। वैसे मिसेज मेरी लुई बर्क की किताब में भी विस्तृत विश्लेषण मिलता है।

बहुत से लोगों की धारणा है कि पत्नी के प्रचंड प्रभाव की वजह से ही, बाद के दिनों में स्टर्डी के जीवन में अशांति का सूत्रपात हुआ। सन् १८९९ के मध्य उन्होंने स्वामीजी के कामकाज की निंदा शुरू कर दी और वेदांत आंदोलन से अचानक ही अपना संबंध तोड़ लिया। यह मामला स्वामीजी के लिए अत्यंत वेदनादायक था, यह बात किसी के लिए अनजानी नहीं है।

संबंध टूटने से पहले ई.टी. स्टर्डी ने मिसेज मैकलाउड को जानकारी दी कि

स्वामीजी जब लंदन आएँ, तो उनके घर पर ठहरें। लेकिन छह महीने बाद स्वामीजी जब लंदन जाने की तैयारी कर रहे थे, तब उन्होंने साफ-साफ कह दिया कि उनके लिए कोई खर्च करना संभव नहीं है। ३१ जुलाई, १८९९ को स्वामीजी जब विलायत लौटे, तो उनके स्वागत के लिए वे साहब बंदरगाह भी नहीं आए।

मिस हेनरिएटा के पिता जर्मन थे। चिली जाकर लकड़ी के कारोबार में वे बाकायदा अमीर बन गए और बाद में इंग्लैंड लौटकर उन्होंने अपने बेटे-बेटियों में अपनी संपत्ति का बँटवारा कर दिया। मिस मूलर बाद में दलत्यागी हो गई और उन्होंने खुले आम आक्षेप लगाया कि जुबान से चाहे जो कहें, हिंदू धर्म की प्रधान बात है—लिंग पूजा। उन्होंने तो और भी गंभीर इल्जाम लगाया कि भारतवर्ष में जिस काम के लिए स्वामी विवेकानंद को जो रुपए दिए गए थे, वह उन्होंने अपने परिवार पर उड़ेल दिया।

यह धक्का यथासमय ई.टी. स्टर्डी पर भी आया। संबंध तोड़ने का बहाना खोजते हुए उन्होंने रुपयों का हिसाब माँगा। ६ अगस्त, १८९९ को स्वामीजी ने इंग्लैंड के विंबलडन से मिसेज बुल को हिसाब के बारे में एक स्पष्ट पत्र लिखा—'आपने और लोगों ने काम के लिए जो रुपए दिए हैं, उसमें से मैंने एक भी रुपया नहीं लिया। मेरी माँ को मदद देने का स्पष्ट इशारा करते हुए कैप्टेन सेवियर ने मुझे माँ को देने के लिए ८०,००० रुपए सौंपे थे। लगता है उन रुपयों का भी बारह बज गया। इसके बाहर मेरे परिजन के लिए या यहाँ तक कि मेरे व्यक्तिगत खर्च के लिए भी और कुछ भी खर्च नहीं किया गया। मेरे खर्च-पानी की जिम्मेदारी खेतड़ी के राजा ने ले रखी है। उस रकम का भी अधिकांश हिस्सा हर महीने मठ में चला जाता है। हाँ, अगर ब्रह्मानंद ने उस रकम में से कुछ हिस्सा मेरी चाची के विरुद्ध मुकदमे पर खर्च न किया हो। यदि उन्होंने ऐसा किया है, तो चाहे जैसे भी हो, मैं उसकी भरपाई कर दूँगा, अगर मैं जिंदा रहा…।' वह पत्र अभी भी बँगला वाणी और रचना में शामिल नहीं किया गया है।

स्टर्डी से स्वामीजी के पत्राचार का कोई भी हिस्सा अभी तक रचनावली में स्थान नहीं पा सका है, मगर मेरी लुइस बर्क ने थोड़ा सा उद्धार करके हमें उपहार दिया है। रिजली मैनर से लिखे गए, एक पत्र पर तारीख पड़ी है—१४ सितंबर, १८९९। 'मुझे मिसेज सूटर से $५००=७,५०० रुपए और $४००=७,५०० रुपए मिले थे। गुडविन के जरिए मिस मूलर की तरफ से ३०,००० रुपए आए थे। कुल मिलाकर हुए ४५,००० रुपए। इसमें से जमीन खरीदने की कीमत ४०,००० रुपए और नीची जमीन को भरने में और भी ४,००० रुपए खर्च हुए। मैंने अपने लिए एक अधेला भी नहीं लिया। मेरे खर्च की रकम व्याख्यानों और लेखन से आती है। थोड़ी-बहुत रकम खेतड़ी के राजा की तरफ से और कुछ मिसेज सेवियर की ओर से!…मैंने क्या तुमसे कभी रुपए माँगे हैं? मुझे तो याद

नहीं पड़ता कि मैने कभी, किसी के आगे हाथ फैलाया हो। हाँ, किसी-किसी ने अपने-आप ही कभी-कभी थोड़ा-बहुत दिया है।' इसके आगे स्वामीजी ने कहा है कि मिस मूलर आदि अगर रुपए देकर दु:खित हैं, तो मुझे थोड़ी मुहलत दें, मैं रुपए वापस कर दूँगा।

स्टर्डी को लिखे हुए स्वामीजी के पत्र अभी भी पूरी-पूरी तरह बँगला-पाठकों तक नहीं पहुँचे हैं। हाँ, थोड़ी-बहुत उत्सुकता, मेरी लुइस बर्क ने अपने दुस्साहसपूर्ण शोध-पुस्तक के जरिए जरूर मिटाई है। इस चरण में २१, वेस्ट थर्टी फोर स्ट्रीट, ईस्टयार्क से नवंबर १८९९ में लिखा हुआ स्वामीजी का एक पत्र जरूर उपलब्ध है।

शंकरीप्रसाद बसु ने बँगला में उस लंबे पत्र का अनुवाद तो किया है, मगर पूरे पत्र का अनुवाद नहीं किया, इसलिए आम पाठकों को मेरी लुइस बर्क पर ही निर्भर करना होगा। हम शंकरीप्रसाद बसु के अनुवाद में दो-एक जगह किंचित फेर-बदल करके उसे प्रस्तुत कर रहे हैं। पत्र काफी लंबा है, लेकिन विपन्न विवेकानंद ने अपने उनतालीस वर्ष के जीवन में इतने खुले ढंग से कभी भी आत्मपक्ष के समर्थन की कोशिश नहीं की। सिंहविक्रम विवेकानंद का रूप ठीक ढंग से समझने के लिए यह पत्रांश पढ़ना बेहद जरूरी है।

'यह पत्र अपने आचरण के समर्थन के लिए नहीं है। अगर सच ही मैंने कोई गलती की है, तो वह बातों से नहीं मिटाई जा सकती और अगर सच ही मैंने कोई सुकर्म किया है, तो निंदा द्वारा उसका विरोध करना भी संभव नहीं है।

'विलासिता! पिछले कई महीनों से यह शब्द बहुत ज्यादा सुन रहा हूँ, जिसके उपकरण, कहा जा रहा है कि पाश्चात्यवासी ही जुटाते जा रहे हैं। यह भी कहा जा रहा है कि मैं धूर्त हूँ। हर पल त्याग का महिमा-गायन करते हुए, विलासिता में डूबा हुआ हूँ। पाश्चात्य में यह भोग-विलास ही, खासकर इंग्लैंड में, मेरे कामकाज की राह में बाधा बनकर खड़ा हो गया है। मैंने भी आत्मसम्मोहन की बेसुधी में यह सोचने की कोशिश की—यानी मेरे ऊसर मरुजीवन में छोटा सा ही सही, कम-से-कम एक मरुदीप तो है। जीवन भर निराशा के घनघोर अँधेरे में, कहीं एक टुकड़ा आलोकित ठाँव है, कठोर मेहनत और कठोरतर अभिशाप भरे जीवन में पल भर का विश्राम तो है! भले यह पल भर के इंद्रिय-सुख का मामला हो!

'मेरे लिए कितनी खुशी की बात है! इतना जरा सा भी पाने में जिन लोगों ने मेरी मदद की है उन लोगों को मैं दिन भर में सैकड़ों बार आशीर्वाद देता हूँ। लेकिन, हाय रे हाय, तुम्हारी आखिरी चिट्ठी मानो वज्र की तरह मुझ पर उतर आई और मेरा सपना भी टूट गया।'

स्वप्नभंग के पलों में, वास्तव की यादें टटोलकर, इंग्लैंड के 'विलासमय' जीवन का जो रूप उन्होंने देखा, इसके बाद स्वामीजी ने उसे ही थाम लिया और उसमें कुछेक वाक्य और जोड़ दिया—'उम्मीद है, अगर तुम जरूरी समझो, तो यह पत्र मित्रों को भी पढ़ाओगे और अगर मैंने कहीं, कोई गलत बात लिख दी हो, तो उसे सुधार लेना।'

'रीडिंग में तुम्हारे घर की याद आती है, जहाँ मुझे दिन भर तीन-तीन बार खाने को दिया जाता था—उबाली हुई बंधागोभी, उबाले हुए आलू, उबाली हुई मसूर-दाल! और जरा सा अचार देने के लिए तुम्हारी पत्नी जो लानत-मलामत करती थी… । अधिक नहीं, कम दामवाला, किसी किस्म का सिगार भी पीने के लिए दिया हो, मुझे याद नहीं पड़ता। इस किस्म के आहार और तुम्हारी पत्नी की लानतों के बारे में मैंने कभी कोई शिकायत की हो, यह भी याद नहीं पड़ता, हालाँकि मैं चोर की तरह हमेशा डरा सा रहता था और तुम लोगों के लिए मेहनत करता रहता था।'

'दूसरी स्मृति है—सेंट जॉर्जेस रोडवाले घर की! वहाँ तुम्हारे और मिस मूलर की देखरेख में था। मेरा अभागा भाई बीमार पड़ गया और मिस मूलर ने उसे खदेड़ दिया। वहाँ भी, मुझे याद नहीं पड़ता कि मैं किसी विलास में डूबा था—वहाँ मिलनेवाला आहार, पेय, बिस्तर या जिस कमरे में रहता था—दृष्टि से भी कहीं कोई विलास था।

'अगली स्मृति मिस मूलर के घर की थी। वे जरूर दयावती थीं, लेकिन मुझे बादाम और फल पर ही जीवन-धारण करना पड़ा था।

'उसके बाद की स्मृति एक अंधकूप की है (१४ ग्रोकेट गार्डेंस) जहाँ रात-दिन मुझे घोर मेहनत करनी पड़ी, काम के बीच-बीच में पाँच-छह लोगों के लिए खाना भी पकाना पड़ता था और अधिकांश रातें दो-एक टुकड़े मक्खन-रोटी खाकर गुजारनी पड़ीं।

'याद पड़ता है कि मिसेज जॉनसन ने एक बार मुझे अपने घर में डिनर कराया था, रात को रहने की भी जगह दी थी। अगले दिन इस जंगली काले आदमी पर अंधाधुंध गालियाँ भी बरसाईं, क्योंकि वह इतना गंदा था कि समूचे घर में धूम्रपान करता फिरा था।

'कैप्टेन और मिसेज सेवियर को छोड़ दिया जाए, तो इंग्लैंड में किसी ने भी मुझे रूमाल जितना भी वस्त्र दिया हो, मुझे याद नहीं पड़ता। इसके विपरीत इंग्लैंड में मेरे तन-मन पर जो प्रचंड दबाव पड़ा था, उसी में मेरी सेहत टूट गई। तुम…अंग्रेज लोगों ने मुझे यही तो दिया है…मुझसे इतनी-इतनी मेहनत ली कि मुझे मृत्यु की तरफ धकेल दिया! अब मेरी विलासिता की निंदा की जा रही है। तुम लोगों में से किसने मुझे एक अदद कोट थमाया? किसने एक सिगार दिया? किसने मेरे सामने मांस-मछली का एक टुकड़ा तक परोसा? तुममें से किसमें इतनी हिम्मत है कि वह बोल सके कि उसके आगे मैंने आहार-पानी के लिए हाथ पसारा? धूम्रपान के लिए सामग्री माँगी? कपड़े-लत्ते या रुपए-पैसों

की माँग की? प्रभु की दुहाई है, स्टर्डी, अपने मित्रों से पूछो और सबसे पहले पूछो अपने अंतर्यामी ईश्वर से, जो चिर-जाग्रत् हैं।

'तुम लोगों ने काम के लिए रुपए दिए थे, उसका पाई-पाई मौजूद है (या काम में लग चुका है)। मैं (बीमार) तुम लोगों की आँखों के सामने मैं अपने भाई (बीमार) को (अन्यत्र) हटा ले गया···शायद मृत्यु की ओर! लेकिन जो मेरे निजी रुपए नहीं हैं, उसमें से मैंने उसे एक पाई भी नहीं दी।

'लेकिन जिन लोगों ने सच ही सेवा की थी, उन लोगों ने कभी समालोचना नहीं की। इंग्लैंड में ऐसे लोग थे—कैप्टेन और मिसेज सेवियर!

'उन लोगों ने सरदी के मौसम में मुझे कपड़े दिये, बीमार पड़ने पर माँ से भी अधिक ममता देकर सेवा की, थकान और दु:ख के समय मेरे हमदर्द बने। ये लोग सिर्फ आशीर्वाद ही बरसाते रहे।

'अमेरिका में ऐसे संवेदनशील लोग थे—मिसेज बुल, मिस मैकलाउड, मिस्टर ऐंड मिसेज लेगेट। इनमें से कोई-कोई भारत भी गए हैं, भारत के इनसानों को इनसान समझा; उन लोगों के सुख-दु:ख को अपना सुख-दु:ख माना और हमेशा यही चाहा कि वे लोग विवेकानंद को जरा आराम दे सकें, बेहतर खाना खिला सकें।

'मैं जब तुम लोगों के देश में आम लोगों के लिए अपनी जान दे रहा था; जब गंदे-शंदे खड्ड में, मुझे भूखा रखकर, तुम लोग मेरे बदन का मांस नोंच रहे थे और मेरे नाम पर 'विलासिता' का अपवाद संचित कर रहे थे, तब इन्हीं लेगेट और बुल जैसे लोगों की रोटियाँ खाईं; उन्हीं के दिए हुए वस्त्रों से मैंने अपना बदन ढाँपा; उन्हीं के रुपयों से धूम्रपान करता रहा; कितनी ही बार उन्हीं लोगों ने मेरे घर का किराया तक भरा।'

विलासिता की यह बदनामी कौन फैला रहा था? 'पकड़ो उन समालोचकों को, एक-एक करके पकड़ो! वे लोग सिर्फ देहजीवी थे। उनमें आत्मा जैसी कोई चीज नहीं थी।···तुम इन हृदयहीन, स्वार्थी लोगों की इच्छा के अनुसार मुझे अपने आचरण और कार्यों पर नियंत्रण रखने को कहते हो? और चूँकि मैं ऐसा नहीं करता, तो विभ्रांत होते हो··· ?'

'मैं अपने गुरुभाइयों से जो भी करने को कहता हूँ, वे लोग वही करते हैं।···वे लोग मेरे भाई हैं। मेरी संतान हैं···मेरी वजह से वे लोग अंधकूप में मरें, मैं नहीं चाहता...नहीं चाहता था मैं···वे लोग मेहनत करते-करते मरते रहें और बदले में पाएँ अनाहार! अभिशाप?'

स्वामीजी ने जानकारी दी है कि पश्चिमी देशों में उन्होंने अकारण कठोरता और कृच्छ-साधन करते हुए, संन्यास का नियम-भंग किया है। शास्त्रों में संन्यासी या परमहंस

के मामले में देह-निर्यातन का विधान नहीं है।

स्वामीजी ने लिखा है—'प्राचीन भारत के बारे में तुमने काफी कुछ कहा है। स्टर्डी, वह भारत किसी-किसी में अब भी जिंदा है, बिलकुल मर नहीं गया है। वह जीवंत भारत आज भी धनी लोगों के अनुग्रह-निग्रह की परवाह न करते हुए निर्भय होकर अपनी बात कहता है। वे लोग किसी की भी परवाह नहीं करते। इस देश में, जहाँ उनके पाँवों में जंजीर पड़ी हुई है या उस देश में, जहाँ इस जंजीर का सिरा शासकों ने थाम रखा है, वह भारत आज भी जिंदा है। अमर प्रेम का भारतवर्ष!...चरम विश्वास का भारतवर्ष! अपरिवर्तनीय! केवल रीति-नीति में ही नहीं, प्रेम, विश्वास, और बंधुत्व में भी! मैं उसी भारत की अति नगण्य संतान हूँ, मैं तुम से स्नेह करता हूँ, स्टर्डी! भारतीय प्रेम के धर्म मुताबिक और तुम्हें इस माया की बेसुधी से मुक्त होने में मदद के लिए मैं हजारों बार जान दे सकता हूँ!

शंकरीप्रसाद बसु ने जिस हिस्से का अनुवाद नहीं किया, उसकी कुछेक पंक्तियों ने मुझे मुग्ध किया है। स्वामीजी ने लिखा है—'स्टर्डी, मैं सब समझता हूँ। मेरे सीने में मरोड़ें उठने लगती हैं। मैं समझता हूँ, स्टर्डी, तुम जिनके खप्पर में पड़े हो, वे लोग तुम्हें इस्तेमाल करना चाहते हैं। नहीं, मैं तुम्हारी पत्नी की बात नहीं कर रहा हूँ। वह इतनी सरल है कि उसका खतरनाक होना उसके लिए मुश्किल है। माइ पूअर ब्वाय, इन चीलों के गिरोह को तुम्हारे अंदर मांस की गंध मिल रही है।'

हम सिर्फ इतना ही जानते हैं कि इन दोनों के बीच पत्राचार इसके बाद भी बंद नहीं हुआ। सन् १९०० के शरत के मौसम में स्टर्डी की पत्नी लूसी संतान-प्रसव के समय मृत्यु के मुँह में पतित हो गई। खबर पाकर स्वामीजी ने फ्रांस से एडवर्ड स्टर्डी को शोक-संदेश भेजा था, लेकिन उसका जवाब नहीं मिला।

☐

विश्व-विजय पर निकलकर विदेशी शत्रु और विदेशी मित्रों के हाथ स्वामी विवेकानंद किस ढंग से निगृहीत और सम्मानित हुए थे, इसका विवरण संग्रह करने को निकला हुआ कोई व्यक्ति कहीं यह न समझ ले कि स्वदेश के लोगों द्वारा उन्होंने उन्नततर व्यवहार लाभ किया था। वहाँ भी प्रश्नहीन भक्ति और सीमाहीन प्यार के साथ-साथ अवहेलना, अपमान, विद्वेष और विश्वासघात का अविश्रांत प्रवाह मिला।

इतने दिनों की दूरी से मन में सिर्फ एक ही सवाल जागता है—इस प्रतिकूल स्रोत के विरुद्ध तैरकर और हर पल संख्याहीन शारीरिक व्याधि से जूझते हुए संन्यासी विवेकानंद ने इतना विचार-चिंतन कैसे किया और इनसान के मंगल के लिए इतना-इतना काम कैसे किया?

अपने जीवन काल में अधिकतर राह-राह घूमते हुए, किसी के भी सामने सिर झुकाए बिना, सैकड़ों दुश्मनों के वार सहते रहने के बावजूद बिना आत्मसमर्पण किए, जटिलता के चक्रव्यूह से निकलकर उन्होंने इनसानों को इतना प्यार कैसे किया? शताब्दियों से भी अधिक समय से उस विस्मयकारी प्राणशक्ति और दुर्जय मनोबल के विश्लेषण जारी हैं, लेकिन अभी तक परिपूर्ण विवेकानंद को हम समय के ध्वंसस्तूप से उद्धार नहीं कर पाए हैं।

लगभग आधी शताब्दी तक अनुसंधान जारी रखने के बावजूद मेरी लुइस बर्क जैसी शोधकर्ता ने भी स्वीकार किया है कि उस इनसान की कीर्ति-कथा अशेष है। उनके बारे में हम जितना सा जान पाए हैं, उनके जीवन में उससे कहीं ज्यादा घटा था। उनके बारे में और-और खोज की कोशिश अभी हाल में ही शुरू हुई है। हमें धीरज के साथ अभी और भी बहुत खोज निकालना होगा। इसकी व्याख्या की जरूरत होगी। उसके बाद मुमकिन है कि हम सब कह सकें कि उनतालीस वर्ष तक जीवित रहने वाले नॉर्थ कलकत्ता के गौरमोहन मुखर्जी स्ट्रीट के पट्टीदारों के घर में जन्म लेनेवाले, देरीटोना के दत्त-परिवार के वंशधर स्वामी विवेकानंद को हम सब थोड़ा-बहुत समझने और जानने में सक्षम हुए हैं।

हाथ में समय काफी कम है, अकारण ही रचना का आकार बढ़ाकर, नवयुग के पाठक-पाठिकाओं के धैर्य की परीक्षा लेने से कोई फायदा नहीं। हम झटपट कई-एक विषय को स्पर्श करते चलें। जीवनकाल में उन्हें अपनों से क्या मिला यानी उन्हें क्या मिला। उसकी एक छोटी सी सूची तैयार कर ली जाए। समकालीन समय में स्वामीजी के विरुद्ध कितने ही आक्षेप लगाए गए। 'कायस्थ होने के बावजूद विवेकानंद का संन्यासी होना, काला पानी जाना, मांसाहार करना और उसका समर्थन करना, खुलेआम म्लेच्छों के साथ खाना-पीना, छूतमार्ग और पुरोहित मार्ग के विरुद्ध युद्ध-घोषणा करना' इस देश के स्वार्थी लोगों की नस-नस में बज उठा था।

कलकत्ता में स्वामीजी की अभिनंदन-सभा को रद्द करने की यथेष्ट कोशिशें की गई थीं।

□

शूद्र का संन्यास लेने के बारे में विवेकानंद सिर्फ कलकत्ता के हृदयहीन बंगालियों के हाथों ही विडंबित हुए थे, यह सोचना संगत नहीं होगा। दक्षिण भारत में भी उनकी यही हालत हुई थी।

'एक बार कई-एक मद्रासी ब्राह्मण स्वामीजी के पास आ पहुँचे। उन लोगों ने स्वामीजी से प्रश्न किया, 'स्वामीजी, आप कौन सी जाति के हैं?' स्वामीजी ने गंभीर मुद्रा

में प्रतिउत्तर दिया,'राजा जिस जाति की सृष्टि करता है, मैं उसी जाति का मनुष्य हूँ। संन्यासी के आदेश से राजा सिंहासन पर बैठते हैं, संन्यासी उपस्थित होते हैं, तो राजा सिंहासन छोड़कर खड़े हो जाते हैं, खड़े ही रहते हैं और संन्यासी की अवज्ञा करने पर राजा सिंहासनच्युत हो जाते है।'…स्वामीजी का उत्तर सुनकर ब्राह्मण समुदाय निर्वाक रह गया।' लेकिन वह स्तब्धता सामयिक थी, यह बात स्वामीजी के साहसी भाई महेंद्रनाथ हमें बता गए हैं।

'स्वामीजी अमेरिका जाएँगे। यह खबर जब मद्रास में फैली, तो बहुतेरे ब्राह्मण विद्वेष से जल उठे और तरह-तरह की आपत्तियाँ उठाने लगे। एक बार, कई एक अंतरंग लोगों को साथ लेकर स्वामीजी मद्रास बंदर के तट पर बैठे-बैठे शाम की हवा का आनंद ले रहे थे। उस समय कई मद्रासी ब्राह्मण आ धमके और उन लोगों ने स्वामीजी पर खूब-खूब ताने बरसाए।'

खैर, इतने दिनों बाद सिर्फ बंगाली और मद्रासियों की अशोभन भूलों का उल्लेख करके कोई लाभ नहीं है। उन दिनों मौका पाकर किसने स्वामी विवेकानंद की फूहड़ बदनामी नहीं फैलाई? वेदांतवादी कर्नल अलकट से स्वामीजी की पहली भेंट अमेरिका-यात्रा से पहले हुई थी।

रोमां रोलां की कलम से—' अमेरिका की अव्यवधानहीन यात्रा से पहले वे जब थिओसॉफिकल सोसाइटी के तत्कालीन सभापति अलकट से अमेरिका के लिए परिचय माँगने गए, कर्नल अलकट ने उन्हें सच्चिदानंद की ही जानकारी दी थी।…कर्नल अलकट ने अपने मित्रों से स्वामीजी को परिचित नहीं कराया, बल्कि उन लोगों को उनके बारे में सावधान भी कर दिया।'

स्वामीजी के अंतिम संन्यासी-शिष्य, चिर अनुगत्, स्वामी अचलानंद, जिसे वे प्यार से 'केदार बाबा' कहकर बुलाते थे। पूर्वनाम—केदारनाथ मौलिक! जन्म काशी में, १९०० में संसार त्याग कर राजपुताना के किशनगढ़ में दुर्भिक्ष राहत-कार्य और बाद में काशी सेवाश्रम में आत्मनियोग। उनकी भक्ति और सेवा से आप्लूत स्वामीजी ने एक बार कहा था—"जा, तुझे कुछ भी नहीं करना होगा। तेरा सबकुछ अपने आप हो जाएगा।" काशी सेवाश्रम में ११ मार्च, १९४७ को निधन!

'स्वामी-शिष्य संवाद' से एक सामान्य उद्धरण: स्थान बेलूर मठ! समय, सन् १९०१। 'बेलूर मठ स्थापना के समय निष्ठावान् हिंदुओं में बहुत से लोग मठ के आचार-व्यवहार पर तीखा कटाक्ष करते थे कि विलायतयाफ्ता स्वामीजी द्वारा स्थापित मठ में हिंदू आचार-निष्ठा का प्रतिपालन नहीं होता और खाने-पीने में कोई चुनाव-विचार नहीं है, खासकर इस विषय को लेकर जगह-जगह चर्चाएँ होती रहती थीं और इसी धारणा पर

विश्वास करते हुए शास्त्रों से अनभिज्ञ हिंदू नामधारी बहुतेरे लोग संन्यासियों के कार्यकलापों की अकारण निंदा किया करते थे।'

ये सभी समालोचनाएँ सुनकर स्वामीजी कहते थे—"हाथी चले बाजार, कुत्ते भौंके हजार! साधुन को दुर्भाव नहीं, जब निंदे संसार!"

शरच्चंद्र चक्रवर्ती ने इसके अलावा भी और कुछ लिखा है—'समाज के तीखे कटाक्ष और समालोचना को, स्वामीजी अपने नए भावों के प्रचार में सहायक मानते थे। इन सबके विरुद्ध वे कभी प्रतिवाद नहीं करते थे, न अपने आश्रित घर-बारी या संन्यासियों को प्रतिवाद करने देते थे।' बल्कि वे तो यह कहते थे, 'जो फलाभिसंधिहीन होकर काम करता है, किसी दिन उसे इसका फल जरूर मिलेगा।'

कलकत्ता के बड़े-बड़े समाचार-पत्र स्वामीजी की अभ्यर्थना-सभा नष्ट करने के लिए हाथ धोकर पीछे पड़ गए थे—इस बात से कोई अनजान नहीं है। स्वामीजी ने एक पत्र में (२५ फरवरी, १८९७) दुःख जाहिर किया है, 'यह देश ईर्ष्यालु लोगों से भरा हुआ है, जो मेरे काम का सत्यानाश करने में कोई आगा-पीछा नहीं करेंगे।'

उस समय की व्यंग्योक्ति भी सुनें—'आजकल स्वामी बनने की ऐसी धुनकी पड़ी है कि लगता है आनेवाले दिनों में औरतें खोजने से भी नहीं मिलेंगी।...विवेकानंद के भाषणों में नया कुछ भी नहीं है।...'

'नरेंद्रनाथ क्या इतना श्रुतिकठोर है कि वह सब न बदलता, तो क्या नहीं चलता? सुरम्य अट्टालिका में निवास, राज-भोज और ढेरों अखाद्य-आहार तथा सज्जन संतानों द्वारा चरण-सेवा—संसार-वैरागी, संन्यासी नामधारी व्यक्ति को यह शोभा नहीं देता।'

इससे भी अधिक वेदनादायी है, समूचे विश्व में भारत की जय-गाथा सुनाकर देश में प्रत्यावर्तन करने के बाद दक्षिणेश्वर मंदिर में दर्शनों के लिए आकर, स्वामीजी विताड़ित हुए थे। यह बात भी साबित हो चुकी है कि स्वामी विवेकानंद ने मंदिर में कदम रखा था, इसलिए देवी का पुनराभिषेक करने की जरूरत आ पड़ी थी। इस बारे में ढेरों पानी गंदला किया गया है। इस प्रसंग में त्रैलोक्यनाथ विश्वास ने कहा है—जो व्यक्ति विदेश जाने के बावजूद अपने को हिंदू कह सकता है, ऐसे किसी से मेरा बूँद भर भी संबंध होना उचित है, मुझे नहीं लगता।'

स्वामीजी के बारे में यह धारणा और ऐसी अपमानजनक घटना का जो उल्लेख है, उसे पढ़कर भी सिर शर्म से झुक जाता है।

दक्षिणेश्वर मंदिर में स्वामीजी के अपमान का यह कलंकित अध्याय अगर भुलाया जा सकता तो बेहतर होता। लेकिन उस जमाने में तत्कालीन अखबारों में कुछ बहस छिड़ गई थी! पत्र-वगैरह भी प्रकाशित हुए थे। मंदिर के खजांची भोलानाथ बाबू

ने कहा, "स्वामी विवेकानंद वगैरह को प्रत्यक्षतः मंदिर से खदेड़ दिया गया था और उनके प्रभु ने लिखा—खदेड़ा जरूर गया था, लेकिन प्रत्यक्षतः नहीं, परोक्षतः।"

इसके काफी दिनों बाद स्वामीजी का निजी वक्तव्य स्टर्डी को लिखे गए एक पत्र (१४ सितंबर, १८९९) से उपलब्ध होता है—'भारत में बहुतेरे लोगों ने यूरोपवासियों के साथ आहार करने में एतराज जताया है। चूँकि मैं यूरोपीय लोगों के साथ खाता-पीता हूँ, इसलिए एक बार मुझे एक पारिवारिक मंदिर से निकाल दिया गया था।'

सन् १८३९ में श्रीरामकृष्ण के जन्मोत्सव के समय दक्षिणेश्वर की समस्या और ज्यादा उलझ गई थी, इसकी स्वीकृति, लाहौर से इंदुमती मित्र को लिखे गए स्वामीजी के एक और पत्र से (१५ नवंबर, १८९७) मिलती है—'इस बार महोत्सव होना तक असंभव हो गया है; क्योंकि रासमणि का (बागान का) मालिक विलायतयाफ्ता है, इसलिए मुझे उद्यान में नहीं जाने देंगे।'

इसी पत्र का और एक अंश, 'अपनी बीमारी की वजह से अब मुझे अपने जीवन पर भरोसा नहीं रहा। अभी तक मेरा लक्ष्य है कलकत्ता में एक मठ बनवाऊँ—इस बारे में मैं कुछ भी नहीं कर पाया। अपितु देश के लोग मठ के लिए पहले हमारी सहायता करते थे, वह भी बंद कर दी। उन लोगों का खयाल है कि इंग्लैंड से मैं काफी दौलत लेकर आया हूँ।...मेरा पहला कर्तव्य यह है कि राजपुताना वगैरह स्थानों में जो दो-चार बंधु-बाँधव हैं, उनसे भेंट-मुलाकात करके कलकत्ता में कोई जगह लेने की जी-जान से कोशिश की जाए। इन्हीं सब कारणों से फिलहाल काफी दुःख के साथ सिंधु-देश की यात्रा स्थगित कर दी है।...कलकत्ता में एक मठ बन जाए, तो मैं निश्चिंत हो जाऊँ। जीवन भर इतना दुःख-कष्ट झेलते हुए मैंने काम-काज किया, मेरी देह जाने के बाद मेरा निर्वाण नहीं होगा, अब मुझे विश्वास हो गया है।'

अपनों के अत्याचार और अवहेलना के विरुद्ध निरंतर युद्ध जारी रखने के बावजूद स्वाभिमानी विवेकानंद को हम अकसर खोज निकालते हैं। टूटी सेहत लिए, अल्मोड़ा से (३० मई, १८९७) उन्होंने अंतिम पत्र अरसे से परिचित प्रेमदास मित्र को लिखा। वह पत्र पढ़कर आज भी मन उदास हो उठता है—'सुना है कि गौरचर्म-विशिष्ट हिंदू-धर्म प्रचारकों के ही आप मित्र हैं, देशी त्याज्य काला आदमी आपकी नजर में हेय है...मैं म्लेच्छ हूँ, मैं शूद्र हूँ...वगैरह-वगैरह। मैं जो-सो खाता हूँ; जिस-तिसके साथ खाता हूँ—खुलेआम यहाँ खाता हूँ और वहाँ भी!...स्मृति, पुराण आदि मामूली बुद्धिवाले मनुष्य की रचना है—भ्रम, प्रमाद, भेद-बुद्धि और द्वेषबुद्धि से भरपूर! उसमें जितना सा उदार और प्रीतपूर्ण है, वही ग्रहणीय है, शेष सब त्याज्य है।...राम, कृष्ण, बुद्ध, चैतन्य, नानक, कबीर आदि सच ही अवतार थे, क्योंकि इन लोगों के हृदय-आकाश सही-सही अनंत

थे—सबसे ऊपर थे रामकृष्ण! रामानुज-शंकर आदि संकीर्ण-हृदय पंडित मात्र थे।···मैंने भी पढ़ा है, देखा है कि धर्म-कर्म शूद्रों के लिए नहीं है, वह अगर खाना-पीना, विचार या विदेश गमन आदि करे, तो उसका कोई फल नहीं होता। वह वृथा परिश्रम मात्र है। मैं शूद्र हूँ, म्लेच्छ हूँ—मेरे उस हंगामे में पड़ने की जरूरत क्या है?'···लेकिन मैंने यही बात समझी है कि परोपकार ही धर्म है, बाकी सब योग-यज्ञ सब पागलपन है। अपनी मुक्ति-इच्छा भी भूल है। जो दूसरों के लिए सबकुछ दे देता है वह मुक्त होता है।'

इसके बाद भी कई-कई किस्से···विडंबना की कहानी लिपिबद्ध करना कोई मुश्किल काम नहीं है, यथा, विश्व-वंदित स्वामी विवेकानंद का बेलूर मठ के साथ स्थानीय बाली म्युनिसिपेल्टी का संपर्क! मठ के तौर पर स्वीकृति न देकर इस प्रतिष्ठान को नरेन दत्त का 'प्लेजर हाउस' यानी 'मौज-मजे का घर' के तौर पर कागजात पक्का करके टैक्स का बोझ बढ़ा दिया गया था। इस विरोध का मुकाबला करते हुए अपमानित स्वामीजी को अदालत की शरण लेनी पड़ी थी। वहाँ अधिकारियों का आक्षेप था कि इस मठ में स्वामी लोग सोफे इस्तेमाल करते हैं, चाय पीते हैं और वहाँ नियमित रूप से विदेशी औरतें आती-जाती हैं। ऐसा घर, अगर बागान-कोठी के लक्षण न हों, तो इसे और क्या कहा जाए। अदालत में अंत में स्वामीजी की विजय हुई थी, लेकिन उससे पहले उन्हें काफी कुछ झेलना पड़ा था।

बेलूर मठ के मामले में विरोधियों ने जो सब अफवाहें फैलाई थीं, वे सब मठ के इतिहास के साथ अभिन्न अंग बनकर जुड़ी हुई हैं।

स्वामीजी के देहावसान के बाद भी बाली म्युनिसिपल अधिकारियों से मठ के संबंध सहज नहीं हुए थे, इसके भी यथेष्ट संकेत मिलते हैं। गंगा-तट पर मठ-प्रांगण में संन्यासी के देह-संस्कार की जरूरी अनुमति देने में म्युनिसिपल अधिकारी अति दुविधा में थे और ५ जुलाई की सुबह स्वामी सारदानंद से इस बारे में कई बार पत्राचार भी हुआ था तथा जरूरी अनुमति आने में देर हुई थी—इसके भी संकेत मौजूद हैं।

शेष पर्व में आघात-दर-आघात से जर्जर, रोग-यंत्रणा से कातर विवेकानंद की छवि मन को बेहद कष्ट देती है। इनसान की दुर्बलता जो चिरकाल ही सीमाहीन होती है, यह सोच-सोचकर दुःख और बढ़ जाता है। हमें यह जानकारी है कि सेहत-नीरोग के लिए बाहर निकलकर स्वामीजी शेष-पर्व में शिलाँग शहर में गंभीर रूप से बीमार पड़ गए थे। प्रबल हँफनी के प्रकोप से उनको श्वास-प्रश्वास लेने में काफी तकलीफ होती थी; रात-रात भर सो नहीं पाते थे। शिलाँग में उतारी गई स्वामीजी की आखिरी फोटो मन में गहरे निशान छोड़ जाती है। लेकिन उस वक्त भी इसी कलकत्ता में कोई-कोई संन्यासी विवेकानंद को 'बीवी की मौज' नाम देते हुए खूब मजे लेते थे।

दूसरी तरफ की रिपोर्ट विलायत में भी बहुतेरे लोग उनके प्रति बीतश्रद्ध हो गए थे। स्वदेश में नदिया भाजनघाट के वैद्य गोस्वामी वंश के एक अति उच्च पदस्थ कर्मचारी ने विवेकानंद की अभ्यर्थना में चंदा दिया था, इसलिए बाद में वे बेहद पाश्चात्ताप में भर गए थे और कहते हैं कि उन्होंने एक दिन का उपवास भी किया था।

महापंडित शंखनाथ भट्टाचार्य महाशय विवेकानंद के विरोधी थे। स्वामीजी के देहावसान के प्राय: दो दशक बाद काशीधाम ब्राह्मण-सभा (१९२३) से उन्होंने एक पुस्तक प्रकाशित की। उस पुस्तक में उन्होंने लिखा—'शिलाँग' से वापस लौटकर स्वामीजी दो-चार दिन गुवाहाटी में रहे थे। इस बार उनसे मिलकर बहुत देर तक उनसे बातचीत करता रहा। हँफनी के मारे उन्हें भयंकर कष्ट पाते देखकर मैंने पूछा, 'स्वामीजी, सुना है कि योगियों का अपनी साँसों पर अधिकार होता है। यहाँ तो मैं यह देख रहा हूँ कि साँसों ने ही आप पर अधिकार कर रखा है। इसका क्या अर्थ है?' मन-ही-मन जो सोचा, वह (जो बात स्वामीजी से कहने की हिम्मत नहीं कर पाया) यहाँ न बताना ही संगत है।'

बेलूर मठ में रोग-जर्जर विवेकानंद के शेष पर्व की तसवीर उनके प्रिय गुरुभाई स्वामी ब्रह्मानंद की जुबानी ही सुनी जाए। शेष पर्व में देह की प्रचंड पीड़ा से परेशान स्वामीजी बीच-बीच में अपने अति प्रियजन पर खूब डाँट-डपट करते थे। एक दिन डाँट खाकर मारे दु:ख और स्वाभिमान के स्वामी ब्रह्मानंद, दरवाजा अंदर से बंद करके रो रहे थे। कुछ ही पलों बाद स्वामीजी ने दरवाजे पर दस्तक दी। मैंने दरवाजा खोल दिया। मेरी आँखों में आँसू देखकर उन्होंने मुझे अपने सीने से लिपटा लिया—'भाई मेरे, ठाकुर तुम्हारा कितना लाड़ करते थे, प्यार करते थे, तुम्हें ही मैं डाँटता-फटकारता हूँ, कितनी कड़वी-कड़वी बाते कहता हूँ। मैं अब तुम लोगों के पास रहने के योग्य नहीं हूँ।'

यह कहते-कहते स्वामीजी के आँखों से आँसू झरने लगे। मैंने उनका बदन, उनका माथा सहलाते हुए उन्हें सांत्वना दी, 'तुम तो प्यार करते हो, इसलिए तो डाँटते हो। मैं समझ नहीं पाता, इसलिए तो बहुत बार रो पड़ता हूँ।'

स्वामीजी कहने लगे—'मैं क्या करूँ? मेरा तन-बदन चौबीसों घंटे जैसे जलता-फुँकता रहता है। मेरा दिमाग ठिकाने नहीं रहता। मैं जीता रहा, तो तुम लोगों को शायद तकलीफ ही देता रहूँगा। देखो, राजा, एक काम कर सकते हो? रेस का घोड़ा जब बेकाम हो जाता है, तब क्या करते हैं, जानते हो? उसे गोली मार देते हैं। मैं ही तुम लोगों के लिए एक रिवॉल्वर जुटा दूँगा। तुम मुझे गोली मार सकोंगे? मुझे मारने से कोई नुकसान नहीं होगा। मेरा काम पूरा हो चुका है।'

अंत में, ४ जुलाई आ पहुँची। हमारे महानायक को समकालीन सारी विडंबना से मुक्ति देने के लिए!

लेकिन समकालीन क्षुद्रता कभी-कभी महामृत्यु का भी रास्ते के कुत्ते की तरह पीछा करती है।

आइए, सुनें, मशहूर और लोकप्रिय बंगवासी पत्रिका के मरणोत्तर मंतव्य: 'मठ में मृत्यु! २४ परगना, दक्षिणेश्वर कालीबाड़ी के स्व. रामकृष्ण बहुतेरे लोगों के परिचित थे। उनके उसी बुद्धिमान शिष्य नरेंद्रनाथ दत्त ने हावड़ा के बेलूर मठ में अपनी इहलीला समाप्त की। यही नरेंद्रनाथ, आधुनिक विवेकानंद, स्वामी संबोधन से भी बहुतेरे लोगों में परिचित हुए थे। उनसे बहुत विषयों में हमारा मतभेद जरूर था, लेकिन उन्हें बहादुर पुरुष कहने में हमें कोई कुंठा नहीं है। बेहद कम उम्र में वे स्व. रामकृष्ण के शिष्य बने और काफी बुद्धि और मेधा के बल पर तथा अपने व्याख्यानों के मोहजाल में उन्होंने बहुत से लोगों को अद्भुत पथ की ओर आकृष्ट करने की कोशिश की थी। अमेरिकी मुल्क में उनकी व्याख्यान की सफलता की विजय-घोषणा की थी। कई-कई महिलाएँ उन्हीं के भाव के प्रति आकर्षित हुईं। उन लोगों ने उन्हीं की दिखाई राह का अनुसरण किया। उन्हें ही पथप्रदर्शक गुरु रूप में मान लिया और नई राह पर चलते हुए एक नए भाव का अवलंबन किया। यह निस्संदेह बहादुरी की बात है। यह भी सुना गया है कि नरेंद्रनाथ बहुमूत्र पीड़ा से ग्रस्त थे। पिछले हफ्ते, शुक्रवार की संध्या-समय वे सैर करके मठ में लौटे। कुछ ही पलों बाद, वे जाने कैसे तो ईषत् अस्वस्थ हो उठे। इसके बाद उन्होंने इहलोक त्याग दिया।'

विडंबना के इस इतिवृत्त का समापन करने का समय शायद आ पहुँचा। सम्मान और असम्मान, प्रशांति और कुत्सा, सेवा और अवमानना, जयमाला और अविचार, प्यार और तीखा अन्याय, पुष्पांजलि और अन्याय-अपमान, श्रद्धा और घृणा, चरित्र-पूजा और चरित्रहीन के इस विचित्र भूखंड में हमारे युग के सर्वाधिक स्मरणीय चरित्र एक ही साथ नीलकंठ और महामानव के रूप में अडिग खड़े हैं। उनके अपने लोगों से लेकर अपरिचित लोगों तक सबने कारण-अकारण उनके लिए विडंबना का ईंधन जुटाते रहे। उन लोगों में शत्रु भी हैं और मित्र भी; विरोधी भी हैं और यंत्र-शिष्य भी; विदेशी भी हैं और देशवासी भी; अज्ञ भी और विज्ञ भी। उदासीन इतिहास शायद इसी तरह कीर्तिमान लोगों के महामूल्यवान जीवन से अकारण ही खेलता रहता है।

मृत्युंजयी संन्यासी विवेकानंद से अधिक यह निर्भय सत्य कोई भी हृदयंगम नहीं कर पाया, इसका प्रमाण वे खुद ही रख गए हैं। देहावसान से दो वर्ष पहले कैलिफोर्निया अल्मोड़ा से (१८ अप्रैल, १९००) कैलिफोर्निया की अपनी अमेरिकी मित्र और भक्त मिस जोसेफिन मैकलाउड को लिखे पत्र में वे अद्भुत भाषा में इसकी जानकारी दे गए हैं—

'मेरे लिए प्रार्थना करो, जोकि मेरा काम करना हमेशा-हमेशा के लिए खत्म हो जाए। ...लड़ाई में हार-जीत दोनों ही हुईं। अब अपनी गठरी-पोटली बाँधकर उस महान् मुक्तिदाता की प्रतीक्षा में सफर पर हूँ।...हे शिव! हे शिव! पार ले चलो मेरी तरी, प्रभु!...अहा, फिर उनकी वही मधुर वाणी, मैं सुन पा रहा हूँ! वही चिरपरिचित कंठस्वर! जिसे सुनकर मेरे प्राणों के भीतर तक काँटे उग आए हैं। सारे बंधन टूटते जा रहे हैं; इनसानों की माया उड़ी जा रही है; कामकाज से मन उचाट लग रहा है। जीवन के प्रति आकर्षण भी कहीं दूर जा खड़ा हुआ है, उसकी जगह प्रभु का वही मधुर, गंभीर आह्वान बच रहा है। आता हूँ, प्रभु, मैं आता हूँ।'

□

अविश्वसनीय गुरु के अविश्वसनीय शिष्य

आर्त और पीड़ितों की सेवा, सभी धर्मों में, खासकर बौद्ध और ईसाई संन्यासियों की भूमिका आज भी इनसानों का दिल जीत लेती है। इन्हीं लोगों में एक संन्यासी उपगुप्त की सेवा-कथा स्वयं रवींद्रनाथ की लेखनी में अमर हो गई है। ईसाई संन्यासी और संन्यासिनों की सेवा-कथा ख्यात-अख्यात नगरों और जनपदों में आज भी खामोशी से घटती रहती है। हम लोग मदर टेरेसा के अमृत-प्रेम की कथा कुछ-कुछ जानते हैं, लेकिन और सब अख्यात संन्यासी और संन्यासिनों के आत्मत्याग की कथा से आज भी अनजान हैं। यथा, उन्नीसवें शतक में कलकत्ता मेडिकल कॉलेज प्रांगण की कथा। एक ऑस्ट्रेलियन शोधकर्ता, कुछ दिनों पहले, इस अस्पताल की एक दुबली-पतली लॉरेटो संन्यासिन की कहानी, लिपिबद्ध कर गए हैं। उन्होंने जिनकी सेवा की, उसके समूचे तन-बदन पर सिफिलिस के घाव भर गए थे। उसकी देह का मांस टुकड़े-टुकड़ों में गल-गलकर गिर रहा था।

स्वामीजी के सेवा-धर्म से प्रेरित कई एक संन्यासियों के अद्‌भुत त्याग की कहानियाँ हम भुला चुके हैं। इनके नाम हैं—स्वामी शुभानंद (मूल ठिकाना कलकत्ता का मुसलमान पाड़ा), स्वामी कल्याणानंद (आदि निवास: बारिसल, बानारिपाड़ा), स्वामी निश्चयानंद, जिनका जन्म महाराष्ट्र में हुआ था, स्वामी स्वरूपानंद (जन्म कलकत्ता में) और स्वामी अचलानंद (आदि ठिकाना, काशी) ! अपने जीवन काल में, जिन लोगों के हाथों निगृहीत होकर स्वामीजी ने जीवन के शेष-पर्व में काफी मानसिक कष्ट झेला था,

उनमें उनके प्रिय शिष्य-शिष्या, भक्त और भक्तिनें शामिल थीं, अज्ञात कारणवश जिन लोगों ने भक्त का आसन त्याग दिया था और प्रवास की धरती पर भी अपने भूतपूर्व गुरु का तीखा विरोध किया था। इन कुछेक लोगों को हम विडंबित विवेकानंद पर्व में देख चुके हैं—यथा, स्वामी कृपानंद, अभयानंद, मिस हेनरियेटा मूलर और अरसे से भारत-प्रेमी ई. टी. स्टर्डी!

विदेशी धरती पर जैसे चार भक्तों ने तीखे विच्छेद का सृजन किया, वैसे ही कई-एक ऐसे लोगों का भी नाम लिया जा सकता है, जिन लोगों ने गुरु-आदेश पर हर बात मानने के लिए असंभव को भी संभव बनाने में रंग मात्र भी दुविधा नहीं की। जाने किस मंत्र से विवेकानंद ने उन लोगों को इस तरह प्रेरित किया, यह तो वे ही जानें!

हमें याद रखना चाहिए, प्रियजन का नितांत अप्रत्याशित शत्रु-भाव और भक्तों का प्रश्नातीत प्यार—इन दोनों ने ही विवेकानंद-कथा को अविश्वसनीय महिमा से आलोकित किया है।

अब, हम स्वदेश के चार भक्तों की अविश्वसनीय त्याग-कथा की खोज करेंगे। इससे पहले, यह जान लें कि बहुतेरे लोगों के मन में यह कौतूहल है कि इस देश में श्रीरामकृष्ण के नाम पर जो सब आरोग्य-निकेतन मौजूद हैं, उन सब में से किसी को भी अस्पताल क्यों नहीं कहा जाता है? सेवा-प्रतिष्ठानों से जुड़े एक वृद्ध संन्यासी ने मुझे याद दिलाया कि पृथ्वी पर पहला अस्पताल सैकड़ों वर्ष पहले, बौद्ध युग में, इसी देश में प्रतिष्ठित हुआ था। उन्होंने यह भी निवेदन किया कि सिर्फ चिकित्सा से ही इनसान आरोग्य नहीं होता, इसमें बहुत बड़ी भूमिका सेवा की भी है। नर्सिंग किस हद तक महत्त्वपूर्ण है, यह समझकर आज समस्त विश्व इस पेशे के जयगान में मुखर है, लेकिन सेवक और सेविकाओं की आचरण-विधि की बौद्ध युग के भारतीय संन्यासियों ने रचना की थी। गणित कुछ यूँ है : चिकित्सा + सेवा = आरोग्य।

इसीलिए रामकृष्ण मिशन के अस्पताल या तो 'सेवाश्रम' हैं या 'सेवा-प्रतिष्ठान'।

कनखल के सेवाश्रम के आरंभिक युग की एक कहानी सुनी जाए। बारिसल के बानारिपाड़ा में जन्मे एक गँवार बंगाली, सिर्फ स्वामीजी की इच्छा पर, हरिद्वार से संलग्न कनखल जनपद में हाजिर हुए। एक बार वहाँ के कर्मचारियों ने चाहा कि इसे अस्पताल कहा जाए और कामकाज का समय भी निर्धारित कर दिया जाए।

संन्यासीजी ने इसके उत्तर में कहा, "देखो, हमारा यह अस्पताल नहीं है। स्वामी विवेकानंद ने हमें यहाँ सेवा करने के लिए भेजा है। यह सेवाश्रम है। यहाँ भइए, घड़ी के अनुसार काम नहीं चलेगा। हममें जो भाव है वह सेवा-भाव है। यानी अस्पताल नहीं, साधन-क्षेत्र! भगवद् उपासना का स्थान!"

घूम-फिरकर कई-एक स्मरणीय शिष्य और भक्तों का नाम इतने दिनों बाद भी उपलब्ध होता है। इनमें से एक व्यक्ति का जन्म महाराष्ट्र के दक्षिण में हुआ था; एक का भवानीपुर में; एक का चौबीस परगना के इच्छापुर में, एक का बनारस में और एक का बारिसल में वजीरपुर के हनुआ गाँव में। पता नहीं विधाता के मन में इन लोगों के मानव-प्रेम का प्रकाश हुआ, काशी और कनखल में!

तीसरे व्यक्ति के विवेकानंद-अनुराग का उत्स था—काव्य-पाठ! सद्यः प्रकाशित 'उद्‍बोधन' पत्रिका में स्वामीजी ने एक अविश्वसनीय कविता लिखी थी। वर्तमान समय में लुप्त, एक अन्य पत्रिका के विशेष अंक में, स्वामीजी के हस्ताक्षर सहित वह कविता दुबारा प्रकाशित हुई थी। इस बार उस कविता का नाम था—अँधेरे में आलोक! 'उद्‍बोधन' में शीर्षक था—'सखा के प्रति'। कवि विवेकानंद की यह रचना कलकत्ता में छपी, सुदूर काशीधाम में पहुँची! इस कविता ने उनके जीवन-काल में ही कैसी हलचल मचाई थी, वह यथास्थान निवेदन किया जाएगा। प्रेरित भक्तों का कहना था—ऐसी दूसरी कविता दुनिया में नहीं लिखी गई।

कविता की अंतिम दो पंक्तियाँ हैं—'बहु-रूप में सम्मुख तुम्हारे, (उसे) छोड़कर खोजते कहाँ ईश्वर? जो करता है, जीवों से प्यार, वही जन करता है, ईश्वर-सेवा!' लगता है, यह हमारे परमप्रिय महामानव की महत्तम वाणी है, लेकिन बाकी कविता भी क्या संन्यासी विवेकानंद की अकपट स्वीकारोक्ति है? अब वसुमति पत्रिका के विशेषांक पर लौटा जाए। 'श्रीमद् स्वामी विवेकानंद की हस्तलिपि का नया शीर्षक है—अँधेरे में आलोक।' यह नाम कहाँ से आया? क्या पहली कविता इसी नाम से लिखी गई थी? या बाद में यह शीर्षक बदला गया? इस परिवर्तन का स्वामित्व क्या स्वयं कवि का था या बाद में संपादक ने ऐसा किया? लेकिन यह कविता तो कवि के जीवनकाल में ही प्रकाशित हुई थी? वसुमति में प्रकाशित यही हस्तलिपि क्या कवि विवेकानंद की पहली पांडुलिपि है? क्योंकि नजर यह आ रहा है कि जो कविता हम छपाई के अक्षरों में पचास पंक्तियाँ पढ़ने के अभ्यस्त हैं, वह स्वामीजी की निजी हस्तलिपि में इसके आधे आकार में यानी पच्चीस पंक्तियों में सीमाबद्ध है।

विवेकानंद की यह कविता पहले-पहल 'उद्‍बोधन' पत्रिका के दूसरे अंक में प्रकाशित हुई थी। 'उद्‍बोधन' के पहले अंक का प्रकाशन १४ जनवरी, १८९९ को हुआ था।

उस समय की एक घटना सुनें—पाठक का नाम चारुचंद्र दास! कलकत्ते का ठिकाना—मुसलमानपाड़ा लेन; रिपन कॉलेज में पढ़ाई-लिखाई! एक जमाने में कलकत्ता की एॅटार्नी फर्म—सोइलूह ऐंड चंद्र में क्लर्क के तौर पर सुबह दस बजे से शाम चार बजे

तक नौकरी करते थे। स्वामीजी जिस दिन पश्चिमी देश विजय करने के बाद पहली बार स्वदेश लौटे, उस दिन (२१ फरवरी, १८९७) सियालदह में स्वामीजी की घोड़ागाड़ी खींचकर, चारुचंद्र को ऐसा लगा की मानो वे पुरी के जगन्नाथदेव का रथ खींच रहे हैं। अगले वर्ष पिता श्यामशंकर दास और माँ के काशीवासी होने के बाद चारुचंद्र भी काशीवासी हो गए। वहाँ वे एक स्कूल में मास्टरी करने लगे। वहाँ वेतन तो नहीं मिलता था, मगर दोपहर का खाना मिल जाता था।

'कलकत्ता से डाक द्वारा 'उद्बोधन' पत्रिका चारुचंद्र के हाथ में आ पहुँची। 'उद्बोधन' के पन्ने खोलते ही चारुचंद्र की नजर स्वामीजी-रचित अग्निगर्भ कविता 'सखा के प्रति' पर पड़ी। वे कविता की अंतिम चार पंक्तियाँ बार-बार पढ़ते रहे—

'ब्रह्म से लेकर कीट-परमाणु, सर्वभूत में वही प्रेममय,
मन-प्राण-शरीर अर्पण करो, सखे, इन सबके चरणों में।
बहु-रूप में सम्मुख तुम्हारे, (उसे) छोड़कर, खोजते कहाँ ईश्वर?
जो करता है जीवों से प्यार, वही जन करता है, ईश्वर-सेवा।'

कविता का शब्द-शब्द चारुचंद्र के भाव-जगत् में महाविप्लव की सूचना देने लगा। कविता पढ़ते-पढ़ते उनका तन-बदन रोमांचित हो आया; अंतर में एक ऐसी अपूर्व पुलक जाग उठी, जैसा उन्होंने पहले कभी अनुभव नहीं किया था। स्वामीजी के आह्वान पर वे सिहर उठे। आनंद की अतिशयता से अस्थिर होकर 'उद्बोधन' पत्रिका हाथ में लिये-लिये वे अपने एक मित्र के घर दौड़ गए…।

'उस वक्त संध्या उत्तीर्ण हो चुकी थी। उनके मित्र उस वक्त अपने कमरे के कोने में बैठे-बैठे एकांत में भगवद्-चिंतन में लीन थे। चारुचंद्र ने कमरे में प्रवेश करते ही, उन्हें आसन से उठाया और 'उद्बोधन' का वह पढ़ा हुआ पन्ना खोलकर उदात्त स्वर में उनके सामने कविता का वह अंश पाठ करने लगे। खुशी के आवेग में उन्होंने मित्र की पीठ पर धौल जमाते हुए कहा, 'अरे, सुन, सुन, स्वामीजी की बात सुन! तू क्या इस कमरे के कोने में आँखें मूँदें पड़ा है? ले, सुन, स्वामीजी की वेदांत-वाणी सुन। यह जो अपनी आँखों के सामने व्याधि-पीड़ित, बुभुक्षु, दरिद्रों को देख रहा है, वे लोग ही हमारे ईश्वर हैं! हमारे नारायण! हमारे शिव!'

चारुचंद्र के काशी-प्रवासी इस धर्मप्राण मित्र का नाम था—यामिनीरंजन मजूमदार! बाद में स्वामीजी ने उन्हें भी मंत्र-दीक्षा दी थी। दोनों ही मित्रों को मानो अपना बहु-प्रतीक्षित आदर्श-पथ मिल गया, जिसकी उन दोनों को तलाश थी। चारुचंद्र कहते रहे, "सुनो, यामिनी, स्वामीजी ने कहा है कि ईश्वर या ब्रह्म उस विश्व के प्रत्येक जीव में ही निवास करते हैं। सर्वभूत में ब्रह्म का अधिष्ठान है—यह भाव जगाना ही सभी धर्मों, सभी

साधना और सभी कार्यों का सार है। आज स्वामीजी ने हमें यही बात समझा दी है इसी ढंग से अनुप्रेरित होकर व्यक्तिगत् जीवन को उन्नत और शक्तिसंपन्न बनाना ही श्रेष्ठ धर्म-साधना है।'' उस वक्त यामिनी की भी नस-नस में विवेकानंद-बिजली दौड़ने लगी। स्वामीजी का भावादर्श से दीक्षा-ग्रहण चारुचंद्र के जीवन में इसी प्रकार हुआ था।

'अविमुक्त वाराणसी सनातन भारत का प्राचीनतम् तीर्थ! युग-युगों से इस तीर्थभूमि पर कितने-कितने लोगों की भीड़, कितने ही साधु-संन्यासी-परिव्राजकों का आना-जाना यहाँ जारी है! मुक्ति की कामना से असंख्य नर-नारी, जीवन-संध्या में यहाँ आकर श्रीश्री विश्वनाथ-अन्नपूर्णा के चरणों में आश्रय लेकर पड़े रहते हैं। उस जमाने में सुविधावादी पंडे तीर्थयात्रियों पर तरह-तरह से निर्यातन करते थे। यात्रियों में अगर कोई बीमार पड़ जाता था, तो उसके रुपए-पैसे सब छीन-झपटकर उन्हें असहाय हालत में धर्मशाला से निकालकर रास्ते पर फेंक देते थे। यात्री अगर वृद्ध या वृद्धा होती, तो उसकी कैसी शोचनीय परिणति होती थी, उसे भाषा में व्यक्त नहीं किया जा सकता। ये सब असहाय यात्री सड़क पर पड़े-पड़े ही दम तोड़ देते थे।

'चारुचंद्र के पूर्वोक्त मित्र यामिनीरंजन ने इसी तरह की एक वृद्धा को, सड़क-किनारे मरणोन्मुख देखकर अपने हाथों से उसकी सुश्रुषा की थी। वह दिन था, २३ जून! यानी चारुचंद्र की जुबानी 'सखा के प्रति' कविता की आवृत्ति सुनने के अगले दिन! यामिनी भिक्षालय की भिक्षा पर जीवनयापन करते थे और नित्य गंगा-स्नान, विश्वनाथ-अन्नपूर्णा के दर्शन और साधन-भजन में ही दिन गुजारते थे। उस दिन भोर-भोर गंगा-स्नान के बाद लौटते हुए रास्ते में उस मुमूर्षु वृद्धा को देखकर उनके प्राण व्यथा से रो उठे।

'मृतप्राय उस वृद्धा के तन-बदन में मल-मूत्र लिपटा हुआ था। यामिनीरंजन ने बिना किसी हिचक के अपने हाथों से उसकी देह की सफाई की; परम जतन से उसे उठाकर ले आए और एक चबूतरे पर लिटा दिया और पथ्य की खोज में बाहर निकल गए। लेकिन पथ्य-संग्रह वे कहाँ से करते? वे तो स्वयं भिक्षाजीवी थे। इसलिए किसी राहगीर भलेमानस के सामने हाथ फैलाकर चार आने पैसों की भीख माँगी। उन पैसों से वे दूध खरीद लाए और उस बूढ़ी के मुँह डालकर उस वक्त के लिए उसकी जीवन-रक्षा की। बाद में काफी कोशिश करके ढेरों बाधा-विपत्ति और परीक्षा पार करके उन्होंने वृद्धा को भेलूपुर अस्पताल में भरती कराया और उसकी सुश्रुषा आदि की भी व्यवस्था कर दी। अस्पताल की दवा-पथ्य आदि के खर्च के लिए यामिनी वगैरह नवयुवकों ने ही आपस में चंदा करके सारा इंतज़ाम किया।

'यामिनी के उस सेवा-कार्य में उस दिन चारुचंद्र ही प्रमुख उत्साहदाता थे। यामिनी के पीछे जब चारुचंद्र, केदारनाथ वगैरह आ खड़े हुए, तो उनकी छाती का बल-

भरोसा और ज्यादा बढ़ गया था। जो भी हो, यामिनीरंजन के प्रयास और चारुचंद्र-केदारनाथ के सम्मिलित उत्साह और समर्थन से और उन लोगों जैसे अन्यान्य नौजवान मित्रों के सक्रिय सहयोग से उस दिन का यह क्षुद्र सेवा-अनुष्ठान ही वर्तमान काशी सेवाश्रम के विराट सेवा-यज्ञ की शुरुआत थी। इस दृष्टि से यह कहा जा सकता है कि सन् १८०० की १३ जून सेवाश्रम का प्रारंभ-दिवस था।

'चारुचंद्र और उनकी मित्र-मंडली परम उत्साह के साथ वाराणसी की गलियों में घूम-घूमकर आर्त, पीड़ित, असहाय--जिस किसी को देखती, उन्हें नारायण समझकर मन-प्राण से उनकी सेवा शुरू कर देती।

'इसी तरह धीरे-धीरे चारुचंद्र के नेतृत्व में अनाथाश्रम या Poor Men's Relief Association नाम से एक समिति का गठन किया गया। वे लोग स्वयं ही चंदा देकर और भीख माँग-माँगकर, रोगी-नारायण लोगों के लिए दवा-पथ्य और बिस्तर-कंबल तथा अस्पताल वगैरह का खर्च चलाते थे। केदारनाथ के घर पर ही इस समिति का कार्यालय स्थापित किया गया। सन् १९०० के सितंबर महीने में पाँच रुपए मासिक किराए पर रामापुरा के डी ३२/८२ जंगमबाड़ी में एक कमरा लिया गया और बाद में जैसे-जैसे काम बढ़ा, कार्यालय, २२७ दशाश्वमेध घाट में (१९ फरवरी, १९०१), वहाँ से डी ३८/१५३, रामपुर में (२ जून, १९०१) में स्थानांतरित हो गया। अनाथाश्रम समिति के कार्यों ने धीरे-धीरे शहर के गण्यमान व्यक्तियों का भी ध्यानाकर्षित किया। चारुचंद्र ने भी धीरे-धीरे संसार-संपर्क त्यागकर अनाथाश्रम के सेवाकार्यों में ही अपने को आत्मनिष्ठ कर लिया।'

सभी लोगों को घोर विस्मय होता है कि स्वामीजी की एक कविता से कैसे एक विशाल सेवा-यज्ञ का शुभारंभ हो सकता है। स्वामी अचलानंद (पूर्वाश्रम में केदारनाथ मौलिक) और यामिनी मजूमदार की जीवनकथा से नृत्यकाली दासी के बारे में और भी कुछेक जानकारी मिलती है।'सड़क-किनारे एक अनाथ वृद्धा को मौत के मुँह में देखकर वे लोग खुद ही उसे डोली में लिटाकर भेलूपुरा अस्पताल ले गए। वृद्धा की हालत इतनी शोचनीय थी कि अस्पताल उसे भरती करने को राजी नहीं हुआ। निरुपाय युवकवृंद उसे दुबारा डोली में लिटाकर चौकाधार अस्पताल ले गए। वहाँ उसे भरती करके उन लोगों ने उसकी सेवा-सुश्रुषा का सारा इंतजाम कर दिया।'

सन् १९०२ में स्वामी विवेकानंद जब वाराणसी आए थे, उन दिनों इस सेवा-कार्य के बारे में उन्हें बखूबी जानकारी मिल चुकी थी। एक दिन स्वामीजी ने कहा, ''तुम लोगों ने अपने कर्मजीवन में दया को उच्च स्थान दे दिया है। याद रखो, दया प्रदर्शन का अधिकार तुम लोगों को नहीं है। जो सर्वभूत के ईश्वर हैं, वे ही दया-प्रदर्शन के अधिकारी हैं, जो दया करना चाहता है वह निस्संदेह घमंडी और अहंकारी होता है, क्योंकि वह

अवाक् दृश्य! संन्यासी ने उस लड़के को गौर से देखकर पूछा, 'तुम ही क्या नारायण हो?'। 'जी, महाराज!' संन्यासी ने फिर कहा, 'कुछ दिनों पहले स्वामी अखंडानंद की चिट्ठी से पता चला कि तुम आ रहे हो।'

वे ही थे—स्वामी कल्याणानंद!

'महाराज बेहद खुश हुए! हम लोगों में बातचीत होते देखकर कुत्ते ने यह मान ही लिया कि मैं महाराज की जान-पहचान का आदमी हूँ, इसलिए वह संतुष्ट होकर, सब संदेह त्यागकर बेहद मित्रवत् मुझसे सटकर खड़ा हो गया और दुम हिलाने लगा।'

आगंतुक ने उस वक्त भी पूरी खबर नहीं दी।

उसने सिर्फ इतना ही कहा, 'आज ही हरिद्वार पहुँचा हूँ।'

अब महाराज ने ब्रह्मचारी वासुदेव को बुलाकर निर्देश दिया कि जिस घर में महाराज रहते हैं, वहीं मेरे लिए भी कोई इंतजाम कर दिया जाए। बँगला में उन्होंने यह भी कहा कि इसके नहाने, खाने-पीने और साथ ही पहनने के लिए कुछेक कपड़ों का भी इंतजाम कर दिया जाए। तिरानबे वर्ष के सर्वगतानंद ने बाद में अपनी स्मृतिकथा में याद किया है कि वे ब्रह्मचारी बेहद मधुर स्वभाव के थे, बातचीत में भी काफी मिठास थी। अब एक अन्य ब्रह्मचारी से भी उनकी भेंट हुई। 'उन लोगों के आचरण में ऐसा भाव था, मानो मुझसे काफी दिनों की जान-पहचान है।'

नहा-धोकर वह आगंतुक जब बाहर आए तो उन्होंने देखा कि एक जोड़ी साफ कपड़े-लत्ते उनकी प्रतीक्षा कर रहे हैं। शर्ट ऐसी फिट आई, मानो उन्हीं की माप से तैयार की गई हो। ब्रह्मचारियों ने ही उनका बिस्तर भी तैयार कर दिया। उसके बाद बड़े जतन से उन्हें खिलाया-पिलाया गया।

अब महाराज के सामने प्रत्यावर्तन! मुझे गौर से देखने के बाद उन्होंने कहा,'तुम बेहद थके हुए लगते हो।' आत्मकथा के इस चरण में छोटे से एक ब्रैकेट में लेखक सर्वगतानंद ने लिखा, 'मेरे पैरों में काफी तकलीफ थी! तबीयत भी इतनी खराब थी कि अगले ही दिन मुझे अस्पताल में भरती होना पड़ा'

महाराज का दयालु मन था। स्वामी सर्वगतानंद ने बस इतना भर मंतव्य किया है, लेकिन जिसका उल्लेख उन्होंने नहीं किया वह मुझे अन्य सूत्र से संग्रह करना पड़ा।

आंध्रप्रदेश का यह नौजवान इनसानों की सेवा करने का इरादा लेकर स्वामी अखंडानंद से मिला था और गंगाधर महाराज ने उसे दीक्षा दी। बाद में, एक समय, उन्होंने उससे कहा, 'यहाँ से हजार मील की दूरी पर कनखल स्थित है। वहाँ मिशन का एक सेवाश्रम है। तुम्हें वहाँ जाना है, लेकिन पैदल-पैदल चलकर! जा सकोगे न?' ऐसी बात उन्हें ही शोभा देती थी, जिसने स्वयं इस उपमहादेश की हजारों-हजार मील

की यात्रा पैदल-पैदल तय की थी। बाईस वर्ष के नारायण ने अपने पैरों के जूते उतार दिए, उसके बाद, (दिसंबर १९३४) शुरू हुआ, सुदूर हरिद्वार की ओर उनकी पदयात्रा! असंख्य तीर्थ पार करके, पैदल-पैदल ही वह फकीर नारायण फरवरी की ७ तारीख को हरिद्वार आ पहुँचा।

अब आगे की कथा स्वयं लेखक की जुबानी ही सुनें—'स्वामी कल्याणानंद ने मुझसे मेरे अतीत के बारे में पूछताछ की। उन्होंने जानना चाहा कि अखंडानंदजी से मेरी जान-पहचान कैसे हुई? उसके बाद उन्होंने महाराज का पत्र पढ़कर सुनाया—'इस लड़के को मैं तुम्हारे पास भेज रहा हूँ। उसका खयाल रखना।' इसके अलावा और कोई विवरण नहीं था। यहाँ तक कि मैं संन्यास लेने का आग्रही हूँ, इसका भी कहीं, कोई उल्लेख नहीं था। बाद में विवेकानंद के साक्षात् शिष्य कल्याणानंदजी ने एक समय कहा था, 'मेरे समूचे जीवन में किसी ने भी मेरे पास किसी को नहीं भेजा था, जिसका दायित्व मुझे लेना पड़े।'

'कुल कुछेक महीने पहले अखंडानंदजी से मेरी भेंट हुई। उन्होंने मुझसे पूछा कि मैं क्या होना चाहता हूँ? मैंने उत्तर दिया, 'मैंने विवेकानंद वाणी और रचनाएँ पढ़ी हैं; अरविंद और रमण महर्षि के बारे में भी कुछ-कुछ जाना है; महात्मा गांधी से मिलकर उनके आश्रय में कुछ समाज-सेवा भी की है।' मैंने अखंडानंदजी से यह भी कहा, 'मैं ऐसी किसी जगह की खोज में हूँ जहाँ मनुष्य की सेवा और अपनी साधना एक साथ जारी रख सकूँ।' स्वामी अखंडानंदजी ने कहा, 'तुम जिस तरह की जगह चाहते हो, मैं तुम्हें ठीक वैसी ही जगह भेजूँगा। वह जगह तुम्हें अच्छी लगेगी, क्योंकि वहाँ एक योग्य व्यक्ति विद्यमान है।' इस प्रकार मैं कनखल में उपस्थित हुआ और मुझे स्वामी कल्याणानंद मिले! स्वामी विवेकानंद के साक्षात् शिष्य! वहीं वे अपना सेवा-कार्य और साधना एक साथ चलाए जा रहे थे। वह इनसान मुझे बेहद भला लगा! ऐसे ही एक आदर्श पुरुष को तो मैं खोजता फिर रहा था।'

स्वामी कल्याणानंद की अविश्वसनीय जीवनकथा का संक्षिप्त परिचय देने का समय अब आ पहुँचा है। लेकिन इससे पहले कनखल में स्वामी सर्वगतानंद के शुरुआती कुछ दिनों के अनुभव के बारे में कुछ बातें कर ली जाएँ। ये सारी बातें, तिरानबे वर्षीय संन्यासी सुदूर अमेरिका-प्रवास में रहकर भी, कभी भूल नहीं पाए।

'कनखल पहुँचने के कुछ दिनों के अंदर मैंने कल्याणानंद से कहा, 'मैं अस्पताल के कामकाज में मदद करना चाहता हूँ।' उन्होंने कहा, 'हाँ, करना तो आसान है, लेकिन जानना आसान नहीं है।' ऐसा क्या जानना होगा, रे, बाप? मुझे तो समझ में नहीं आया। इन लोगों के यहाँ लोगों की काफी कमी है, जबकि अस्पताल में इतना कुछ करने को है।

मैं उन लोगों की मदद करना चाहता हूँ। मैं यहाँ हाथ-पर-हाथ धरे बैठे रहने के लिए तो आया नहीं।'

'यहाँ आने से पहले तुम क्या करते थे?' कल्याणानंदजी ने एक दिन मुझसे पूछ लिया। मैंने बताया कि 'बैंकिंग और एकाउंटिंग में मेरा थोड़ा सा तजुर्बा है।'

'यही तो मैं चाहता था।' उनके सहयोगी स्वामी निश्चयानंद का कुछ ही दिनों पहले निधन हुआ था। उनके बाद कई महीनों से एकाउंटिंग में कुछ भी नहीं किया गया था। 'अब तुम इस तरफ ध्यान दो।' और तभी महाराज ने मजाक किया, 'जीवनकाल में चूना-सुर्खी का धंधा करने वाला एक कारोबारी स्वर्ग पहुँचा। तुम भी साक्षात् स्वर्ग में आए हो, तुम्हारी भी यही गत होने वाली है।'

महाराज काफी गंभीर मुद्रा में नवागत को कामकाज समझाने बैठे। उन्होंने निर्देश दिया कि उनके सहयोगी स्वामी निश्चयानंद जिस ढंग से हिसाब-किताब रखते थे, उसी तरह हिसाब रखना होगा। इसमें बाल बराबर भी हेर-फेर नहीं चलेगा। महाराष्ट्रीय संन्यासी सूरज राव (१८६५) का भी थोड़ा-बहुत परिचय देना जरूरी है। फिलहाल यह जान लेना बेहतर है कि गुरु स्वामी विवेकानंद के निधन के बाद बेलूर मठ छोड़कर परिव्राजक रूप में असंख्य तीर्थों में घूमते-घामते सेना विभाग के भूतपूर्व कर्मचारी स्वामी निश्चयानंद इसी कनखल में हाजिर हुए। उसके बाद पूरे इकतीस वर्षों तक गुरुभाई स्वामी कल्याणानंद के साथ इसी अस्पताल में साक्षात् नारायण की विरामहीन सेवा करते रहे। पद्मासन मुद्रा में, ध्यान-योग के दौरान ही उनका निधन २२ अक्तूबर, १९३४ को हो गया।

'एकाउंट्स के मामले में कल्याणानंदजी ने जो कहा वह सच था। छह महीने तक कुछ भी नहीं हुआ, लेकिन हाल-फिलहाल तक हिसाब-किताब कर डालने में मुझे ज्यादा वक्त नहीं लगा। मैंने महाराज को बताया कि मैंने बकाया हिसाब पूरा कर डाला है। अब महाराज ने निर्देश दिया, 'बेलूर मठ भेजने के लिए पक्का एकाउंट तैयार कर डालो।' बेलूर भेजने के लिए एकाउंट से जुड़ा किस्सा काफी मजेदार था। महाराज के कार्यालय की दीवार पर एक कलेंडर झूलता रहता था। जो महीना खत्म हो जाता था, वह पन्ना फाड़ लिया जाता था और उसके पीछे हिसाब-पत्तर लिखा जाता था। उसके बाद फाइनल अंक बेलूर मठ के एकाउंटिंग के नियम-कानून मुताबिक लिखकर भेज दिया जाता था। कलेंडर का फटा पन्ना ही हमारी ऑफिस-कॉपी होती थी। महाराज की नीति थी—यथासंभव कम में ही यथासाध्य ज्यादा काम किया जाए।

'एक समय मौका पाकर मैंने कहा कि ठीक ढंग से एकाउंट्स के लिए एक जर्नल, लेजर-बुक और थोड़े से कागज लगेंगे। महाराज इस मामले में राजी नहीं हुए। उन्होंने पूछा, 'इन सबकी हमें क्या जरूरत है? मैंने पैंतीस वर्ष तक अस्पताल चलाया है,

इन सबके बिना ही चलाया है। अब तुम आकर कह रहे हो कि इन सबके बिना काम नहीं चलेगा।'

'मैंने कहा, 'महाराज, इन सबसे हिसाब-किताब का छोटा-मोटा अंक भी बिलकुल स्वच्छ रहेगा।' मेरी नजरदारी की वजह से कल्याणानंदजी को स्थानीय पोस्ट-ऑफिस से कुछ अतिरिक्त रुपए वापस मिले। वे बेहद खुश हो गए और नए ढंग से हिसाब-किताब की उपयोगिता समझ गए और खुश होकर उन्होंने अनुमति दी—जिन-जिन चीजों की तुम्हें जरूरत है, ले लो।

तरुण सर्वगतानंद की नजरों से अब हम विवेकानंद की सृष्टि कल्याणानंदजी की अविश्वसनीय कहानी पर ध्यान देंगे। इस देश का इतिहास कितने ही अद्‌भुत मानव-प्रेमी साधकों के नि:शब्द दान से परिपूर्ण है, उसमें से थोड़ा-बहुत हम जान पाएँगे। बेलूर मठ में स्वामी विवेकानंद की अन्त्यलीला के अंतिम दो वर्षों में स्वामीजी के दो संन्यासी शिष्यों की आदिकथा का थोड़ा-बहुत हिस्सा जान लेना, बेहतर होगा। विवेकानंद के अन्य कई एक शिष्यों को विस्मृति की अतल गहराइयों से निकाल लाना होगा। वे पाँच शिष्य थे—कल्याणानंद (पूर्वाश्रम में दक्षिणारंजन गुहा), निश्चयानंद (पूर्वाश्रम में सूरज राव), स्वरूपानंद (पूर्वाश्रम में अजयहरी बंद्योपाध्याय), अचलानंद (पूर्वाश्रम में केदारनाथ मौलिक) और निश्चित रूप से शुभानंद (चारुचंद्र दास)। इन लोगों को स्वामी विवेकानंद से क्या मिला था, उन्होंने किस मंत्र से इन लोगों को इस ढंग से उद्‌बुद्ध किया था, वह सुनकर विश्वास नहीं होता।

बारिसल, वजीरपुर के हलुवा गाँव के आदर्शपरायण संसार-विरागी दक्षिणारंजन गुहा महाशय, २४ वर्ष की उम्र में (१८९८) बेलूर में नीलांबर मुखोपाध्याय के घर आए थे। इस बीच उन्होंने ढाका मेडिकल स्कूल में दो वर्षों तक डॉक्टरी की पढ़ाई की थी। उस वक्त स्वामीजी स्वयं बेलूर मठ में उपस्थित थे।

गाँव से आए हुए सरल युवक से मजाक-मजाक में स्वामीजी ने पूछा था "अच्छा, मान लो कि मुझे कुछ रुपयों की जरूरत है, इसके लिए अगर मैं तुझे किसी चाय बागान में कुली के तौर पर बेच दूँ, तू राजी है न?" बारिसल के बानारिपाड़ा स्कूल से पास दक्षिणारंजन तत्काल राजी हो गए।

स्वामीजी ने ठीक कब दक्षिणारंजन को संन्यास की दीक्षा देकर कल्याणानंद नाम दिया, यह स्पष्ट नहीं है। दूसरी बार, पश्चिम जाने से पहले, सन् १८९९ में किसी समय यह घटना घटी थी। स्वामी सर्वगतानंद ने भ्रमवश संन्यास का साल १९०० के रूप में चिह्नित किया था। बेलूर में संन्यास देकर स्वामीजी ने कहा, "कल्याण, तुम मुझे गुरुदक्षिणा कब दोगे?" कल्याण के पास कुछ भी नहीं था। उन्होंने उत्तर दिया, "मैं अपने को ही

आपके दास के रूप में आपको निवेदित करता हूँ। आप जो आदेश करेंगे, मैं वही करूँगा।''

स्वामीजी के दूसरी बार विदेश यात्रा के बाद कल्याणानंद तीर्थ-भ्रमण पर निकल पड़े। उनके साथ था, स्वामी शुद्धानंद (बाद में मठ के अध्यक्ष) का परिचय-पत्र! काशी में कल्याणानंद की भेंट स्वामीजी के अन्य एक भक्त केदारनाथ मौलिक (बाद में स्वामी अचलानंद) से हुई। उनका जन्म, शिक्षा-दीक्षा, सबकुछ वाराणसी में हुई थी। स्वामी शुद्धानंद का परिचय-पत्र देखकर केदारनाथ उन्हें अपने घर लिवा ले गए। अपने मोक्ष के लिए जगत् का उद्धार-मंत्र कल्याणानंद से लगातार सुनते-सुनते केदारनाथ भी संसार-त्याग के लिए बेचैन हो उठे। यामिनी मजूमदार के साथ मिलकर ये सभी लोग आर्त लोगों की सेवा में तन्मय हो गए।

काशी से इलाहाबाद। वहाँ भी कल्याणानंद का सेवा-कार्य। वहाँ से जयपुर! रेलवे स्टेशन पर ही स्वामीजी के एक और प्रिय शिष्य स्वरूपानंद से भेंट हुई।

पूर्वाश्रम में अजयहरि बंद्योपाध्याय बहु-शास्त्रविद् थे। स्वामीजी के निर्देश पर उन्होंने सिस्टर निवेदिता को कुछ दिनों बँगला सिखाई और बाद में स्वामीजी की रचनावली प्रकाशन में प्रधान आयोजक! स्वरूपानंद भी तीर्थयात्रा पर निकले थे। लेकिन खबर आई कि राजपुताना के किशनगढ़ में भयावह दुर्भिक्ष पड़ा है। वे वहीं दौड़ पड़े। किशनगढ़ में नए इतिहास की सृष्टि हुई।

भिक्षा माँगकर ये दोनों लोग हर दिन तीन सौ भूखों के मुँह के लिए आहार जुटाते थे। जिन सब शिशुओं के माँ-बाप ने दुर्भिक्ष में दम तोड़ दिया था, उन बच्चों के लिए एक सामयिक अनाथाश्रम चलाने की जिम्मेदारी भी उन पर लाद दी गई। बाद में इस राहत-कार्य में उनके संगी बने स्वयं केदारनाथ मौलिक! इसके बाद स्वरूपानंद मायावती चले गए। कल्याणानंद और भी साल भर तक किशनगढ़ में ही रुके रहे। अनाथ शिशुओं के साथ कल्याणानंद ने जब घट-स्थापन किया और जब दुर्गापूजा की, तब वहाँ ५० बालक और २० बालिकाओं का पालन-पोषण हो रहा था।

सितंबर के महीने में बेलूर से पत्र आया। स्वामी विवेकानंद विदेश से लौट आए थे—'अगर चाहो तो तुम लोग स्वामीजी से मिल सकते हो।'

बेलूर मठ में एक बार स्वामीजी ने पाँच रुपए थमाकर बर्फ लाने को कहा, कल्याणानंद हावड़ा स्टेशन से आधा मन बर्फ सिर पर लादकर पैदल-पैदल बेलूर मठ लौट गए। उन्हें देखकर स्वामीजी के विस्मय का अंत नहीं था। इतना सारा बर्फ तू सिर पर लादकर ले आया? अपने भक्त की भक्ति और महाशक्ति देखकर, स्वामीजी ने उन्हें आशीर्वाद दिया, ''कल्याण, तू किसी दिन परमहंस बनेगा।'' स्वामीजी जानते थे कि कैसे

भक्त के अंतर में प्रेरणा की दीपशिखा जला दी जाती है।

एक दिन बेलूर मठ में कल्याण को बुलाकर स्वामीजी ने अपनी विशेष इच्छा व्यक्त की। "देखो, कल्याण, हृषिकेश-हरिद्वार अंचल के बीमार-रोगी साधुओं के लिए कुछ कर सकता है? उन लोगों को देखनेवाला कोई नहीं है। तू जाकर उन लोगों की सेवा में जुट जा।"

कल्याणानंद ने गुरु का निर्देश शिरोधार्य किया। स्वामी सर्वगतानंद की भाषा में, स्वामीजी ने निर्देश दिया, "थोड़े से पैसे जुटाकर हरिद्वार चले जाओ। कुछ जमीन खरीद डालो और जंगल साफ करा डालो। हरिद्वार में तीर्थयात्री भी बिना इलाज के दम तोड़ देते हैं। जब मैं वहाँ था तब इलाज के लिए सौ मील दूर मेरठ जाकर डॉक्टर का अता-पता मिला था। वहाँ एक अस्पताल है, लेकिन वहाँ कितने लोग पहुँच पाते हैं? हरिद्वार में ही कुछ खड़ा करो। अगर देखो कि कोई बीमार सड़क-किनारे पड़ा हुआ, तो उसे अपनी कोठी में उठा लाना और उसका इलाज करना।"

सहाय-संबलहीन हालत में गुरु निर्देश का पालन कैसे किया जाता है, यह तय करने के लिए कल्याणानंद अपने मित्र स्वामी स्वरूपानंद की तलाश में मायावती हाजिर हुए। स्वामीजी की इच्छा सुनकर उसे वास्तविक रूप देने के लिए, वे तो हमेशा ही एक पाँव आगे बढ़ाए रहते थे। पहला कदम यह उठाया गया कि नजदीक ही नैनीताल में दर-दर भिक्षा! लगभग डेढ़ महीने तक इसी तरह भीख माँग-माँगकर, थोड़ा सा अर्थ संग्रह करके, स्वरूपानंद ने कल्याण के हाथों में सौंप दिया। सन् १९०१ के जून महीने में हरिद्वार के नजदीक कनखल में स्वामीजी की इच्छापूर्ति के लिए सेवाश्रम स्थापित किया गया। इसके बाद स्वामी स्वरूपानंद कुल पाँच वर्ष और जीते रहे। २७ जून, १९०६ को नैनीताल में भक्त अमरशाह के घर में स्वरूपानंद ने न्यूमोनिया से आक्रांत होकर अंतिम साँस ली। एक शोक-वार्त्ता में सिस्टर निवेदिता ने लिखा—'परमात्मा से मिलन-आकांक्षी वरेण्य यह आत्मा, आज अपने चिर-आकांक्षी धाम में पहुँच गया। चरम आत्मत्याग से अर्जित वह मृत्यु का सह-संन्यास निश्चित रूप से दुबारा नव-जन्म में अभ्युदय लाभ करेगा! पूर्ण तेज, नवीन प्राण और दान, प्रेम तथा ज्ञान से भरपूर जब भी मर्त्य के लोगों के लिए उनके आविर्भाव की जरूरत नजर आएगी।'

सेवा-धर्म के लिए हरिद्वार के नजदीक कनखल को ही स्वामी कल्याणानंद ने चुना था। हिमालय-प्रवेश का यह पहला चरण है, यही हरिद्वार! मात्र १५ मील दूर है पुण्यतीर्थ—ऋषिकेश! तीन मील उत्तर में लक्ष्मणझूला! असंख्य तीर्थयात्री और साधु, यहाँ साल भर जमा होते रहते हैं।

रामकृष्ण मिशन सेवाश्रमों के प्रतिष्ठित होने की समय-सारिणी कुछ यूँ है—

वाराणसी रामकृष्ण मिशन सेवाश्रम, १९००; कनखल, १९०१; वृंदावन, १९०७; इलाहाबाद, १९१०; सुजागंज, मेदिनीपुर और नारायणगंज, १९१५।

सन् १९०१ के जून महीने में कल्याणानंद ने हरिद्वार में निर्वाणी अखाड़े के बरकुठारी नामक मकान की दूसरी मंजिल पर तीन रुपए महीने के किराए पर दो कमरे जुटा लिए। इन्हीं दो कमरों में बीमार साधुओं के लिए बिछावन, चिकित्सालय, अपने रहने की जगह इत्यादि, सारे कुछ का इंतजाम किया गया। इस बीच होमियोपैथी दवाओं की एक बकसिया, चिकित्सा से जुड़े कई एक यंत्र-पाती जुटा लिए गए। हर दिन साधुओं की कोठरी-कोठरी में घूम-घूमकर वे पीड़ित और बूढ़े साधुओं का हाल-समाचार लेते और दवा-पथ्य वगैरह का इंतजाम कर आते थे। जरूरत पड़ने पर वे बीमार साधुओं को अपने घर में ले आते थे और स्वयं ही उनकी सेवा-सुश्रुषा करते थे, लेकिन खुद पूरी-पूरी तरह मधुकरी पर निर्भर रहकर अपनी जीवनयात्रा चलाते थे।

सेवाश्रम के प्रथम प्रतिवेदन में आदि-पर्व में कनखल के कामकाज की एक खूबसूरत तसवीर उपलब्ध होती है। सितंबर के अंत:विभाग में छह रोगी ही साधु थे। एक साधु की चिकित्सा तब भी जारी थी, बाकी साधु विपत्ति पार करके धीरे-धीरे स्वस्थ हो रहे थे। बहिर्विभाग में रोगियों की संख्या ४८ थी। इनमें ३६ साधु रोगमुक्त हो चुके थे, दस लोगों का इलाज चल रहा था और दो साधुओं ने रोगमुक्त होने से पहले ही बहिर्विभाग में आना बंद कर दिया था। कुल मासिक खर्च २७ रुपए,१३ आने, १.५ पाई। यानी पाई-पैसे का हिसाब भी जतन से सुरक्षित रखा जाता था। रुपए-पैसों के अलावा, भिक्षा-याचना से ढाई मन गेहूँ, आधा मन दाल और तीन सेर नमक भी प्राप्त हो चुका था। खर्च का विवरण भी जान रखना बेहतर है।

	रुपए	*आना*	*पाई*
पथ्य	१२	१५	१.५
दवा	८	१४	४.५
घर किराया	३	०	४
आश्रम खर्च	१	१	०
रोशनी	३	६	६
वेतन मजूदरी	१	०	६
डाक खर्च	०	६	०
विविध	१	१	७.५

जाहिर है कि इसमें कल्याणानंद का धेला भी व्यक्तिगत खर्च नहीं है, क्योंकि वे

मधुकरी या किसी भिक्षालय में जाकर खा आते थे। वैसे, उस जमाने में भी भिक्षालय में जाकर भूख मिटाना खास सुखद नहीं था, यह बात हम स्वामीजी के अंतिम संन्यासी शिष्य केदारनाथ (बाद में स्वामी अचलानंद) के तजुर्बों से जान पाते हैं। कनखल में किसी समय केदारनाथ महानंद मिशन के सामने ही रहते थे। वे भी भिक्षान्न से ही अपनी भूख मिटाते थे। एक दिन दोपहर को आसपास भिक्षा माँगने गए थे। एक घर के मालिक ने कहा, "बैठे रहो अभी! साधु लोगों को भीख देने के बाद अगर कुछ बचा, तो कंगालियों की बारी आएगी।" मारे स्वाभिमान के आँखों में मोटे-मोटे आँसू भर आए...उस दिन वे भीख लिए बिना ही वापस लौट आए। प्राय: पाँच-छह दिन वे भिक्षा के लिए गए ही नहीं।

लेकिन विवेकानंद के शिष्य कल्याणानंद किसी हाल भी अस्पताल के खर्च पर खाने को तैयार नहीं हुए। बहुत दिनों तक वे भिक्षावृत्ति चलाते रहे। बाद में उनके दो सहकर्मी स्वामी जपानंद और ब्रह्मचारी सुरेन को भी इसी ढंग से जीवन-निर्वाह करना पड़ा। अस्पताल में जी-तोड़ मेहनत के बाद, भिक्षा के लिए निकलने में काफी असुविधा होती थी, यह रिपोर्ट काफी दिनों बाद स्वामी जपानंद ने बेलूर हेड-ऑफिस को भेजी थी। उन दिनों स्वामी सारदानंद जनरल सेक्रेटरी थे। उन्होंने कनखल यह निर्देश भेजा कि एक ही साथ सेवा और मधुकरी की जरूरत नहीं है। इस बात से कल्याणानंद और उनके सहयोगी स्वामी निश्चयानंद जरा भी खुश नहीं हुए। उन्हें लगा कि भिक्षा के अच्छे-भले मौके से साधु लोग अकारण ही क्यों वंचित रहें। प्रसंगवश यह भी बता दिया जाए कि जीवन के अंतिम दौर में स्वामीजी ने संन्यासी के परिव्राजक और भिक्षाटन के बारे में अपनी राय थोड़ी-बहुत बदल दी थी। किसी साधु के लिए ये दोनों कार्य बेहद हितकर हैं, लेकिन भिक्षाटन वृत्ति वगैरह तभी सहज लगती थी, जब गृहस्थ लोग...धर्मशास्त्रों के निर्देश का सुचारु रूप से अनुकरण करते थे; प्रतिदिन अपने-अपने अन्न का एकांश साधु-अतिथियों के लिए अलग रख देते थे। अब समाज में विपुल परिवर्तन आ चुका है। खासकर बंग देश में मधुकरी प्राय: अप्रचलित है। इस प्रकार की परिस्थिति में भिक्षावृत्ति और मुद्रा-स्पर्श-त्याग का व्रत लेकर तुम लोगों को कुछ भी नहीं मिलेगा।

इधर हृषिकेश के साधुओं के लिए भी सेवाश्रम की एक शाखा खोल दी गई। सन् १९०२ के मार्च महीने की चंद खबरें पुराने रिकॉर्ड में जरूर उपलब्ध होती हैं। इस महीने बहिर्विभाग में ७० साधु विद्यमान थे और अंत:विभाग में ७ लोगों की चिकित्सा हुई। एक महीने में ५ रुपए, १ आना, ७ पाई खर्च हुए। उसमें पथ्य पर खर्च हुए २ रुपए, १५ आने। भीख माँगकर दान में मिला था, ५ सेर, २ छटाँक चावल, ९ सेर, २ छटाँक दाल, १८ सेर, १२ छटाँक गेहूँ, १ सेर, ८ छटाँक नमक, २ रुपए, ९ आने का दूध भी मिला था। दोनों सेवाश्रम में कई मील की दूरी थी, लेकिन गाड़ी-किराए पर सेवाश्रम का धन खर्च करना

स्वप्नातीत था, इसलिए निवेदित-प्राण संन्यासी समुदाय सूरज उगने से पहले ही निकल पड़ता था और लौटता भी था पैदल-पैदल ही! उसके बाद मधुकरी के लिए निकलना पड़ता था।

प्रिय शिष्य कल्याणानंद के अविश्वसनीय कामकाज की खबरें बेलूर में स्वामी विवेकानंद तक पहुँचती रहती थीं। गुरु-दर्शन के लिए कल्याणानंद खुद भी व्याकुल हो उठे थे। प्रिय शिष्य को संन्यास में दीक्षित करने के बाद बेलूर से विदेश जाने से पहले स्वामीजी ने एक बार समवेत ब्रह्मचारियों के सामने व्याख्यान दिया था। वह व्याख्यान आज भी मन में हलचल मचा देता है। 'बहुजन हिताय-बहुजन सुखाय के लिए संन्यासी का जन्म होता है। दूसरों के लिए प्राण देने के लिए, जीव के गगनभेदी क्रंदन निवारण के लिए, विधवाओं के आँसू पोंछने के लिए, पुत्र-वियोग-विधुरों के प्राणों का शक्तिदान करने के लिए, अज्ञ-इतर साधारण लोगों को जीवन-संग्राम के उपयुक्त बनाने के लिए, शास्त्रोपदेश-विस्तार द्वारा सबका ऐहिक और परमार्थिक मंगल करने के लिए और ज्ञान का आलोक विकीर्ण करके, सभी लोगों में प्रसूत ब्रह्म-सिंह को जागृत करने के लिए ही जगत में संन्यासी का जन्म हुआ।'

अंतिम बार बेलूर में जब स्वामीजी के साथ कल्याणानंद की भेंट हुई, तब उनकी कुछेक बातें भक्त-महल में हर किसी की जुबान पर प्रचारित हो गईं। स्वामी अचलानंद सामने खड़े थे, जब एक दिन अपने प्रिय शिष्य से स्वामीजी ने कहा, "देखो, कल्याण, मेरा मन क्या करता है, जानते हो? एक तरफ ठाकुर का मंदिर हो, वहाँ साधु-ब्रह्मचारी ध्यान-धारणा करें! उसके बाद अपने ध्यान-धारण को व्यावहारिक जगत् में लगाएँ।" स्वामी अचलानंद ने बाद में कहा, "स्वामीजी की असली सोच थी— प्रैक्टिकल वेदांत! उनका ख्याल था कि सिर्फ थ्योरी नहीं, वेदांत को कार्यरूप में परिणत करना होगा। सिर्फ बातों या विचार भर से नहीं चलेगा।"

स्वामीजी ने कल्याणानंद को और भी कई परामर्श और निर्देश दिए थे, वह शिष्य की परवर्ती जीवनयात्रा और सर्वगतानंद की स्मृति से स्पष्ट है। मारात्मक निर्देश है, 'बंगाल को भूल जा, अब मत लौटना! यहाँ से चला जा।' इस निर्देश में कोई फेर-बदल नहीं हुआ। स्वामीजी को अंतिम बार देखकर शिष्य जो कनखल की कर्मभूमि और साधना-क्षेत्र में लौट गए, उसके बाद पूरे पैंतीस वर्ष वे एक बार भी बंगाल नहीं लौटे। बेलूर मठ से बहुत बार आमंत्रण आया, लेकिन उनकी इच्छा से जो स्पष्ट है, वह यह कि उन्होंने गुरु का निर्देश सिर-माथे लिया था और अब वे पीछे मुड़कर कभी नहीं देखेंगे। बंगाल न लौटने की यह प्रतिज्ञा वे २० अक्तूबर, १९३७ को देहरादून में आखिरी साँस तक मानकर चले।

कनखल में कल्याणानंद ने क्या-क्या किया उसका मनोग्राही चित्रण स्वामी सर्वगतानंद ने किया है। हिसाब का रजिस्टर और रोगियों की किसी सेवा-प्रतिष्ठान का असली इतिहास खोज पाना नामुमकिन है। हम जरूर विविध विवरणों से जानने का मौका लेंगे, लेकिन इससे पहले लंबे समय तक उनकी साधना और कार्यों के साथी, स्वामी निश्चयानंद के बारे में थोड़ा जान-सुन लिया जाए।

□

शिष्य सूरज राव से (१८६५-१९३८) स्वामीजी की पहली भेंट सन् १९०१ में बेलूर में हुई थी। उस दिन दोपहर का आहार निपटाने के बाद स्वामीजी विश्राम कर रहे थे। ऐसे समय खबर आई कि कोई मराठी नौजवान उनसे मिलना चाहता है। स्वामीजी ने कहा, ''उससे कहो, पहले वह नहा-धोकर कुछ खा-पी ले। मैं बाद में उससे मिल लूँगा।'' उस नौजवान ने विनीत लहजे में जानकारी दी, ''मैं नहाने-खाने की आशा से नहीं आया हूँ। काफी दूर से मैं स्वामीजी के दर्शनों के लिए आया हूँ। उन्हें प्रणाम किए बिना मैं स्नानाहार नहीं करूँगा।'' आखिरकार स्वामीजी नीचे उतर आए और उस युवक ने उन्हें साष्टांग प्रणाम किया। ''तुम क्या चाहते हो?'' स्वामीजी ने प्रश्न किया। ''मैं कुछ भी नहीं चाहता, बस आपका दास बनना चाहता हूँ।'' दूरदर्शी स्वामीजी ने उस युवक को बेलूर मठ में रहने की तत्काल अनुमति दे दी।

विवेकानंद के प्राण, निश्चयानंद के बारे में कितनी ही मजेदार कहानियाँ बिखरी हुई हैं। गुरु का आदेश मानने के लिए, अगर प्राण-संशय भी होता है, तो हो!

निश्चयानंद प्रतिदिन नदी के उस पार से वराहनगर के एक ट्यूबवेल से स्वामीजी के लिए बेलूर मठ पानी ले आते थे। एक दिन पानी की कलसी लेकर, गंगा पार करके, मठ में प्रवेश करते हुए किसी विदेशी भक्तन ने उन्हें देख लिया। उसने पूछ ही लिया, ''स्वामीजी, यह पानी लाने का दायित्व आप किसी नौकर को क्यों नहीं दे देते?'' भक्त निश्चयानंद भड़क गए। उन्होंने अंग्रेजी में कहा, ''यू आर ए फुलिश लेडी!'' बेवकूफ महिला कहने पर विदेशी महिला भी स्वाभिमान से भर उठी। उसने स्वामीजी से शिकायत की, ''मैंने ऐसा कौन सा कसूर कर दिया कि आपके शिष्य ने मुझे इस तरह, इस ढंग से डाँट दिया?'' स्वामीजी ने उसे समझाया, ''यह भारतवर्ष है। यहाँ गुरु-सेवा प्रधान धर्म-साधना मानी जाती है।'' विदेशी महिला अपनी भूल समझ गई और स्वामीजी की सलाह पर वह निश्चयानंद से खेद प्रकट करने गई। उस वक्त निश्चयानंद, स्वामी अद्वैतानंद के साथ बेलूर के सब्जी-बागान में मिट्टी खोद-खोदकर बराबर करने में व्यस्त थे। उनके बदन पर कोपीन के अलावा कुछ नहीं था, सरल साधु ने परिस्थिति को टालने के लिए जवाब दिया, ''हाँ, हाँ, तुम्हें क्षमा किया। अब दया करके यहाँ से जाओ।''

इस शिष्य ने स्वामीजी का अनंत प्यार पाया था। उन्होंने एक दिन निश्चयानंद को बुलाकर कहा, ''देखो, निश्चय, साधु होकर किसी दूसरे पर बोझ बनना उचित नहीं है। किसी का अन्न ग्रहण करो, तो उसका प्रतिदान देना पड़ता है। साधु समाज दूसरों का अन्न खा-खाकर जड़ हो गया है। समूचा देश ही दूसरों पर निर्भर करते हुए जड़वत् हो गया है। इससे देश की उन्नति के बजाय अवनति ही हुई है। तुम ऐसा काम कभी मत करना, अगर कोई बड़ा काम न भी कर सको, तो कम-से-कम एक पैसे की माटी की कलसी खरीदकर सड़क किनारे बैठ जाना और प्यास के मारे राहगीरों को पानी पिलाना। निकम्मे बनकर दूसरों का अन्न ध्वंस करना पाप है।''

गुरु के प्रति स्वामी निश्चयानंद की भक्ति की और भी कई-कई कहानियाँ आज भी लोकमुख में फिरा करती हैं। खासकर बेलूर में गाय ले आने की कहानी। यह गाय आड़ियादह के एक ग्वाले से स्वामीजी के लिए खरीदी गई थी। अब सुनें महेंद्रनाथ दत्त का विवरण—

'राव जी की गुरु-भक्ति और कर्मतत्परता के बारे में एक घटना जो मैंने सुनी थी, उसका उल्लेख कर रहा हूँ। एक बार कलकत्ता के समीप 'आड़ियादह' निवासी किसी ग्वाले से स्वामीजी के लिए एक दुधारू गाय खरीदी गई। पूज्यपाद स्वामीजी ने स्वामी निश्चयानंद, स्वामी निर्भयानंद (कन्हाई महाराज) और मठ के ही किसी साधु को वह गाय लेने को भेजा। गाय खरीदकर लाते हुए, वहाँ से मठ तक आने में, राह में गंगा पार करनी पड़ती थी। वे सभी लोग गाय और बछड़े को लेकर नाव पर सवार हो गए। बरसात का मौसम था! गंगा मइया भीषण उफान पर थीं। गंगा की धार धाराप्रवाह प्रबल वेग से बहती जा रही थी। नाव अभी मँझधार में ही पहुँची थी कि वह अचानक भयंकर रूप से हिलने लगी। गाय डर के मारे गंगा नदी में कूद पड़ी। यह आकस्मिक दुर्घटना देखकर सभी लोग 'हाय-हाय' कर उठे, लेकिन निश्चयानंद भी छोड़ने वाले जीव नहीं थे। गुरु-वाक्य याद करते हुए वे तत्काल गंगा में कूद पड़े। यह देखकर सभी लोग और ज्यादा उद्विग्न हो उठे।

'स्वामी निश्चयानंद गाय के मुँह पर जल के छींटे मार-मारकर उसे किनारे की तरफ लाने की कोशिश करने लगे। लेकिन गाय समेत वे भी धार में बहने लगे। इसके बाद वे गाय को लेकर बड़े कष्ट से पूर्वी तट से पश्चिमी तट पर आए। लेकिन तट पर इतना कीचड़ था कि गाय को ऊपर खींच लाना असंभव हो आया। वे खुद तो बड़ी मुश्किल से ऊपर आ गए, मगर गाय ऊपर नहीं आ पाई। वे अति चितिंत हो आए। सौभाग्यवश उस जगह टूटी हुई नाव के बिखरे हुए काठ पर उनकी नजर पड़ी। वे सब काठ बटोर लाए! गाय के पैरों तले वे सब काठ बिछाकर बड़ी मुश्किल से गाय को ऊँचाई पर चढ़ाकर मठ

तक ले गए। मठ तक पहुँचते ही सभी लोग उन्हें भयंकर रूप से डाँटने-डपटने लगे।'

स्वाभी निश्चयानंद गाय ले आए हैं, यह खबर स्वामीजी के कानों तक भी पहुँच गई। उन्होंने स्वामी निश्चयानंद को बुला भेजा। जब वे वहाँ उपस्थित हुए, तो स्वामीजी ने उनसे पूछा कि उस गाय के लिए मूर्खों की तरह वे अपनी जान देने क्यों गए थे। स्वामी निश्वयानंद ने उत्तर दिया,'महाराज, आपने मुझे गाय लाने भेजा था। गाय छोड़कर मैं भला कैसे आता?' उनके इस उत्तर से स्वामीजी विशेष संतुष्ट हो गए। उन्होंने कहा,'ठीक! ठीक! मैंने ही तुमसे गाय लाने को कहा था, तुम भला उसे छोड़कर कैसे आते?'

स्वामीजी के अप्रत्याशित और आकस्मिक देह-त्याग से स्वामी निश्चयानंद इस कदर शोकार्त हो आए कि ४ जुलाई को उन्होंने तय किया कि वे कुछ ही दिनों में मठ छोड़कर चले जाएँगे। एक दिन स्वामी सारदानंद, महेंद्रनाथ दत्त (स्वामीजी के भाई) तथा और भी कई लोग मठ की तरफ के चबूतरे पर बैठे हुए थे। सभी शोकार्त!'स्वामी निश्चयानंद ने वहाँ जाकर कहा, 'मैं जिसके वास्ते यहाँ आया था, जब वे ही चले गए, तब मैं यहाँ नहीं रहूँगा। मैं जरूर चला जाऊँगा। जहाँ मेरा मन करेगा वहाँ जाकर रहूँगा। स्वामी सारदनंद ने उनसे काफी अनुरोध किया, उन्हें समझाया-बुझाया कि अगर वे अचानक चले गए, तो लोग कुछ और ही समझ लेंगे। उन्होंने दुबारा अनुरोध किया कि स्वामी निश्चयानंद कम-से-कम महीने भर मठ में ही रहें। उसके बाद कहीं अन्यत्र जाए।

और एक विवरण के मुताबिक, शोक-संतप्त निश्चयानंद से सारदानंद महाराज ने पूछा था, ''किस तरफ जाने का मन होता है?'' निश्चयानंद ने जवाब दिया, ''जिस तरफ नजर जाए।''

जिस दिन एक महीना पूरा हुआ, ठीक उसी दिन निश्चयानंद बेलूर से निकल पड़े। स्वामी कल्याणानंद की तरह वे भी फिर कभी वापस नहीं लौटे, हालाँकि स्वामीजी द्वारा निर्देशित कामों में उन्होंने अपने जीवन के बाकी वर्ष, को उत्सर्ग कर दिया।

मधुकरी वृत्ति के सहारे संन्यासी निश्चयानंद ने विभिन्न तीर्थों का पर्यटन किया। उसके बाद सन् १९०३ में कुंभ-मेले के समय वे हरिद्वार में हाजिर हुए। 'रमता' साधु की तरह घूमते-घूमते एक दिन एक नौजवान साधु से उनका परिचय हुआ। महेंद्रनाथ ने लिखा है, 'बातचीत से उन्हें समझ में आ गया कि वे भी स्वामी विवेकानंद के शिष्य हैं। वर्ष भर पहले वे बेलूर मठ से चले आए और कनखल के बाजार के नजदीक एक किराए के घर में दवा-पथ्य आदि द्वारा निराश्रित साधुओं की सेवा में नियुक्त हैं। चूँकि उन दोनों के लक्ष्य एक थे, इसलिए ये दोनों एक साथ एक जगह रहने लगे। उस नौजवान का नाम था—कल्याणानंद।'

एक सुयोग्य गुरुभाई को पाकर कल्याणानंद का मनोबल और उत्साह काफी बढ़

गया। उस समय का कुछ इतिहास, कनखल सेवाश्रम में, तत्कालीन वार्षिक विवरण और एकाउंट्स में बचा रह गया है। कनखल की पहली रिपोर्ट सन् १९०४ में प्रकशित हुई। इस पर दस्तखत किए थे मठ मिशन के सभापति स्वामी ब्रह्मानंद ने। एकाउंट्स पर हस्ताक्षर किए थे, मठ-मिशन के जनरल सेक्रेटरी स्वामी सारदानंद ने और ऑडीटर थे श्री बैकुंठनाथ सान्याल! यही बैकुंठनाथ सन् १८९० में तपस्या करने के लिए स्वामीजी के साथ ऋषिकेश आए थे। उनके साथ स्वामी तुरीषानंद और सारदानंद भी थे। चंडेश्वर महादेव मंदिर के नजदीक एक फूस की झोपड़ी में साधना में मगन रहते-रहते स्वामीजी स्वयं ज्वरग्रस्त हो गए। वहाँ चिकित्सा का अभाव था। स्वामीजी जब मूर्छित हो गए, उनके साथी हाय-हाय करने लगे। उस समय एक साधु आ पहुँचे और रोगी को मधु के साथ पीपल-चूर्ण खिलाकर उन्हें होश में ले आए। इसके बाद वे लोग स्वामीजी को लेकर हरिद्वार में हाजिर हुए। स्वामी ब्रह्मानंद उन दिनों कनखल में तपस्या कर रहे थे। खबर पाकर वे हरिद्वार में हाजिर हुए। स्वामीजी ने जब अपने प्रिय शिष्य, कल्याणानंद को हरिद्वार में सेवाश्रम खोलने का आदेश दिया था, तब जरूर उनकी स्मृति में चंडेश्वर मौजूद थे।

कनखल का प्राचीन नाम था—मायापुर! महाभारत में इस अंचल का नाम 'कुरुजांगल' है। हरिद्वार का नाम था—गंगाद्वार!

सेवाश्रम की छपी हुई पहली रिपोर्ट का निवेदन है कि दिसंबर १९०२ तक १८ महीने में १,०५४ रोगियों ने सेवा पाई। कनखल में इनडोर रोगी थे—१२८, आउटडोर में ५३६; ऋषिकेश में इनडोर रोगी थे—३६ और आउटडोर में ३५४। ऋषिकेश में सन् १९०२ के आरंभ में शाखा खोली गई। सन् १९०३ में कुल रोगी संख्या २,७०२ थी। उसके अगले वर्ष मरीजों की संख्या २,५०० हो गई। इनमें प्लेग के मरीज थे—२२ लोग। रिपोर्ट में जानकारी दी गई है कि अस्पताल के विविध दायित्वों के पालन के लिए कुल दो जन संन्यासी और एक ब्रह्मचारी थे। एक रसोइया भी था। इसके अलावा एक सफाई-कर्मचारी और एक सेवक था।

अप्रैल १९०३ में सेवाश्रम के लिए जो जमीन खरीदी गई, उसकी माप थी—१५ बीघा! मूल हरिद्वार में जमीन की कीमत बहुत ज्यादा थी, इसलिए कनखल का ही भरोसा था। यह जमीन खरीदने की कीमत कलकत्ता के एक सज्जन ने दी थी, लेकिन उस समय उन्होंने अपना नाम व्यक्त करने में अनिच्छा जताई थी।

तीन रुपए महीने किराए का घर छोड़कर सेवाश्रम शेखपूरा की निजी जमीन पर चला आया। वहाँ रोगियों की सेवा के लिए तीन कमरे तैयार किए गए थे। सेवाश्रम का पहला नक्शा स्वामी विज्ञानानंद ने (बाद में मठ-मिशन के सभापति) तैयार किया था। तैयार करने पर खर्च आया था—६,०१७ रुपए, जो बाबू भजनलाल लोहिया ने प्रदान किया था।

कनखल और ऋषिकेश सेवाश्रम में कुल १५ मील की दूरी! दो-दो सेवा-केंद्र चलाना अकेले कल्याणानंद के लिए असंभव हो उठा था, इसलिए ऋषिकेश सेवाश्रम कुछ दिन बंद रहा। निश्चयानंद के आ जाने पर बंद केंद्र दुबारा जीवंत हो उठा, बिलकुल भोर-भोर १५ मील का पहाड़ी रास्ता पैदल-पैदल तय करके निश्चयानंद प्रतिदिन ऋषिकेश पहुँच जाते थे। उनके साथ कल्याणानंद भी जरूर होते थे, उनके साथ होता था—दवा का बक्सा और मरीजों के लिए खाना। दोपहर के समय वे दोनों मधुकरी के लिए निकल पड़ते थे, क्योंकि मंजूर आहार पर उन दोनों का कोई अधिकार नहीं था। जरूरत पड़ने पर दोनों किसी भिक्षालय में जाकर अपनी भूख मिटाते थे और दुबारा रोगियों की खैर-खबर लेने वापस लौट आते थे और शाम को थककर अपने-अपने डेरे में लौट आते थे। यह व्यवस्था दिन-पर-दिन, महीने-दर-महीने, साल-दर-साल चलती रही। गरमी-सरदी-बरसात—किसी भी मौसम में कोई बदलाव नहीं आता था। इसके अलावा, सेवाश्रम चलाने के लिए सबसे दान और भिक्षा संग्रह करना बड़ा काम था!

मर्त्यलोक के इन युगल अश्विनी कुमार के बारे में महेंद्रनाथ ने लिखा है—'दोनों रोगियों के मल-मूत्र साफ करते थे और तरह-तरह से सेवा करते थे। अगर किसी रोगी की मृत्यु हो जाती थी, तो उसे बाँस के माचा पर लिटाकर, नंगे पाँव, प्रचंड धूप में, जलते पत्थरों पर पैदल-पैदल चलकर, ठोकर खाते-खाते नीलधारा या गंगा में जहाँ बहाव होता था, वहाँ शव को बहा आते थे। वे लोग कभी अपने शरीर की ओर दृष्टिपात् नहीं करते थे। उन लोगों के मन में कठोर सेवा का दायित्व प्रदीप्त हो उठा था और उससे अनुप्राणित होकर वे लोग अति-मानवीय, कठोर तपस्या में संलग्न रहे। कनखल में रहते हुए, बाद के समय में भी मैंने देखा है कि अभिमानशून्य, प्राधान्यस्पृहाशून्य, विलास की रेखा-मात्र वर्जित, जीर्ण परिधान और टूटी पादुका में ही ये लोग तृप्त रहकर जीवनयापन करते थे। आरंभ में जैसे सर्वत्यागी, सेवापरायण साधु-भाव, अंत में भी वही रूप! इसी सेवारूप तपस्या में उन लोगों ने अपना समस्त मन-प्राण उड़ेल दिया था।'

पुरातनपंथी साधु महल में मिशन की यह नई कार्य-धारा हमेशा मनःपूत नहीं थी, इसका भी संकेत महेंद्रनाथ के विवरण में मिला है—'आज भी अनेक साधु रामकृष्ण मिशन के साधुओं को 'मिशन साधु' कहकर, उन लोगों की अवज्ञा करते थे। यानी 'मिशन साधु' जाति-विचार किए बिना जनसाधारण की सेवा करते थे।'

सिर्फ बाहर के ही साधु नहीं, भीतर के अनेक लोगों के मन में भी इस सेवा-कार्य के बारे में संदेह था, यह बात स्वामी निश्चयानंद ने कनखल में रहने के समय ही समझ ली थी। महेंद्रनाथ ने यह घटना लिखने में कोई दुविधा नहीं की, इसलिए हम जान सके कि एक श्रद्धेय व्यक्ति ने उन दिनों कनखल सेवाश्रम में जाकर डेरा जमाया। 'एक दिन

यही श्रद्धेय व्यक्ति स्वामी निश्चयानंद को डिस्पेंसरी के कमरे में ले जाकर कहने लगे, 'यह सब डॉक्टरखाना, अस्पताल बनवाकर क्या फायदा? श्रीरामकृष्ण कहा करते थे कि भगवान की प्राप्ति होने पर क्या तुम बताओगे कि इतना-इतना अस्पताल बनावाया, इतने डॉक्टरखाने खोले? साधन-भजन करके भगवान-लाभ करना ही जीवन का एकमात्र उद्‌देश्य होता है।' इस तरह ढेरों बतकही के बहाने उन्होंने उपदेश देना शुरू कर दिया। स्वामी निश्चयानंद ठहरे कर्मचारी! समूची जिंदगी देकर उन्होंने बीमारों की सेवा के लिए कनखल के जंगल के भीतर सेवाश्रम स्थापित किया था। उन सज्जन की बातों से उनके प्राणों को बड़ा आघात पहुँचा।'

महेंद्रनाथ के खामोश रहने के बावजूद अन्यान्य सूत्रों से हमें जानकारी मिलती है कि यह श्रद्धेय व्यक्ति श्रीश्रीरामकृष्ण कथामृत के सृष्टा श्रीम थे। उनकी बातें सुनकर निश्चयानंद अपने आँसू नहीं रोक पाए। उन्होंने हाथ जोड़कर मास्टर महाशय से कहा था, "देखिए, मैं तो स्वामीजी का गुलाम हूँ। साधन-भजन मैं कुछ नहीं जानता। उनका काम करना ही मेरा जीवनव्रत है।"

निष्क्रिय त्याग और वैराग्य के बारे में विवेकानंद-विशारदवर्ग पिछली एक शती से यथेष्ट चर्चा करते रहे हैं। कथा-प्रसंग में निश्चय ही भगवान बुद्ध के सक्रिय त्याग और वैराग्य का भी उल्लेख होता है, खासकर उनकी वाणी—बहुजन हिताय, बहुजन सुखाय! महेंद्रनाथ की राय में भगवान बुद्ध के बाद स्वामी विवेकानंद ही दूसरे ऐसे व्यक्ति हैं, जिन्होंने यह उदार भाव प्रसारित किया। बुद्ध ने हाथ में कमंडल, मुंडित मस्तक, स्थिर नेत्रों से कहा, "जाति के पुरातन भाव का मैं सम्मान करूँगा, निस्तेज भाव, संकीर्ण भाव, रोरुद्यमान भाव, गैं जड़ से उखाड़ फेकूँगा···आज से मैंने जगत् का समस्त दायित्व ग्रहण किया।" मुंडित मस्तक, हाथ में दंड और कमंडल लिए गौरिक वसनधारी विवेकानंद ने भी कहा, "मैं प्राचीन भावों का सम्मान करूँगा, लेकिन मुमूर्षु, रोरुद्यमान भाव, संकीर्ण भाव, हीन भाव, जड़ से मिटा दूँगा। मैं डाल-पत्ते-जड़ समेत उखाड़ फेंकूँगा! नया भारत, नए जगत् की सृष्टि करूँगा। आज से मैं समस्त जगत् का दायित्व ग्रहण करता हूँ।"

स्वामी निश्चयानंद के जीवनीकार ने हिसाब करके दिखाया है कि एक समय उन्हें प्रतिदिन छत्तीस मील पैदल चलना पड़ता था। एक और बात! निश्चयानंद कनखल में भी मच्छरदानी इस्तेमाल नहीं करते थे। बेलूर मठ में रहते हुए यह संन्यासी मशहरीविहीन रहते थे। बड़े-बड़े मच्छरों के डंक से समूचा शरीर क्षत-विक्षत! बेलूर में बिस्तर पर खून के दाग देखकर एक दिन स्वामीजी ने काफी डाँट लगाई। निश्चयानंद ने कहा, "स्वामीजी, मैं तो भोग करने नहीं आया।" स्वामीजी अपने शिष्य को समझ गए और उन्होंने कहा, "चलो, ठीक है! अभी ऐसा ही चले। लेकिन जब जरूरत हो तब मशहरी लगा लेना।"

कनखल में भी यही स्थिति! मशहरी का नामोनिशान नहीं! महाप्रयाण (२२ अक्तूबर, १९३४) के कुल कई दिन पहले कल्याणानंद ने उन्हें स्वामीजी की हिदायत याद दिलाकर उन्हें मशहरी इस्तेमाल करने के लिए राजी कर लिया था।

स्वामी निश्चयानंद की गुरु-भक्ति की जितनी कहानियाँ यत्र-तत्र बिखरी पड़ी हैं, उन्हें अगर सही तरह संग्रह किया जाए, तो पूरी एक किताब बन जाए। कनखल में सुबह-सुबह बिस्तर छोड़ने के बाद स्वामी निश्चयानंद जब बाहर निकल पड़ते थे, तब उनका चेहरा गमछे से ढका रहता था। उसी मुद्रा में वे गुरुजी की तसवीर तक पहुँच जाते थे। स्वामीजी को प्रणाम करने के बाद ही यह भक्त अवगुंठन-मुक्त होता था।

और भी एक मजेदार बात! उम्र में निश्चयानंद अपने गुरुभाई कल्याणानंद से नौ वर्ष बड़े थे, लेकिन अपने से छोटे का ही बड़े भाई की तरह सम्मान करते थे। हरिद्वार और कनखल के लोगों के लिए भी वे 'छोटे स्वामी' थे। 'बड़े स्वामी' निश्चित रूप से उनके छोटे भाई कल्याणानंद थे।

निश्चयानंद का कामकाज काफी व्यवस्थित होता था। गुरुदेव विवेकानंद हिसाब-किताब के मामले में काफी खोजबीन करते थे, यह बात उनके किसी भी शिष्य के लिए अनजानी नहीं थी। काशी के सेवाश्रम के प्रसंग में स्वामीजी सिर्फ सेवा-यत्न की ही खोज-खबर नहीं लेते थे, सभी को सेवाश्रम का सटीक हिसाब-पत्तर रखने को भी कहते थे। उनका कठोर निर्देश था—'जो लोग भी जिस उद्देश्य से अर्थ दें, उस रकम का उसी अर्थ में, उसी उद्देश्य में खर्च करना उचित है।'

निरंतर परिश्रम और अत्यधिक कठिन जीवनयात्रा ने आखिरकार निश्चयानंद की सेहत पर भी छाया डाली। वे एक खटिया पर सोते थे, खटिया पर एक चादर पड़ी होती थी; खाना-पीना भी मामूली! एक दिन की भी छुट्टी नहीं लेते थे। वह जो सेवाश्रम में उपस्थित हुए थे, उस दिन से लेकर किसी दिन भी उन्हें छुट्टी लेने का खयाल नहीं आया। सन् १९३२ की बरसात के मौसम में वे गैस्ट्रिक अल्सर से मरणासन्न हो आए। उन दिनों कल्याणानंद की भी सेहत ठीक नहीं रहती थी। सेहत ठीक करने के लिए उन्हें जोर-जबर्दस्ती मायावती आश्रम भेजा गया था। फलस्वरूप सेवाश्रम का दायित्व, निश्चयानंद पर आ पड़ा था।

खाना-पीना सिर्फ भिक्षा पर निर्भर था। एक उदाहरण दिया जा सकता है। एक समय वे स्थानीय कैलाश मठ में नित्य भिक्षा लेने जाया करते थे। मठ के अध्यक्ष गिरीजी महाराज उनके भक्त थे। जब वे मौजूद रहते थे, उन्हें कोई असुविधा नहीं होती थी। लेकिन एक बार गिरीजा महाराज अपने दल-बल समेत कुछ दिनों के लिए अन्यत्र गए हुए थे। जाते समय वे निश्चयानंद के लिए जरूरी निर्देश नए भंडारी को दे गए थे। पहले

दिन तो भंडारी उन्हें पहचान ही नहीं पाया। उस पर से वे नंगे पाँव, दीन-हीन मलिन वसन में थे। इसके अलावा उनके कंधे पर दवा की टूटी-फूटी बकसिया। भंडारी ने बेहिचक उस कंगालवेशी साधु से कह दिया कि यहाँ बाहरी साधु को भोजन कराने की व्यवस्था नहीं है। 'अभिमानशून्य निश्चयानंद, मुसकराते हुए लौट गए और उन्होंने काली कमली भिक्षालय में भिक्षा ग्रहण की। उसके बाद वे कैलाश मठ में नहीं गए।'

अध्यक्ष धनराज गिरी जब लौटकर आए और निश्चयानंद को प्रतिदिन आते न देखकर उन्होंने उनके बारे में पूछताछ की। उन्होंने भंडारी को खूब डाँटा और उन्हें निश्चयानंद के पास भेजा। चाहे जैसे भी हो उन्हें वापस ले आना होगा। भंडारी महोदय इसके बाद निश्चयानंद से जाकर मिले और उनके पाँव पकड़कर उन्होंने क्षमा-याचना की। 'निश्चयानंद तब यहाँ सकपका गए। भंडारी के अनुरोध पर वे दुबारा कैलाश मठ में गए और उस दिन से पहले की तरह ही कैलाश से ही भिक्षा लेने लगे।'

देहत्याग के दो हफ्ते पहले भी कार्य-पागल निश्चयानंद का एक संक्षिप्त विवरण हमारे पास मौजूद है। मोटे से कंबल से अपने दोनों पाँव ढके बैठे हुए वे सेवाश्रम का हिसाब-पत्तर देख रहे थे। वे आराम क्यों नहीं करते, यह पूछने पर निश्चयानंद ने कहा, "यह तो ठाकुर की सेवा है! स्वामीजी का काम! हमारा तो अभी भी सारा काम पूरा नहीं हुआ। माटी-कादा हालत में रहें, तो सारा-का-सारा नहीं उठता, लेकिन सूख जाने पर सब अपने आप ही झर जाएगा।'

हिसाब-पत्तर पर निश्चयानंद की हर पल नजर रहती थी। 'आश्रम के फंड में एक दिन एक धेला अतिरिक्त मिला। फंड-रक्षक साधु से निश्चयानंद हर महीने इस धेले के भी हिसाब के बारे में नियमित पूछताछ करते थे।'

कनखल में १५ बीघा जमीन डेढ़ हजार रुपए में खरीद तो ली गई, मगर शुरू-शुरू में मकान खड़ा करने जितना धन नहीं था। इसलिए तीन कच्ची झोपड़ी बनाकर ही काम चलता था। संन्यासी लोग सिर्फ अछूत, चमारों की बस्ती में ही नहीं घूमते थे, बल्कि बीमार लोगों का मल-मूत्र भी अपने हाथों से साफ करने में दुविधा नहीं करते थे। इसके फलस्वरूप जहाँ प्रशंसा मिलती थी, वहीं बदनामी भी मिलती थी। दोनों साधुओं का नाम पड़ गया—भंगी साधु, क्योंकि मल-मूत्र साफ करना मेहतरों का काम था। फलस्वरूप इतनी और इस ढंग की सेवा करने के बावजूद दोनों संन्यासी प्रायः बिरादरी से बाहर हो गए थे। साधुओं के किसी भी अनुष्ठान में ये लोग आमंत्रित नहीं होते थे।

स्वामी सर्वगतानंद ने इन अछूत, भंगी साधु-जीवन का एक अविस्मरणीय वृत्तांत दिया है। इस कहानी के मूल में और भी एक उदारहृदय संन्यासी श्रीमत् स्वामी धनराज गिरी भी शामिल थे, जो शंकराचार्य के ऋषिकेश में स्थित कैलाश मठ के मंडलेश्वर थे।

स्वयं स्वामी विवेकानंद जब ऋषिकेश में थे, श्रीमत् धनराज गिरीजी से भी परिचित हुए और दोनों के बीच शास्त्र-चर्चा भी हुई थी। बाद में स्वामी अभयानंद भी उनके पास गए थे और उन्होंने कुछ दिन वहाँ वेदांत अध्ययन भी किया था। भजनलाल लोहिया और हरसहाय मल शुकदेव दास—ये दोनों धन-कुबेर भी उनसे मिले थे और एक मठ या धर्मशाला निर्माण कराने की इच्छा व्यक्त की थी। प्रसन्न-हृदय धनराज गिरी ने उन लोगों को परामर्श दिया कि विवेकानंद के दो शिष्य यहाँ क्या-क्या काम कर रहे हैं, जरा उसकी खोज-खबर लें। दोनों मित्र सेवाश्रम का कामकाज देखकर अवाक् रह गए। उन दोनों ने सेवाश्रम के लिए घर बनाने का खर्च स्वयं वहन किया। सन् १९०५ के प्रारंभ में इस भवन का उद्‌बोधन हुआ।

भंगी-समस्या की चर्चा सन् १९१० में एक बार फिर उठी। उस बार धनराज गिरी के आगमन के उपलक्ष्य में मठ में विशेष भंडारे का प्रबंध किया गया था। आसपास जहाँ कहीं, जितने भी साधु थे, सभी भंडारे के महाभोज में आमंत्रित थे। धनराज गिरी ने अपने साधुओं से पूछा, "सुना है, विवेकानंद के दो शिष्य भी, यहीं कहीं आसपास रहते हैं। उन दोनों को जानते हो?" "हाँ, ये दोनों नजदीक ही रहते हैं। लेकिन मामला सुविधाजनक नहीं है। ये दोनों भंगी साधु हैं। ऐसा-ऐसा नीचा कर्म करते हैं कि..." धनराज ने जानना चाहा, "क्या करते हैं, ये लोग?" "ये लोग मेहतर का भी काम करते हैं।" जवाब मिला। "नीचा-काम? तुम लोग बीमार पड़ते हो, तो कहाँ जाते हो? अस्पताल नहीं जाते तुम लोग?" "जी-हाँ, हम लोग जाते तो हैं।" धनराज ने फिर कहा, "यानी जरूरत पड़ने पर तुम लोग उनके सेवाश्रम में जाते तो हो; इलाज कराते हो, और तुम लोग ही उन्हें भंगी साधु कहते हो। जाओ, उन दोनों को भंडारे में आमंत्रित कर आओ।" उन दोनों अतिथियों को सादर लिवा लाने के लिए धनराज गिरी ने अपने एक संन्यासी को भेजा!

स्वामी कल्याणानंद तो राजी हो गए, मगर निश्चयानंद हिलनेवाले जीव नहीं थे। उन्होंने सीधे-सीधे कह दिया, "मुझे नहीं जाना!" फलस्वरूप स्वामी कल्याणानंद भी उस भंडारे में नहीं जा सके। दूत वापस लौट आया और उसने धनराज गिरी को बताया कि दोनों स्वामी इस भोज में आने को राजी नहीं हैं। धनराज गिरी भी छोड़नेवाले जीव नहीं थे। उन्होंने दूत से कहा, "दुबारा जाओ और उनसे कहना कि मैं चाहता हूँ कि वे दोनों भोज में आएँ।" यह बात सुनकर स्वामी कल्याणानंद ने अपने गुरुभाई से कहा, "धनराज गिरी को आहत करना सही नहीं होगा।" निश्चयानंद का साफ-साफ उत्तर था, "मैं क्यों जाऊँ? हम उन पर तो निर्भर करते नहीं! हम क्यों जाएँ? एक दिन भूरि भोज, अगले दिन से फिर वही रूखी-सूखी रोटी!"

तरुण संन्यासी हताश होकर लौट आए, धनराज गिरी को यह खबर मिल गई।

अब उन्होंने सेक्रेटरी को जाने का निर्देश दिया—"उन दोनों को चाहे जैसे भी हो, ले आओ। उनसे कहना, अगर वे नहीं आए, तो यहाँ उत्सव बंद!" उस साधु ने आकर उन दोनों गुरुभाइयों से कहा, "दया, करके चलें। आप दोनों अगर नहीं आए, तो महाराज अनुष्ठान शुरू नहीं करेंगे।" अब देर भी होती जा रही थी! घड़ी में दो बज रहे थे। निश्चयानंद फिर भी जाने को राजी नहीं हुए। लेकिन कल्याणानंद ने कहा, "देखो, धनराज गिरी का मुँह देखकर ही हमें जाना चाहिए। यही बेहतर होगा। एक भलेमानस संन्यासी ने हमें निमंत्रण भेजा है, हमें उनका सम्मान रखना चाहिए।" इस बार सुफल हुआ और दोनों भाई भंडारे में शामिल होने के लिए सेवाश्रम से निकल पड़े।

मठ के द्वार पर ही स्वयं धनराज गिरी ने उन दोनों विवेकानंद-शिष्यों का स्वागत किया। सबको विस्मित करते हुए मंडलेश्वर ने पहले उन दोनों को गले लगाया और उसके बाद सिर झुकाकर प्रणाम किया। यह देखकर वहाँ उपस्थित सभी साधु अवाक् रह गए। उन लोगों को अपनी आँखों पर विश्वास नहीं आया। अब वे दोनों विवेकानंद शरणागत् को लेकर मठ के अंदर चले गए और भंडारा प्रांगण में उन दोनों को आमने-सामने बिठा दिया। समवेत साधुओं को संबोधित करते हुए उन्होंने कहा, "आप सब लोग समझते हैं कि आप लोग ही महान् साधु हैं। अगर असली साधुओं की खोज की जाए, तो यही दो जन हैं। ये दोनों लोग दरिद्रनारायण की सेवा में एक अद्‌भुत जीवनयापन करते हैं। इन लोगों के आदर्श हैं—स्वामी विवेकानंद! ये लोग नए युग के नए आदर्श हैं। आप लोग जब रोग के शिकार होते हैं, तो ये ही लोग आप लोगों की सेवा करते हैं और बदले में आप लोग इन्हें भंगी साधु कहते हैं।" इस तरह सभी साधुओं की भर्त्सना करते हुए उन्होंने कल्याणानंद और निश्चयानंनद से कहा, "जिन सब अपमान का बोझ आपको वहन करना पड़ा है, उसके लिए आप दोनों मुझे क्षमा करें।" उन्होंने स्वयं क्षमा माँगी। अब संन्यासी-द्वय ने कहा, "महाराज, आप इस तरह हमें लज्जित न करें। हम यहाँ का अपमान-अपवाद दिल से नहीं लगाते।"

सेवाश्रम की एक और कहानी स्वामी सर्वगतानंद ने हमें सुनाई है। निश्चयानंद के देहावसान के छह महीने बाद (७ फरवरी, १९३५) तरुण नारायण ब्रह्मचारी ने कनखल में सेवाश्रम का कामकाज शुरू किया। हिसाब के रजिस्टर की जाँच करते हुए उन्होंने देखा कि निश्चयानंद की अभिलाषा थी कि वे यहाँ अपने गुरु विवेकानंद की एक मर्मरमूर्ति स्थापित करेंगे। कल्याणानंदजी से पूछने पर उन्होंने बताया कि निश्चय ही बड़ी साध थी कि किसी ऊँची वेदी पर स्वामीजी की सुंदर सी मूर्ति शोभित हो। लेकिन निश्चय रुपये नहीं जुटा सका। बस, किसी तरह लगभग दो हजार रुपए जमा कर पाया था।

'जब भी मौका मिला मैं थोड़े-थोड़े रुपए उस फंड में जमा करने लगा। धीरे-धीरे

चार-पाँच हजार रुपए जमा हो गए। उसी समय (१९३४) कनखल से कराची सेंटर में मेरी बदली हो गई। वहाँ मुझे खबर मिली कि उस फंड को जनरल फंड में मिला दिया गया है। मैंने विरोध किया। वैसे विरोध करने का हमें अधिकार नहीं है। एक महान् संन्यासी की इच्छा थी कि स्वामीजी की मर्मरमूर्ति की स्थापना हो। हमें चाहिए कि उनकी इच्छा का हम सम्मान करें। फंड अलग रहे, उसमें थोड़े-थोड़े ब्याज़ जमा होता रहे। बाद में किसी समय, कोई-न-कोई इस कल्पना को रूपायित कर सकेंगे। यह सन् १९४४-४५ की घटना है। सन् १९६० में विवेकानंद के शतवर्ष उद्यापन-पर्व में इस फंड की याद हो आई। जो लोग स्वामी निश्चयानंद को जानते थे और उन्हें बेहद प्यार करते थे, उन लोगों ने कहा कि वे लोग यह मूर्ति तैयार करने के लिए रुपए उगाह देंगे। उन लोगों ने अपनी बात रखी थी और अंत में स्वामीजी की एक खूबसूरत सी मूर्ति प्रतिष्ठित हुई।'

□

निश्चयानंद पर्व में उनकी छवि आँकते हुए कल्याणानंदजी के बारे में हमने थोड़ा कम कहा है, खैर उपकरण का अभाव नहीं है। विभिन्न स्मृतिकथा के अलावा हमारे हाथ में स्वामी सर्वगतानंद का विवरण मौजूद है। उनके विवरण में कल्याणानंद के जीवन में अंतिम दिनों की कथा है। रुपए-आने-पाई और विभिन्न परिसंख्याओं से परे भी इस रचना में एक ऐसे इनसान के दर्शन होते हैं, जो हमें आश्चर्य में डाल देता है। कहाँ तो अति कम उम्र में पितृहीन होकर बारिसल के हनुआ गाँव से उमेशचंद्र गुहा की इकलौती संतान, दक्षिणारंजन; कहाँ बेलूर मठ और कहाँ कनखल। भाग्य के विधान में कैसी विचित्र जीवनलीला! जिसे पढ़ते हुए अविश्वस्य लगता है, दो जन संसार-विरागी, एक ही दिन में स्वामीजी के हाथों संन्यास की दीक्षा ली—दूसरे थे स्वामी आत्मानंद (सुकुल महाराज)। सेवा-कार्य का श्रीगणेश अंतिम शय्या पर शायित स्वामीजी के गुरुभाई स्वामी योगानंद की सेवा से हुआ। महीने भर तक यही काम करते हुए तरुण दक्षिणारंजन की आँखें खुल गई थीं।

स्वामीजी का निर्देश बिलकुल स्पष्ट था। अपने अनुभवों के आलोक में, तरुण संन्यासी-शिष्य को उन्होंने मेरठ के बारे में अपना अनुभव सुनाया था। वहाँ अस्पताल तो था, मगर कितने लोग उसमें प्रवेश का मौका पाते हैं? हरिद्वार में अस्पताल-स्थापना का परामर्श स्वामीजी का ही था। उन्होंने कहा था। सड़क पर अगर किसी बीमार को देखो, तो उसे अपनी झोपड़ी में उठा लाना और उसका इलाज करना।

कनखल में जमीन खरीदने की वजह थी? उन दिनों ही हरिद्वार काफी घना और भीड़भाड़ भरा हो चुका था; खुली-खुली खाली जगह पाना मुश्किल था। कनखल में जमीन खरीदकर, जब वहाँ कच्चा घर बनाने का काम शुरू हुआ, उस वक्त भी लोगों की

समझ में यह नहीं आ रहा था कि वहाँ बनेगा क्या। कल्याण महाराज ने जानकारी दी कि वहाँ डॉक्टरी क्लिनिक बनेगा, ताकि इनसानों को इलाज कराने का मौका मिले। स्थानीय लोगों में भी किसी-किसी ने सहायता के लिए हाथ बढ़ा दिया। उन्होंने खूबसूरत सी फूस की झोपड़ी तैयार की—उसमें एक कोठरी रोगियों के लिए और एक छोटी कोठरी अपने रहने के लिए।

उस समय ठाकुर के साक्षात् शिष्य स्वामी निरंजनानंद हरिद्वार आए थे। ठाकुर श्रीरामकृष्ण ने उनके बारे में कहा—देखो न, निरंजन किसी भी चीज में लिप्त नहीं है। वह अपने रुपए-पैसों से गरीबों को डॉक्टरखाना ले जाता है। उन्हीं के द्वारा छिपाकर रखी गई ठाकुर की भस्मास्थि को बाद में आत्माराम के डिब्बे में स्थान मिला। अमेरिका से लौटते हुए रास्ते में स्वामीजी की अभ्यर्थना के लिए निरंजनानंद, कलकत्ता से कोलंबो हाजिर हुए। किसी समय स्वास्थ्य-लाभ के लिए उन्होंने हरिद्वार रहने का निर्णय लिया।

हरिद्वार में स्वामी निरंजनानंद को कल्याणानंद की खबर मिली। वे स्वस्थ और सख्त शरीर के मालिक थे। बड़े-बड़े काठ के कड़ी-वर्गा, वे अनायास ही उठाकर, अपने हाथों से यथास्थान लगा देते थे। कनखल में कार्यस्थल में काठ का एक विराट विम पड़ा हुआ था। उसे उठाने के लिए आदमी नहीं मिल रहा था। तब दो लोगों ने मिलकर आसानी से उसे उठाकर यथास्थान लगा दिया। हरिद्वार में ही आकस्मिक हैजे में स्वामी निरंजनानंद की मृत्यु हो गई। उसके कुछ ही महीनों बाद निश्चयानंद हरिद्वार में हाजिर हुए। वे भी काफी सबल थे और कामकाज से डरते नहीं थे। वे खुशी-खुशी कल्याणानंद के सहयोगी बन गए। जब वे भिक्षा के लिए निकलते थे, तो कल्याणानंद के लिए भी आहार जुटा लाते थे, क्योंकि कल्याणानंद अकसर ही अपना काम निपटाने के बाद ही भिक्षा के लिए निकलते थे।

स्वामी सर्वगतानंद ने अपने शुरू के कई दिनों की कनखल-अभिज्ञता, सहज भाव से लिख डाली है। 'अस्पताल के हिसाब-किताब के अलावा मैं प्राय: हर पल कल्याणानंद की छाया बनकर उनका अनुसरण करता था। वे जहाँ भी जाते थे, जो भी करते थे, उन सबका मैं नीरव साक्षी हूँ। उस समय तक मुझे अन्य कोई काम या दायित्व नहीं दिया गया था। कई हफ्ते इसी तरह बिताने के बाद मैंने उनसे फिर कहा, "मैं अस्पताल में काम करना चाहता हूँ।"

"ठीक है, तुम वहाँ जाओ और पूछो कि वे लोग तुम्हें क्या काम देना चाहते हैं।" स्वामी कल्याणानंद ने कहा।

"मुझे वहाँ निर्देश दिया गया—वार्ड की सफाई करो। मैंने मेहतरानी से सीख लिया कि पीकदान कैसे साफ किया जाता है; बैडपैन की सफाई के लिए एक किस्म का

ब्रश कैसे इस्तेमाल किया जाता है। लेकिन महाराज जब भी चाहते थे, मुझे उनका संगी होना पड़ता है। जब वे रोगियों को देखने के लिए राउंड पर निकलते थे, तब मुझे निश्चित रूप से उनके साथ होना पड़ता है।'

जब वे बागवानी की देखभाल के लिए निकलते थे, उस वक्त भी मैं साथ होता था। वे चाहते हैं कि सेवाश्रम का सबकुछ मैं जान लूँ। ये रोगी कौन हैं, बागान में क्या हो रहा है—ये सबकुछ!

'एक दिन उन्होंने मुझसे पूछा, 'आशा करता हूँ कि आज तुम बागान में गए होगे। छोटे से उस मैग्नोलिया के पेड़ में कितने फूल आए हैं?' मैं बता नहीं सका। मैंने उतने गौर से नहीं देखा था।

'जानते हो, वह एक स्पेशल पेड़ है। इन सबकी ओर अगर तुम नजर रखो, तो बेहतर होगा।' कल्याण महाराज के सवालों का लहजा ऐसा था, मानो मैं सबकुछ गौर से देखूँ।

'अन्य एक दिन उन्होंने किसी एक रोगी के बारे में खैर-खबर जाननी चाही। मैं उत्तर नहीं दे सका। उनका मंतव्य था, तुम जब राउंड पर निकलते हो, तो अस्पताल में कहाँ क्या हो रहा है, क्या तुम नजर नहीं रखते?

'उस रोगी की खबर लेने मैं तत्काल भागकर अस्पताल जा पहुँचा, इस तरह महाराज के राउंड देने से पहले ही मैं खुद एक राउंड लगाना सीख गया।

'अभिज्ञ मैं समझ गया हूँ कि मुझे प्रत्येक रोगी की खोज-खबर लेनी होगी; सीरियस रोगियों की सारी खबर मुझे महाराज को पहले ही देनी होगी।

'इस पर्व में महाराज खुद भी डायबिटीज के शिकार हो गए। फलस्वरूप अगर किसी दिन वे खुद राउंड पर नहीं जा पाते, तो सारी छोटी-मोटी खबरें मुझे ही देनी पड़ती थीं। इस तरह महाराज ने धीरे-धीरे मुझे सिखा दिया कि अस्पताल का सारा काम वे कैसे निपटाते हैं।

महाराज की दैनंदिन रूटीन याद रखने लायक थी।

'सब लोगों के नाश्ता कर लेने के बाद मुझे महाराज के कमरे में जाना पड़ता है। वहाँ मैं उनका संगी बन जाता हूँ। अस्पताल के विभिन्न वार्ड, बागान, गोशाला, लाइब्रेरी, मंदिर!'

'उसके बाद हमारा लक्ष्यस्थल रसोईघर! वहाँ महाराजजी के साथ थोड़ी सी बातचीत, उसके बाद महाराज अपने कमरें में लौट आते हैं। अस्पताल जाने से पहले महाराज थोड़ा कुछ खा लेते है। डॉक्टर तो रोगियों के यहाँ 'विजिट' करते हैं, लेकिन महाराज प्रत्येक रोगी के बेड के पास जाते-ही-जाते हैं, उसका हाल-समाचार जानना चाहते हैं! रोगी कैसा है? किस हालत में है? उसे कौन-कौन सी दवा और पथ्य दिया जा

रहा है? पिछली रात उसे ठीक तरह नींद आई या नहीं? अस्पताल के ३५-४५ इनडोर रोगियों के साथ वे काफी सारा समय खर्च करते हैं। कभी रोगी के सिरहाने जा बैठते हैं, उनकी बातचीत में दया और प्यार, दोनों ही बेभाव भरता रहता है। रोगी को अगर खास कोई जरूरत होती है, तो वे डॉक्टर को बुला भेजते हैं या मुझे निर्देश देते हैं। यही है महाराज के रोजमर्रा की रूटीन।'

'कल्याण' महाराज ज्यादा बातें करनेवाले इनसान नहीं थे। वे मितभाषी इनसान थे। बातें नहीं, कामों में, खासकर अपने आचरण के जरिए आध्यात्मिक शिक्षा देने में विश्वास रखते थे। इसलिए हम सब, हरदम, हर पल उस इनसान को बेहद करीब से, बेहद गौर से निरखा-परखा करते थे। एक दिन सुबह-सुबह कई-एक ब्रह्मचारी पैदल-पैदल डिस्पेंसरी की तरफ जा रहे थे। महाराज ने गौर किया कि उनमें से एक कर्मचारी का मुँह लटका हुआ है।

'महाराज की नजर से छिपना मुश्किल था। उन्होंने उसे आवाज देकर बुलाया। उन्होंने पूछा,'क्या बात है? तुम्हारी सूरत लटकी हुई क्यों है? क्या हुआ है? रात को अच्छी तरह नींद तो आई थी न? आज सुबह नाश्ता किया था न?'

उस ब्रह्मचारी के चेहरे पर तब भी बदली छायी रही। अब महाराज ने कहा, 'सुनो, तुम अस्पताल के सेवक हो। वहाँ लोग बीमार होकर लेटे हुए हैं। तुम्हारा काम है उन लोगों के चेहरे पर हँसी खिलाना; रोगी को चंगा कर देना। लेकिन अगर तुम्हारा ही चेहरा लटका रहेगा, तो तुम यह काम कैसे करोगे? अपना यह सूजा हुआ चेहरा लेकर, उनके पास मत जाना! बल्कि तुम मंदिर चले जाओ, ठाकुर श्रीरामकृष्ण के सामने प्रार्थना करो। उसके बाद अपने चेहरे पर हँसी खिलाकर, खुश-खुश मन से डिस्पेंसरी में जाना।'

कल्याण महाराज यह बिलकुल नहीं चाहते थे कि कोई चेहरे पर खुशी के भाव खिलाए बिना, मुँह फुलाए हुए, अस्पताल के कामों पर जाए। वे अकसर ही कहा करते थे, 'तुम सब यहाँ अपने मन की खुशी से आए हो। खुश रहो, दूसरों को खुशी दो। यही सबसे बड़ी बात है यहाँ।'

इसी प्रसंग में महाराज ईसा मसीह को भी खींच लाते थे। ईशु ने कहा है, 'चेहरे पर दुःख के भाव लाकर उपवास मत करो।' 'ममुकिन है, तुम कठोर आत्मसंयमी, क्लिष्ट जीवनयापन कर रहे हो, लेकिन इसके लिए तुम उदास या अवसादग्रस्त क्यों दिखो?'

संन्यासियों को अस्पताल भेजने से पहले महाराज अकसर ही तरह-तरह की बातें करते थे। वे चाहते थे कि वे लोग चंगे हो उठें, प्रेरणा और प्रोत्साहन से भरकर अपने काम पर जाएँ।

सच तो यह था कि महाराज की बातचीत की भंगिमा ही बिलकुल अनन्य थी। वे कहा करते थे, 'देखो, हमारे यहाँ मंदिर भी है, अस्पताल भी है। तुम लोग फूल-फल लेकर मंदिर जाते हो, साथ में स्तुति करते हो, नाम-गान करते हो, स्त्रोत-पाठ और मंत्र-पाठ करते हो और अस्पताल में तुम्हारे साथ होता है पथ्य और दवा! दोनों में कोई अंतर नहीं! बिलकुल एक जैसा मामला है। जो कुछ हम मंदिर में करते हैं और जो हम अस्पताल में करते हैं—दोनों अलग-अलग नहीं हैं। यही है स्वामी विवेकानंद का आदर्श! इसलिए दोनों जगह एक जैसी ही मानसिकता लेकर जाना होगा।'

महाराज यह भी कहते थे,'सबकुछ अत्यंत सावधान ढंग से, सचेतन भाव से साफ-सुथरा, परिष्कार रखना! रोगी को प्यार, करुणा और सहानुभूति दिखाओ! उन लोगों को तुम्हारी सहायता की जरूरत है।'

एक और दिन की बात भी याद है। उन्होंने व्याख्या की 'अस्पताल' न कहकर हम 'रोगीनिवास' क्यों कहते हैं? हमें अतिथिसेवी यानी 'हॉस्पिटेबल' होना होगा। इनसान जब हमारे पास आता है, हमें जो देना है, वह है 'हॉस्पिटैलिटी' यानी अतिथि सेवा! यह बात भूलने से नहीं चलेगा।

इसके बाद ही महाराज ने पूछा, 'बताओ 'अंग्रेजी' में 'पेशेंट' (रोगी) शब्द का अर्थ क्या है? उन लोगों से अपने व्यवहार में, आचरण में हमें धैर्य यानी 'पेशेंस' दिखाना होगा। रोगियों को 'पेशेंट' इसलिए कहा जाता है, क्योंकि वे लोग हमें सिखाते हैं कि किस ढंग से धैर्यशील होना चाहिए।'

कनखल के सेवाश्रम के रोगियों के प्रसंग में संन्यासी लोग जो कहते थे करीब-करीब वही भावधारा वाराणसी के रामकृष्ण सेवाश्रम में भी प्रवाहित होती थी। वहाँ के अन्यतम प्राणपुरुष थे—स्वामी अचलानंद! स्वयं स्वामी विवेकानंद अपने इस प्रिय शिष्य को 'केदार बाबा' कहकर बुलाते थे। वाराणसी सेवाश्रम के एक वृद्ध संन्यासी ने केदार बाबा की कुछेक स्मृतियाँ हमें उपहार दी हैं।

'अन्य एक नवागत साधु, मेरे सहकर्मी मेरे साथ थे। मैं केदार बाबा को प्रणाम करने गया था।

उनके सामने जाकर खड़े होते ही उन्होंने कहा, 'आओ! आज कितने नारायण आए? उन लोगों की क्या सेवा की, बताओ?'

मैंने हाथ जोड़कर निवेदन किया, 'महाराज, आज चार नारायण भरती हुए हैं।'

मैंने उन्हें बताया कि किसको क्या बीमारी है। मेरे बंधु साधु ने बाद में जानकारी दी, 'मेरे वार्ड में दो पेशेंट (मरीज) आए हैं।'

मैंने गौर किया, मेरे बंधु की बात सुनकर केदार बाबा गंभीर हो गए। उन्होंने एक

शब्द भी नहीं कहा, थोड़ा ठहरकर उन्होंने मेरी तरफ देखकर कहना शुरू किया, "तुम लोग खूब भाव से सेवा करना। ऐसा करके तुम्हारा भी कल्याण होगा, जिसकी सेवा कर रहे हो, उसका भी कल्याण होगा। तुम यह सोचो कि तुम नारायण की सेवा कर रहे हो, और जिसकी सेवा कर रहे हो, देखना भगवान ने हमारे लिए भी इंतजाम कर रखा है। मन-ही-मन वह कहेगा—हे भगवान, तुम मुझे भी देख रहे हो।"

वे बहुत ज्यादा प्रश्न करते थे, "तुम कब कह सकते हो ऐसा? भगवान को तुम कब तक कह सकते हो?"

केदार बाबा अकसर ही याद दिला दिया करते थे, "जब भी वक्त मिले तभी बैठ जाना और भगवान का नाम स्मरण करना। भगवान का नाम जाप करना; उनका ध्यान करना और उन्हीं की नारायण मूर्तियों की सेवा करना—ये दोनों ही साधन समान भाव से जारी रखना।"

बहरहाल, कनखल सेवाश्रम के नारायण प्रसंग पर लौटा जाए। कल्याणानंद का जीवन-दर्शन समझने के लिए यह जानकारी सभी लोगों की मदद करेगी। 'कई लोग एक गंभीर बीमार व्यक्ति को कनखल सेवाश्रम में ले आए। भर दुपहरिया का समय; उस वक्त अस्पताल बंद था। जो लोग उस व्यक्ति को लादकर लाए थे, वे लोग उसे अस्पताल के बाहर सड़क पर फेंककर अदृश्य हो गए। गंगा स्नान करके लौटते हुए सड़क पर उस व्यक्ति को पड़ा हुआ देखकर मैं डॉक्टर बुला लाया। डॉक्टर ने रोगी की जाँच करके कहा कि अंदर ले जाकर कोई फायदा नहीं है। यह रोगी अभी ही दम तोड़ देगा।

'यह कहकर डॉक्टर बाबू चले गए। लेकिन मैं रोगी को छोड़कर वहाँ से हिल नहीं पाया। प्रायः असहाय मुद्रा में मैं उसकी तरफ देखता रहा। ऐसे में मैं क्या करूँ, मुझे समझ में नहीं आ रहा था। उस वक्त मैंने देखा कि अस्पताल के अंदर से कल्याण महाराज की आँखें हम पर ही लगी थीं। वे इशारे में जानना चाहते थे कि बात क्या है।

'मैंने उनसे सारा मामला कह सुनाया। पूरी बात सुनने के बाद, महाराज ने कहा नहीं, एक बेड तैयार करो। रोगी को अंदर ले आओ। अगर मृत्यु निश्चित भी है तो भी वह इनसान चैन से अंतिम साँस ले सके। तुम्हें कम-से-कम थोड़ी देर तो सेवा करने का मौका मिलेगा।'

'मैं तत्काल जुट गया। दो बालकों की मदद से रोगी को अंदर ले आया। अब महाराज स्वयं चले आए। रोगी को देखा और दो-एक दवा लिख दी। उन्होंने हिदायत दी कि रोगी को ग्लूकोज का पानी और नींबू का रस पिलाते रहो। चार घंटे बाद उस व्यक्ति ने अंतिम साँस ली। इस बीच जो लोग उस रोगी को अस्पताल के सामने फेंककर चले गए थे, उनमें से दो लोग लौट आए।

रोगी के वे दोनों संगी-संन्यासियों का आचरण देखकर मुग्ध रह गए। उसके दाह-संस्कार की सारी जिम्मेदारी अपने कंधे पर लेकर महाराज ने हमें इसका जो महत्त्व समझाया, वह भूलने लायक नहीं है—सेवा कितनी देर की गई, यह कोई बड़ी बात नहीं है। जिस सेवा की जितनी देर जरूरत है, वह तो करना ही होगा। काफी कम देर के लिए भी की जाए, उस सेवा का महत्त्व बहुत बड़ा है।'

'और भी एक बार बिलकुल ऐसी ही परिस्थिति! अत्यंत संकटापन्न रोगी आ पहुँचा। कल्याण महाराज अपने कदम पीछे भी नहीं हटाना चाहते थे, किसी को भी वापस नहीं लौटाना चाहते थे। उन्होंने कहा,'फर्ज करो, तुम्हारा अपना सगा भाई इस हालत में हो, उसके लिए तुम करोगे या नहीं? दूसरों के बारे में भी हमें ऐसा ही सोचना चाहिए।'

'इस बार महाराज ने डॉक्टर से कहा, 'नारायण को बताए बिना किसी भी मरीज को वापस न लौटाएँ।' अगला निर्देश, 'मुझे बताए बिना किसी भी रोगी को छुट्टी न दें।'

'छुट्टी देने के मामले में कल्याण महाराज के अपने कुछ सोच-विचार थे। रोग-मुक्त हो जाने के बाद डॉक्टर शायद उसे छोड़ देने को आग्रही हो। लेकिन महाराज जानते थे कि गरीब रोगी के घरवाले शायद जरूरी पथ्य देने में लाचार हों। ऐसे जरूरी पथ्य उसे न मिलें, ताकि वह स्वस्थ होकर अपना रोजी-रोजगार दुबारा शुरू कर सके।

'अस्पताल में जो सब रोगी आते थे उनमें ज्यादातर अति गरीब होते थे। पेट पालने के लिए उन लोगों को बहुत ज्यादा शारीरिक श्रम करना पड़ता था। इसलिए महाराज चाहते थे कि अस्पताल से रिहा होने के पहले उनकी शारीरिक क्षमता थोड़ी-बहुत वापस लौट आए। किसी-किसी रोगी को देखकर महाराज कहते थे इसे और भी दो एक-दिन लेटे रहने दो और खूब अच्छी तरह खिलाओ-पिलाओ। उसके बदन में थोड़ी ताकत वापस आने दो। उसके बाद उसे घर भेजो।

'अस्पताल से रिहा करते वक्त महाराज उसे सिर्फ कई दिनों की दवा ही नहीं थमाते थे, रसोई से काफी सारा आहार भी साथ में दे देते थे। इस काम के लिए 'रामकृष्ण मिशन' मार्का विभिन्न साइज के काफी सारे शीशी-बोतल हमारे पास मौजूद रहते थे।

'वहाँ डॉ. बोस नामक एक मशहूर प्राइवेट डॉक्टर भी थे। हम जब भी उनकी मदद माँगते थे, हमें मिल जाती थी। यानी प्रत्येक रोगी के लिए हमसे जो-जो संभव था, वह जब तक हम नहीं करते थे, कल्याण महाराज को चैन नहीं आता था। इतने सबके बाद बहुतेरे लोगों के लिए कल्याण महाराज अगर देवता हो सके तो इसमें आश्चर्य क्या है?'

स्थानीय लोगों की जुबानी निश्चयानंद महाराज के बारे में भी इसी किस्म की

आवाज सुनाई दी। बिलकुल अपना बनाकर वे जिस ढंग से इनसानों की सेवा करते थे, वह स्थानीय लोगों की याद था। जब भी कभी इनसानों की जुबानी निश्चयानंद की प्रशस्ति सुनता था, तब मैं सोचता था क्या हम लोग कभी उन लोगों के स्तर तक उठ पाएँगे?

और भी एक बात, कल्याण महाराज मौका पाते ही सुना देते थे—'तुम लोग यहाँ सेवा करने आए हो, सेवा लेने नहीं! इसलिए खुद बीमार मत पड़ जाना!' फलस्वरूप जब हम लोग बीमार हो जाते थे, खासकर जब हम मलेरिया बुखार से आक्रांत होते थे, महाराज अकसर जान ही नहीं पाते थे। तबीयत खराब होने पर उन्हें जानकारी दिए बिना ही चुपके-चुपके दवा वगैरह लेकर हम सब काम में लगे रहते थे।

गुरु-मंत्र के मुताबिक उन दिनों कल्याणानंद बातों में नहीं, काम में विश्वास करते थे। कामकाज की साकार मूर्ति यह इनसान आधी रात को भी अगर अस्पताल की तरफ से मामूली सी भी आवाज होती, तो वे नींद से जाग जाते थे और जूते पहनकर अस्पताल की ओर बढ़ जाते थे। साथ में उनका विश्वस्त साथी वह कुत्ता! मेरा कमरा महाराज के कमरे की बिलकुल बगल में था। मैं भी तब तक बिस्तर छोड़कर उठ खड़ा होता था और महाराज के पीछे-पीछे अस्पताल में हाजिर हो जाता था। महाराज समझ जाते थे कि मैं आ गया हूँ। अगर वे किसी दवा की जरूरत बताते मैं तत्काल हाजिर कर देता था।

कल्याणानंद महाराज के शांत स्वभाव की चर्चा उल्लेखनीय है। उन्हें गुस्सा दिलाना या उत्तेजित करना लगभग असंभव था। एक बार टायफाइड के एक रोगी ने प्रबल ज्वरग्रस्त होकर स्वामीजी को ऐसी जोर से चोट पहुँचाई कि उनका चश्मा गिरकर टूट गया। उसे संयत करने की कोशिश में हम उस पर टूट पड़े। महाराज ने हमें बरजते हुए कहा, "उसे कुछ मत करो। उसे बैठे रहने दो।" इस बीच महाराज भी उठ खड़े हुए और उन्होंने रोगी का एक हाथ पकड़कर स्नेहिल लहजे में पूछा, "अब अच्छा लग रहा है न?" अगले ही पल उन्होंने डॉक्टर को बुला भेजा। महाराज की हालत देखकर हम सब उत्तेजित हो उठे, लेकिन महाराज बिलकुल शांत! उनमें कहीं कोई उत्तेजना नहीं थी।

स्वामी सर्वगतानंद ने लिखा है—'सेवा और आत्मदान निवेदन के मूर्त स्वरूप थे स्वामी कल्याणानंद! एकाध वर्ष नहीं, सुदीर्घ सैंतीस वर्षों तक इस सेवा का निःशब्द परिचय रख गए हैं। इतने लंबे समय में एक बार भी उन्हें कलकत्ता जाने का खयाल नहीं आया। यहीं रहकर सेवा करने के लिए ही तो वे आए थे। स्वामी विवेकानंद ने उनसे कहा था,'बंगाल को भूल जाओ।' और वह आदेश महाराज के मन में हमेशा-हमेशा के लिए बस गया था। कम-से-कम तीन संघ-सभापति (स्वामी ब्रह्मानंद, स्वामी शिवानंद और स्वामी अखंडानंद) लाख कोशिशों के बावजूद उन्हें बेलूर नहीं ले जा पाए। चौथे

सभापति स्वामी बिरजानंद ने बेलूर में श्रीरामकृष्ण मंदिर तैयार करने के उपलक्ष्य में बेलूर आने के लिए कल्याणानंद को एक लंबा पत्र लिखा। वे राजी नहीं हुए। सन् १९३७ में महाराज ने मुझसे बेलूर घूम आने को कहा, लेकिन मैंने कहा, 'आप नहीं जाएँगे, तो मैं भी नहीं जाऊँगा। मैं भी यहीं रह जाऊँगा।'

विवेकानंद द्वारा निर्देशित सेवा सच ही बड़ा कठित व्रत था। अविचलित निष्ठा ही इस पथ पर आगे बढ़ते जाने का एकमात्र उपाय है।

मठ और मिशन के किंवदंती संन्यासियों में से बहुतेरे संन्यासी हरिद्वार और कनखल जाते रहे। इन लोगों के लिए कल्याणानंद के घर का द्वार हमेशा ही खुला रहता था। प्रेसीडेंट स्वामी ब्रह्मानंद सन् १९०४ में कनखल आए थे। उस समय वे जिस कुरसी पर बैठा करते थे, कल्याणानंद ने उसे सँजोकर रख दिया। वह कुरसी सबकी नजरों के सामने ही रहती थी, मगर उस पर बैठता कोई नहीं था। प्रतिदिन सुबह मंदिर से निकलकर कल्याणानंद एक बार उस कुरसी को श्रद्धा भाव से स्पर्श करते थे। सर्वगतानंद ने एक बार जानना चाहा कि क्या वे उस कुरसी पर एक बार रंग करा सकते हैं?

'हाँ, रंग फेर सकते हो, लेकिन इस कुरसी को मेरी नजरों के सामने से मत हटाना।' फलस्वरूप सर्वगतानंद ने उस कुरसी को साफ किया, रंग फेरा और एक विज्ञप्ति भी झुला दी—कृपया यह कुरसी इस्तेमाल न करें।'

सन् १९१६ में स्वामी ब्रह्मानंद दुबारा कनखल आए थे। उन दिनों यक्ष्मा के रोगियों के लिए एक अलग घर का निर्माण कराया जा रहा था। खूबसूरत घर! काफी सारी जगह भी थी और एक बड़ा सा हॉल-कमरा भी था। उस समय तक गृह-प्रवेश नहीं हुआ था।

राजा महाराज ने कहा, ''मकान काफी खूबसूरत है। दुर्गा-पूजा यहीं करते हैं।''

इसी अनुसार वहाँ दुर्गापूजा भी हुई। उस उत्सव में भी शामिल हुए।

इसके बाद प्रेसीडेंट महाराज ने कहा, ''कल्याण, मंदिर के लिए यह उपयुक्त स्थान है। यहाँ ढेर लोग आ सकेंगे।''

कनखल से महाराज के चले जाने के बाद कई संन्यासियों ने कल्याणानंद को याद दिलाई कि स्वामी ब्रह्मानंद चाहते थे कि इसे पूजा मंदिर में रूपांतरित कर दिया जाए। कल्याणानंद ने सीधे-सीधे जवाब दे दिया, ''सुनो, यक्ष्मा रोगियों का वार्ड बनाने के लिए मैंने लोगों से डोनेशन लिया है। किसी और काम में इस जगह को मैं कभी इस्तेमाल नहीं कर सकता। इसमें कोई संदेह नहीं कि प्रेसीडेंट महाराज ने इस बारे में इच्छा व्यक्त की है, लेकिन जिस काम का वादा करके हमने रुपए उठाए हैं, उसका पालन करना और अधिक महत्त्वपूर्ण है।''

काफी दिनों बाद श्रीरामकृष्ण के शतवर्ष के उद्‌यापन वर्ष में सरकारी निर्देश जारी हुआ, यक्ष्मा रोगियों और अन्य रोगियों को एक साथ नहीं रखा जा सकता। इस बीच सरकार ने यक्ष्मा-रोगियों के लिए अलग एक यक्ष्मा अस्पताल खोल दिया। फलस्वरूप सेवाश्रम में यक्ष्मा रोगियों की चिकित्सा बंद हो गई।

और भी अनगिनत अनुभवों की बातें विभिन्न तरीके से लिपिबद्ध की गई हैं। मृतदेह के संदर्भ में एक तरुण संन्यासी के मन में भीषण भय था। कल्याणानंद यह बात जानते थे।

'एक दिन मेरी रात भर की ड्यूटी पड़ी थी। उस रात कल्याण महाराज बिलकुल शांत मुद्रा में दबे पाँव अस्पताल चले आए। वे एक के बाद एक वार्ड घूमते रहे। मैं भी उनके साथ था। इसके बाद हम दोनों मुर्दाघर के नजदीक चले आए। शवदेह के बारे में मुझे भी काफी डर लगता था। जब मैं छोटा था, हमें मृतदेह के नजदीक नहीं जाने दिया जाता था। जब मैं बड़ा हुआ तब भी किसी मृतदेह के नजदीक जाने का कभी मौका नहीं आया। सेवाश्रम से जब कोई मृतदेह हटाने की जरूरत पड़ती थी, तब दूसरे लोग यह काम करते थे। मुझे कभी शव के पीछे-पीछे चलने को नहीं कहा गया। फलस्वरूप अस्पताल के मुर्दाघर में मैंने कभी कदम नहीं रखा।

'लेकिन उस रात अस्पताल के मुर्दाघर की तरफ धीरे-धीरे बढ़ते हुए कल्याण महाराज मुझसे एक रोगी का हाल समाचार पूछने लगे। मुझे बताना ही पड़ा कि अब वह जीवित नहीं है। उसकी देह मुर्दाघर में जा चुकी है। उस वक्त महाराज मेरे आगे थे, मैं पीछे। उन्होंने मुर्दाघर का दरवाजा खोला, बत्ती जलाई और अंदर दाखिल हुए। मुझे भी पीछे-पीछे जाना पड़ा। जब वे साथ थे, तो मेरे लिए डर का मौका नहीं था। मेरा भी साहस बढ़ गया। मृतक के काफी नजदीक जाकर महाराज ने उसके चेहरे पर ढँका कपड़ा हटा दिया और उसके शरीर को गौर से देखने लगे। अब वे मेरी तरफ पलटे और उन्होंने मुझे संबोधित करके कहा, 'कुछ लोग शव देखकर डर जाते हैं,। लेकिन दुनिया में अगर कोई नितांत नुकसानरहित कुछ है तो वह है मृतदेह! शव एक उँगली तक नहीं उठाता, एक शब्द तक नहीं कहता फिर भी इनसान उससे डरता है। जहाँ डरने को कुछ नहीं है, वहाँ इनसान डर जाता है।'

'आप ठीक कह रहे हैं।' मेरा उत्तर था।

मेरी जुबान से यह बात सुनकर महाराज धीमे कदमों से आगे बढ़े, हाथ धोए और अब जाने को तैयार हो गए, लेकिन मुझे मृतक का चेहरा ढँकना पड़ा। मैंने ऐसा किया भी। उसके बाद मैंने भी हाथ धोए और हम दोनों वहाँ से चले आए।

बस, वही शेष! इसके बाद मृत देह देखकर मैं कभी नहीं डरा।

कल्याणानंद जानते थे कि कैसे गलतफहमी मिटाकर सही शिक्षा दी जाती है। उस बार मुर्दाघर में जाकर उन्होंने सीधे-सीधे मेरी आलोचना नहीं की, बस सतर्कता से सिर्फ इतना ही कहा, 'इनसान डर जाता है।'

कल्याणानंद कनखल को विवेकानंद की सोच के अनुसार आदर्श स्थान के तौर पर गढ़ने में सक्षम हुए थे। कनखल में नौ वर्ष के निवास के दौरान स्वामी सर्वगतानंद ने ढाई वर्ष कल्याणानंद के सान्निध्य में बिताया।

उन दुर्लभ अनुभवों के बारे में उन्होंने लिखा है—संन्यासी को दैनंदिन जीवन में सिर्फ काम-काज, पूजा-पाठ और उपासना ही होती है। मठ के दैनंदिन जीवन में अन्य किसी भाव का अनुप्रवेश नहीं होता। मठ से निकलते ही अस्पताल का कामकाज और शाम को छोटे बच्चों को पढ़ाना-लिखाना! यहाँ तीर्थयात्री और रोगी हैं, लेकिन भक्त अनुपस्थित हैं। फलस्वरूप भक्तों के लिए समय व्यय करने की कोई जरूरत नहीं है।

कल्याणानंद के देहावसान के कुछ दिनों पहले कनखल के पुस्तकालय में बैठे-बैठे कई तरुण संन्यासी आपस में बातचीत कर रहे थे। एक संन्यासी ने कहा, "हमने सबकुछ त्याग कर दिया है। अब कल्याणानंद महाराज के स्नेहमय सान्निध्य में और उनकी शिक्षा की छाँव में हम काफी मजे में हैं।"

उस वक्त महाराज उस राह से होकर जा रहे थे। तरुण संन्यासियों की बातें सुनकर वे अंदर चले आए और एक कुरसी पर बैठ गए। उपस्थित सकल संन्यासी उठ खड़े हुए।

महाराज ने प्रश्न किया, "कौन कहता है कि तुम लोगों ने सबकुछ त्याग कर दिया है? तुम लोगों ने क्या त्याग किया है? पिता-माता, भाई-बहन, घर-द्वार? पहले यह तो बताओ कि इन सबके मालिक क्या तुम हो? तुम जिस-जिस चीज के मालिक हो, उनमें से कुछ भी तुमने त्याग किया है? तुम किस चीज के मालिक हो? तुम्हारा अहंकार? तुम्हारा स्वार्थबोध? स्वामी विवेकानंद कहा करते थे—'त्याग एवं सेवा'। इसलिए अहंकार और स्वार्थ का विसर्जन देकर प्रेममय सेवा करो। इसी का नाम सेवा है।"

इसके बाद स्वामीजी ने एक संन्यासी की ओर देखकर कहा, यह लिख लो। स्वामीजी की नि:स्वार्थ प्रेममय सेवा ही हम सबका मंत्र है। इतना कहकर वे बाहर निकल गए। तरुण संसार-त्यागी संन्यासी वर्ग स्तंभित होकर विवेकानंद-शिष्य को जाते हुए देखता रह गया।

एक बार कल्याणानंद रोगी देखने निकले। उस वक्त कोई भी तरुण संन्यासी आसपास नहीं था। परिस्थिति बिलकुल भी आशाप्रद नहीं थी। महाराज ने अपने हाथों से समूची जगह की सफाई की, लेकिन किसी को बुलाने नहीं भेजा। बिस्तर पर धुली हुई

चादर बिछा दी। नजदीक ही एक टब रखा हुआ था। वहाँ के पानी में ही रोगी के कपड़े-लत्ते भिगो दिए। उसके बाद अपने हाथों से कपड़े धोकर, बाहर धूप में सूखने को डाल दिए। सहयोगी लोग जब वार्ड में आए तब वह सब देखकर उन लोगों ने रोगियों से पूछा—ये सारे काम किसने किए? कोई भी ठीक तरह नहीं बता सका। सभी लोग उन्हें पहचानते नहीं थे।

सेवा-कार्य के लिए कनखल में बहुत से लोग आए, लेकिन कामकाज का प्रबल दबाव सहन न कर पाने की वजह से कुछ ही दिन बाद चले गए। लेकिन कल्याणानंद किसी पर जोर-जबर्दस्ती नहीं करते थे। बहुत बार उनको बताए बिना ही कई सेवक आश्रम छोड़कर चले गए।

सभी कर्मचारी शाम को घूमने जाना चाहते थे, मगर उसी समय अस्पताल का कामकाज चरम पर होता था। सर्वगतानंद सांध्य भ्रमण को निकल नहीं पाते थे। कल्याणानंद कहा करते थे, ''खाली-खाली घूमने क्यों जाओगे? यह घूमना-वूमना तो निकम्मों और बूढ़ों के लिए है, जो लोग कम उम्र होते हैं, उनके हाथों में तो हजारों काम होते हैं।''

खैर, घूमने जाने की फुर्सत तो कल्याण महाराज को भी नहीं होती थी। स्वामी निश्चयानंद की नजर में यह घूमना-फिरना तो महज विलास था। शाम को लोग घूमते-टहलते गंगा-आरती या ब्रह्मकुंड देखने जाना चाहते थे। हमारा विश्वास था कि स्वयं ठाकुर हमारे मंदिर में विराजमान हैं। हमें जिन-जिन चीजों की जरूरत है, सब यहीं मिल जाएँगी। यह सब छोड़कर गंगा तक जाकर आरती देखने की क्या जरूरत है?

कल्याणानंद अतिशय सरल भाषा में सीधे-सीधे ढंग से जो कहते थे, वह था—पूजा, प्रार्थना और जप के लिए यहाँ मंदिर मौजूद है और सेवा के लिए अस्पताल मौजूद है। सबकुछ तो एक है! यह सब छोड़कर सांध्य-भ्रमण की विलासिता क्यों?'

आश्रम के कर्मचारी कैसी कठिन हालत में दिन बिताते थे, अब वह विवरण पढ़कर अविश्वसनीय लगता है। प्रत्यक्षदर्शी जानकारी देते हैं—दो वर्षों तक हमें सुबह कोई नाश्ता या जलपान नहीं मिलता था, क्योंकि हमारी वैसी कोई आर्थिक क्षमता नहीं थी। दोपहर बारह बजे हम सबके लिए थोड़ा सा भात और पानीवाली सब्जी या दाल जुटती थी और रात को दो रोटियाँ और जरा सी सब्जी! वही हमारा डिनर होता था।

संन्यासी और ब्रह्मचारियों के खाने-पीने के लिए अस्पताल की धनराशि को हाथ भी नहीं लगाया जाता था। अगर कोई साधुओं के लिए अर्थदान करता था, सिर्फ वही रुपए खर्च किए जाते थे। ऐसा बुरा हाल देखकर किसी एक भक्त ने खासी रकम साधुओं की सेवा के लिए दान की। इसके बाद ही बाहर से कोई साधु अगर कनखल आता था, तो उसे अपने साथ रहने का आमंत्रण देने का साहस होने लगा।

इसके बावजूद हेड ऑफिस की खबरदारी से सेवाश्रम मुक्त नहीं था। एक बार हिसाब की जाँच के लिए ही बेलूर मठ से स्वामी शुद्धानंद का आगमन हुआ। अभी हाल ही में उन्हें जनरल सेक्रेटरी के दायित्व से मुक्ति मिली थी। बाद में उन्होंने संघ सभापति का पद अलंकृत किया था। उनसे भी पहले एक अन्य विशिष्ट अतिथि आए—स्वामी विवेकानंद के गुरुभाई स्वामी तुरीयानंद!

हरि महाराज (तुरीयानंद) के प्रति कल्याणानंद के मन में अतिशय प्यार और श्रद्धा थी। इस अंचल में आकर हरि महाराज ने जब यह सुना कि यहाँ कल्याणानंद मौजूद हैं तो वे भी रहने के लिए सेवाश्रम चले आए। ठाकुर की ये त्यागी संतान किसी भी प्रकार के कष्ट से घबराती या डरती नहीं थी।

उस जमाने में कनखल के चारों तरफ जंगल-ही-जंगल था। एक पागल साँड़ रात भर दौड़ लगाता था और सारा कुछ तहस-नहस कर देता था। पगला साँड़ जब काफी नजदीक आ धमकता था तो कल्याणानंद और निश्चयानंद दोनों जन मिलकर उसे खदेड़ने का इंतजाम करते थे। हैरत की बात यह है कि तुरीयानंदजी पहले से ही समझ जाते थे और कहते थे, "कल्याण, वह साँड़ इधर ही आ रहा है।" वहीं एक बड़ा सा नगाड़ा रखा हुआ था। नगाड़े को जोर-जोर से पीटकर साँड़ को डराया जाता था।

एक के बाद एक कई दिनों तक यह घटना घटती रही।

कल्याणानंद ने तुरीयानंद से पूछा, "महाराज, आप क्या रात को सोते नहीं? हल्की सी आहट भर से आप जाग जाते हैं।"

तुरीयानंद ने मुँह दबाकर मुसकराते हुए जवाब दिया, "नहीं, सोता हूँ, मगर तुम लोगों की तरह नहीं…।"

हरि महाराज का यह जवाब कल्याण महाराज ने अपनी डायरी में लिपिबद्ध कर लिया था।

कल्याण महाराज के देहत्याग के बाद उनके सामान-पत्तर व्यवस्थित करते-करते यह डायरी- तरुण संन्यासी के हाथ लगी। वह सन् १९३१ के आखिरी दिन थे। स्वामी जगदानंद ने स्वामी सर्वगतानंद को बताया, "कल्याण महाराज ने अपनी डायरी में आधी रात को उस मतवाले साँड़ का किस्सा लिख रखा है।" तुरीयानंद ने छूटते ही उनका वाक्य पूरा किया, "मैं तुम लोगों की तरह नहीं सोता।"

इसका क्या अर्थ है, सर्वगतानंद ने जानना चाहा। स्वामी जगदानंद ने व्याख्या दी, 'वे बाकी सभी लोगों से अलग थे। वे सोते जरूर थे, लेकिन सब समय चेतन रहते थे। पूर्व चेतना! रामकृष्णदेव ने एक बार कहा था—"नींद को मैंने चिर नींद सुला दिया है।"

अन्य एक अतिथि के आगमन और ट्रेजेडी से कनखल की स्मृति जुड़ी हुई है। वे

भी कुछ कम नहीं थे। रामकृष्ण संघ के पहले सेवाश्रम की वाराणसी में प्रतिष्ठा और उसके लालन-पालन का दुर्लभ कृतित्व उन्हीं का था। पूर्वाश्रम में उनका नाम चारुचंद्र दास था। बहुत सालों तक गृहस्थी में संन्यासी की तरह रहने-सहने के बाद जीवन के आखिरी दौर में वे संन्यासी शुभानंद बन गए थे।

रुपए-पैसे, विषय-संपत्ति के बारे में उस जमाने में विवेकानंद शिष्य कल्याणानंद का आचरण इस जमाने के मैनेजमेंट विशारदों के लिए चिंतन की खुराक जुटा सकता है। इस जानकारी के बिना उस इनसान को पूरी तरह समझना असंभव है।

स्वामी विवेकानंद के प्रदर्शित पथ पर चलते हुए बेलूर का मुख्यालय हिसाब-किताब के मामले में हमेशा सतर्क रहता था। स्वामी शुद्धानंद सिर्फ विश्राम लेने और तपस्या करने के लिए कनखल नहीं आए थे। वे विवेकानंद के साक्षात् शिष्य थे, इसलिए गुरुभाई से अरसे बाद भेंट होने पर बेहद आनंदित हुए।

यथासमय स्वामी शुद्धानंद ने गुरुभाई को कनखल आने का अपना अन्यतम उद्‌देश्य बताया कि अधिकारियों ने उन्हें सेवाश्रम के आर्थिक पक्ष की जाँच करने को भेजा है। यहाँ खर्च-पत्तर कितना हो रहा है, जो रुपए एक मुश्त, दान के रूप में आए हैं, वह कहाँ और किस ढंग से निवेश किया जा रहा है, इत्यादि हिसाब-किताब का सवाल। इसकी एक वजह यह हो सकती है कि अपने को निष्ठुर ढंग से हिसाब-किताब के बाहर रखने के बावजूद बेलूर मुख्यालय को कभी भी उनसे विस्तृत आर्थिक विवरण नहीं मिला। उस वक्त एक तरुण संन्यासी करीब ही खड़े थे, जब शुद्धानंदजी ने कहा—"कल्याण, उन लोगों की इच्छा है कि मैं तुम्हारे आर्थिक मामलों की खोज-खबर ले आऊँ। तुमने कहाँ, किस ढंग से रुपए निवेश किए हैं?"

कल्याणानंद एकाउंट्स को लेकर फिजूल सिर दर्द मोल नहीं लेते थे, हालाँकि एक धेला भी फिजूलखर्च करने का वहाँ कोई उपाय नहीं था। वाराणसी के सेवाश्रम में विवेकानंद शिष्य चारुचंद्र दास भी (स्वामी शुभानंद) इस मामले में अत्यंत सतर्क थे। उनके जीवनीकार स्वामी नरोत्तमदास लिख गए हैं—एक बार रात के खाने के बाद उनके हाथ पर एक लवंग रख दिया गया। जब उन्होंने एक और लवंग माँगा, विनीत लहजे में ही सही, चारुचंद्र ने उनके मुँह पर ही कहा—"यहाँ की नियमावली में खाने के बाद सिर्फ एक ही लवंग देने का निर्देश दिया गया है।" सुनकर हैरानी होती है। लेकिन इसी तरह ही संसारत्यागी संन्यासियों ने दूसरों से भीख माँग-माँगकर संचित अर्थ का पूरी तरह सद्व्यवहार किया है।

स्वामी शुद्धानंद के हिसाब संबंधी प्रश्न के उत्तर में कल्याणानंद ने कहा—"महाराज, आप इन सब बातों को लेकर इतना परेशान क्यों हो रहे हैं? आपकी तबीयत

खराब है; आप यहाँ आराम करने आए हैं। अब तो आप रिटायर्ड जीवन बिता रहे हैं। आप यहाँ आ ही रहे थे, इसलिए उन लोगों ने आपको ईषत् एक काम सौंप दिया। खैर, आप इन सब मामलों को लेकर परेशान न हों। आप अच्छी तरह विश्राम कीजिए। बाद में हम मसूरी चलेंगे। वहाँ खूब धूमधाम रहेगी।''

रुपए-पैसों के मामले में प्रचंड सतर्क और प्रचंड उदासीन—यही था विवेकानंद-शिष्य का स्वभाव! बहुत से लोग यह सोचते थे कि कल्याण महाराज भयंकर कंजूस हैं, वरना वे रोगियों का बिछौना, चादर और तकिए का कवर अपने हाथों से सिलाई क्यों करते? कितने असीम धैर्य के साथ वे यह सब सिलाई करते थे। उनकी सिलाई में कहीं मामूली सी भी कोई त्रुटि नहीं मिलती थी।

महाराज प्रचंड ढंग से नीति निर्भर थे। जो करना वे तय कर लेते थे वह करके ही दम लेते थे। सुना गया है कि बारिसल के लोग ऐसे ही जरा गँवार होते हैं। आंध्र के वासी सर्वगतानंद एक दिन बातों-ही-बातों में उनसे पूछ बैठे, ''महाराज, आप क्या 'बाइ एनी चांस' बारिसल के आदमी हैं?'' उन्होंने कोई उत्तर नहीं दिया। लेकिन उनके तरुण सहकारी को बाद में अन्य सूत्र से इस ख़बर का समर्थन मिला था, लेकिन महाराज यह कभी नहीं भूले कि सर्वगतानंद ने उनसे यह सवाल किया था।

अर्थ के मामले में स्वामी कल्याणानंद की मानसिकता काफी हद तक किस्से-कहानी जैसी है। सर्वगतानंद ने जब हिसाब-किताब रखना शुरू किया तब एक सज्जन ने सेवाश्रम को हर महीने एक रुपए डोनेशन देने का वादा किया था। कुछेक महीनों से वे रुपए नहीं भेज रहे थे।

रुपए वसूल करने की बात सोचकर तरुण हिसाब-रक्षक ने एक दिन कल्याणानंद से पूछा—''महाराज, उस आदमी को मैं अकसर ही बाजार में देखता हूँ। मैं क्या उसको रुपए की याद दिलाऊँ?''

''अच्छा, जब तुम यहाँ आए थे तो अखंडानंदजी ने क्या तुमसे रुपए वसूलने को कहा था?''

''ना— !'' सर्वगतानंद ने कहा।

''मैंने क्या तुमसे कहा?''

''नहीं, महाराज!''

''तब तुम क्यों परेशान हो? जितना आ रहा है, ठाकुर के आशीर्वाद से उसमें ही चला लेंगे हम! आज तुम रुपए वसूल करना चाहते हो, फंड बढ़ाना चाहते हो; नए-नए घर-मकान बनवाना चाहते हो। इसका नतीजा क्या निकलेगा? मन उन्हीं सबमें पड़ा रहेगा, अध्यात्म जीवन खत्म हो जाएगा। तुम इसी जीवन के पीछे लगे रहो, योग्य जीवन

व्यतीत करो; यही ज्यादा जरूरी है। रुपए पैसे, कोठी, घर-द्वार—इन सबकी चिंता कम करो। लोगों की अगर इच्छा होगी तो दान दें, अगर इच्छा न हो तो भी कोई फर्क नहीं पड़ता।

कल्याणानंद कहा करते थे—"काम ठीक तरह करना ही जरूरी है। श्रीरामकृष्ण की दया से जितना सा आ रहा है, वही हम प्रभु करें, ठीक ढंग से उपयोग करें। कितना अधिक काम हुआ, इससे ज्यादा महत्त्वपूर्ण है कितना अच्छा काम किया। जो हाथ में है, वह कितना ही छोटा क्यों न हो, उसे पूरा कर लिया जाए, वरना मन के अंदर तरह-तरह की परिकल्पनाएँ जन्म लेंगी, तुम्हारा सच्चा जीवन ही नष्ट हो जाएगा। वह सब जैसा चलता है चलने दो।"

आध्यात्मिक जीवन में यह कैसा अद्‌भुत आदर्श है! हम यहाँ रुपए बटोरने या एक के बाद एक घर-मकान तैयार करने नहीं आए हैं। हम आदर्श आध्यात्मिक जीवनयापन करने आए हैं। 'बीच-बीच में इस प्रकार का पथ-निर्देश जरूरी है, वरना हमारी राह गुम हो जाएगी।' यह वाक्य सर्वगतानंद ने लिखा है।

और अर्थ? एक बार किसी ने पाँच सौ रुपए चुरा लिए। स्वामी कल्याणानंद ने शांत भाव से किसी प्रकार की चिंता न करके कहा, "मुझे लगता है, उसे रुपयों की जरूरत थी।"

एक बार एक व्यक्ति बागवानी के काम की खोज में आया। जिस संन्यासी पर बागान का दायित्व था उन्होंने उसे देखते ही कहा, "ओ अभागे, तू ही न फलाँ जगह से फलाँ चीज चोरी करके भागा था और अब तू काम की खोज में आया है? चल, भाग यहाँ से।"

ऐसे में स्वामी कल्याणानंद वहाँ प्रकट हुए।

उन्होंने उस आदमी से कहा, "जाओ, तुम बागान में जाओ और काम करो।"

"लेकिन स्वामीजी ने मुझे चले जाने को कहा है।"

कल्याणानंद महाराज अब हँस पड़े, "स्वामीजी नहीं जानते कि गलत काम करने के बावजूद मेरे सामने तुमने अपना अपराध कबूल कर लिया है।"

महाराज उस आदमी को लेकर बागान में गए और वहाँ के स्वामी से उन्होंने कहा, "सुनो, इसने गलती जरूर की है, लेकिन इसके लिए उसे पछतावा भी है।"

कल्याण महाराज ने तो उसे क्षमा कर दिया, मगर बागान के स्वामी को उनका क्षमादान पसंद नहीं आया। बाद में खाने के कमरे में स्वामी ने कहा, "वह आदमी अब फिर कौन सी करतूत करेगा, कौन जाने!"

"या तो यूँ ही परेशान होते रहें या फिर उसे एक मौका दिया जाए।"

"मैं नहीं जानता।"

बागान-स्वामी का यह मंतव्य सुनकर नारायण महाराज ने कहा, "मैं भी नहीं जानता, लेकिन कल्याण महाराज का आदर्श हम सबसे बेहतर है। जब महाराज चाहते हैं तब चोर को भी एक मौका देने के अलावा और कोई उपाय नहीं है।"

ऐसे ही और भी अद्भुत-अद्भुत घटनाएँ हैं। एक आदमी अकसर ही कल्याण महाराज के पास आता था और उनसे पैसे माँगता था। कुछ पाते ही वह चला जाता था। ऐसा बहुत बार हुआ।

एक दिन महाराज से पूछा गया, "वह आदमी कौन है? आपके पास आता है, रुपया लेता है और चला जाता है। कोई कामकाज भी नहीं करता।"

महाराज ने इस प्रश्न का कोई उत्तर नहीं दिया।

वह आदमी एक दिन फिर आया। महाराज का निधन हो चुका है, उस आदमी को यह खबर नहीं मिली थी। उसने सीधे महाराज से मिलना चाहा।

"तुम्हें कितने रुपयों की जरूरत है?" तरुण संन्यासी ने पूछा।

"मुझे रुपए नहीं चाहिए। मैं यह जानना चाहता हूँ कि महाराज कहाँ हैं?"

महाराज इस दुनिया से जा चुके हैं, यह सुनकर वह आदमी एकदम से ढह गया और बच्चे की तरह रोने लगा। थोड़ा ठहरकर उसने कहा, "आप लोग नहीं जानते, उन्होंने मेरे लिए क्या किया है?"

"उन्होंने क्या किया?"

"यह काफी लंबी घटना है। एक दिन मैं बाजार गया। मेरे पास एक पैसा भी नहीं था। मैंने एक दुकान में चोरी की। उन लोगों ने मुझे पकड़ लिया। पुलिस आ गई और मुझे बेदम मारने लगी। महाराज उस रास्ते से घोड़ागाड़ी में जा रहे थे। उन्होंने गाड़ी रोककर पुलिस से कहा—'मारना बंद कीजिए।' उसके बाद उन्होंने जानना चाहा कि क्या हुआ है? लोगों ने बताया कि यह आदमी ये सब चीजें चुराकर भाग रहा था। इन चीजों की क्या कीमत है?' महाराज ने पूछा। उन्होंने पूरी कीमत चुका दी और मुझे अपने पास बुलाया। उन्होंने कहा, भविष्य में जब भी तुम्हें रुपयों की जरूरत हो मेरे पास चले आना। चोरी मत करना। तुम सूरत-शक्ल से तो भलेमानस लगते हो, तुम चोरी क्यों करने जाओगे? इसके बाद से मैं यथासंभव जी-तोड़ मेहनत करने लगा। जब बिलकुल ही फँस जाता था तो महाराज के पास आता था। वे मुझे कुछ-न-कुछ दे देते थे। बाजार की उस घटना के बाद मैंने कभी चोरी नहीं की। महाराज मुझसे बहुत भला व्यवहार करते थे। मुझसे वे कोई सवाल नहीं करते थे, सिर्फ पैसे दे देते थे।

सर्वगतानंद ने लिखा है—मैंने उस आदमी से कहा, 'मैं आपकी थोड़ी-बहुत

आर्थिक मदद कर दूँगा।' लेकिन हैरत है, उस आदमी ने मना कर दिया। उसने किसी हाल में मुझसे रुपए नहीं लिये।

अद्‌भुत-अद्‌भुत आगंतुकों के विवरण मिलते हैं। कल्याणानंद के पास एक गूँगा व्यक्ति आया करता था। चुपचाप बैठा रहता था, थोड़ा-बहुत खाना खा लेता था और उसके बाद चला जाता था। एक पागल भी आता था। कभी-कभी वह भड़क भी जाता था। लेकिन महाराज इन सभी को खिलाते थे। हाँ, उस पागल को खाना देते वक्त सबको सावधान रहना पड़ता था।

एक जन साधु का भी उल्लेख मिलता है। उनके सीने में एक गोली घुस गई थी, निकाली नहीं जा सकी। उनके सिर में भयंकर दर्द होता था। महाराज की इच्छा मुताबिक हर दिन उनके माथे पर चंदन का तेल रगड़ना पड़ता था। कल्याण महाराज खुद ही उन सभी लोगों की देखभाल करते थे।

गोलीविद्ध इन महाराज का विस्तृत विवरण अन्यत्र दिया जाएगा। हृषिकेश के नजदीक घने अरण्य से ढँके स्वर्गाश्रम में योगी साधु तपस्या के लिए आते थे। रामकृष्ण मिशन के विशिष्ट संन्यासियों ने, यथा प्रेमेशानंद ने यहाँ तपस्या की है। एक बार तारकेश्वरानंदजी भी आए थे। स्वर्गाश्रम के घने अरण्य में वे अकेले ही भ्रमण करते रहे। एक बार एक शिकारी ने उन्हें हिरन समझकर उन पर गोली चला दी। जिस आदमी ने उन पर गोली चलाई थी उसे तारकेश्वरानंदजी पहचानते थे, लेकिन पुलिस के सैकड़ों अनुरोध पर भी उन्होंने उसका नाम नहीं बताया। वैसे उन्होंने झूठ भी नहीं कहा। उन्होंने सीधे-सीधे उत्तर दिया—"नाम मैं जानता हूँ, मगर बताऊँगा नहीं।" उनकी छाती से वह गोली निकाली नहीं जा सकी। उसी हालत में उन्हें कनखल ले आया गया। उनके पूरे शरीर में भयंकर दर्द रहने लगा। वे जुबान बंद किए सबकुछ सहते रहते थे। लेकिन गोली किसने मारी, यह बात वे कभी अपनी जुबान पर नहीं लाए।

अर्थ के मामले में विवेकानंद शिष्य कल्याणानंद की चिंतनधारा की और एक कहानी आज भी जीवित है। उन्होंने सेवाश्रम में बड़े जतन से आम के एक सौ पच्चीस पेड़ लगाए थे। जब इन सब पेड़ों में आम आने लगे तो एक संन्यासी ने कहा, 'कई हजार आम आए हैं। इन सबको बेचा जाए तो काफी रुपए मिल सकते हैं।'

कल्याणानंद का उत्तर सीधा सा था। उन्होंने शांत मुद्रा में कहा, "रुपए कमाने के लिए मैंने ये पेड़ नहीं लगाए। जो जितना खा सके खाए। इसके अलावा दो-दो आम हर साधु को दिए जाएँ जो भिक्षा माँगने आए।" वे चाहते थे कि इनसान ये फल खाकर खुश हो।

कल्याणानंद हर वर्ष आम के उत्सव में स्थानीय साधुओं को आम और खीर खाने

को आमंत्रित करते थे। अंत में तो ऐसी हालत हो गई कि हर वर्ष आम के मौसम में साधु लोग खुद ही पूछने लगे कि महाराज आम का न्योता कब देने-वाले हैं।

इनसानों को आनंद दो; जिन लोगों ने गलतियाँ की हैं, उन्हें दोष-त्रुटि मुक्त करके नए तरीके से गढ़ डालो। गुरु की प्रेरणा से यही थी कल्याणानंद की साध! उस बार संघ के जनरल सेक्रेटरी स्वामी माधवानंद कनखल आए (बाद में वे संघ सभापति बने थे)। माधवानंद ने सेवाश्रम में एक ब्रह्मचारी को देखकर कल्याणानंद से पूछा, ''इस लड़के को आप पहचानते हैं?''

''जी हाँ, जानता हूँ।'' महाराज ने संक्षिप्त उत्तर दिया।

माधवानंद सारी खोज-खबर रखते थे।

मठ-मिशन के जनरल सेक्रेटरी के तौर पर उन्होंने कहा, ''उसे तीन-तीन सेंटरों से खदेड़ दिया गया है। यह लड़का किसी काम का नहीं है। उसे यहाँ न रखें।''

कल्याणानंद ने बूँद भर भी विचलित हुए बिना कहा, ''उस लड़के ने मुझे सारी बात बताई है। अपनी सारी भूलें कबूल करते-करते वह रो भी पड़ा। उसने मुझे वचन दिया है कि यहाँ वह भला बनने की कोशिश करेगा; जो मैं कहूँगा, वह सुनेगा। मैं भी खूब सतर्क रहूँगा।''

अब अपनी आवाज जरा ऊँची करके मठ के भावी सभापति को विवेकानंद शिष्य ने कहा, ''सोना से सोने बनाने के लिए ठाकुर श्रीरामकृष्ण इस मर्त्यधाम में नहीं आए थे। वे निम्न स्तर के धातु को भी सोना बना देते थे। हम लोग अगर इस किस्म के लड़के को बदल सकें तो वह हमारा सेवा कार्य होगा। तुम क्या सिर्फ भलामानस लड़का ही चाहते हो? वे लोग तो पहले से ही भलेमानस हैं।''

बाद में इसी लड़के में अविश्वसनीय परिवर्तन आया था। यहाँ आने से पहले वह बेहद गुस्सैल था। गुस्से में अंधा होकर उसने सारा सामान-पत्तर, एक बार नहीं, तीन-तीन बार उछालकर फेंक दिया, लेकिन कनखल में वाकई बिलकुल नए ढंग से जीना शुरू किया।

□

इस निबंध के आखिर में हम स्वामी कल्याणानंद की मर्मस्पर्शी महासमाधि (२० अक्तूबर, १९३७) का वर्णन उनके भक्तों की नजर से देखें। लेकिन इससे पहले उन अजब स्वामीजी के अन्य एक अजब भक्त चारुचंद्र दास (बाद में, स्वामी शुभानंद) और उनके प्राणप्रिय वाराणसी सेवाश्रम के बारे में थोड़ी-बहुत जानकारी प्राप्त कर लें।

ढेरों-ढेरों तथ्य-सूत्रों के साथ-साथ इस पर्व का विस्तृत विवरण स्वामी नरोत्तमानंद की पुस्तक सेवा में दिया गया है। इस पुस्तक का बँगला अनुवाद हाथ नहीं लगा,

फलस्वरूप हमें इसी नाम से अंग्रेजी में प्रकाशित पुस्तक पर निर्भर करना पड़ा है।

पूर्व संन्यास जीवन में विवेकानंद शिष्य स्वामी शुद्धानंद एक बार कलकत्ता में चारुचंद्र के पाँचू खानसामा लेनवाले घर में आए थे। उनके साथ कोई एक क्षीरोद बाबू भी थे। वाराणसी में शुद्धानंद से चारुचंद्र की दुबारा भेंट हो गई। यहाँ शुद्धानंद बीमार पड़ गए, इसलिए कुछ दिनों के लिए चारुचंद्र को उनकी सेवा का मौका मिल गया। शुद्धानंद ने उनसे सद्यः प्रकाशित 'उद्‌बोधन' पत्रिका की चर्चा की और उस पत्रिका के प्रचार का अनुरोध किया। इसी प्रचार पर निकलकर चारुचंद्र की जान-पहचान हरिनाथ और केदारनाथ मौलिक (बाद में स्वामी अचलानंद) से हुई। किसी समय स्वामी कल्याणानंद वाराणसी आए और केदारनाथ के अतिथि बने। इन लोगों की आपसी चर्चा का मुख्य विषय थे—स्वामी विवेकानंद। ज्ञान, भक्ति और कर्म के समन्वय की जो साधना रामकृष्ण संघ में शुरू हुई थी, उसने इन लोगों को विशेष तौर पर आकर्षित किया था।

केदारनाथ मौलिक उन दिनों गृहस्थी छोड़ने को व्याकुल थे। चारुचंद्र दास ने परामर्श दिया कि ठाकुर के शिष्य निरंजनानंद इन दिनों हरिद्वार में हैं, तुम वहीं चले जाओ। केदारनाथ ने बताया कि दद्‌दू और बाबूजी को अगर खटका हो गया तो वे मुझे नहीं छोड़ेंगे। तब यह योजना बनाई गई कि केदारनाथ कई-एक पोस्टकार्ड लिखकर दे जाएँगे। वह पोस्टकार्ड बीच-बीच में कलकत्ता से ही डाक द्वारा पोस्ट कर दिया जाएगा, ताकि यही लगे कि कामकाज की खोज में केदारनाथ कलकत्ते में ही हैं।

विवेकानंद भक्त कई एक मित्रों ने मिलकर वाराणसी में जो सेवा कार्य शुरू किया था उनमें एक थे—यामिनीरंजन मजूमदार! 'उद्‌बोधन' पत्रिका में स्वामीजी की कविता 'सखा के प्रति' पढ़ते ही वे लोग उद्‌बुद्ध हो उठे।

यामिनीरंजन भोर-भोर बंगाली टोला से होकर गंगा-स्नान को जा रहे थे, अचानक कोई आवाज सुनकर चौंक उठे। जाने किसकी तो अस्फुट कातर ध्वनि! कोई और समय होता तो शायद पुण्यार्थी लोगों की धर्म-ध्वनि, इस कातर ध्वनि को ढँक लेती, लेकिन पिछली रात ही यामिनीरंजन ने नवधर्म-मंत्र लाभ किया था। इसलिए उन्होंने आँखें फाड़-फाड़कर देखा। सड़क किनारे कूड़े के ढेर में मरणासन्न एक वृद्धा सर्वांग मल-मूत्र में लिपटी हुई!

स्वामीजी की कविता का पाठ करते हुए उद्‌बुद्ध यामिनीरंजन ने वृद्धा का बदन साफ किया, अपने दुपट्टे से उसे ढँककर उसे गोद में लेकर सड़क के किनारे बैठ गए और उसका सिर सहलाते-सहलाते वे सोच में डूब गए—अभी, इसी पल अगर इस वृद्धा को आश्रय, दवा और पथ्य नहीं दिया गया तो इसकी मृत्यु निश्चित है। लेकिन यामिनीरंजन खुद ही भिक्षाजीवी थे, इस पल उनके पास फूटी कौड़ी नहीं थी। अब वे क्या करें?

आखिरकार उस वृद्धा को एक घर के चबूतरे पर लिटाकर वे भिक्षा की खोज में चल पड़े। एक सहृदय व्यक्ति से चार आने पैसे मिल गए। उन पैसों से वे दूध खरीदकर ले आए और उस वृद्धा को पिलाया। बूढ़ी अब कुछ-कुछ स्वस्थ हो आई, तो उसके लिए अन्न-भिक्षा माँगने पुंटियारानी की छतरी पर पहुँचे। इस छतरी के अन्न से ही यामिनीरंजन का पेट भरता था। उन्होंने अपने लिए ही तय आहार माँगा, ताकि वे वृद्धा को खिलाने के लिए ले जाएँ। छतरी का नियम था कि वहीं बैठकर खाना होगा। काफी बतकही के बाद यामिनीरंजन ने अपने लिए स्वीकृत आहार वसूल किया और वह आहार ले जाकर उन्होंने वृद्धा को खिलाया। अब वृद्धा कुछ और स्वस्थ हो उठी। स्वस्थ होकर उसने जो कहानी सुनाई वह अत्यंत भयावह, मानवीय निष्ठुरता का चरम दृष्टांत था।

महीने भर पहले ही वह वृद्धा यशोहर के देहाती अंचल से काशीवास करने के लिए १०८ रुपए के सहारे यहाँ आ पहुँची थी। यहाँ उन्होंने किसी ब्राह्मण के घर पर आश्रय लिया था। वह कठिन रक्त-आमाशय में पड़ गई। बिना इलाज और बिना पथ्य के जब उसकी मरणासन्न हालत हो आई, तब वह ब्राह्मण उसे गंगा तट पर फेंक गया। वह वृद्धा होश में थी मगर उसमें कुछ बोलने की ताकत नहीं थी। पहली बात तो यह कि वह ब्राह्मण वृद्धा के बचे-खुचे रुपए डकार जाना चाहता था। दूसरी बात यह कि वह जानता था कि बूढ़ी अगर मर गई तो शायद पुलिसिया हंगामा हो सकता था और वह पुलिसिया हंगामे में नहीं पड़ना चाहता था। वृद्धा पूरे चार दिनों तक गंगा तट पर पड़ी रही। किसी ने भी उसकी मदद नहीं की। वैसे उसका कोई नुकसान भी नहीं किया। उसके बाद निरुपाय होकर वह किसी तरह पत्थर-मिट्टी कसकर थामे-थामे चारों हाथ पाँवों से घिसटती हुई पूर्वोक्त स्थान पर पहुँचकर बेहोश हो गई। होश आने पर जितना सा गौंगियाती वह गौंगियाती रही। वही आवाज सुनकर यामिनीरंजन आकृष्ट हुए थे।

बाद का इतिहास संक्षेप में कुछ यूँ था—यामिनीरंजन चारुचंद्र के पास दौड़ गए। दोनों मित्र हरिद्वार से सद्यः प्रत्यागत केदारनाथ के पास पहुँचे। इन लोगों ने और अन्यान्य बंधुओं ने मिलकर वृद्धा की सुश्रुषा और आश्रय की सामयिक व्यवस्था की। बाद में चंदा उगाहकर उन लोगों ने वृद्धा को भेलूपुर अस्पताल में भरती करा दिया। उस वृद्धा का नाम था—नृत्यकाली दासी!

अब और देर रुकना संभव नहीं था। इस बंधु-समुदाय ने 'वाराणसी-दरिद्र-दुःख प्रतिकार समिति, गठित कर डाली। समिति की जुलाई १९०२ से जून १९०८ की रिपोर्ट में सामाजिक तत्त्व विशारदों के लिए काफी कुछ जानने के विषय हैं। इस रिपोर्ट ने स्पष्ट रूप से दिखा दिया कि किस सामाजिक भेद-बुद्धि से विवेकानंद के भावानुप्राणित युवक पूरी तरह असांप्रदायिक मनोभाव से सेवा करते रहे।

रिपोर्ट समिति का 'संक्षिप्त इतिहास' कुछ इस प्रकार है : 'परम पवित्र अविमुक्त वाराणसी क्षेत्र हिंदू मात्र के ही सर्वप्रधान तीर्थ के रूप में शास्त्रों में वर्णित है। इस कारण समग्र भारतवर्ष के विभिन्न प्रदेशों से समागत मुमुक्षु साधु-संन्यासी, ब्रह्मचारी, गृहस्थ वगैरह नानाविध नर-नारी, जिन लोगों के लिए अन्न-वस्त्र का कोई प्रबंध नहीं था, वे लोग भी अन्नपूर्णा-विश्वनाथ पर निर्भर करते थे; काशीवास द्वारा अक्षय पुण्य अर्जित करते थे।

'इन असहाय, भरण-पोषणहीन, संचयहीन व्यक्ति और अन्न-वस्त्र से पूरी-पूरी तरह उदासीन, धर्मनिरत साधु-संन्यासीगण की सहायता के लिए बहुतेरे महोदय ने अन्न-दान संस्थाओं की स्थापना की। लेकिन उन सभी अन्न-दान संस्थाओं का अन्नदान केवल ब्राह्मण वर्ग में ही सीमाबद्ध था और ब्राह्मणवर्ग में भी जो लोग स्वयं दानस्थल में उपस्थित होकर दान ग्रहण करने में समर्थ होते, उन्हीं लोगों को अन्न प्राप्त होता था, उपस्थित होने में असमर्थ व्यक्तिवर्ग को अन्न नहीं मिलता था। इस तरह के अनुदार नियमों की वजह से असली अभावग्रस्त, दुर्बल, असमर्थ व्यक्तियों को अतिशय कष्ट था। खासकर वे सकल व्यक्ति जब बीमार होते थे, तो दवा वगैरह और सेवा-सुश्रुषा के अभाव में कोई असमय दम तोड़ देता था और बहुतेरे लोग संपूर्ण आश्रयशून्य हालत में सड़क पर या गंगा तट पर अपनी मानवलीला समाप्त कर देते थे।

'यह विमुक्त वाराणसी वैदिक धर्म का केंद्रस्थल थी। इसी स्थान पर भगवान शंकराचार्य ने जीव-ब्रह्म के अभेदत्व की सबसे पहले घोषणा की थी और इसी स्थान के लाखों-लाखों नर-नारी हर दिन प्रातः अन्नपूर्णा-विश्वनाथ की अर्चना करने के बावजूद विश्वनाथ के साक्षात् मूर्ति-स्वरूप जीवों को, जो अनाथ-अन्य लोग हैं, जो अंधे-लँगड़े, बूढ़े-बूढ़ों के रूप में सड़क पर पड़े हैं, उन लोगों को नहीं समझते। कोई भी उन लोगों की सेवा नहीं करता।

'ये सभी स्थितियाँ देखकर सड़क पर पड़े लोगों का क्लेश दूर करने के लिए अपनी सेवा द्वारा मानव जीवन की सार्थकता प्रमाणित करने के लिए कृत संकल्प होकर रामकृष्ण मिशन के संस्थापक श्रीमत् विवेकानंद स्वामी के कई ब्रह्मचारी शिष्यों ने सेवाकार्य आरंभ किया और इस 'दरिद्र-दुःख प्रतिकार समिति' का गठन किया। बाद में १५ सितंबर, १९०० को स्थानीय बंगाली टोला स्कूल भवन में एक आम सभा का अधिवेशन हुआ। समिति के कार्यों में उत्तरोत्तर विस्तार करते हुए, सुशृंखल रूप से संपन्न करने के लिए, उक्त सभा में निम्नलिखित लोग कार्यवाहक समिति के सदस्य के रूप में निर्वाचित हुए।'

आश्रम के उद्देश्य के बारे में रिपोर्ट में कहा गया : 'जो लोग असहाय, पीड़ित

हालत में सड़क पर पड़े हों, समिति उन लोगों को सड़क से उठाकर आश्रमबारी में लाकर सेवा-सुश्रुषा करेगी और दवा-पथ्य दान करेगी।

'सड़क पर पड़े लोगों में जो लोग अस्पताल जाना चाहें और अस्पताल के अधिकारी जिन लोगों को अपने यहाँ रखें, समिति उन लोगों को अस्पताल में रखकर आश्रमबारी से पथ्य आदि पहुँचाएगी और सेवा करेंगे तथा जरूरत हो तो अस्पताल में भी खूराकी जमा करेगी।

'जो लोग अंधे या अथर्व या वृद्ध होने की वजह से भीख माँगने में असमर्थ हैं, समिति उन लोगों के निवास स्थान में जाकर आवश्यक अन्न-वस्त्र, बस-किराया इत्यादि देती रहेंगी।

'जो लोग शारीरिक परिश्रम से या नाते-रिश्तेदारों की मामूली सहायता से किसी तरह मुश्किल से खाना-पीना संपन्न करते हैं, वे लोग अगर बीमार हो जाएँ, उनके पास इलाज का कोई उपाय नहीं हो या उनकी सेवा-सुश्रुषा के लिए भी कोई न हो, समिति इन सकल लोगों के घर, डॉक्टर, वैद्य लेकर जाएगी और दवा-पथ्य आदि की व्यवस्था करेगी तथा समिति के सेवक लोग उनके घर जाकर उनकी सेवा करेंगे।

'जो सकल सज्जन-वंशीय व्यक्ति किस्मत की मार खाकर निःस्व हो चुके हों और प्राण त्याग करने को प्रस्तुत हों, लेकिन आम दान-स्थलों में उपस्थित होने को राजी नहीं होते या भिक्षा-प्रार्थना नहीं करते, समिति विशेष रूप से उन लोगों की स्थिति से अवगत होकर उन लोगों की यथासाध्य सहायता करेगी।

'अभावग्रस्त व्यक्ति, भले वह किसी भी जाति का हो, कोई भी धर्मावलंबी हो, स्त्री हो या पुरुष, समिति उनकी सेवा करेगी।'

रिपोर्ट से यह जानकारी भी मिलती है कि ८ कर्मी या सेवक कामकाज चला रहे हैं। 'सेवकगण समिति बारी में स्थित रोगियों की सेवा-सुश्रुषा करेंगे, यहाँ तक कि मल-मूत्र तक अपने हाथों से साफ करेंगे। समिति की पूर्व-स्थिति में सात महीनों तक सेवकगण मेहतरों से सहायता लिए बिना ही अपना कार्य निर्वाह करेंगे। बाद में आर्थर रिचर्डसन साहब ने दया दिखाते हुए एक मेहतर नियुक्त कर दिया और समिति को कृतज्ञतापाश में आबद्ध कर लिया।'

उस समय सेवा-प्राप्त कई एक रोगियों का विवरण हाजिर है। काशी के दीन-दरिद्र लोगों की हालत किस चरम पर पहुँच गई थी। यह याद दिला दिया जाए :

पंचानन हाजरा नामक ३५ वर्ष की उम्रदाराज ब्राह्मण संतान ने गलितकुष्ठ से रोगग्रस्त होकर, रोग-पीड़ा और दरिद्रता के कारण, स्वदेश बांकुड़ा जिले से वाराणसी आकर, भिक्षावृत्ति का सहारा लिया, लेकिन दुर्भाग्यवश वे संक्रामक रोगग्रस्त थे, इसलिए

उन्हें भीख देना तो दूर की बात कोई उन्हें एक बूँद पानी तक देने को तैयार नहीं था। वे चार दिनों के अनशन पर नारदघाट पर पड़े हुए थे। उनके आर्तनाद से कोई सज्जन करुणा से भर उठे और उन्होंने समिति के सेवकों को खबर दी। सेवक सदस्य भेलूपुर के असिस्टेंट सर्जन डॉक्टर मन्मथनाथ बसु महाशय को साथ लेकर, नारदघाट पहुँचे और उन्हीं लोगों ने रोगी के लिए दवा वगैरह का इंतजाम किया तथा दोनों बेला समिति की तरफ से आहार-पथ्य प्रदान करके उनकी सेवा कर आते थे। दुर्भाग्यवश वही रोगी हैजे के शिकार हो गए। उस समय उनकी कैसी तो शोचनीय हालत हो आई थी, यह बात सभी लोग अनायास ही समझ सकते हैं। उनकी इस हालत में भी एक सेवक ने उनकी सेवा नहीं छोड़ी। उन्हें हैजा हो जाने के बाद भी उनके आरोग्य-लाभ के बाद भी उन्हें खाना खिलाया जाता रहा।

सरयू तिवारी नामक एक १४ वर्षीय बालक। माता-पिता के होने के बावजूद अपने दारिद्र्य के कारण सरयू भयंकर बुखार से आक्रांत होकर अंधकूप की तरह एक जगह पड़ा हुआ था। उसकी चिकित्सा की कोई व्यवस्था नहीं थी। राजलक्ष्मी देवी निःस्व महिला थी, डबल न्यूनोमिया होने के बावजूद बिना इलाज के पड़ी हुई थी। गिरिबाला देवी को 'खूनी आँव, प्रदर वगैरह जटिल रोगग्रस्त' होने की वजह से उनके मकान-मालिक ने उन्हें घर से बाहर निकाल दिया था। वे सड़क पर पड़ी हुई थीं। अस्सीसाला वृद्धा मुन्नी बाई 'अति संभ्रांत, धनी महाराष्ट्र परिवार' की महिला, 'अदृष्ट के फेर में पड़कर रास्ते की भिखारिन बन गई थीं।' बांकुड़ा के गोपीनाथ दत्त पक्षाघात रोग के शिकार होकर काशी में निरुपाय हालत में थे। भिक्षा द्वारा जीवनधारण की इच्छा लिए वे किसी तरह यहाँ आ पहुँचे थे, लेकिन चूँकि वे शूद्र थे, इसलिए उन्हें छतरी में भीख नहीं मिलती थी। आत्महत्या के इरादे से उन बेचारे ने गंगा नदी में छलाँग लगा दी, लेकिन एक सहृदय व्यक्ति ने उन्हें बचा लिया।

□

सन् १९०२ में स्वामीजी जब काशी आए तब स्वभावतः ही उनके आदर्श जाग्रत् युवकों के दल के उनके इर्द-गिर्द भीड़ लग गई। चारुचंद्र समेत उनमें से अनेक को स्वामीजी ने दीक्षा दी, पूर्ण मनुष्यत्व के यथार्थ रूप के बारे में उन लोगों के मन में उन्होंने सचेतनता भर दी और 'दरिद्र-दुःख प्रतिकार-समिति' के कामकाज के प्रति संतोष व्यक्त करते हुए भी कर्मी लोगों के आदर्श के साथ प्रतिष्ठान के नाम का जो भाव-विरोध घटा था वह भी दिखा दिया। उन्होंने कहा, ''दरिद्रों के दुःखों का प्रतिकार करनेवाले तुम कौन होते हो? तुम लोगों का सिर्फ सेवा पर ही अधिकार है। ...जब भी किसी कर्मी के मन में कृतित्व का अभिमान आ समाता है, उसी पल वह उसके अधःपतन

का कारण बन जाता है। कर्तृत्व और भोग-स्पृहा को जस का तस परित्याग करके, सत्य के प्रति अनुराग, शिवोहम्-बोध के साथ, जीव-सेवारूप कर्म का अनुष्ठान करो। इस रूप में कौशल के साथ कर्म करने से सिर्फ व्यक्तिगत जीवन ही धन्य नहीं होता है, बल्कि समाज और देश का भी प्रकृत कल्याण होगा और जीवन-जगत् के साथ भगवान का एकत्व अनुभव करते हुए तुम सब धन्य हो जाओगे। तुम लोगों ने कर्म में दया को स्थान दिया है, लेकिन कभी भी वाक्य में, कार्य में या मन में इनसान दया करने की स्पर्धा न रखे।''

स्वामीजी के निर्देश पर 'दरिद्र-दुःख प्रतिकार समिति' का नाम हुआ—सेवाश्रम!

समिति गठन के कुछ दिनों बाद ही एक सोलह वर्षीय टाइफाइड के रोगी का दायित्व उन पर आ पड़ा। अब उसे रखा कहाँ जाए? पहले, किसी किराए के घर का पता लगा, लेकिन वहाँ काफी असुविधाएँ थीं। आखिरकार उसे केदारनाथ के घर में ले आया गया। मित्रों द्वारा रात-दिन सेवा से और स्थानीय विशिष्ट चिकित्सकों की मेहरबानी से गिरींद्रनाथ स्वस्थ हो उठे और अपने देश फरीदपुर लौट गए। ये ही काशी सेवाश्रम के पहले इनडोर रोगी थे।

बाद में पाँच रुपए महीने के किराए पर एक छोटा सा घर जंगमबाड़ी में मिल ही गया। उस समय तीन पूर्णकालिक कर्मी थे—केदारनाथ, यामिनीरंजन और चारुचंद्र!

सेवा-कार्यों का सुनाम धीरे-धीरे फैलता गया। सेवाव्रती नवयुवक कैसे उनका भाव ग्रहण करके अद्भुत-अद्भुत काम कर रहे हैं, विभिन्न सूत्रों से यह खबर स्वामी विवेकानंद को कानों तक भी पहुँच गई। इस बारे में 'स्वामीजी के चरणों में' नामक पुस्तक (स्वामी अब्जजानंद) से उद्धरण देना अप्रासंगिक नहीं होगा।

'स्वामीजी उन दिनों बेलूर मठ में अवस्थित थे। काशी के सेवाव्रती युवकगण, उनके निर्देश पर चलते हुए वहाँ कैसे-कैसे आश्चर्यजनक कार्य कर रहे हैं, नाना सूत्रों से यह खबर उनके कानों तक पहुँच चुकी थी। जब भी कोई काशी से मठ में आता, वे बेहद आग्रह के साथ इन नए भक्तों की खोज-खबर लेते थे और उन लोगों के कार्यों की प्रशंसा भी करते थे। इस तरुणदल के अन्यतम् यामिनी मजूमदार एक बार स्वामीजी के दर्शनों के लिए मठ में आए। यामिनी से बातचीत करके उनका आदर्श-अनुराग देखकर वे अत्यंत प्रसन्न हुए और कृपा करके उन्हें मंत्र-दीक्षा भी प्रदान की। यामिनी की जुबानी काशी के अनाथाश्रम और कर्मठ नौजवानों के बारे में सविशेष सुनकर स्वामीजी ने उन लोगों को आशीर्वाद देते हुए कहा था—ऐसा आश्रम भारत के प्रत्येक तीर्थस्थान में होना चाहिए।'

स्वामीजी की कृपा-दृष्टि इन युवकों पर इस हद तक बरसी कि मठ से ही एक बार निर्मलानंद को भेजकर काशी के अनाथाश्रम के संबंध में उन्होंने विस्तार से हाल-

समाचार लिया। एक बार उन्होंने मंतव्य दिया, 'छोकरों में से किसी ने कुछ नहीं किया। चलो, काशी के युवकों ने इतने दिनों 'जिन्हें केवल कल्पना का विग्रह बना रखा था, अब उनके साक्षात् संस्पर्श ने उन सभी लोगों के मन को आलोड़ित कर डाला।' ... 'जिन्हें कभी देखा नहीं, सिर्फ कानों से ही सुना, मन उनमें ही लिप्त हो गया।' अनदेखे उस आश्चर्यजनक वैद्युतिक आकर्षण ने केदारनाथ को भी अब अपनी तरफ खींचा। वे अनाथाश्रम से दो हफ्तों की छुट्टी लेकर बेलूर चले आए। वह था—सन् १९०१ का साल। शरदीया महापूजा की षष्ठी के दिन केदारनाथ मठ में आ पहुँचे।

केदारनाथ मठ में आए तो स्वामी ब्रह्मानंदजी ने उन्हें अपने साथ ले जाकर स्वामीजी से परिचय कराया। उस वक्त मठ-घर की दूसरी मंजिल पर स्वामीजी अपने ही कमरे में थे। केदारनाथ ने उनके चरणों में झुककर उन्हें साष्टांग प्रणाम किया। मुंडित-मस्तक, केवलमात्र कोपीनधारी, अनन्यभूषण, ज्योतिर्मय सदाशिव जैसी स्वामीजी की उस दिन की दिव्य मूर्ति केदारनाथ के मानसपटल पर सदा-सर्वदा के लिए अंकित हो गई।

केदारनाथ परम आनंद के साथ स्वामीजी के पवित्र सान्निध्य में मठ में निवास करने लगे। स्वामीजी ने भी उनका त्याग, वैराग्य और साधननिष्ठा देखकर उनके प्रति विशेष स्नेह दिखाया था। दुलार से वे उन्हें 'केदार बाबा' बुलाते थे। काशी में सिर्फ दो हफ्ते को कहकर केदार बाबा मठ में आए थे, लेकिन स्वामीजी के प्यार के खिंचाव में दो हफ्ते कब ही गुजर गए, कोई ठीक-ठिकाना नहीं था। स्वामीजी ने भी अनुरक्त भावी शिष्य को अपने पास कुछ और दिन रह जाने का आदेश दिया। इस यात्रा में केदार बाबा लगभग नौ महीने मठवासी रहे। स्वामीजी का व्यक्तिगत सेवाधिकार लाभ भी उनके लिए उस समय की स्मरणीय घटना थी। बाद के दिनों में अपने जीवन के अतीत के ये दिन याद करके केदार बाबा रोमांचित हो उठते थे। स्वामीजी के बारे में चर्चा करते-करते उन्हें आत्महारा होते हुए भी देखा गया। स्वामीजी के स्मृति-प्रसंग से कुछेक उद्धरण—

'पूज्यपाद स्वामीजी महाराज का हम सबके प्रति कितना गहरा प्यार था, शब्दों में इसका वर्णन नहीं किया जा सकता।

'मठ में रहते हुए किसी समय केदारबाबा मामूली से बीमार हो गए। इसीलिए वे दो-चार दिन स्वामीजी के पास नहीं आ सके। लेकिन उनके प्रति स्वामीजी का कैसा अथाह, अकारण स्नेह था। वे अन्य सेवकों के हाथ, केदार बाबा के लिए बेदाना या कोई और फल, पथ्य खुद ही भेज दिया करते थे। शायद कभी वे आहार कर रहे होते, ऐसे में उन्हें केदार बाबा की याद हो आई। बस, उसी वक्त वह खाना किसी सेवक के हाथ उन्हें भेज दिया। सेवक से वह खाना केदार बाबा को दे आने को कहा। स्वामीजी की शिष्य-वत्सलता की बात याद करते हुए बाद में कभी केदार बाबा ने बताया—'एक बार कन्हाई

महाराज (निर्भयानंद) उनकी सेवा करते-करते उनकी छाती पर ही माथा टिकाकर सो गए। कहीं उनकी नींद न टूट जाए, इस डर से स्वामीजी काफी देर तक एक ही मुद्रा में शांत लेटे रहे। बाद में कन्हाई महाराज की नींद अपने आप खुल गई, तब जाकर वे उठे।'

स्वामीजी ने एक दिन केदार बाबा से कहा, 'बाबा, तू मुझे सुला सकता है? तू जो माँगेगा, मैं तुझे दूँगा।'

स्वामीजी अकारण ही कृपासिंधु थे। एक दिन मठ-घर की पहली मंजिल के बरामदे में वे बेंच पर बैठे हुए थे। बगल में स्वामी शिवानंदजी भी मौजूद थे। केदार बाबा जैसे ही उनके सामने आए, स्वामीजी सहसा बोल उठे, 'जा! तुझे कुछ भी नहीं करना होगा। तेरा सब कुछ अपने आप हो जाएगा।'

केदार बाबा ने अपने मठ-वास की स्मृति-कथा प्रसंग में एक बार कहा था—'मैं स्वामीजी के बिलकुल आसपास ही रहता था, लेकिन उनसे कोई सवाल नहीं करता था। कितने-कितने लोग आते थे—निवेदिता, ऊलीबुल, ओकाकुरा वगैरह! कितनी-कितनी बातें होती थीं। मैं ठहरा मूरख जीव! इतना सब नहीं समझता था। स्वामीजी जब अपने गुरुभाइयों को लेकर हँसी-मजाक या डाँट-डपट कर रहे होते मैं अपने हाथ का काम निपटा लेता था। शायद कभी-कभी दो-एक बार वे खुद ही कहते थे—'केदार बाबा, जरा तंबाकू तो लाना।' वैसे भी मैं उनकी बातें इशारे में ही समझ लेता था। अहा! माँ को देख लिया! स्वामीजी को भी देख लिया। सभी लोग जिसे पूछते भी नहीं, वे लोग उन्हें ही ज्यादा प्यार करते हैं। वे उसी की खोज-खबर ज्यादा लेते थे, उसका ही ज्यादा जतन करते थे। देखो, मुझमें ऐसा कौन सा गुण है? मेरे द्वारा उन लोगों का कोई काम नहीं होनेवाला। इसके बावजूद उन लोगों का इतना अहेतुक स्नेह-प्यार क्यों है, नहीं जानता! उन लोगों ने हम लोगों में ऐसा क्या देखा, समझ में नहीं आता। ...हाँ, स्वामीजी के प्रति एक ऐसा आकर्षण अनुभव करता हूँ, जो बेहद अद्भुत है, उन दिनों उनकी थोड़ी सी सेवा करने के लिए मन बेहद बेचैन रहता था। वहाँ मैं सीढ़ियाँ भी कूद-कूदकर उतरता-चढ़ता था। ...एक दिन बाबू ने मुझे दक्षिणेश्वर तीर्थ पर चलने के लिए खूब-खूब प्रोत्साहित किया। लेकिन मैं महाराज को बताए बिना कुछ भी नहीं करता था। जब मैंने उनसे पूछा, तो वे बोल उठे—'अरे, तुम क्या बात करते हो! मठ में स्वामीजी मौजूद हैं। उन्हें छोड़कर तुम कहाँ जाओगे? दक्षिणेश्वर तो चिरकाल ही रहेगा। वह सब बाद में होगा, ढेर-ढेर होगा। अभी रहने दो।' सचमुच महाराज ने मेरी चंचल मति को थिर रखकर आज मुझे स्वामीजी की कृपा लाभ से धन्य कर दिया। अगर ऐसा न होता, तो मेरा संन्यास भी न होता और कहाँ, किस जहन्नुम में सड़-गल जाता। वहाँ मैं दिन के समय आराम भी नहीं करता था। बस, नहाने-खाने में जो थोड़ा वक्त नष्ट होता था।

केदार बाबा कहा करते थे, 'ध्यान-धारणा के बारे में स्वामीजी बेहद कड़ियल थे। ...हर किसी को भोर चार बजे उठकर ठाकुर घर में आकर ध्यान करना पड़ता था। वे खुद भी आकर बैठते थे। अगर कोई नहीं आता था तो वे शुरू-शुरू में व्यंग्य के लहजे में कहते थे—'ओ जी, संन्यासी बाबुओं, और कितनी देर सोते रहोगे?'

स्वामीजी के अग्निमय संस्पर्श में निवास करते-करते वैराग्य की उत्तप्त प्रेरणा ने केदार बाबा को ज्यादा दिन खामोश नहीं रहने दिया। एक दिन स्वामीजी को एकांत में पाकर उन्हीं के चरणों में आश्रय-भिक्षा करते हुए उन्होंने संन्यास के लिए अपनी जुबान से प्रार्थना की। स्वामीजी ने पूछा, 'घर-घर भिक्षा करके खा सकेगा?' केदार बाबा ने हाथ ज़ोड़कर उत्तर दिया, 'आपका आशीर्वाद रहा तो जरूर ऐसा कर सकूँगा।' मेरा उत्तर सुनकर स्वामीजी ने प्रसन्न लहजे में कहा, 'अच्छा, चल यहीं पड़ा रह! सब ठीक हो जाएगा।'

आखिरकार, अगले बैशाख के महीने में, बुद्ध पूर्णिमा को (मई १९०२) स्वामीजी ने केदार बाबा की मनोकामना पूरी की। स्वामी बोधानंद को स्वामीजी ने आदेश दिया कि वे संन्यास समारोह के लिए जरूरी इंतजाम कर दें। उस निर्धारित रात को आनंद और उद्वेग के मारे केदार बाबा की आँखों को नींद नहीं आई। रात २ बजकर २० मिनट में ही उन्हें लगा कि भोर हो गई। उन्होंने निश्चयानंद स्वामी को घंटा बजाने को कहा था। निश्चयानंद ने भी उनके कहने पर घंटा बजा भी दिया। बोधानंद नींद से जागकर ठाकुर घर की ओर चल पड़े। ऐसे में स्वामीजी ने ही पूछ लिया, 'इतनी रात को ठाकुर घर की ओर कौन जा रहा है रे?' बोधानंद ने जब घंटा बजाने का उल्लेख किया, तब स्वामीजी ने स्नेह भरे लहजे में कहा, 'वह छउँड़ा काफी नर्वस हो पड़ा है।'

कुछेक पल बाद स्वामीजी स्वयं ठाकुर घर में जाकर यथानिर्दिष्ट आसन पर विराजमान हो गए और केदार बाबा को संन्यास दीक्षा प्रदान की। शिष्य विरजा द्वारा हवन में पूर्णाहुति देने के बाद ब्रह्मविद् आचार्य ने उन्हें 'बहुजन हिताय, बहुजन सुखाय' श्रीरामकृष्ण चरणों में अर्पित किया। अचला भक्ति विश्वास का आशीर्वाद प्रदान करके श्रीगुरु ने उन्हें नाम दिया—अचलानंद! अचलानंद प्रणाम करके जैसे ही उठे, स्वामीजी ने कहा, 'आज से तेरे समस्त सांसारिक कर्मों का नाश हो गया।' स्वामी अचलानंद ही स्वामीजी के अंतिम संन्यासी शिष्य थे। इसके बाद उन्होंने और किसी को भी संन्यास-दीक्षा नहीं दी।

इसके बाद सन् १९०२ के फरवरी महीने में स्वामीजी दल-बल समेत वाराणसी में हाजिर हुए। अगले विवरण के लिए हम स्वामी अब्जाजानंद पर निर्भर हैं।

वाराणसी में स्वामीजी ने एक दिन चारुचंद्र से कहा, 'सेवा-धर्म की सहायता से

सर्वभूत सहित ईश्वर से एकत्व सहज अनुभवगम्य है। तुम लोगों ने क्या अपने कर्म-जीवन में दया को उच्च स्थान निर्देश किया है? याद रखो, दया प्रदर्शन का अधिकार तुम लोगों को नहीं है। जो सर्वभूत के ईश्वर हैं, वही दया-प्रदर्शन के अधिकारी हैं।

'जो दया करना चाहता है, वह जरूर गर्वित और अहंकार से भरपूर है, क्योंकि वह दूसरों को अपने से निम्न और हीन समझता है। दया नहीं, सेवा ही तुम लोगों के जीवन की नीति बने। देवमूर्ति के ज्ञान और जीव सेवा द्वारा कर्म को धर्म में परिणत करो। ईश्वर को छोड़कर अन्य कोई जीव का दुःख दूर नहीं कर सकता।'

स्वामी शिवानंद ने एक दिन चारुचंद्र और उसके दो-एक मित्रों के लिए स्वामीजी से प्रार्थना की कि वे कृपा करके युवकवर्ग को दीक्षा प्रदान करें। प्रसन्न होकर स्वामीजी ने भी चारुचंद्र को मंत्र-दीक्षा प्रदान की थी।

उन्हीं दिनों की एक और घटना! चारुचंद्र के अनुरोध पर सेवाश्रम के प्रचार के लिए स्वामीजी ने स्वयं एक विज्ञापन पत्र लिख दिया। इस आवेदन की मूल भाषा अंग्रेजी है और आज भी सेवाश्रम के वार्षिक विवरण के आरंभ में स्वामी विवेकानंद के स्वाक्षर समेत मुद्रित किया जाता है।

□

अब भक्त चारुचंद्र के शेष पर्व के बारे में! सन् १९२६ के अप्रैल महीने में स्वामी सारदानंद ने शुभानंद को निमंत्रण भेजा कि बेलूर में श्रीरामकृष्ण कन्वेंशन में वे भी शामिल हों और यहाँ से स्वास्थ्य-लाभ के लिए पुरी भी हो लें। शेष मुहूर्त में शुभानंद वाराणसी छोड़कर बेलूर रवाना होने को राजी नहीं हुए। उन्होंने छोटे बच्चे की तरह कहा, "मेरी यह देह अब ज्यादा दिन स्थायी नहीं रहेगी। बाकी ये कुछ दिन माँ की छाती से लगकर बिताना चाहता हूँ।" पूरी खबर पाकर स्वामी सारदानंद समझ गए कि शुभानंद की सेहत अब सच ही टूट चुकी है। उन्हें किसी स्वास्थ्यवर्धक जगह भेजना बेहद जरूरी है। उन्होंने एक पत्र लिखकर उन्हें स्वास्थ्य लाभ के लिए कनखल जाने की सलाह दी। साथ ही उन्होंने कल्याणानंद को लिखा कि शुभानंद का यथायोग्य अभिनंदन किया जाए।

पत्र पाकर शुभानंद ने उसे अपने माथे से लगा लिया।

उन्होंने कहा, "सोचा था कि यह नश्वर देह गंगा में ही विसर्जित कर दी जाएगी, लेकिन भगवान विश्वनाथ कुछ और ही सोचे बैठे हैं। चलो, ऐसा ही हो, यह देह कनखल ही पहुँचे।"

गाड़ी पर सवार होते-होते शुभानंद ने अपने प्रिय स्वामी अमरानंद को बुलाकर कहा, "मैं जा रहा हूँ। लगता है अब वापस नहीं लौटूँगा। पोस्ट ऑफिस सेविंग्स में मेरे कुछ रुपए पड़े हैं, उसका प्रबंध कर देना। जब यह खबर मिले कि यह देह नहीं रही तो

इस रकम का एक हिस्सा माँ सारदा देवी की पूजा में खर्च करना और साधु लोगों के भंडारे पर। बाकी सब, दरिद्रनारायण की सेवा में जाएगा।''

कनखल में वह दिन बँगला का नववर्ष था। भोर-भोर वे अपने सहकारी चैतन्यानंद को लेकर किसी अनजाने उद्देश्य से निकल पड़े।

शुभानंद हरिद्वार की ओर जाती हुई सड़क पर पैदल-पैदल चलते रहे। अचानक राह बदलकर वे गंगा-स्नान वाले घाट की ओर चलने लगे। कुछ देर वे घाट की सीढ़ियों पर बैठे रहे। उसके बाद बदन पर पड़ी चादर और पाँव की चप्पल उतारकर हाथ जोड़े-जोड़े गंगा-धार में उतर गए। एक बार वे कमर तक पानी में समा गए, दुबारा जरा ऊपर उठे। ऐसा उन्होंने कई बार किया।

चैतन्यानंद ने पूछा, ''आप क्या यहाँ स्नान करोगे?''

स्वामी शुभानंद ने उत्तर दिया, ''ना।''

चैतन्यानंद जानते थे, हर दिन नहाने से पहले वे देह पर तेल लगाते थे। आज तो यह संभव नहीं था। वे पहले ही पानी में उतर पड़े थे। उनको लगा शुभानंद जरूर नहाएँगे। उसके बाद किसी सूखी धोती की जरूरत पड़ेगी। इसलिए जितनी देर वे स्नान कर रहे हैं, वे झटपट, आश्रम से कोई धोती ले आएँ। यही बेहतर होगा। वे तेज-तेज कदमों से सेवाश्रम की ओर बढ़ गए।

कुछ ही देर में चैतन्यानंद लौट आए और एकदम से आतंकित हो उठे। स्वामी शुभानंद वहाँ नहीं थे। उनकी चप्पल मौजूद थी, चादर वहीं मौजूद थी, लेकिन वे नहीं थे। कई बार उन्होंने आवाज देकर उन्हें बुलाया, लेकिन कहीं से कोई उत्तर नहीं आया। अचानक उन्हें याद आया शुभानंद तैरना नहीं जानते थे।

धार के निशान पर चैतन्यानंद पागलों की तरह दौड़ पड़े। लेकिन कहाँ थे वे? गंगा और मुहाना जहाँ मिल गए थे, वहाँ जो लोग नहा रहे थे, उन लोगों से उन्होंने पूछा, ''किसी साधु को धार में बहते हुए देखा है?''

उन लोगों ने तत्काल जवाब दिया, ''हाँ-हाँ, कोई बंगाली साधु बहे जा रहे थे। हमने उन्हें बचा लिया, वे जिंदा हैं। उन्हें बंगाली अस्पताल में भेज दिया है। चार साधु उन्हें अपने कंधे पर लादकर ले गए हैं।''

सेवाश्रम लौटकर चैतन्यानंद ने देखा, कोई एक डॉक्टर और कई सेवक उन्हें होश में लाने की कोशिश कर रहे थे।

चैतन्यानंद ने एक पत्र में विवरण दिया है—'उनके पेट से सारा पानी बाहर निकाला गया। लेकिन उनकी नसों में जीवन की कोई हरकत नहीं हुई।'

काशी सेवाश्रम के कर्ता शुभानंद अपने बारे में कहा करते थे, ''मैं सेवाश्रम की

देखरेख भर करता हूँ, मैं कर्ता नहीं हूँ।''

उनकी एक अद्‌भुत आदत थी। जब भी वे काशी की सड़क पर निकलते थे, थोड़े चावल, दाल या खाने की कोई चीज अपने साथ ले जाते थे। किसी को भूखा देखते तो उसकी हथेली पर कुछ-न-कुछ धर देते थे।

□

जिस आलोक से अपने प्राणों को आलोकित करके वाराणसी सेवाश्रम के कुछेक विवेकानंद-शरणागतों ने बीसवीं शती के आरंभ में नए इतिहास की रचना की, उसी आलोक में अपने को प्रदीप्त करके विवेकानंद के दो शिष्य कल्याणानंद और निश्चयानंद ने असंभव को संभव कर दिखाया। गुरु ने उन दोनों को गंगा के उत्स की ओर जाने से मना किया था। उन दोनों ने भी गुरु की आज्ञा की कभी अवमानना नहीं की। चीन-जापान युद्ध के समय घायलों की सेवा के लिए मेडिकल मिशन के सदस्य होकर भारतीय डॉक्टर कोटनिस चीन गए थे और वापस नहीं लौटे। उनकी जीवन गाथा जिस पुस्तक में दर्ज की गई है, उसका नाम है 'लौटा नहीं सिर्फ एक जन'। कनखल की अविश्वसनीय कहानी ने हमें याद दिला दिया कि स्वामीजी के आदर्शों से प्रेरित होकर उनकी इच्छा के प्रति सम्मान ज्ञापित करते हुए सिर्फ एक नहीं, कई जन वापस नहीं लौटे।

अपने को पूरी तरह मिटाकर गुरु विवेकानंद की भावधारा को प्राणवंत रखना ही इन दोनों संन्यासियों का व्रत था। इन दोनों ने अपने अहम् की इस हद तक अवहेलना की कि सन् १९४० में यह देखा गया कि जिस इनसान ने लगभग चार दशक तक कनखल सेवाश्रम के आकाश-वाताश को प्राणवंत रखा था, उन्हीं निश्चयानंद महाराज की कोई तसवीर सेवाश्रम में नहीं है। उन्हीं दिनों अमेरिकी संन्यासी स्वामी अतुलानंद सेवाश्रम में आए थे। खबर सुनकर उन्होंने कहा कि अमेरिकी फॉक्स की बहनें पिछली बार कनखल आई थीं, तो उन लोगों ने जरूर निश्चयानंद की कोई-न-कोई तसवीर फ्रेम में कैद की होंगी। उन्होंने अमेरिका पत्र लिखा। फॉक्स बहनों में से एक बहन उस समय तक जिंदा थी। उन्होंने एक तसवीर भेजी। वही धुँधली तसवीर अब हमारे लिए एकमात्र स्मृति है।

उसी विवेकानंद-शिला से खोदकर निकाले गए हैं—कल्याणानंद! वे हमेशा दस आने कीमत के जूते इस्तेमाल करते थे। भयंकर ठंड में भी ऊनी नहीं, रुई की बंडी ही उनका बल-भरोसा थी।

शेष पर्व में कल्याणानंद की तबीयत ठीक नहीं चल रही थी। हजारों-हजारों इनसान को व्याधि-मुक्ति में मदद करना ही जिनका जीवन-व्रत था। अब वे खुद ही टूटी सेहत की स्थिति में आ गए, लेकिन शय्याशायी होकर, दूसरों का बोझ बढ़ाने की मानसिकता लेकर वे इस दूर देश में गुरु विवेकानंद का आदेश पालन करने नहीं आए थे।

अस्तु वे चाहे जितने भी बीमार हों, उनके कामों में विराम नहीं था। यह शरीर ही व्याधि मंदिर है, उनसे बेहतर भला और कौन जानता था? साथ ही उनमें प्रबल मानसिक और आध्यात्मिक शक्ति थी।

मृत्यु से डरने के लिए इनसान संन्यासी नहीं होता, मरण से अग्रिम मुकाबले के लिए ही इनसान अपने जीवनकाल में ही अपना श्राद्ध कर देता है। फिर भी रोग के विरुद्ध संग्राम मानो खत्म ही नहीं होना चाहता। मृत्यु भी शायद उन लोगों के प्रति संतुष्ट नहीं होती, जो लोग व्याधिग्रस्त इनसानों को भगवान समझकर रात-दिन उन लोगों की सेवा करके मृत्यु को और देह-यंत्रणा को बाधा देते हैं। एक-दो वर्ष नहीं, सहायहीन, संपर्कहीन, अचीन्हे-अनजाने देश में वे दीर्घ पैंतीस वर्ष से खामोशी से भिक्षावृत्ति द्वारा क्षुधा निवृत्ति करके नर-नारायण की सेवा करके गुरु निर्देश का पालन करते रहे। दुनिया के इतिहास में ऐसी बातें आज भी घटती हैं, कल्याणानंद की जीवनी जाने बिना विश्वास नहीं होता।

जीवन के अंतिम पंद्रह वर्ष कल्याणानंद विभिन्न रोगों के शिकार होते रहे, लेकिन इस वजह से वे रुके नहीं। उन्होंने प्रतिकूल परिस्थितियों के आगे आत्मसमर्पण तो हरगिज नहीं किया। स्वयं स्वामी विवेकानंद संन्यास लक्षणों को चिह्नित कर गए हैं। उनके भक्त शिष्यवर्ग जानते थे कि संन्यास का अर्थ है—मृत्यु को प्यार करना। 'घरबारी जीवन को प्यार करेगा, संन्यासी मृत्यु को प्यार करेगा। हमारे अंगों पर गैरिक वसन तो युद्ध क्षेत्र की मृत्यु-शैय्या है।'

गुरु के निर्देश पर मृत्यु को जीतने का कैसा विरामहीन व्रत है। अपनी सेवा-सुश्रुषा के माध्यम से मृत्यु की कठोरता को मनुष्य के लिए यथासाध्य कोमल बनाओ। इसीलिए कल्याणानंद अपने शरीर के लिए सिर-दर्द लेने को राजी नहीं थे। हर मुहूर्त के रणक्षेत्र में उन्होंने सेनानायक का जो दायित्व स्वेच्छा से ग्रहण किया था, वहाँ कोई छुट्टी नहीं थी, कोई रिटायरमेंट नहीं था, कोई पदत्याग नहीं था।

सन् १९३७, डॉक्टरों के परामर्श से कल्याणानंद को मसूरी जाना पड़ा। अपनी अंतिम यात्रा के समय महाराज ने अपने लोहे की सेफ की चाबी एक तरुण संन्यासी के हाथ में सौंपते हुए कहा—मेरी अनुपस्थिति में सारा कुछ ठीक-ठाक चलता रहे। २५ अक्तूबर को उन्होंने मसूरी से अपने सेवक सर्वगतानंद को लिखा—एक गरम पानी का थैला और कुछ दवाएँ यहाँ लेते आना।

इसी बीच एक शाम उनकी समूची देह में भयंकर दर्द जाग उठा। संन्यासी जी ने मुसकराते हुए कहा, "अब डॉक्टर बुलाकर क्या होगा? आई एम डाइंग! आई एम डाइंग!" आधी रात को अतिशय स्पष्ट लहजे में तीन बार 'माँ' नाम का उच्चारण करते-करते विवेकानंद के प्रिय शिष्य चिर अनुगत स्वामी कल्याणानंद महासमाधि में लीन हो गए।

कनखल में यथोचित सम्मान के साथ उन्हें जाह्न्वी के गर्भ में समाहित किया गया।

मृत्यु अपना दंश न भी मारे, समय किसी की प्रतीक्षा नहीं करता। पैसा कौड़ीहीन स्थिति में अजाने देश के दुर्गम पथ पर चलते-चलते गुरु के निर्देश पर प्रवास में आकर, भिक्षावृत्ति के सहारे, विवेकानंद के मंत्र पर मुग्ध शिष्य ने जो प्रतिष्ठान तैयार किया था वह आज भी जिंदा है। यथासमय कनखल सेवाश्रम में विपुल विस्तार हुआ है, वहाँ आज भी बहुत से रोगी सेवा पाते हैं। सेवाश्रम की राह पर चलते-चलते अगर किसी पाठक को, कई युगों के पहले विद्यमान, बारिसल के नौजवान की अविश्वसनीय साधना याद आ जाए तो इसमें आश्चर्य की कोई बात नहीं रह जाती। अगर यह प्रश्न जागे कि गुरु की किस लोकातीत शक्ति से यह आमृत्यु साधना संभव हुई, तो क्षण जन्मे उस संन्यासी की बात हमें याद रखनी चाहिए, जिन्होंने अकाल प्रमाण से पहले अपने प्रिय शिष्य को दूर देश जाकर रोगियों की सेवा का निर्देश दिया था और साथ ही सागर यात्रा के विधि निषेध जड़कर कहा था—''जा! लेकिन अब लौटना मत!'' अनुगत शिष्य ने उनकी बात रखी थी। गुरु का निर्देश मानते हुए वे फिर कभी अपनी जन्मभूमि की ओर नहीं लौटे।

जो लोग वापस नहीं लौटते, उन लोगों की बातें भी बीच-बीच में स्मृति-पट पर लौट-लौट आती हैं। यह सवाल पूछने का मन करता है कि स्वामीजी किस अलौकिक शक्ति से—'जैसा गुरु, वैसा शिष्य' कहावत आज भी इस धरती पर इस ढंग से ध्रुव-सत्य होकर जीती रही।

□

चिकित्सक के चेंबर में चालीस रुपए

विदेश में रहते-सहते स्वामीजी ने कई सौ पत्र लिखे थे, उसमें कहीं-कहीं हमें ऐसे कई डॉक्टरों की जानकारी मिलती है, जिन लोगों ने सिर्फ बिना मूल्य लिए सहाय-संबलहीन संन्यासी का इलाज ही नहीं किया, बल्कि जरूरत पड़ने पर उन लोगों ने उन्हें अपने घर में आश्रय भी दिया। इस उपलक्ष्य में हम उन लोगों के प्रति कृतज्ञता ज्ञापित करते हैं और इस कारण लज्जा भी व्यक्त करते हैं कि पश्चिमी देशों की कंचन-प्रीति पूर्वी देशों की अपेक्षा बहुत अधिक है—यह अफवाह आज भी काफी जोर-शोर से फैलाई जाती है।

अपरिचित देश में अपरिचित चिकित्सक बिना पारिश्रमिक के विदेशी चिकित्सा करने को उत्साहित नहीं भी हो सकते हैं, लेकिन अपनी जन्मनगरी खुद कलकत्ता में विश्ववंदित विवेकानंद को ख्यातनामा डॉक्टरों से कैसा व्यवहार मिला, उसका एक संकोचभरा संकेत इतने दिनों तक स्वामीजी के गुरुभाई रामकृष्ण मठ-मिशन के पहले सभापति स्वामी ब्रह्मानंद की नोटबुक में छिपा पड़ा था। स्वामी ब्रह्मानंद मठ-मिशन के खरचा-पत्तर का विविध विवरण अपनी इस नोटबुक में नियमित रूप से लिख रखते थे। कई-कई युगों बाद उस दिन लिपि का एक संक्षिप्त उद्धरण, टीकाकारों की नजर आकर्षित करेगी, यह बात शायद उनकी कल्पना के बाहर थी।

समय अक्तूबर, १८९८। अंग्रेजी में दिनलिपि में उल्लेख है—

'October 28, 1898 (1) Gone to Calcutta to settle Dr. R.L. Dutt to see Swamiji. Oct. 29, 1898: Paid to Dr. R.L. Dutt Rs. 40/-. Paid for medicines and other expenses Rs. 10/-'

उन्नीसवीं शती के आखिर में नगर कलकत्ता के वकील, बैरिस्टर और डॉक्टरों में से बहुतेरी हस्तियों की दुनिया भर में ख्याति थी। देश के सभी प्रांतों से मुवक्किल और मरीज उन लोगों के पास दौड़े आते थे, लेकिन उनकी पारिश्रमिक का परिमाण हिमालय जितना हो सकता है, इस बात पर विश्वास नहीं होता।

बीमार स्वामीजी के लिए डॉक्टर की यह फीस क्या उन्हें मठ में ले जाकर रोगी दिखाने के लिए थी? या उनके चेंबर में ही ये ४० रुपए दिए गए? आज के हिसाब से इन चालीस रुपयों की क्या कीमत है? एक-दो सौ नहीं, तीन से गुना किया जाए, तो क्या करीब-करीब के अंक तक पहुँचा सकता है?

स्वामीजी के जीवनकाल के अंतिम पर्व में चिकित्सा खर्च कहाँ तक चढ़ सकता है और हमारे इस बंगाल के एक संन्यासी से किसी-किसी ने कैसा आर्थिक व्यवहार किया था इसकी खोज-खबर लेना शायद उतनी भूल नहीं होगी।

डॉक्टर आर.एल. दत्त के बारे में भी कुछ वृत्तांत मिला है। ठाकुर रामकृष्ण का भाग्य थोड़ा अच्छा था। उनके एक साहब चिकित्सक ने रोगी की जाँच करने के बाद हाथ में नकद रुपए पाने के बावजूद पथ्य खरीदने के लिए वह राशि सविनय लौटा दी। एक और डॉक्टर थे जिन्होंने फीस तो नहीं ही ली, बल्कि उनके देहावसान के बाद डेथ सर्टिफिकेट देकर अपनी जेब से दस रुपए निकालकर थमाते हुए उन्होंने भक्तवृंद को सलाह दी कि बंगाल फोटोग्राफर्स को बुलाकर ग्रुप फोटो उतरवा लें। एक और विख्यात डॉक्टर थे, जो खाली हाथ रोगी देखने नहीं जाते थे, किसी समय नरेन के इलाज के लिए भी आकर उन्होंने रोगी को एक बेल उपहार में दिया था। इसी डॉक्टर से श्रीरामकृष्ण ने खुशी-खुशी एक जोड़ी चप्पल उपहार में ली थीं। हालाँकि वकील और डॉक्टरों के बारे में उनकी राय बिलकुल भी अच्छी नहीं थी।

परवर्ती चरण में ठाकुर के त्यागी संतानों में एक थे, प्रिय चिकित्सक, शशि डॉक्टर! पूरा नाम डॉक्टर शशिभूषण घोष! रोगी विवेकानंद ने उन्हें कई अंतरंग पत्र लिखे थे, उन्हीं में से एक पत्र में विश्वविजेता संन्यासी आत्मपक्ष समर्थन के लिए आकुल-व्याकुल थे, क्योंकि डॉक्टर की एक गुरुभाई ने उनके संबंध में रिपोर्ट दी—'डायबिटीक विवेकानंद, मनाही के बावजूद मिठाई खाते हैं।'

२९ मई, १८९७ को अल्मोड़ा से शशि डॉक्टर को स्वामी विवेकानंद का करुण पत्र—'जोगेन ने क्या लिखा है, उस पर ध्यान मत देना। वह खुद जितना डरपोक है, दूसरों

को भी वैसा ही बनाना चाहता है। मैंने लखनऊ में एक बरफी का सोलहवाँ हिस्सा खाया था और जोगेन की राय में वही अल्मोड़ा में मेरी बीमारी की वजह थी।

डायबिटीज दत्त परिवार में खानदानी बीमारी थी, इसका संकेत कलकत्ता कार्पोरेशन के डेथ-रजिस्टर में पितृदेव विश्वनाथ दत्त का अकाल मृत्यु के कारण के बारे में एक मंतव्य है। रोग था—बहुमूत्र!

अमेरिकी मुल्क में बड़े-बड़े डॉक्टरों के सान्निध्य में आने के बावजूद वहाँ स्वामीजी की डायबिटीज पकड़ में नहीं आई। अपना पहला प्रवास संपन्न करके, स्वामीजी प्रिंस लिओपोल्ड जहाज में नेपल्स से कोलंबो आए। समय था १५ जनवरी, १८९७। उस समय (२५ फरवरी, १८९७) उन्होंने लिखा—'आजकल मैं मृतप्राय हूँ... मैं थका हुआ हूँ... इतनी थकान है कि अगर आराम नहीं किया तो और छह महीने भी बच सकूँगा या नहीं, इसमें शक है।'

स्वामीजी के संन्यासी शिष्य कृष्णलाल महाराज के स्मृतिचित्र से पता चलता है कि कोलंबो के डॉक्टरों ने ही स्वामीजी का डायबिटीज रोग पकड़ा और उसी अनुसार इलाज की सलाह दी। जाहिर है कि उस जमाने में डायबिटीज के इलाज में उतनी तरक्की नहीं हुई थी और प्राणदायिनी इंसुलिन की उन दिनों भी जानकारी नहीं थी।

स्वामीजी के निजी पत्र में ही उनकी टूटी सेहत के बारे में विविध वर्णन उपलब्ध हैं। उनमें मृत्यु-चिंतन भी आ गया था। कलकत्ता के आलमबाजार मठ से अमेरिका में मातृतुल्य मिसेज साराबुल को उन्होंने लिखा था (२५ फरवरी, १८९७)—'अगर रुपए उठाने से पहले ही मेरी मृत्यु हो जाए; तो आप सारे रुपए निकालकर मेरे अभिप्राय के अनुसार खर्च कर सकती हैं। इस प्रकार मेरी मौत के बाद मेरे बंधु बांधव इन रुपयों को लेकर कोई गड़बड़ी नहीं कर सकेंगे।'

इसके बाद सेहत लाभ के लिए स्वामीजी की दार्जिलिंग-यात्रा। २६ मार्च, १८९७। वहाँ से एक अन्य पत्र में उन्होंने मिस बुल को अपने स्वास्थ्य के बारे में कुछ पारिवारिक जानकारी दी है—'पश्चिम में लगातार मेहनत और भारत में एक महीने तक जी-तोड़ मेहनत का नतीजा बंगालियों के खून में है—बहुमूत्र रोग।

यह रोग खानदानी दुश्मन है और हद-से-हद कुछेक वर्षों के अंदर इसी रोग से मेरा निधन पूर्व निर्धारित है। सिर्फ मांस खाना, पानी बिलकुल न पीना और सबसे ऊपर दिमाग को पूरी-पूरी तरह विश्राम देना ही जीवन की मियाद बढ़ाने का शायद एकमात्र उपाय है।'

२६ मार्च, १८९७—और एक विचित्र तारीख! अर्थ-प्रसंग में कलकत्तावासियों

का विचित्र व्यवहार उस समय स्वामीजी के मानसिक दु:ख का कारण बना था। इसका संकेत मिलता है, भारती की संपादिका, रवींद्रनाथ ठाकुर की आत्मीया, सरला घोषाल की दार्जिलिंग से लिखी गई और एक चिट्ठी! तारीख ६ अप्रैल, १८९७। वैसे इस मामले पर विश्वास नहीं होता, लेकिन स्वयं विवेकानंद अपने मन का दु:ख, अपने दिल की बात लिख गए हैं। कलकत्ता में उन्हें जो अभ्यर्थना दी गई थी यथासमय संगठकों ने उसके खर्च का एक बिल उन्हें ही पकड़ा दिया था। 'मेरी अभ्यर्थना करने के व्यय निर्वाह के लिए कलकत्तावासियों ने टिकट बेचे, लेक्चर दिलवाए और जब इससे भी काम नहीं चला, तो ३०० रुपयों का एक बिल मेरे पास भेज दिया!!!' उदारहृदय संन्यासी सचमुच विस्मित हुए, लेकिन उन्होंने लिखा है, 'इस बारे में मैं किसी को दोष नहीं देता या किसी की हल्की-फुल्की आलोचना भी नहीं कर रहा हूँ, लेकिन पश्चिमी अर्थबल और लोकबल न हो, तो हमारा कल्याण असंभव है, यह राय मैं जरूर पोषण करता हूँ।'

दार्जिलिंग से लिखे गए और भी कई पत्रों से स्वामीजी के स्वास्थ्य के बारे में और भी कुछ जानकारी मिलती है। उन पत्रों में कहीं डायबिटीज का उल्लेख है; कहीं डॉक्टरों की सलाह पर खेतड़ी के राजा अजीत सिंह के साथ विदेश जाने का मौका छोड़ देने की खबर है और कहीं उनकी सेहत का वर्णन, जो दुश्चिंता जगाती है। मिस मेरी हेल को (२८ अप्रैल, १८९७) दार्जिलिंग से लिखे गए एक पत्र में स्वामीजी ने लिखा है, 'मेरे गुच्छे-गुच्छे बाल पकने लगे हैं और मेरे चेहरे की चमड़ी भी काफी सिकुड़ गई है। देह का मांस कम हो जाने की वजह से उम्र जैसे बीस वर्ष बढ़ गई है। आजकल मैं दिनोदिन भयंकर दुबला होता जा रहा हूँ। यह वजह है कि मुझे सिर्फ मांस आहार करना पड़ता है—न रोटी, न भात, न आलू; यहाँ तक कि मेरी कॉफी में चुटकी भर चीनी तक नहीं होती। ...आजकल मैं काफी लंबी सी दाढ़ी रखने लगा हूँ। अब तो वह दाढ़ी भी पकने लगी है... । हे सफेद दाढ़ी, तुम जाने कितनी-कितनी चीजें ढँकी रह सकती हो। तुम्हारी ही जय-जयकार है।'

यह पत्र लिखने के तीन हफ्ते बाद स्वामीजी का ठिकाना बना—अल्मोड़ा! २० मई, १८९७ को अपने अभिन्न हृदय स्वामी ब्रह्मानंद को उन्होंने अपने स्वास्थ्य की रिपोर्ट दी है : देख रहा हूँ और भी अधिक ठंडे प्रदेश में जाने का इंतजाम करना होगा। गरमी या रास्ता चलने की थकान होते ही लीवर गड़बड़ाने लगता है। यहाँ हवा इतनी शुष्क है कि नाक में दिन-रात जलन होती रहती है और जुबान सूखकर मानो काठ हुई रहती है। तुम भी क्या उन मूरख-टूरख की बातों को सच मानते हो? यथा तुम मुझे काली दाल इसलिए

नहीं खाने देते थे, क्योंकि तुम्हारी राय में उसमें स्टार्च होता है। अब खबर क्या पूछते हो! कहते हैं भात और रोटी अगर तलकर खाई जाए तो उसमें स्टार्च नहीं रह जाता!!! अद्‌भुत विद्या है रे बाप। सच बात तो यह है कि मेरा पुराना घात लौट रहा है···। सोच रहा हूँ रात को खूब हल्का खाना खाऊँ। सुबह और दोपहर के वक्त खूब डटकर खाऊँगा, रात को सिर्फ दूध-फल वगैरह। इसीलिए तो घात लगाए फलों के बागान में पड़ा हूँ। हे भगवान!!!'

दो हफ्ते बाद (३ जून, १८९७) उनकी सेहत की जो खबर मिलती है, वह भूलने लायक नहीं है। 'मेरा शरीर तरह-तरह के रोग से बार-बार आक्रांत हो रहा है और 'फिनिक्स' चिड़िया की तरह मैं बार-बार अच्छा भी हो जाता हूँ। सभी विषय में मैं चरमपंथी हूँ। यहाँ तक कि अपने स्वास्थ्य के बारे में भी। या तो मैं लौह-दृढ़ बैल की तरह अदम्य बलशाली हो जाता हूँ, या बिलकुल भग्न देह··· अगर अंत तक मेरी सेहत बिलकुल ही टूट जाए, तो यहाँ का काम बिलकुल बंद करके मैं अमेरिका चला जाऊँगा। तब तुम्हें मुझे आहार और आश्रय देना होगा। क्यों, दे सकोगी न?'

इसके सतरह दिनों बाद स्वामीजी में अदम्य उत्साह। उन्होंने प्रिय ब्रह्मानंद को अल्मोड़ा से लिखा (२० जून, १८९७)—'सुनो, मैं बिलकुल ठीक-ठाक हो गया हूँ। देह में काफी ताकत भी आ गई है; प्यास भी नहीं लगती; रात को पेशाब बिलकुल बंद···कमर में भी कोई दर्द-फर्द नहीं है; लीवर भी ठीक है।'

परवर्ती रिपोर्ट की तारीख है—१३ जुलाई, १८९७। देवलधार, अल्मोड़ा से प्रेमास्पद स्वामी ब्रह्मानंद को पत्र—'पेट भयंकर रूप से फूल गया है; उठते-बैठते हँफनी होती है···इसके पहले मुझे दो बार लू लग गई। तभी से जब भी धूप खाने जाता हूँ, आँखें लाल हो उठती हैं, दो-तीन दिन तबीयत खराब रहती है।' उन्हीं दिनों और एक उल्लेखनीय खबर—'सैकरीन और लाइम आए हैं।'

इस तरह हमारे अनंत विस्मयकर स्वामी विवेकानंद निरंतर आशा-निराशा के झूले में झूलते रहे। बेलूर मठ से १९ अगस्त, १८९७ को मिसेज ऊली बुल को उन्होंने अपने हाथों से लिखा, 'मेरी तबीयत खास ठीक नहीं चल रही है। लगता है आगामी ठंड से पहले पहली जैसी ताकत वापस नहीं लौटेगी।'

अगले महीने (३० सितंबर, १८९७) श्रीनगर, कश्मीर से स्वामी ब्रह्मानंद की विस्मयकारी खबर : आज स्वास्थ्य खूब अच्छा है और डायबिटीज काफी अरसे पहले ही भगेड़ू हो गई। अब मैं बिलकुल नहीं डरूँगा।' डायबिटीज लाइलाज असाध्य रोग है। एक बार हो जाए तो जीवन भर उसे अपने काबू में रखने की कोशिश करते रहना पड़ता है—यह खबर उस जमाने में भी शायद आम लोगों को अज्ञात थी।

इस रोग के बारे में स्वामीजी ने खुद ही बेलूर मठ, हावड़ा से २ मार्च, १८९८ को आलोकपात किया है। उन्होंने अमेरिका मुल्क में अपनी स्नेही मिस मेरी हेल को लिखा है—'लंदन से लौटकर जब मैं दक्षिण भारत में था और जब लोग मेरा उत्सवों और भोज से अभिनंदन कर रहे थे तथा मुझसे सोलह आने काम वसूल कर रहे थे, ऐसे समय एक खानदानी पुराना रोग आ पड़ा। खैर, रोग की प्रवणता (संभावना) तो हर समय थी, अब अत्यधिक मानसिक परिश्रम की वजह से उभर आया। साथ ही शरीर में फैल गई, संपूर्ण टूटन और चरम अवसाद।'

लेकिन हमारे रोग-जर्जरित नायक निराश होने को तैयार नहीं थे। 'तुम मेरे लिए परेशान मत होना, क्योंकि यह रोग मुझे और दो-तीन वर्ष घसीटता रहेगा। हद-से-हद निर्दोष संगी की तरह टिका रह सकता है। खैर, मुझे कोई खेद नहीं है। ···बहुत दिनों पहले, मैंने जब जीवन को विसर्जित कर दिया था, उसी दिन मैंने मृत्यु को जय कर लिया था।'

इस बीच डायबिटीज के अलावा भी कई-कई रोगों का निग्रह शुरू हो गया था। २८ अगस्त, १८९८ को श्रीनगर, कश्मीर से अमेरिका स्थित स्नेही मेरी हेल को स्वामीजी ने खबर दी, 'मैं खुश हूँ कि दिनोदिन मेरे बाल पकते जा रहे हैं। तुमसे अगली मुलाकात से पहले ही मेरा सिर पूर्ण विकसित श्वेत कमल जैसा हो जाएगा।'

खैर, हँसी-मजाक करके स्वामीजी परिस्थिति को जितना भी हल्का करें, कश्मीर में वे गंभीर रूप से बीमार पड़ गए थे, यह बात किसी से अजानी नहीं है। जो नहीं मालूम है, वह इलाज खर्च के बाबत परेशान खाली हाथ संन्यासी की मनोवेदना। इस परेशानी की हालत में स्वामीजी ने दो पत्र लिखे थे, वह भी दुःख के दिनों में अपने दो मित्रों को! दोनों पत्रों पर तारीख अंकित है—१७-सितंबर, १८९८।

स्नेही हरिपद मित्र को लिखा—'बीच में मेरी तबीयत बेहद खराब हो जाने की वजह से लिखने में कुछ देर हो गई। वरना इस हफ्ते पंजाब जाने की योजना थी। इस बार मेरे साथ कोई नहीं है। बस, दो अमेरिकी महिला मित्र साथ हैं। यहाँ का मेरा सारा खर्चा-पत्तर ये अमेरिकी मित्र ही देती हैं और कराची तक का किराया वगैरह भी उन्हीं से लेना है। लेकिन अगर तुम्हें सुविधा हो तो मारफत ऋषिवर मुखोपाध्याय, चीफ जज, कश्मीर स्टेट, श्रीनगर के पते पर मुझे तार द्वारा ५० रुपए भेज दो, बड़ा उपकार होगा, क्योंकि हमेशा विदेशी शिष्यों से रुपए भीख माँगने में लज्जा आती है।'

स्थिति कितनी संगीन रही होगी कि मामूली से रुपयों के लिए स्वामीजी जैसे इनसान को इस प्रकार का पत्र लिखना पड़ा होगा, इसका सहज ही अनुमान लगाया जा सकता है।

उस वक्त पैसों की उन्हें इस कदर जरूरत आ पड़ी थी कि इसी दिन (१७ सितंबर, १८९८) उन्होंने अपने आर्थिक परित्राता खेतड़ी के महाराजा अजीत सिंह को भी एक पत्र लिखा। 'यहाँ मैं दो हफ्ते बेहद बीमार पड़ गया था। अब स्वस्थ हो गया हूँ। मुझे कुछ रुपयों की कड़की हो गई है। हालाँकि अमेरिकी मित्र अपने भरसक मेरी सहायता के लिए सबकुछ कर रही हैं, लेकिन हर समय उन लोगों के सामने हाथ फैलाने में संकोच होता है, खासकर बीमार पड़ने पर खर्च काफी बढ़ जाता है। इस दुनिया में सिर्फ एक ही व्यक्ति से कुछ माँगने में मुझे लज्जा नहीं आती और वह हैं—आप! अब आप दें या न दें। मेरे लिए दोनों बराबर हैं। अगर संभव हो तो कृपा करके कुछ रुपए भेज दें।'

जाहिर है कि इस परिस्थिति में महाराज से टेलीग्राम के मारफत वार्त्तालाप का थोड़ा बहुत आदान-प्रदान हुआ था। यह भी अनुमान लगता है कि तार (टेलीग्राफिक मनीऑर्डर) कुछ रुपए भी खेतड़ी से श्रीनगर भेजे गए थे। १६ अक्तूबर, १८९८ को स्वामीजी का पत्र : 'महामान्य महाराज मेरे 'तार' के बाद जो पत्र भेजा गया है उसमें आपके लिए एक अभिप्रेत संवाद था इसलिए आपके 'तार' के उत्तर में अपने स्वास्थ्य की खबर देते हुए मैंने दूसरा कोई 'तार' नहीं भेजा।'

उसी दिन लाहौर से हरिपद मित्र को लिखे गए पत्र में दुबारा पैसों का उल्लेख था। 'कश्मीर में मेरी सेहत बिलकुल ही टूट गई है और ९ वर्षों से मैंने दुर्गा-पूजा नहीं देखी, इसलिए मैं तो कलकत्ता चला। ··· मेरे गुरुभाई सारदानंद लाहौर से कराची···५० रुपए भेजेंगे।

'युगनायक विवेकानंद' ग्रंथ में स्वामी गंभीरानंद का मंतव्य—'स्वामीजी उन दिनों बिलकुल ही फक्कड़ थे। अमेरिकी महिलाओं के पैसों से उनका खर्च चलता था। भारत से उन्हें कुछ भी नहीं मिलता था।'

लाहौर से १६ अक्तूबर (१८९८) को स्वामी सदानंद के साथ स्वामी विवेकानंद कलकत्ता रवाना हो गए। १८ अक्तूबर को बेलूर नीलांबर बाबू के घर पहुँचे। उनकी शारीरिक हालत देखकर मठ के लोगों की चिंता का अंत नहीं रहा।

अब शरच्चंद्र चक्रवर्ती की विख्यात पुस्तक 'स्वामी-शिष्य संवाद' पर आएँ। स्थान : बेलूर, किराए की मठवाटिका! 'समय : नवंबर, १८९८'! वैसे लगता है कि समय गलत दिया गया है। वह महीना नवंबर नहीं अक्तूबर का रहा होगा, क्योंकि परिच्छेद का आरंभ होता है—'आज दो-तीन दिन हुए, स्वामीजी ने कश्मीर से प्रत्यावर्तन किया है।'

स्वामीजी की तबीयत खास ठीक नहीं थी। 'शिष्य के मठ में आते ही स्वामी

ब्रह्मानंद ने कहा, "कश्मीर से लौटकर स्वामीजी ने किसी से भी बातचीत नहीं की, बस स्तब्ध होकर बैठे रहते हैं। तू स्वामीजी से गपशप करके उनका मन लौटा लाने की कोशिश कर।" स्वामीजी के कमरे में जाकर शिष्य ने देखा कि स्वामीजी मुक्त पद्मासन मुद्रा में पूर्व दिशा की ओर मुँह किए बैठे हुए हैं⋯चेहरे पर हँसी नहीं। ⋯स्वामीजी की बाईं आँख के अंदर रक्तवर्ण देखकर शिष्य ने पूछा, "आपकी यह आँख लाल क्यों है?⋯", "अरे वह कुछ नहीं।" कहकर स्वामी दुबारा स्थिर मुद्रा में बैठ गए।

शिष्य तंबाकू भर लाया। धीरे-धीरे हुक्का गुड़गुड़ाते स्वामीजी ने कहा, "अमरनाथ जाते हुए एक पहाड़ की खड़ी चढ़ाई पार की थी। जिस राह से कोई पानी नहीं जाता, जाने क्यों तो मुझे जिद चढ़ी कि उसी राह से जाऊँगा। जाऊँगा तो उसी राह से जाऊँगा। अतः मेहनत की वजह से शरीर जरा निढाल हो गया।"

"सुना है कि अमरनाथ के दर्शन बिलकुल वस्त्रहीन होकर किया जाता है, क्या यह बात सच है?" शिष्य ने पूछा।

"हाँ। मैंने भी, मैं भी⋯ सिर्फ कोपीन पहनकर, बदन पर भस्म मलकर मैंने गुफा में प्रवेश किया था।" स्वामीजी ने जवाब दिया।

बेलूर लौटने के बाद स्वामीजी की चिकित्सा के लिए कलकत्ता के बड़े-से-बड़े डॉक्टरों की खोज मच गई। सभी लोगों की धारणा थी कि विश्ववंदित विवेकानंद का कोई भी डॉक्टर, खासकर बंगाली डॉक्टर इलाज करने को आग्रही नहीं होंगे।

डॉक्टर खोजने में प्रधान भूमिका थी—स्वामी ब्रह्मानंद की। उनकी डायरी में एक छोटी सी नोटिंग है—२८ अक्तूबर, १८९८ को वे डॉ. आर.एल. दत्त से बातचीत तय करने के लिए कलकत्ता गए।

इस डॉ. दत्त के बारे में अरसे से अनेक लोगों के मन में कौतूहल है। इनके बारे में जितना सा लक्ष्य जुटा पाया हूँ, उसका मुख्य सूत्र है, महानगरी का सुवर्णबनिक समाज! उन्नीसवीं सदी के आखिर में डॉ. दत्त की ख्याति समस्त जगत् में फैल चुकी थी। परवर्ती समय में विभिन्न लेखकों की स्मृतिकथा में उनके द्वारा इलाज कराने का विवरण भी नजर में आया है। इससे भी ज्यादा आकर्षक बात यह है कि उनके पारिवारिक घर पंचाननतला, हावड़ा के चौधरी बागान में ही इस रिपोर्टर के कई साल गुजरे हैं।

इन दिनों इस मशहूर चिकित्सक के बारे में जो भी जान पाया हूँ, उसका कुछ हिस्सा कौतूहली पाठक-पाठिकाओं से निवेदन करना चाहता हूँ। हमारी इस खबर का प्रधान उत्स 'सुवर्णबनिक कथा और कीर्ति' है।

रसिकलाल दत्त कलकत्ता में लेफ्टिनेंट कर्नल और आर.एल. दत्त के नाम से

परिचित थे। वे गुरुचरण दत्त और दिगंबरी दत्त के चौथे बेटे थे। जन्म २० अगस्त, १८४५। जब वे कुल एक वर्ष के थे, तब उनके पिता हावड़ा चले आए। दत्त लोगों का मूल घर स्वामी प्रेमानंद के पैतृक घर के पास आटपुर में था, जहाँ स्वामीजी की ढेरों स्मृतियाँ बिखरी हुई हैं।

रसिकलाल का व्यक्तिगत जीवन इतना नाटकीय था कि उसका मामूली सा इतिवृत्त, अगर यहाँ लिपिबद्ध किया जाए तो यह अपराध मार्जनीय है। शुरू-शुरू में पाठशाला, बाद में ग्यारह वर्ष की उम्र तक रेवरेंड गोपाल मित्र के एंग्लो--वरनाकुलर स्कूल में अध्ययन, उसके बाद हावड़ा जिला स्कूल!

हर वर्ष डबलप्रमोशन लेकर १४ वर्ष की उम्र में रसिकलाल सेकेंड क्लास में उत्तीर्ण हुए। उस वर्ष प्रवेशिका परीक्षा में कुल तीन महीने बाकी थे। प्रवेशिका क्लास की परीक्षा में पास होने लायक कोई भी छात्र नहीं था। इसलिए हेडमास्टर ने रसिकलाल से पूछा कि वह इन तीन महीनों में प्रवेशिका परीक्षा में बैठने लायक पढ़ाई तैयार कर पाएगा या नहीं।' रसिकलाल राजी हो गए और सन् १८५९ में १४ वर्ष की उम्र में प्रवेशिका परीक्षा में उत्तीर्ण हो गए।

वह जमाना कुछ और था। दिन-काल कुछ और था। एक ही साथ विश्वविदित, प्रेसीडेंसी कॉलेज और मेडिकल कॉलेज में भरती होना संभव था। उस समय तक गंगा के ऊपर आसमान सेतु तैयार नहीं हुआ था। रसिकलाल हर दिन नाव से गंगा पार करके कॉलेज आते-जाते थे। कुछ दिनों बाद डॉक्टरी की तरफ झुकाव ज्यादा हो गया। उन्होंने प्रेसीडेंसी कॉलेज छोड़ दिया।

सन् १९६२-६३ में रसिकलाल ने मेडिकल कॉलेज का डिप्लोमा अर्जित कर लिया और उसी साल खिदिरपुर की गुलाबमोहिनी देवी से उनका विवाह हो गया।

मेडिकल कॉलेज में पढ़ते-पढ़ते ही रसिकलाल ने डॉक्टरी की प्रैक्टिस शुरू कर दी। सुना गया कि पाँचवें वर्ष में पढ़ते-पढ़ते ही उनकी प्रैक्टिस काफी फलने-फूलने लगी। उनकी मासिक कमाई ६०० रुपए हो गई। 'रोगी देखने के लिए उन्होंने १६ जन पालकी बैरा नियुक्त किए।' प्राइवेट प्रैक्टिस में वे इतने व्यस्त हो गए कि डॉक्टरी की फाइनल परीक्षा में वे उपस्थित ही नहीं हो पाए और 'कलकत्ता विश्वविद्यालय की उपाधि लाभ करना उनकी तकदीर में बदा ही नहीं था।'

सन् १८७० में रसिकलाल के जीवन में प्रबल आघात आया। हावड़ा के सलकिया में एक महिला की जटिल चिकित्सा के बारे में अस्पताल के बड़े-बड़े डॉक्टर आए और नाकाम हो गए। उसके बाद रसिकलाल को बुलाया गया। उन्हें आया देखकर

अस्पताल के सर्जन नाराज हो गए और उन्हें 'शराबी और हथौड़ा' डॉक्टर कहकर उन पर विद्रूप किया।

बहरहाल, रोगिनी को सुरक्षित ढंग से प्रसव कराया और घर लौटकर अपमानित रसिक दत्त ने बिस्तर पकड़ लिया। सर्जन के विद्रूप का उत्तर देना जरूरी था। वे विलायत जाकर डॉक्टर बनना चाहते थे। लेकिन जब तक उनके दादा बैकुंठनाथ दत्त अनुमति नहीं देते, तब तक वे बिस्तर छोड़कर नहीं उठेंगे। चौथे दिन माँ के अनुरोध पर दादा ने अनुमति दे ही दी, लेकिन उन्होंने साफ कह दिया कि विलायत जाने का और पढ़ाई-लिखाई का खर्च वे वहन नहीं कर सकते।

बहरहाल फ्लाइंग फोम नामक एक मालवाही जहाज में डॉक्टर की नौकरी लेकर सन् १८७० के मार्च महीने में रसिकलाल इस देश से त्रिनिदाद के लिए रवाना हो गए। इस जहाज में भारतवर्ष से ५०० कुली भेजे गए थे।

सिंहल, विषुवत् रेखा, मेडागास्कर पार करके उनका पालवाला जहाज जब अटलांटिक महासागर की तरफ बढ़ा तो एक प्रचंड आँधी-तूफान ने जहाज को धकेलते हुए ४०० मील दक्षिण में ले जाकर भीषण जोर से एक आसमान बर्फ-स्तूप पर पटक दिया। फ्लाइंग फोम उस बर्फ-स्तूप में अटक गया।

जहाज का वजन कम करने के लिए और जहाज की रक्षा के लिए कप्तान ने २०० मन चावल-दाल समुंदर में फेंक देने का हुक्म दिया, लेकिन अनाहार की आशंका से कुलियों ने गड़बड़ी मचानी शुरू कर दी।

जहाज के डॉ. रसिकलाल ने काफी कोशिश-तदबीर से स्थिति को सँभाला और बागियों को 'प्रिजन सेल' में ले जाकर बंद कर दिया।

दस दिन तक इसी हालत में रहने के बाद ग्यारहवें दिन दूर एक स्टीम-जहाज नजर आया और उस जहाज ने विपन्न, पालदार जहाज को बर्फ-स्तूप से मुक्त किया तथा उसे खींचते-खींचते सेंट हेलेना द्वीप तक पहुँचा दिया। दुष्तर पारावार से गुजरकर यात्रा के चार महीने बाद फ्लाइंग फोम जहाज त्रिनिदाद पहुँच गया।

फ्लाइंग फोम जहाज की नौकरी से इस्तीफा देकर जिस जहाज पर सवार होकर रसिकलाल इंग्लैंड की ओर रवाना हुए वह भी पालदार और पतवारवाही था। लंदन तक आकर भी नवागत रसिकलाल तरह-तरह की मुसीबतों में फँस गए। निरुपाय होकर शहर की डायरेक्टरी देखकर लंदन के ही एक बंगाली डॉक्टर (क्षेत्रमोहन दत्त) को 'तार' दिया और क्षेत्रमोहन भी दयावश उन्हें अपने घर ले गए। परवर्ती चरण में लंदन में जिन लोगों के साथ रसिकलाल ने एक डेरा किराए पर लिया उन लोगों में थे—विख्यात तारकनाथ

पालित, किशोरीमोहन चट्टोपाध्याय, सुरेंद्रनाथ बंद्योपाध्याय और गिरीशचंद्र मित्र!

लंदन से यथासमय रसिकलाल ने जो सब डॉक्टरी परीक्षाएँ पास कीं, उनमें थीं—एम.बी., एम.आर.सी.एस. और एम.डी. को डिग्री! उन्हीं दिनों उन्होंने आई.एम.एस. परीक्षा में बैठने की कोशिश की। संग में थे गोपाल राय और डॉ. के.डी. घोष! डॉ. के.डी. घोष ऋषि राजनारायण बसु के दामाद थे और श्री अरविंद के पिता मशहूर सिविल सर्जन कृष्णधन घोष! इन लोगों का आवेदन था जितने दिन उन लोगों को आई.एम.एस. की परीक्षा में बैठने नहीं दिया जाता, उतने दिन उन लोगों को नेट्ले मिलीटरी ट्रेनिंग स्कूल में मौका दिया जाए। लेकिन इंडिया ऑफिस ने उन लोगों का यह आवेदन नामंजूर कर दिया। हताश होकर रसिकलाल सन् १८७१ में स्वदेश लौट आए और डिब्रूगढ़ में मेडिकल ऑफिसर नियुक्त हुए। नौकरी ज्वाइन करने के लिए रसिकलाल जब तैयारी कर रहे थे उसी समय सन् १८७२ में लंदन से एक नई खबर आई—४० जन विदेशियों को आई.एम.एस. परीक्षा में बैठने की अनुमति दी जाएगी।

परीक्षा से कुल आठ दिनों पहले रसिकलाल दुबारा लंदन में हाजिर हो सके। आई.एम.एस. में सफल होकर नेट्ले मिलीटरी ट्रेनिंग स्कूल में जरूरी ट्रेनिंग लेकर रसिकलाल ने लेफ्टिनेंट का पद अर्जित किया और ५१ आइरिश रेजिमेंट में नौकरी लेकर सन् १८७२ के नवंबर महीने गें बंबई आ पहुँचे।

सन् १८९३ में रसिकलाल कलकत्ता मेडिकल कॉलेज के ऑफिसिएटिंग प्रोफेसर बन गए। अगला पद वर्धमान और यथासमय हुगली के सिविल सर्जन!

किसी एक समय कलकत्ता मेडिकल कॉलेज में अध्यक्ष का पद खाली हुआ। 'उक्त पद पर उनका दावा सर्वाधिक योग्य था। लेकिन चूँकि वे बंगाली थे, इसलिए उन्हें नियुक्त नहीं किया गया; किसी एक जूनियर कर्मचारी को प्रिंसिपल नियुक्त किए जाने पर तेजस्वी रसिकलाल ने दो वर्षों का फार्लो आवेदन करके नौकरी से असमय अवकाश ग्रहण किया।'

जिस वर्ष स्वामीजी तरह-तरह के रोगों से जर्जरित थे (१८९६) उसी वर्ष रसिकलाल ने कलकत्ता में मुक्त रूप से अपना निजी चेंबर खोल लिया और प्रैक्टिस शुरू कर दी तथा विपुल सफलता अर्जित की।

अब प्रश्न यह उठता है कि परम विश्वस्त स्वामी ब्रह्मानंद ने स्वामीजी को डॉक्टर के किस चेंबर में ले जाने का इंतजाम किया? यही इंतजाम पक्का करने के लिए तो स्वामी ब्रह्मानंद २८ अक्तूबर, १८९८ को बेलूर मठ से कलकत्ता गए थे। खैर, इसका जवाब मुश्किल नहीं है। २ नंबर सदर स्ट्रीट, इंडियन म्यूजियम के उत्तर की तरफ! इसी

सड़क पर किसी समय रवींद्रनाथ के बड़े भाई आई.सी.एस. सत्येंद्रनाथ ठाकुर किराएदार थे। उसी घर में बैठकर एक दिन भोर-भोर कवि रवींद्रनाथ ने 'निर्झर का स्वप्न भंग' नामक कविता लिखी थी। सदर स्ट्रीट के २ नंबर मकान में रसिकलाल ने अपनी विशाल प्रैक्टिस जमा ली और वहाँ जमकर बैठ गए थे। इसका भी यथेष्ट प्रमाण मौजूद है। लेकिन स्वामीजी के इस चेंबर में आने की तारीख जरा गड़बड़ है। 'युग नायक विवेकानंद' के तीसरे खंड के १५०वें पृष्ठ पर फुटनोट में स्वामी ब्रह्मानंद के नोट में उल्लेख है कि २८ नवंबर को सारा इंतजाम पक्का करने के लिए वे डॉ. आर.एल. दत्त के पास कलकत्ता गए थे।

स्वामी गंभीरानंद की नोटबुक पर ही निर्भर करना हमारे लिए युक्तिसंगत है और इस बारे में रोगी देखने की तारीख है, २९ अक्तूबर, १८९८।

अब विवेकानंद-भक्तों के मन में कौतूहल जागता है कि सदर स्ट्रीट में स्वामीजी का क्या इलाज किया गया था? स्वामीजी की चिकित्सा का कोई भी नुस्खा, किसी भी संग्रह में मौजूद है, हमें इसकी जानकारी नहीं है। नुस्खा तो दूर की बात, उनका मृत्यु प्रमाणपत्र भी हमारी पहुँच में नहीं है।

डॉ. आर.एल. दत्त के सदर स्ट्रीट के चेंबर के बारे में हमारी जानकारी सीमाबद्ध है। स्वामी ब्रह्मानंद की डायरी से हमें जानकारी मिलती है कि स्वामीजी की दवाओं पर खर्च पड़ा था—दस रुपए! और स्वामी गंभीरानंद ने लिखा है, 'तत्कालीन सुप्रसिद्ध डॉ. आर.एल. दत्त के यहाँ उनकी छाती की जाँच कराई गई, वैद्यों की भी सहायता ली गई। उक्त डॉक्टर और सकल वैद्यों ने यही कहा कि सावधानी से रहना आवश्यक है वरना रोग प्रबल आकार धारण कर सकता है।'

डॉ. रसिकलाल दत्त की चिकित्सा विशेषता के बारे में हम जो जानकारी संग्रह कर पाए हैं वह यूँ है—'प्राच्य और पाश्चात्य चिकित्सा कौशल के समन्वय ने ही उन्हें चिकित्सक शिरोमणि के रूप में परिणत कर दिया था और वही थी उनकी चिकित्सा की खूबी! विलायत जाने से पहले वे भारतीय चिकित्सा शास्त्र का थोड़ा-बहुत अध्ययन किया करते थे। ...भारतवर्ष लौट आने के बाद उन्होंने चरक, सुश्रुत, वाणभट्ट वगैरह चिकित्सा ग्रंथों का दुबारा अध्ययन किया और दोनों विद्या में पारदर्शी हो उठे। इस प्रकार वे धीरे-धीरे आयुर्वेदिक पथ्य के भक्त हो उठे और रोग निर्णय में भी काफी हद तक वे भारतीय प्रथा का सहारा लेते थे।'

डायबिटीज, हृदय रोग और निद्राहीनता रोग से जर्जर संन्यासी विवेकानंद अंत में बड़े डॉक्टर की कौड़ी जुटाने के बाद भी खास कोई शारीरिक सुफल लाभ नहीं कर सके,

इसका संकेत उनके जीवनीकारों की रचना में मौजूद है। स्वामीजी की सेहत में आशानुरूप उन्नति न देखकर उनके शुभाकांक्षियों ने तय किया कि हवा-पानी बदलने के लिए कहीं अन्यत्र भेजना जरूरी है। इसी के अनुसार ब्रह्मचारी इंद्रनाथ के साथ स्वामी विवेकानंद ने १९ दिसंबर, १८९८ को वैद्यनाथ धाम की यात्रा की। वहाँ कई महीने गुजारकर २२ जनवरी, १८९९ को कलकत्ता लौट आए। देवघर में उनकी तबीयत इतनी बिगड़ गई कि टेलीग्राम पाकर स्वामी सारदानंद और स्वामी सदानंद बेलूर से देवघर दौड़ पड़े।

देवघर में प्रियनाथ मुखोपाध्याय के मकान में रहते हुए कभी-कभी स्वामीजी का श्वास कष्ट इतना बढ़ जाता था कि उनका चेहरा-आँखें लाल हो उठती थीं; सर्वांग में खिंचाव होने लगता था और वहाँ मौजूद सभी लोगों को ऐसा लगता था मानो उनकी साँस वायु बस अब उड़ी कि तब! स्वामीजी ने कहा भी कि इस समय एक ऊँचे से तकिए पर टेक लगाकर बैठे-बैठे वे मृत्यु की प्रतीक्षा कर रहे हैं। उनके अंतस से मानो नाद गुंजरित होता रहता था—'सोहहऽ! सोहहऽ!!'

उन्हीं दिनों श्रीमती मैकलाउड को स्वामीजी का पत्र (२ फरवरी, १८९९)—'वायु परिवर्तन के लिए वैद्यनाथ में भी कोई सुफल नहीं हुआ। वहाँ आठ दिन, आठ रात श्वास कष्ट के मारे प्राण जाने-जाने को हो आया। मृतकल्प हालत में मुझे कलकत्ता लौटा लाया गया। यहाँ आकर मैंने जी उठने की लड़ाई शुरू कर दी है। इन दिनों डॉक्टर सरकार मेरा इलाज कर रहे हैं।'

हमने २ सदर स्ट्रीट का प्रसंग अभी खत्म नहीं किया। स्वामी ब्रह्मानंद की डायरी स्पष्ट भाषा में जानकारी देती है—Paid to Dr. R.L. Dutt, Rs. 40/-··· तारीख २९ अक्तूबर, १८९८। दरिद्र संन्यासी ने डॉक्टर के चेंबर में नकद कौड़ी के रूप में दिया था—चालीस रुपए! वह उन्नीसवीं शती का कलकत्ता था। विश्वास करने का मन नहीं करता। आज के जमाने में चालीस रुपए का मोल कितना है? चार हजार या आठ हजार या बारह हजार, खैर, इसका हिसाब करके भला क्या लाभ? चिकित्सा के खर्च के बोझ से हमारे प्रिय महामानव बेहद परेशान और विध्वस्त होते रहे, इतने अरसे बाद यह सोचकर भी भला क्या फायदा?

डॉ. रसिकलाल के बारे में और जो जानकारी मिली है, वह यह कि अपने इकलौते बेटे जवाहरलाल को उन्होंने रानीगंज के नजदीक भसकाजूली नामक एक कोयला खान खरीद दी। ४ जनवरी, १८९४ को दो बेटियाँ और अपनी गर्भवती पत्नी को छोड़कर पुत्र जवाहरलाल परलोकवासी हो गए। १७ अप्रैल, १८९४ को रसिकलाल के पौत्र रंगलाल दत्त का जन्म हुआ। पहली पौत्री आशालता चटर्जी, बाद में विख्यात डॉ.

कर्नल के.के. चटर्जी की पत्नी बनीं। दूसरी पौत्री ऑनरेबल मिसेज शांतिलता सिंह, लॉर्ड सिंह के पुत्र ऑनरेबल शिशिर कुमार सिंह की सहधर्मिणी बनीं। सन् १९०८ में रसिकलाल की पत्नी गुलाबमोहिनी का निधन हुआ। उनकी मृत्यु के दो वर्ष बाद रसिकलाल ने ४ नंबर, मोयरा स्ट्रीट में मकान खरीदा।

जीवन के आखिरी दिनों में पुत्रशोक से विदग्ध डॉ. रसिकलाल दत्त अंधे हो गए थे। इस हालत में जीवन धारण करना उनके लिए अत्यंत कष्टदायी हो उठा था। कहा जाता है कि वे अकसर ही याचना करते थे—'हे भगवान, मुझे जल्द बुला लो! मेरा कार्य समाप्त हुआ।'

□

अपना काम मैंने कर दिया, बॉस

रामकृष्ण मठ-मिशन में मृत्यु की कोई स्वीकृति नहीं है। किसी के भी निरोधान दिवस का कोई अनुष्ठान नहीं होता। इसके बावजूद स्वामी विवेकानंद का महानिर्वाण का दिन (४ जुलाई) नजदीक आते ही हर वर्ष उनके बारे में बहुतेरे लोगों की बेचैनी और आग्रह बेहद बढ़ जाता है। वे जिंदा ही थे कुल उनतालीस वर्ष, कुछेक महीने। उसमें भी उनका मुख्य समय असहाय-संबलहीन हालत में देश-विदेश की सड़कों पर गुजरा। असंख्य प्रतिकूल परिस्थिति-शृंखला के विरुद्ध विरामहीन जूझते-जूझते स्वामीजी कैसे तो इनसानों के लिए इतनी चिंता-फिक्र करते रहे, वह धीरे-धीरे मेरे लिए विराट विस्मय की विषयवस्तु बन गई है।

आजकल स्वामीजी की शारीरिक रोग-बीमारी के बारे में भी लोगों का आग्रह बढ़ता जा रहा है। इस प्रकार की व्याधि और शारीरिक यंत्रणा की परवाह न करके संन्यासी विवेकानंद कैसे तो ऐसा विध्वंसी तूफान उठाते रहे यह भी लोगों के अनुसंधान का विषय है।

स्वामीजी के शरीर-स्वास्थ्य प्रसंग में 'अचेना-अजाना विवेकानंद' पुस्तक में थोड़ा-बहुत लिखा गया है। इसी बारे में और भी कुछ जानकारी कुरेदकर निकाली जा सकती है। लंदन में स्वामी विवेकानंद ने स्वामी सारदानंद से प्रश्न किया था—"हाँ, रे, देश के लोग इतनी जल्दी मर क्यों जाते हैं? जिसके भी बारे में पूछता हूँ, जवाब मिलता है—कोई खबर नहीं, वह मर चुका है। यह मानुष जात क्या मर-मुराकर विलुप्त हो जाएगी? वे लोग दुःख चाट-चाटकर जो खाते हैं, इसीलिए इतनी जल्दी मर जाते हैं।

उनका खाना बदलना जरूरी है। जब मैं अमेरिका में था, तब कई वर्षों तक कोई रोग-बीमारी नहीं थी। हाँ, कुछेक दिन सरदी-खाँसी जरूर हुई थी। भूतों की तरह मेहनत करता रहा, उसमें तबीयत-वबियत खराब नहीं हुई।''

यह सब सन् १८९६ की बात है। स्वामीजी के भाई महेंद्रनाथ और गुरुभाई स्वामी सारदानंद उन दिनों लंदन में ही थे। उस समय ही महेंद्रनाथ के स्मृतिचरण में स्वामीजी के आसन्न शारीरिक विपर्यय के पूर्व संकेत मिलने लगे थे—'एक दिन दोपहर का खाना खाने के बाद स्वामीजी अपनी आरामकुरसी पर बैठे-बैठे सोच रहे थे या ध्यान कर रहे थे। फॉक्स और वर्तमान लेखक (महेंद्रनाथ) दूसरी तरफ की दीवार के नजदीक आसपास की दो कुरसियों पर बैठे हुए थे। अचानक स्वामीजी के चेहरे पर भयंकर पीड़ा की रेखाएँ खिंच आईं। कुछ देर बाद उन्होंने राहत की साँस लेते हुए फॉक्स से कहा, ''देखो फॉक्स, मेरा जैसे हार्ट-फेल कर रहा था। मेरे बाबूजी ने भी इसी रोग में दम तोड़ा था। छाती में भयंकर दर्द उठा था। यही हमारे वंश का रोग है।''

उस समय स्वामीजी को किसी डॉक्टर से सलाह लेने का मौका नहीं मिला, यह बिलकुल स्पष्ट है। उन दिनों विदेश में परायों की दया पर रहना-खाना। साथ में भाई और गुरुभाई का दायित्व भी गरदन पर सवार!

आइए अब छोटे भाई भूपेंद्रनाथ दत्त की स्मृति-कथा पर आएँ। स्थान—कलकत्ता। समय—शनिवार, ५ जुलाई, १९०२; पता—नानी का घर, ७, रामतनु बसु लेन, बागबाजार! पैतृक मकान गौरमोहन मुखर्जी स्ट्रीट से समय-असमय, कारण-अकारण विताड़ित होकर विवेकानंद-जननी भुवनेश्वरी देवी अपने असहाय बेटे-बेटियों को लेकर, माता-पिता की एकमात्र संतान के तौर पर, रामतनु बसु लेन में आश्रय लेती थीं। विश्व-विख्यात होने के बाद विवेकानंद इसी मकान में अपनी माँ से मिलने आते थे। भूपेंद्रनाथ स्पष्ट भाषा में कह गए हैं कि गौरमोहन मुखर्जी स्ट्रीटवाले घर में कभी किसी ने गेरुआ वस्त्र में नरेंद्रनाथ दत्त को नहीं देखा।

भूपेंद्रनाथ ने लिखा है—'एक सुबह स्वामीजी के सेवक ब्रह्मचारी नादू (हरेन) स्वामीजी का मृत्यु-संवाद लेकर आए। मैंने माँ और दादी को यह शोक-समाचार दिया। माँ ने जानना चाहा कि अचानक क्या हो गया। मैंने बताया, 'जो बाबूजी को हुआ था।' वे लोग शोक-विह्वल हो पड़ीं। मुहल्ले की एक भद्र महिला आकर सांत्वना देने लगीं।'

स्वामीजी के पहले और आखिरी हार्ट-अटैक के बीच एक हल्के से अटैक के अस्पष्ट उल्लेख की भी जानकारी मिलती है। उन दिनों स्वामीजी किंवदंती फ्रेंच गायिका मदाम एमा काल्वे के मेहमान बनकर मिस मैकलाउड के साथ मिस्र देश घूम-फिर रहे थे। पेरिस से यात्रा शुरू हुई थी, २४ अक्तूबर, १९०० में। विश्व-प्रसिद्ध ओरिएंट एक्सप्रेस

में! मदाम काल्वे ने एक बार आत्महत्या की कोशिश की थी, लेकिन विवेकानंद के सान्निध्य में उन्होंने नया जीवन लाभ किया। अस्तु, अतिथि के आदर-सत्कार में कोई त्रुटि नहीं थी।

अंत में ये यात्री काहिरा में हाजिर हुए लेकिन वहाँ क्या घटा? अभी तक कोई कलमबंद प्रमाण नहीं मिला है, मगर स्वामीजी के पारिवारिक सूत्र से काफी दिनों तक एक खबर उड़ती रही। यह खबर छोटे भाई भूपेंद्रनाथ के नितांत अपने और बाद में उनके प्रकाशक स्व. रणजीत साहा ने सुनी थी कि स्वामीजी को सिर्फ इलाज की ही शरण में नहीं जाना पड़ा, काहिरा में उन्हें थोड़े समय के लिए अस्पताल भी जाना पड़ा था। इस बारे में विस्तृत खबर बताने से पहले ही दुर्भाग्यवश रणजीत साहा दिवंगत हो गए। यह बात बेहद महत्त्वपूर्ण इसलिए है कि सारी जिंदगी कलकत्ता या स्वदेश में या विदेश में स्वामीजी की अस्वस्थता की खबर बार-बार मिलती रही, मगर वे कभी कहीं अस्पताल में भरती हुए थे, यह खबर कभी नहीं मिली। इतने अरसे बाद काहिरा सूत्र से कोई खबर पाना संभव नहीं लगता। अगर कोई खबर होती भी, तो वह मदाम काल्वे या मिस मैकलाउड के अप्रकाशित कागज पत्रों में मौजूद है।

अब अस्पताल के बारे में चाहे जो भी बातें हों, मदाम काल्वे ने गाने की महफिल से आकर अपनी मित्र से सुना कि स्वामीजी बेहद उदास हैं और सफर बीच में ही खत्म करके स्वदेश लौटना चाहते हैं। प्रश्न का उत्तर देते हुए उदास स्वामी विवेकानंद ने रोते-रोते कहा, "अंतिम साँस लेने के लिए मैं स्वदेश लौटना चाहता हूँ। मैं अपने गुरुभाइयों के पास जाना चाहता हूँ।" इसके बाद ही विस्फोट! एमा काल्वे को स्वामीजी ने बताया—चार जुलाई को मेरी मृत्यु होगी।

मदाम काल्वे के दिए हुए रुपयों से टिकट खरीदकर स्वामी विवेकानंद रुबात्तिनो जहाज पर सवार हो गए और बंबई के लिए रवाना हो गए। अपनी मित्र साराबुल को उन दिनों लिखे गए, मिस मैकलाउड के पत्र के फुटनोट के प्रति हम सबकी दृष्टि आकर्षित होती है—'स्वामीजी का समाचार अच्छा नहीं है। उन्हें एक और दिल का दौरा पड़ा था।' सबसे अधिक महत्त्वपूर्ण वाक्य है—'एक और दिल का दौरा।' मतलब यही क्या दूसरा हमला था? ऐसे में बेलूर में ४ जुलाई, १९०२ की संध्या को तीसरे हार्ट-अटैक में ही क्या उनकी मर्त्यलीला का अवसान हुआ?

बंबई होकर स्वामीजी रविवार, ९ दिसंबर, १९०० को अचानक बेलूर मठ आ पहुँचे। हावड़ा स्टेशन में भी उन्हें कोई रिसीव करने नहीं गया। एक गाड़ी किराए पर लेकर वे खुद ही बेलूर मठ पहुँच गए और गेट लाँघकर जब वे मठ के अंदर घुसे, तब संन्यासियों का सांध्य आहार शुरू होनेवाला था। हम सबकी नजर में जीवन-नाटक के

शेष अंक की शुरुआत इसी दिन से हो गई, जिसका अवश्यंभावी परिणाम ४ जुलाई, १९०२ को परिणत हुआ।

सवाल यह उठता है कि क्यों और कैसे स्वामी विवेकानंद इतने कम समय में चले गए? जरूरत से ज्यादा मेहनत करके क्या उन्होंने अपने को तिल-तिल क्षय कर डाला या यथासमय समकालीन सेवा चिकित्सा उनके लिए जुटाना, भक्तों के लिए संभव नहीं हुआ या समृद्ध परिवार में परम लाड़-प्यार से पाला गया शरीर, भोजन यत्र-तत्र और शयनम् फूस की कुटिया का धक्का सहन नहीं कर पाया? या अपनी आध्यात्मिक शक्ति से उन्होंने अपनी मृत्यु स्वेच्छा से बुला ली?

स्वामीजी का पौरुषमय शरीर! रोमां रोलां ने वर्णन किया है—मल्ल योद्धा जैसा सुदृढ़ शक्तिशाली और सुदीर्घ (पाँच फुट साढ़े आठ इंच), शरीर वजन १७० पाउंड! रोलां की कलम से—'प्रशस्त ग्रीवा, विस्तृत वक्ष, सुदृढ़ गठन, कर्मठ पेशल बाहु, श्यामल-चिक्कन त्वचा, परिपूर्ण मुखमंडल, सुविस्तृत ललाट, सख्त जबड़े और अपूर्व-सुदीर्घ पल्लव भार से अवनत घनी काली युगल आँखें!' उनके भाई महेंद्रनाथ और भी कुछेक विवरण रख गए हैं—पाँवों के तलुवे का अगला-पिछला हिस्सा, जमीन को स्पर्श नहीं करता था (पाँवों में खड़ाऊँ), पतले सँकरे पाँव! लंबी टाँगें। हाथ की उँगलियाँ पतली-पतली। उँगलियों का अगला हिस्सा नुकीला। उँगलियाँ लंबी-लंबी। हाथों के नाखून मोतियों की तरह उजले-उजले, ईषत् रक्ताभ। गोल-गाल, पुष्ट चेहरा, पतले होंठ, जिन्हें वे अपनी इच्छा मुताबिक दृढ़ कर सकते थे। सुतवाँ नाक। यानी उन्नत, इच्छा मुताबिक नाक सिकोड़कर ऊपर चढ़ा सकते थे। सुडौल लंबी बाँहें। माथे का पिछला हिस्सा चपटा। माथे का ब्रह्मतालु ऊँचा, जो दार्शनिक और ज्ञानी पुरुष का लक्षण है।

पश्चिम के लेखक बेहद सतर्क थे। रोमां रोलां की राय है—'अति श्रम की वजह से' उनका संक्षिप्त जीवन और अधिक संक्षिप्त हो गया। रोमां रोलां की खोज के मुताबिक पारिवारिक बहु-मूत्र रोग के शुरुआती लक्षण तभी नजर आने लगे थे, जब उनकी उम्र सतरह-अठारह थी। स्वामीजी की जवानी की उम्र में डायबिटीज के लक्षणों के बारे में कोई तथ्य अन्यत्र मुझे नहीं मिला। पहली बार अमेरिकी देश में रहने के दौरान नामी-गिरामी डॉक्टरों के सान्निध्य में भी रहे, लेकिन कहीं भी डायबिटीज का उल्लेख नहीं मिलता।

रोलां ने स्वामीजी के अन्य दो रोगों का उल्लेख किया है। वे बार-बार मलेरिया रोग से मारात्मक रूप से पीड़ित हो जाते थे और बहुत बार तीर्थ-भ्रमण के दौरान डिपथीरिया से। आजकल काफी धीरज से जो विस्तृत तालिका तैयार की गई है, उसमें यह नजर आता है कि विभिन्न समय में स्वामीजी कम-से-कम बत्तीस रोगों के शिकार

हुए थे। इसकी तालिका 'अचीना-अजाना विवेकानंद' पुस्तक में निवेदित है।

आखिरी बार स्वामीजी के देश लौट आने के बाद उनकी शारीरिक हालत कैसी थी, अब हम इस बारे में खोज-खबर लेंगे।

इससे पहले यह उल्लेख करना जरूरी है कि स्वामीजी में असाधारण मनोबल था, जिसके तेज से रोगजीर्ण सेहत के बावजूद वे असंभव काम कर सके।

दूसरी बार विदेश जाने से पहले २० मई, १८९७ को स्वामी ब्रह्मानंद को स्वामीजी ने अल्मोड़ा से लिखा, 'तुम डरना मत! दाना क्या झट से मर जाता है? अभी तो बत्ती जली है, अभी तो पूरी रात मजलिस सजी रहेगी।'

अन्य एक गुरुभाई स्वामी अखंडानंद को स्वामीजी ने लिखा, 'शरीर को तो जाना ही है तो फिर आलस्य क्यों? जंग खाकर मरने से घिस-घिसकर मरना ढेर भला है। मरने के बाद भी हड्डियाँ जादू-खेल दिखाएँगी।' उसी वर्ष (२८ अप्रैल) दार्जिलिंग से मेरी हेल को स्वामीजी का पत्र—'मेरे गुच्छे-गुच्छे बाल अब पकने लगे हैं और चेहरे की चमड़ी सिकुड़ गई है… मेरी उम्र मानो बीस वर्ष बढ़ गई है। (उस समय स्वामीजी की उम्र ३४ वर्ष थी।)

अगले महीने (२९ मई) प्रिय शशि डॉक्टर को अल्मोड़ा से स्वामीजी का पत्र—'जोगेन क्या-क्या लिख रहा है, उस पर भरोसा न करना।

बहरहाल जुबान से चाहे जो कहें, अंदर-ही-अंदर, उनकी चिंता का संकेत, ३ जून, १८९७ को अमेरिकी भक्त को लिखे गए पत्र में मिलता है—'अगर आखिरकार मेरी सेहत टूट ही जाए, तो यहाँ का कामकाज बिलकुल बंद करके मैं अमेरिका चला जाऊँगा। तब तुम्हें मुझे आहार और आश्रय देना होगा। क्यों, दे सकोगी न?'

रविवार, ९ दिसंबर, १९०० की शाम जिस इनसान ने विदेश से लौटकर सबके साथ जी भरकर खिचड़ी खाई, उनमें उनके गुरुभाइयों को अस्वस्थता का कोई लक्षण नजर नहीं आया। लेकिन विवेकानंद ने खेतड़ी नरेश को उसी वक्त पत्र लिखा, 'मेरा दिल बेहद कमजोर हो गया है। मुझे लगता है कि इस जीवन में जो कुछ करना था, वह अब खत्म हो गया।'

दिसंबर के महीने में मायावती में बैठे-बैठे अपने प्रिय शिष्य विरजानंद से स्वामीजी ने कहा, ''अपने शरीर को बेभाव कष्ट दिया है, यह क्या उसी का नतीजा है? या जीवन में जो सबसे अधिक सुंदर समय है, वहीं सेहत टूट गई।''

इसके अगले महीने की खबर भी अच्छी नहीं है। 'मठ में जिस पल पाँव रखा, तभी मेरी हँफनी की तकलीफ लौट आई। यह जगह छोड़ते ही फिर स्वस्थ हो जाता हूँ।' मार्च महीने में ढाका भ्रमण के दौरान एक वारांगना ने करुण लहजे में स्वामीजी से हँफनी

की दवा की भीख माँगी। स्वामीजी ने स्नेहिल लहजे में उत्तर दिया, "लो देखो, बिटिया, मैं तो खुद ही हँफनी की पीड़ा से व्यग्र हूँ। अगर मुझमें आरोग्य दिलाने की क्षमता होती, तो क्या ऐसी दशा होती?"

ढाका और कामख्या में स्वामीजी की तबीयत धीरे-धीरे कैसे बिगड़ती गई, इसका विवरण प्रमथनाथ बसु की 'विवेकानंद जीवनी' में उपलब्ध होता है। गुवाहाटी में जब सेहत बिगड़ी तो यह तय किया गया कि यहाँ से ३६ मील दूर शिलाँग है। वहाँ की जलवायु स्वास्थ्यप्रद है। चीफ कमिश्नर सर हेनरी कॉटन ने जब स्वामीजी की बीमारी की खबर सुनी तो उन्होंने स्थानीय सिविल सर्जन को पत्र लिखकर स्वामीजी को भेज दिया। प्रमथनाथ बसु का संयोजन है—ढाका से बहुमूत्र के साथ हँफनी का प्रकोप बढ़ गया। शिलाँग आकर उसने और भीषण रूप धारण कर लिया। साँस लेने में असहनीय तकलीफ। कई एक तकिए इकट्ठा करके वे अपनी छाती में ठाँस लेते थे और सामने की तरफ झुककर प्राय: घंटे भर असहनीय यंत्रणा झेलते थे। यहीं उनके शिष्यगण ने सुना, वे धीमी आवाज में कह रहे थे—चलो छोड़ो। अगर मौत भी हो गई तो इसमें क्या फर्क पड़ता है? जो मैं देकर जा रहा हूँ, वह डेढ़ हजार वर्षों की खुराक!

शिलाँग में स्वामीजी के शरीर में ऐल्बूमिन भी बढ़ गया था। सुना है कि इस बीमारी में समूचा शरीर दुगना फूल गया था। इसी शिलाँग में उनकी जो तसवीर उतारी गई थी, अद्वैत आश्रम के संग्रह में यही तसवीर आज तक स्वामीजी की आखिरी तसवीर थी, लेकिन इस तसवीर में वे शीर्ण-काय थे। इस तसवीर में उनके शरीर के फूल उठने का कोई लक्षण नजर नहीं आता। इसलिए कोई-कोई यह संदेह भी करते हैं कि यह तसवीर शिलाँग में नहीं उतारी गई, देवघर में उतारी गई है।

१२ मई, १९०१ को स्वामीजी दुबारा गुवाहाटी होते हुए ट्रेन से कलकत्ता लौटे। मठ में रहते हुए समाज की कोई परवाह न करते हुए स्वामीजी अपनी खुशी मुताबिक घूमते-फिरते रहते थे। कभी पाँवों में चप्पल, कभी नंगे पाँव, कभी गेरुआ वस्त्रों में, कभी सिर्फ कोपीन में। कई बार उनके हाथ में हुक्का या लाठी भी होती थी। लेकिन जब पाँव फूल गया और शोथ रोग के लक्षण उभर आए, उन्हें चलने में भी तकलीफ होने लगी।

जून महीने में वैद्य के इलाज की चर्चा उठी। स्वामीजी के मन में ज्यादा उत्साह नहीं जागा, लेकिन स्वामी निरंजनानंद के प्रोत्साहन पर बहूबाजार के महानंद सेन गुप्ता महाशय को बुलाया गया। उन्होंने आते ही नमक मिले व्यंजन खाने और पानी पीने को मना कर दिया। जो इनसान बहुत-बहुत बार पानी पीता था, उसी में अविश्वसनीय मनोबल के साथ पानी पीने की आदत ही छोड़ दी। उन्हीं दिनों स्वामीजी का आहार काफी कम हो गया था।

अक्तूबर में स्वामीजी की हालत दुबारा आशंकाजनक हो उठी। वे घर से बाहर जाने में अशक्त हो गए। मशहूर साहब चिकित्सक डॉक्टर सैंडर्स को दिखाया गया। उन्होंने हर प्रकार के शारीरिक-मानसिक श्रम के लिए मना कर दिया।

उन दिनों स्वामीजी बेलूर में पालतू जंतु-जानवर-पंछियों में बिलकुल अन्य जीवन बिताने लगे। उन्हीं दिनों किसी पत्र में उन्होंने लिखा—'मेरे चिड़ियाखाने में मुरगी नहीं है। वह जीव यहाँ निषिद्ध है।'

नवंबर के आखिर में स्वामीजी ने पत्र लिखा, 'मेरी दाहिनी आँख नष्ट होती जा रही है, लगभग कुछ भी दिखाई नहीं देता।' वे आँखों के डॉक्टर के पास जाने वाले थे, लेकिन सरदी लगने की वजह से बिस्तर पर पड़े थे, उस पर से हँफनी का हमला...'

१२ दिसंबर, १९०१ को स्वामीजी ने सिस्टर क्रिश्चिन को स्वयं खबर दी है—'तुम तो जानती हो, पिछले तीन वर्षों से मैं अकसर ही ऐल्बूमिन यूरिया का शिकार होता रहा हूँ। किडनी में कोई स्ट्रकचरल दोष नहीं है, लेकिन वे लोग प्रायः ही ऐल्बूमिन निकाल रहे हैं। डायबिटीज शुगर से भी यह ज्यादा भयंकर है। ऐल्बुमिन खून को जहरीला बना देता है, हार्ट-अटैक करा देता है, साथ ही और भी सैकड़ों नुकसान पहुँचा सकता है। बार-बार सरदी लगने की आशंका भी बनी रहती है।' अब दाहिनी आँख से स्वामीजी को बिलकुल दिखाई नहीं देता था। डॉक्टरों ने उन्हें बिस्तर पर लिटा दिया था। मांस खाने की मनाही हो गई, चलना रोक दिया गया, खड़े होने पर भी पाबंदी लगा दी गई, यहाँ तक कि लिखने-पढ़ने की भी मनाही हो गई।

एक हफ्ते बाद की रिपोर्ट—'मैं आराम करना शुरू ही करता हूँ कि ऐल्बूमिन और शुगर हवा हो जाते हैं।' जनवरी के अंत तक शरीर की हालत इतनी सुधर गई कि स्वामीजी जापान और चीन जाने की योजना बनाने लगे। लेकिन मार्च १९०२ में निवेदिता को लिखे गए पत्र में हालत दुबारा बिगड़ने की खबर। वाराणसी से रोग-जर्जर विवेकानंद ने अनुरोध किया, 'अगर मेरा निधन हो जाए (मौत वाराणसी में हो, यह मैं चाहता हूँ) तो कृपया मुझे लिखे गए क्रिश्चिन के पत्र निश्चित रूप से तुम ही खोलना। तुम निश्चित रूप से उनकी अभ्यर्थना करना और उन्हें देश वापस लौटा देना। अगर उनके पास रुपए न हों तो उनके लिए टिकट खरीद देना। इसके लिए अगर तुम्हें भीख भी माँगनी पड़े तो वह भी कर लेना। मैं यूरोप से मामूली से रुपए लाया था, वह माँ के खाने-पीने और उनका कर्ज चुकाने में खर्च हो गए। जो कुछ बचा है, उसमें मैं हाथ नहीं लगा सकता। जो मुकद्मा झूल रहा है, वह रकम उसमें लग जाएगी।'

महानिर्वाण का समय अब दूर नहीं था। २७ मई, १९०२ को बेलूर से स्वामीजी ने क्रिश्चिन को जानकारी दी कि उनके लिवर की हालत अब सुधर गई है। उसी पत्र में

एक बुरी खबर भी है—बकरी का एक बच्चा मछली की हौज में डूबबर मर गया।

२१ जून को क्रिश्चिन को ही स्वामीजी ने जानकारी दी है 'परेशान होने की बूँद भर भी वजह नहीं है। डॉक्टरों ने सबकुछ खाने की अनुमति दे दी है, लेकिन वे काफी सोच-समझकर खाना-पीना कर रहे हैं। पत्र के अंत में एक 'पुन:'—मेरी देह पर चरबी जमने लगी है, खासकर पेट पर! भयावह दृश्य है।'

'मेरा किस्सा पूरा भया, नटे पौधा ढहा।' इस मुहावरे का अंग्रेजी में अनुवाद करके अभी हाल में भारत आई क्रिश्चिन से स्वामीजी ने ठिठोली की थी। २१ जून, १९०२ को क्रिश्चिन को लिखा गया पत्र स्वामीजी का अंतिम पत्र था।

उसी जून महीने की २७ तारीख को रोग जर्जर स्वामीजी की शांत प्रसन्न स्नेहमय तसवीर हम उनके प्रिय शिष्य शरच्चंद्र चक्रवर्ती की रचना में देखते हैं। अपने शिष्य को दफ्तर की पोशाक में ही बेलूर आया देखकर स्वामीजी ने पूछा, ''तू कोट-पैंट पहनता है, कॉलर क्यों नहीं पहनता?'' उन्होंने भी उसी वक्त स्वामी सारदानंद को बुलाकर कहा, ''मेरे जितने कॉलर पड़े हैं, उनमें से दो कॉलर निकालकर कल इसे दे देना।'' आधा घंटा बाद ही स्वामीजी ध्यानस्थ! बाह्य चेतनाहीन! उसके कुछ ही देर बाद उनके शिष्य ने गौर किया—'स्वामीजी के जुड़े हुए पाणि-पद्म कंपित हो रहे हैं।'

शेष पर्व में स्वामीजी के विविध रोगों की तालिका में एक और रोग जुड़ गया—उदरी! यानी पेट में पानी भर गया। रोगाक्रांत, निद्राहीन, धैर्यच्युत, चिड़चिड़े जिस विवेकानंद को हम देखते हैं, वे अकसर ही अपने प्रियजन पर इस प्रकार डाँट-डपट करते थे कि उन लोगों की आँखों में आँसू आ जाते थे। स्वामी ब्रह्मानंद ने एक बार कहा था—''उनकी डाँट-डपट सहन न कर पाने की वजह से कई बार तो मेरा ही मन हुआ है कि मठ छोड़कर चला जाऊँ। एक दिन डाँट खाकर मारे दु:ख और अभिमान के मैंने अपने कमरे का दरवाजा बंद कर लिया और रोता रहा। कुछ देर बाद स्वयं स्वामीजी ने ही मेरे दरवाजे पर दस्तक दी। मैंने दरवाजा खोला। स्वामीजी कहने लगे—'मैं क्या करूँ? मेरी समूची देह में चौबीसों घंटे जलन मची रहती है। मेरा दिमाग ठिकाने नहीं रहता।'

इसके बाद स्वामीजी ने अपने प्रिय बंधु और गुरुभाई से जो कहा, वह आज भी मन को झकझोर जाता है।' अगर मैं जिंदा रह गया तो तुम लोगों को शायद व्यर्थ ही कष्ट दूँगा। देखो राजा तुम एक काम कर सकते हो? लोगों के रेस का घोड़ा जब बेकाम हो जाता है तब वे लोग क्या करते हैं, जानते हो? उसे गोली मार देते हैं। मैं भी तुम्हारे लिए एक रिवॉल्वर का इंतजाम कर दूँगा, तुम मुझे गोली मार सकते हो? मुझे मारने से कोई नुकसान नहीं होगा। मेरा काम पूरा हो गया है।'

विदेश से लौट आने के बाद से लेकर देहत्याग तक स्वामीजी के एकांत सेवक

थे—स्वामी निर्भयानंद! पूर्वाश्रम में उनका नाम कन्हाई था। स्वामीजी की प्रधान समस्या थी—विनिद्रा! उन्हें बिलकुल भी नींद नहीं आती थी। कन्हाई महाराज की जुबानी उस स्नेहमय संन्यासी की एक अप्रचलित कहानी सुनी जाए। 'देह छूटने से कुछ दिन पहले विदेश से स्प्रिंग की एक खाट उनके लिए उपहार में मिली। इससे पहले वे कैंप खाट पर सोते थे। नई खाट देखकर एक दिन मैंने हलके-फुलके लहजे में कहा—'मोशाय, अब तो आप खूब ठाठ से सोते हैं।' मेरी बात सुनते ही स्वामीजी कह उठे, तब रे साले, आज तुझे ही इस खाट पर सोना होगा।' इतना कहकर उन्होंने जबरन मुझे उस खाट पर बुलाया, लेकिन मुझे क्या उस पर नींद आती? स्प्रिंगदार खाट! एक-एक बार बिलकुल नीचे चली जाती और मैं एकदम से उछल जाता। सुबह स्वामीजी ने पूछा, 'क्यों रे, क्या हुआ? कल रात तुझे कैसी नींद आई? खूब ठाठ से सोया न?' मैंने जवाब दिया, 'अरे कुछ मत पूछें।' स्वामीजी ने मुझे फिर छेड़ा, 'तब रे साले! तूने तो कहा था मुझे ठाठ से नींद आती है? अब समझ में आया?

सुबह से लेकर शाम तक अंतिम दिन की घटना का विवरण इस बीच जतन से सजाया गया है। उत्साही पाठक-पाठिकाएँ 'अचीना-अजाना विवेकानंद' पुस्तक का शेष पर्व पढ़कर देख सकते हैं। वहाँ कहा गया है—बेलूर बाजार तक शाम को दो मील घूमने के बाद कई संन्यासियों को चाय पीते देखकर स्वामीजी ने खुद ही बढ़कर एक कप चाय माँगी।

सेवक कन्हाई महाराज का विवरण थोड़ा अलग है। शाम को मैं और हुट्को गोपाल के बड़े भाई चाय पी रहे थे, उस समय पूजनीय बाबूराम महाराज को साथ लेकर स्वामीजी बेलूर बाजार की तरफ टहलने जा रहे थे। हमें चाय पीते हुए देखकर वे हमारे नजदीक चले आए। उन्होंने पूछा, 'क्यों केनो, क्या पी रहा है?' मैंने कहा, 'मोशाय, जरा सी चाय!' यह सुनकर वे बोल उठे, 'क्यों? मुझे थोड़ी चाय नहीं दोगे?' मैं तो जानता था कि वे कैसी चाय पीते थे। इसलिए थोड़े से गरम पानी में थोड़ा सा दूध मिलाकर मैंने उनकी ओर बढ़ा दिया। उन्होंने उस चाय की दो-एक चुस्की लेकर कहा, 'खासा स्वाद है'— इतना कहकर वे कप लिए-दिए घूमने निकल गए। लेकिन उस कप में जरा भी चाय नहीं थी इस बात का उन्हें होश ही नहीं रहा।' यही थी कन्हाई महाराज की विवेकानंद की आखिरी सेवा!

शाम सात बजे स्वामीजी ने अपने कमरे में जप-ध्यान शुरू किया और एक तरुण बंगाली सेवक ब्रजेंद्र से कहा, "मुझे दो लड़ी माला दे और बाहर जाकर जप-ध्यान कर। जब तक न बुलाऊँ, आना मत।"

शाम ७:४५ : ब्रजेंद्र से स्वामीजी ने कहा, "गरमी लग रही है, खिड़की खोल

दो।" विवेकानंद फर्श पर ही लेट गए। हाथ में जपमाला! थोड़ा ठहरकर उन्होंने कहा, "चल, अब पंखा झलने की जरूरत नहीं। जरा पाँव दबा दे।"

रात ९:०० बजे : चित लेटे स्वामीजी ने बाईं तरफ करवट बदली। कई सेकेंड के लिए उनका दाहिना हाथ जरा काँपा। स्वामीजी के माथे पर पसीने की बूँदें! अब, निरे बच्चे की तरह जोर-जोर से रुलाई।

रात ९:०२ बजे से ९:१५ बजे : स्वामीजी ने गहरी साँस ली। करीब दो मिनट स्थिर; फिर लंबी उसाँस! उनका सिर हिल उठा। माथा तकिए से लुढ़क गया। आँखें स्थिर! चेहरे पर अपूर्व ज्योति और मुसकान!

आइए अब सुनते हैं कन्हाई महाराज की दुःख कथा। 'उस दिन मेरी तबीयत जरा गिरी-गिरी थी' इसलिए उनकी सेवा में खुद न जाकर मैंने ब्रजेन से कहकर किसी नए ब्रह्मचारी को उस दिन स्वामीजी की सेवा का दायित्व सौंप दिया था। ब्रजेन भागता हुआ आया और उसने कहा—जल्दी चलिए! चलकर देखिए, स्वामीजी की क्या हालत है। मैंने जाकर देखा, स्वामीजी अपनी कैंप खाट पर दाहिनी तरफ करवट लेकर सोए हुए हैं और उनकी नाक के दाहिने पोपट से खून बह रहा है। मैं भागकर गया और मठ में मौजूद सभी महाराज को बुला लाया।'

उस वक्त ९:३० बजे—स्वामी बोधानंद ने कुछेक पल उनकी नाड़ी की जाँच की, उठ खड़े हुए और एकदम से रो उठे। किसी ने कहा—जाओ, महेंद्र डॉक्टर को बुला लाओ। इधर कुछेक दिनों से वे ही इलाज कर रहे थे। डॉ. मजूमदार नदी-पार वराहनगर में रहते थे। स्वामी प्रेमानंद और स्वामी निश्चयानंद उनकी समाधि तोड़ने के लिए उनके कान में रामकृष्ण का नाम जाप करने लगे।

स्वामीजी के अंतिम समय में स्वामी ब्रह्मानंद या स्वामी सारदानंद कोई भी मठ में उपस्थित नहीं था। स्वामी ब्रह्मानंद बलराम मंदिर में थे और स्वामी सारदानंद बाग बाजार के 'उद्बोधन' कार्यालय में। कृत्रिम उपायों से हार्ट को सचल कराने की कोशिशें शुरू हो गईं। डॉक्टर मजूमदार और वे दोनों रात दस बजे, प्रायः साथ-साथ हाजिर हुए! राजा महाराज आते ही लगभग दौड़कर स्वामीजी की देह पर चकराकर गिर पड़े और विलाप करते हुए रो पड़े।

रात १२ बजे : डॉ. मजूमदार ने जानकारी दी—स्वामीजी अब इहलोक में नहीं रहे। अचानक हृदय गति बंद हो जाना ही स्वामीजी के देहावसान का कारण बना। अगले दिन सुबह डॉक्टर विपिन घोष ने कहा—संन्यास रोग में देहत्याग हुआ। किसी-किसी ने कहा—माथे की कोई भीतरी नस फट गई है।

स्वामीजी का मृत्यु-प्रमाण कहीं भी उपलब्ध नहीं है। उसमें किस रोग का

उल्लेख था, अब वह जानने का भी उपाय नहीं है। 'उद्‌बोधन' पत्रिका में स्वामीजी के देहावसान की जो खबर पहले प्रकाशित हुई उसमें कहा गया—तीन महीने से वे गुरुतर ऐल्बुमेनियूरिया का रोग झेल रहे थे।

स्वामीजी की पत्रावली खँगालते-खँगालते हमें सिर्फ इतना ही समझ में आया है कि मृत्यु को सादर आमंत्रण देने के लिए वे इधर काफी दिनों से तैयारी कर रहे थे। अमेरिकी भक्त मिस्टर फॉक्स को उन्होंने लिखा था—'मेरी सेहत तेजी से टूट रही है। माँ और गृहस्थी की देखभाल का दायित्व लेने के लिए महिम को ही तैयार होना होगा। मैं तो किसी भी समय जा सकता हूँ।' यह पत्र लिखने का कारण था भाई महेंद्रनाथ का तब तक गायब रहना। यूरोप से पैदल-पैदल चलकर स्वदेश लौटते-लौटते कई सालों तक उन्होंने माँ-भाई, किसी को भी कोई पत्र नहीं भेजा। इसलिए स्वामीजी के दुःखों का अंत नहीं था। पेरिस से प्रिय हरिभाई (स्वामी तुरीयानंद) को दुःखी विवेकानंद ने लिखा था—'अपना काम मैंने कर दिया है, बॉस! गुरु महाराज का मैं ऋणी था। प्राण देकर मैंने शोध कर दिया।'

□

अविश्वसनीय संगठक—विवेकानंद

तिरोधान की शताब्दी पार करके भी स्वामीजी प्रबल भाव से जिंदा हैं। अकाल मृत्यु भी उनके जयरथ की गति धीमी नहीं कर पाई, बल्कि नई शती में जिन लोगों के हृदय-सिंहासन में वे राजाधिराज के रूप में प्रतिष्ठित हो रहे हैं, उन लोगों की संख्या देश और विदेश में बढ़ती जा रही है।

यह कहना अत्युक्ति नहीं होगी कि इस काल के इतिहास में ऐसी विजय कथा विरल है। विवेकानंद में ऐसा क्या था? वे मनुष्य को ऐसा क्या दे गए कि ऐसी घटना संभव हुई? जिन लोगों ने नतमस्तक होकर, अविश्वसनीय विवेकानंद को अपने-अपने हृदय में ग्रहण किया है वे लोग स्वयं भी इस प्रश्न का पूरा-पूरा उत्तर देने में अक्षम हैं, लेकिन उन लोगों का कहना है कि स्वामीजी का जीवन ही जैसे उनकी वाणी है, वैसे ही उनकी वाणी भी नए भारतवर्ष का जीवन बन सकती है। निष्ठुर समय आज भी अविश्वसनीय विवेकानंद को सीमित नहीं कर पाया, बल्कि जितना-जितना समय गुजरता जा रहा है उतना ही उनका उपदेश-आह्वान और अधिक अर्थवान और समयोचित हो उठा है। आइए, नतमस्तक होकर यह स्वीकार कर लिया जाए कि इस देश के इतिहास में ऐसी घटना इस काल में दूसरी नहीं घटी।

आज के युग में जो बड़े हुए हैं, वे लोग कहीं यह न सोच बैठें कि स्वामी विवेकानंद आए, देखा और मनुष्य को जय कर लिया। अभी उसी दिन किसी ने कहा—उनका आर्विभाव तो आसमान में हुआ था, वहीं से विद्युत और वज्र की तरह वे धरती की माटी पर उतर आए, इसलिए उनसे जीवन की यंत्रणा के बारे में प्रश्न कौन करे? यह

मामला अगर अलौकिक होता तो बुरा नहीं होता। लेकिन यह बात याद रखना जरूरी है कि निष्ठुर समकाल ने संन्यासी विवेकानंद को इतनी आसानी से छोड़ नहीं दिया। वे बार-बार आघात, अपमान, संदेह और अविश्वास से जर्जर होते रहे। नीलकंठ की तरह वह विष उन्होंने धारण तो कर लिया, लेकिन उनके मन में कहीं किसी परेशानी या बेचैनी के निशान अंकित नहीं किए—यह बात जोर देकर नहीं कही जा सकती। उनकी व्यक्तिगत चिट्ठियों में कहीं-कहीं वह आहत और अपमानित विवेकानंद आज भी एकाध पल के लिए हमें नजर आ जाता है।

कितनी-कितनी तरह के आघात! कभी ज़िस स्कूल में वे पढ़ाते थे वहाँ के ऊँची क्लासों के छात्र प्रधान शिक्षक नरेंद्रनाथ दत्त के खिलाफ लिखित शिकायत करते हैं कि उन्हें पढ़ाना नहीं आता। उस शिकायत के आधार पर बंगाल के और एक महापुरुष ने हुक्म दिया है कि नरेन अब पढ़ाने न आए। कभी यह कहा गया कि वह आवारा छोकरा, गुरुजन की उपेक्षा और अवमानना करते हुए मौज से तंबाकू गुड़गुड़ा रहा है और नाक में सूँघनी घुसेड़ रहा है। कभी यह कहा जाता है कि नौकरी नहीं मिली, इसलिए वैराग्य ले लिया। वे बेशक स्वभाव-संन्यासी नहीं थे, सभी अर्थों में अभाव-संन्यासी थे। कभी विदेश की धरती पर अपने देश का इनसान, घर के बेटे की मदद करने के बजाए बदनाम करता फिर रहा है—आवारा, घाघ-धूर्त छोकरा! उसने अंग्रेजी कब सीखी?

ख्याति के मध्य-गगन में भी अपनों के हाथों विवेकानंद-निग्रह खत्म नहीं हुआ। उनसे हिसाब माँगा गया कि अमेरिकी मुल्क में उन्होंने कितनी बार श्रीरामकृष्ण का नामोच्चार किया? उनसे सवाल किया गया कि क्या उन्होंने निषिद्ध यानी निषिद्ध मांस भक्षण किया है? विस्मित विश्व उनके आगे साष्टांग प्रणत होने के बावजूद गाँव-देहात के गँवार योगी की अग्निपरीक्षा का मानो अंत ही नहीं होना चाहता। जन्मभूमि कलकत्ता में जो लोग विवेकानंद अभिनंदन सभा का आयोजन करते हैं, वही लोग शर्म-हया बिसारकर खर्च का बिल विश्व-विजेता के हाथ में थमा देते हैं। यह वही देश है जहाँ उनके मठ के मकान का टैक्स तिगुना बढ़ा दिया जाता है और मौत के बाद भी पुरसभा, बेलूर मठ के गंगा तट पर दाह संस्कार करने देने में आनाकानी करती है।

मृत्यु के बाद भी जीते रहनें के लिए जिनका जन्म होता है, उन लोगों की सारी यंत्रणा और लांछन, देहावसान के साथ-साथ खत्म नहीं हो जाते, इसीलिए संध्याकाल में अंतिम साँस लेने के बावजूद, अगले दिन के महानगरी के अखबारों में स्वामी विवेकानंद के आकस्मिक अकाल-प्रयाण के बारे में लंबा वक्त लग जाता है और स्मृति सभा में प्रतिश्रुति देकर भी मामूली सा आर्थिक दान का बड़ा हिस्सा आखिकार संगृहीत नहीं होता तथा और भी कितना कुछ!

फिर भी कितनी हैरत की बात है। निविड़ घने अंधकार में आकाश में बिजली की चमक की तरह महामानव विवेकानंद की वाणी आज भी हतोद्यम इनसानों के हृदय में पहुँच जाती है। उनके ढेरों वक्तव्य नए सिरे से उपलब्ध हुए हैं जो उनके जीवनकाल में पूरी-पूरी तरह समझे नहीं गए। जिन लोगों ने खोज की है, उन लोगों की समझ में आ गया है कि विवेकानंद को ठीक तरह समझने में हमें और भी हजार वर्ष लग जाएँगे। हजार वर्षों के हिसाब में शायद अंत में कोई अंदाजा लगाया जा सकेगा कि कोई एक विवेकानंद एक ही जीवन में लोगों को क्या दे गए हैं?

लेकिन इसके साथ ही चल रहा है एक विपरीत प्रवाह! संख्या में नगण्य होते हुए भी कोई-कोई शक्की स्वदेशवासी अपने देश में बैठे-बैठे या प्रवास की दूरी कायम रखते हुए बदनामी का ओवरटाइम किए जा रहे हैं, यह साबित करने के लिए कि स्वभाव-संन्यासी असल में अभाव-संन्यासी था। आँखों पर चश्मा चढ़ाए खूब-खूब दिमाग लड़ाकर, पुराने अखबार खँगालकर वे लोग यह प्रमाणित करने में जुटे हुए हैं कि दुनिया के लोग सौ वर्षों से बहुत बड़ी भूल करते आ रहे हैं, जो विवेकानंद को इस ढंग से कायम रख रहे हैं। इन लोगों की यही कोशिश है कि सभी लोगों के कानों में फुसफुसाकर पूछें कि विवेकानंद महाज्ञानी कब हो गए? विवेकानंद 'इंटेलिजेंट' थे, मगर वे सफल छात्र तो नहीं थे। एफ.ए. और बी.ए. की परीक्षा में उनका सेकेंड डिवीजन क्यों आया? कहते हैं, कथामृत पढ़ते ही यह बात नजरों से ओझल नहीं होती कि ठाकुर श्रीरामकृष्ण नरेन को बहुत अधिक प्रश्रय देते थे; उसका गाना सुनकर गद्‌गद् हो गए और उसे मंदिर का 'छोटा भट्‌टवाजी' कह बैठे। कह दिया—नरेन ध्यानसिद्ध है। नित्यसिद्ध है और ईश्वरकोटि है। इसके अलावा अन्य एक निष्ठुर संकेत है—ठाकुर के देहावसान के बाद वराहनगर में जो कष्टसाध्य साधना है, उसके मूल में उनकी पारिवारिक अशांति और अर्थाभाव है।

इतने पर भी इस जमाने और उस जमाने के निंदकों का पेट नहीं भर रहा है। विवेकानंद ने यह क्यों कहा कि अच्छा पकाना जाने बिना कोई भला साधु नहीं हो सकता? विदेश यात्रा से पहले स्वदेश में उनका परिव्राजक जीवन एक किस्म की 'हिच-हाइकिंग' के अलावा और कुछ नहीं थी। उन लोगों का निवेदन है कि उत्तर और दक्षिण भारत के संभ्रांत लोग उनके लिए फर्स्ट क्लास की टिकट खरीद देते थे, इसलिए उन्हें कष्ट कहाँ था? वे इतनी मिर्च क्यों खाते थे? उत्तर कलकत्ते का यह सुखी ग्रेजुएट भलेमानस तो गरमी के डर से राजपुताना आना ही नहीं चाहता था। भक्तगण अपनी-अपनी किताबों में चाहे जितना भी उन्हें महायोगी उपाधि से अलंकृत करें, असल में घर-गृहस्थी के आर्थिक हंगामे से मुक्ति पाने के लिए ही संन्यासी रूप में निश्चिंत जीवनयापन करता था।

सुनें और एक आक्षेप! स्वामीजी ने विदेश में कहा था—इंग्लैंड में दारुबाजों की संख्या की तुलना में भारत में दारुबाजों की संख्या बहुत कम है। वहाँ चार सौ लोगों में कुल एक और स्वदेश में दस लाख में एक जन। साथ ही निंदकों का पलटकर आघात—विवेकानंद के समकालीन कलकत्ते में सभी 'भद्रलोग' ही तो दारुबाज हैं। भारतीयता का जो सब गुण-कीर्तन विवेकानंद ने विदेश में किया, वह सब बकवास है। विवेकानंद समाजतंत्र का गुणगान क्यों कर रहे हैं? इस बात को लेकर कुछ पंडित बेभाव नाराज हैं। जाने कहाँ किस रूसी ने विवेकानंद के इस सोशलिज्म को धुँधला और अस्पष्ट कह दिया तो वे लोग बेभाव खुश हो उठे।

ऐसे विवेकानंद ने विश्व-विजय कैसे कर लिया। इस बात को लेकर संदेह की कमी नहीं। प्रवास में वे अपने वक्तव्यों की वजह से विजयी नहीं हुए। उन्होंने सरलमना विदेशी महिलाओं का मनोहरण अपने शारीरिक सौंदर्य और वाचनभंगी से किया था। कहा गया कि उनके शिकागो व्याख्यान में आध्यात्मिक नएपन का एक बूँद भी नहीं है, बल्कि भारत के संदर्भ में ढेरों अप्रासंगिक बातें और अवास्तविक दावे किए, इसीलिए शिकागो में तालियाँ बजी थीं, लेकिन उसी सभा में कलकत्ता के एक और वक्ता प्रताप मजूमदार को और ज्यादा तालियाँ मिली थीं, यानी वक्तव्य के लिए नहीं, बोलने की स्टाइल के लिए ही शिकागो में सिहरन जाग उठी थी। उन दिनों इस किस्म की तरह-तरह की शिकायतों से विवेकानंद बार-बार जर्जरित होते रहे। कई-कई स्वार्थांध याजकों के हाथों निगृहीत हुए थे। अब अपने ही देश के निंदकों के हाथों निगृहीत हो रहे हैं। मृत्यु के सौ साल बाद भी इन लोगों का दु:ख शेष नहीं हुआ—क्योंकि एक सेकेंड डिवीजन ग्रेजुएट को 'नीलोत्पल नयन', 'वाक्पति' वगैरह कहा गया? क्यों? क्यों?

समकालीन निंदक कैसे विवेकानंद-निग्रह में मगन हो गए थे, पाठक-पाठिकाओं को उसका विस्तृत विवरण विविध गवेषणा-ग्रंथों में मिल जाएगा। मिशनरियों ने उन्हें जो झूठी बदनामी दी थी, उस बारे में सोचते हुए भी शर्म आती है। उन लोगों ने तो यहाँ तक कहा कि विवेकानंद दुश्चरित्र थे। स्वयं संन्यासी की ही लेखन से सुनें—'कभी-कभी तो ऐसा भी हुआ है कि जब किसी मकान से मुझे आमंत्रण मिला है, यह देखकर किसी-किसी ने मेरे बारे में मकान-मालिक से पहले ही झूठी बदनामी और लगाई-बुझाई कर दी। वह सब झूठे आक्षेप सुनकर मकान का मालिक घर में ताला झुलाकर कहीं और चला गया। निमंत्रण निभाने के लिए जब मैं वहाँ पहुँचा तो देखा कि सभी घरवाले गायब हो चुके हैं। वहाँ कोई नहीं है।'

वृद्ध प्रताप मजूमदार अपने देश लौटकर यह प्रचार करने लगे—'नरेन? वह छोकरा तो आवारा की तरह रास्ते-रास्ते घूमता फिरता रहता है। बदन पर लंबा सा कुर्ता

पहने, सिर पर पग्गड़ बाँधे, सीधे शिकागो पार्लियामेंट में हाजिर हो गया।' विदेश में भी प्रताप मजूमदार कहा करते थे, ''यह छोकरा लिखना-पढ़ना कुछ नहीं जानता। लगता है किसी मुसीबत में पड़कर वह यहाँ भाग आया है।''

देश लौटकर भी विवेकानंद के कष्ट और अपमान का कहीं कोई अंत नहीं था। सुदूर अमेरिका में सनातन भारत के खोए हुए गौरव का उद्धार करके जब वे कलकत्ता लौट आए, उस समय कई विदेश भक्तनें उनके साथ आई थीं। उन दिनों हर जुबान पर उनको नाम दिया गया—'बीवी-का-आनंद'! विवेकानंद ने क्या शौक से एक पत्र में दुःख व्यक्त किया था, 'यह देश ईर्ष्यालु-निर्दय लोगों से भरा हुआ है, जो मेरा कामकाज बिगाड़ने की कोशिश में कुछ भी उठा नहीं रखेंगे।'

देश लौटकर दक्षिणेश्वर मंदिर में प्रवेश करते हुए जो अप्रिय घटना घटी थी, विवेकानंद के पत्र में उसका भी संकेत मिलता है।

उन्नीसवीं शती में जिस निंदा-प्रवाह की शुरुआत हुई थी, इक्कीसवीं शती में उसका संपूर्ण अवसान हो चुका है, ऐसा भी सोचना गलत होगा। अगर क्षमता होती तो निंदक लोग यह जरूर साबित कर देते कि जो विवेकानंद मंच पर खड़े होकर अपने व्याख्यान से श्रोताओं को मंत्रमुग्ध कर रखते थे, वे तो अभिनेता विवेकानंद हैं। अपनी धारणा के पक्ष में प्रमाण जुटाने के लिए वे लोग विभिन्न स्मृति कथाओं में हर वाक्य छान-छानकर खोजते फिर रहे हैं।

स्वामीजी पर सिर्फ अभिनय का ही आक्षेप नहीं है। पाश्चात्य पर उनके प्रभाव में कितना सा दूध है, कितना सा पानी, इसकी भी नाप-जोख जारी है। कई-एक स्वार्थी साहब लोगों ने सहज ही स्पष्ट कारणों से यह काम शुरू किया था और कई-एक देशवासियों ने भी खुशी-खुशी यह दायित्व अपने कंधों पर ले लिया। इन लोगों का निवेदन है कि शिकागो में विवेकानंद की अभूतपूर्व सफलता का एकमात्र कारण था उनकी सफेद सिल्क की पगड़ी! बेनामी लिखी हुई एक किताब की भी जानकारी मिली है, जिसमें यह कहा गया है कि विवेकानंद की सफलता का अन्यतम कारण था, सरल अमेरिकी लोगों का प्रबल कौतूहल! सुना जाता है कि कहीं कुछ अभिनव देखते ही अमेरिकी लोग बेतरह आकर्षित हो उठते हैं। तथाकथित संन्यासी वेश में विवेकानंद ही पहले भारतीय हैं जो अमेरिका हाजिर हो गए।

गरीबों के लिए जो हजारों बार नर्क में जाने के लिए तैयार थे, उन्हें अमीरों के चाटुकार के रूप में भी आँकने की कोशिश की गई। जिन लोगों ने स्वामीजी की कद्र की थी, उनमें से अनेक धनी ही व्यक्ति हैं ऐसा मिशनरियों ने कहा, उन्होंने ही खबर दी है कि स्वामीजी के भक्तों की सूची में डेट्राएट के मशहूर कारोबारी, हॉमस पाथार और विख्यात

गुडईयर टायर कंपनी के वाल्टर और फ्रांस गुडईयर, न्यूयॉर्क के धनपति, फ्रांसिस लेगेट भी नजर आते हैं। साहब पादरी लोगों का प्रचार : इन धनवानों लोगों के हाथ में काफी फुर्सत और प्रचुर अर्थ था; प्रचलित धर्माचरण से सामयिक भाव से थककर ये लोग किसी वैकल्पिक राह की खोज कर रहे थे।

समस्त तथ्यों की अक्षर-अक्षर खोज करने के बाद लाचार होकर निंदकों ने जिस फैसले पर पहुँचने की कोशिश की वह था प्रवास में विवेकानंद की वाणी में कोई नवीनता नहीं थी। जितनी मामूली सी सफलता मिली भी तो उसके पीछे था उस शख्स का 'करिश्मा', बोलने की स्टाइल और भाषा की फुलझड़ी!

सच तो यह है कि विवेकानंद काफी कड़क व्यक्ति थे। उनमें दुर्जय साहस था। प्रतिकूल परिस्थिति से डरकर भाग जानेवाले व्यक्ति वे नहीं थे। इसके बावजूद वे गलत-सलत आघात झेलते रहे; चुपचाप कष्ट सहते रहे, इसका इशारा हर ओर बिखरा हुआ है। एक बार बेलूर में विवेकानंद ने कहा, "ठाकुर के सामने बिछे संगमरमर पर अच्छी तरह पानी उँड़ेलकर उसे भिगो दें, लेकिन वह पानी पोंछना मत।" विवेकानंद ने ठाकुर घर में जाकर दरवाजा अंदर से बंद कर लिया। काफी देर बाद बाहर निकलकर उन्होंने कहा, "देख नहीं रहा है कि चारों तरफ क्या हो रहा है? समूची देह जली जा रही है, इसलिए आत्मराम के सामने लोटपोट रहा था कि जरा ठंडा हो लूँ! अंग-अंग जुड़ा लूँ।"

मृत्यु आकर आम लोगों को सारी यंत्रणा से चिर मुक्ति दे देती है। लेकिन जो लोग मृत्युंजयी होते हैं, उनका सही-सही जीना तो उनके तिरोधान के पल से शुरू होता है; आक्रमण के हाथ से उन लोगों को कभी मुक्ति नहीं मिलती। उन लोगों की तकदीर में जैसे अनंत भक्तों का प्यार और भक्ति जुटती है, वैसे ही अविराम, अप्रत्याशित और अन्यायपूर्ण निंदा भी जुटती है। जो लोग दुश्मन होते हैं, जिन लोगों पर वे अपने जीवन काल में हमला करना चाहते थे वे ही लोग अगर आक्रमण कर देते हैं तो इसमें विस्मय या वेदना के लिए कुछ नहीं होता, लेकिन जिन लोगों के लिए आत्मत्याग; जिन लोगों के लिए स्वयं का तिल-तिल विसर्जित किया, वे ही लोग जब अकारण आघात देते हैं तो निश्चित रूप से यह जानने की इच्छा होती है कि ऐसा क्यूँ होता है? क्यों हम लोग बार-बार अपने को क्षत-विक्षत करते हैं?

विवेकानंद के छोटे भाई भूपेंद्रनाथ ने अपनी पुस्तक के फुट नोट में किसी विदग्ध, विख्यात बंगाली मानस का उल्लेख किया है जो सिर्फ विवेकानंद स्मरण-सभा में आने को राजी नहीं हुए, बल्कि यह भी कहा कि उन दिनों अगर हिंदू-राज होता तो विवेकानंद को प्राणदंड मिलता।

कोई जिम्मेदार विचारक अगर ऐसी बात कर सकते हैं तो छोटे माप के लोग भी

क्यों न कहें कि उन्होंने संसार त्याग नहीं किया, बल्कि संसार छोड़कर भाग गए। पिता की मृत्यु के बाद तो उनके पास सिर्फ एक टुटेली तख्तपोश और रुई-रुई बाहर निकले एक बिछावन के सिवा और कुछ भी तो नहीं था।

विवेकानंद जब जीवित थे उन्होंने किसी आक्षेप को अपने दिल से नहीं लगाया। किसी झूठी अफवाह या बदनामी का खुलेआम विरोध करना भी पसंद नहीं किया।

अगर पीछे मुड़कर इन सारे मामलों पर नजर डालें तो लगता है अच्छा ही हुआ, क्योंकि समय के साथ-साथ उनके जीवन और वाणी को जानने के लिए उनका अनुसरण करने के लिए आसमुद्रहिमाचल तक कैसी व्यग्रता और हलचल नजर आती है।

ऐसी असाध्य साधना आखिरकर कैसे पाए? कभी-कभी मुझे लगता है कि अविश्वसनीय विवेकानंद में पाँच-पाँच विवेकानंद मौजूद हैं—शिक्षक विवेकानंद, नेता विवेकानंद, परित्राता विवेकानंद, आध्यात्मिक विवेकानंद और संगठक विवेकानंद! एक ही देह में पाँच विवेकानंद का प्रकाश और विकास आखिर कैसे संभव हुआ? कैसे रोग-जर्जर शरीर लिए मृत्यु से जंग करते-करते पाँच-पाँच विवेकानंद को उन्होंने अपरूप आलोक में उद्‌भासित किया इसका विस्तृत विवरण आज भी पूरी तरह कलमबंद नहीं किया गया। अति कठिन है यह काम और इसीलिए शायद पिछली एक शताब्दी में किसी ने भी विवेकानंद की पूर्णांग जीवनी रचना का दु:साहसिक दायित्व अपने कंधे पर लेने की हिम्मत नहीं की।

जिन पाँच विवेकानंद का मैंने उल्लेख किया उनमें अंतिम विवेकानंद मुझे अति प्रिय हैं। भारतवर्ष के सुदीर्घ इतिहास में शिक्षक, नेता, परित्राता और आध्यात्मवादियों के दर्शन पाने के बावजूद संगठक हमने कम ही देखे हैं, बल्कि उन्नीसवीं शती के प्रात: स्मरणीय महापुरुषों में बहुतेरी विभूतियाँ, सृष्टि के आलोक में उद्‌भासित होने के बावजूद, संगठक के तौर पर अंत में सफल नहीं हो पाईं। मनुष्य मरणशील है, इसलिए मृत्युंजयी होने की चाह में मनुष्य ने युग-युगों से प्राणवंत प्रतिष्ठानों की स्थापना करने की कोशिश की है, क्योंकि प्रतिष्ठान का बहुत बड़ा गुण यह है कि स्थापक के देहावसान के बाद भी उसका विकास स्तब्ध नहीं होता।

एक अद्‌भुत बात नजर आती है कि एक ही दशक के अंतराल में जन्म लेकर इस देश के चार महापुरुषों ने आश्रम-आधारित प्रतिष्ठान स्थापन का प्राणदायी सपना देखा था। महात्मा गांधी, रवींद्रनाथ ठाकुर, श्री अरविंद और विवेकानंद प्रतिष्ठान-स्थापक और संगठक के रूप में नजर आते हैं। अपने सपनों के आश्रम-जीवन को वास्तविक रूप देने में इनमें से प्रत्येक ने यथेष्ट समय दिया है। लेकिन सौ वर्षों के अंदर गांधीजी का साबरमती आश्रम म्यूजियम में परिणत हो गया। पांडिचेरी में भी आदियुग का वह प्राणवंत

रूप आज शायद वैसा नहीं रहा और शांति निकेतन का आश्रम-जीवन? वह तो इतिहास के पन्नों में सुरक्षित आश्रय लेने के लिए दौड़ लगा रहा है। इनके प्रायः सभी प्रतिष्ठाता अपनी-अपनी निजी व्यक्ति महिमा में और सृष्टि-महिमा में आज भी विश्ववंदित हो रहे हैं, लेकिन संगठक के रूप में इन लोगों ने कुछ-कुछ हार मान ली है, यह कहना सत्य का अपव्यवहार नहीं कहा जाएगा। अन्य तीनों की तुलना में विवेकानंद अपने प्रतिष्ठित संघ को सबसे कम समय दे पाए। रामकृष्ण मठ और मिशन के नितांत शैशवकाल में ही उनकी इहलीला समाप्त हो गई, लेकिन शत वर्ष की दूरी के बावजूद प्राणवंत प्रतिष्ठान के रूप में इसका उत्तरोत्तर विस्तार अव्याहत है। आज भी भारतमाता हर वर्ष को सौ से भी अधिक संन्यासी-संतान उपहार दिए जा रही हैं।

ऐसा अद्भुत मामला नितांत दैविक नहीं है, संगठक विवेकानंद आगामी हजारों हजार वर्षों का नक्शा तैयार कर गए हैं। प्रेम के साथ नियम, नीति और निष्ठा का मेल-बंधन, विवेकानंद काफी कम समय में ही संपन्न कर गए, जिसने काल की कसौटी पर उत्तीर्ण होने की प्राणशक्ति प्रदर्शित की है। यहीं छिपी है संगठक विवेकानंद की अविश्वसनीय सफलता।

रामकृष्ण मठ और मिशन के संगठन प्राणशक्ति का उत्स कहाँ है, आज भी मैनेजमेंट विशारदों के लिए नियमित अनुसंधान का विषय नहीं बन पाया है। लेकिन यह बात तो सच है कि विवेकानंद परिकल्पित और प्रतिष्ठित रामकृष्ण मठ-मिशन को अगर एक मैनेजमेंट विस्मय कहा जाए तो अतिशयोक्ति नहीं होगी। अपना मोक्ष, जगत् का मंगल और साथ ही प्रतिष्ठान में नियम-श्रृंखला—इन तीनों आपात् विपरीतधर्मी शक्ति का समन्वय कहीं से भी असंभव नहीं है, यह सत्य संगठक विवेकानंद दिखा गए हैं।

संगठक विवेकानंद अपनी दूरदृष्टि के बल पर अनागतकाल को अपनी आँखों के सामने देख सकते थे, इसका भूरि-भूरि प्रमाण मिलता है। सन् १८९७ के अप्रैल महीने में आलमबाजार में बैठे-बैठे तरुण संन्यासियों को संबोधित करते हुए विवेकानंद ने कहा था—"ये सब नियम हैं तो जरूर, लेकिन पहले हमें यह समझना होगा कि ये सब नियम बनाने का मूल लक्ष्य क्या है? हमारा मूल लक्ष्य है—सभी नियमों के बाहर चले जाना।" किसी भी प्रतिष्ठान को जीवंत रखने के लिए यह कितनी बड़ी बात है, यह विश्व के श्रेष्ठ संविधान निर्माता बखूबी जान चुके हैं।

नियम लिखाने के बाद स्वामीजी ने कहा था, "देखना, अगर कोई नियम नीतिवाचक ढंग से लिखा गया हो उसे इतिवाचक बना देना।" यह भी बहुत बड़ी बात है। दुनिया के श्रेष्ठ संगठनकर्ताओं की सफलता की चाबी-काठी इसी महा मूल्यवान वक्तव्य में मौजूद है।

नियम-कानून अब विदेशी ढंग से तैयार किया जाता है यह आक्षेप सुनकर विवेकानंद ने अपने गुरुभाई स्वामी योगानंद से कहा था, ''संप्रदायपूर्ण जगत् में और एक नया संप्रदाय तैयार करने के लिए मेरा जन्म नहीं हुआ। प्रभु के चरणों में आश्रय पाकर हम सब धन्य हो गए हैं। त्रिजगत् के लोगों को उनका भाव-समूह देने के लिए हमारा जन्म हुआ है।''

अपनी छाती में 'बहुजन हिताय, बहुजन सुखाय' का सपना सँजोए हुए भी जाने कितने ही संगठन अंत में अपने अस्तित्व की रक्षा में नाकाम रहे हैं। संगठक विवेकानंद के मन में बहुत सारी चिंताओं ने एक साथ ही रूप लिया था। एक बार उन्होंने कहा था— ''मैंने तो सिर्फ आधारशिला भर रख दी है, इसके बाद भी और भी कितना कुछ होगा। मैं कितना कुछ कर जाऊँगा और तुम लोगों को तरह-तरह के आइडिया भी दे जाऊँगा, बाद में तुम लोग उन्हें कार्यरूप में परिणत करना। बड़ी-बड़ी नीतियाँ सिर्फ सुनकर क्या होगा? उन सबको कर्मक्षेत्र में खड़ा करना होगा, हर पल काम में लगाना होगा।''

व्यावहारिक विवेकानंद अपने गुरुदेव के नामांकित संघ के संचालन के लिए काफी व्यावहारिक नियम-कानून भी सुनिश्चित कर गए हैं। अर्थ ही अनर्थ का मूल है, अस्तु संन्यासियों को भी पूरी निष्ठा के साथ पाई-पैसे का हिसाब रखना होगा। उस हिसाब का नियमित ऑडिट कराना होगा और साग के रुपए मछली में और मछली के रुपए साग में खर्च करना नहीं चलेगा। साथ ही विवेकानंद ने सहज भाव से यह भी कहा है, ''विद्या के अभाव में संप्रदाय नीच दशा को प्राप्त होते हैं, इसलिए सर्वदा की चर्चा जारी रहे। त्याग और तपस्या के अभाव में विलास संप्रदाय को निगल जाता है, अस्तु त्याग और तपस्या का भाव सर्वदा उज्ज्वल रखना होगा।''

संगठक विवेकानंद अपने समकाल से बहु-योजन आगे थे, यह बात उनके द्वारा प्रतिष्ठित संघ में निर्धारित एक नियम में बिलकुल स्पष्ट है। वह नियम है—'किसी भी देश के लिए आध्यात्मिक भाव का होना जरूरी है। इस प्रकार जिस भी जाति या जिस भी व्यक्ति में जो भी अभाव अत्यंत प्रबल है, उसे पूरा करके उसी पथ से उसे आगे ले जाना होगा।'

संगठक विवेकानंद यह भी कह गए हैं, ''यह संघ ही मेरा अंग-स्वरूप है और इसी संघ में वे सदा विराजमान रहेंगे। एकताबद्ध संघ जो आदेश करेगा, वह प्रभु का आदेश होगा। जो संघ की पूजा करता है वह प्रभु की पूजा करता है और जो संघ की अवमानना करता है वह प्रभु की अवमानना करता है।''

एक बार एक मैनेजमेंट विशेषज्ञ ने मुझसे कहा था—''इतनी मुसीबतों के बीच भी विवेकानंद द्वारा प्रतिष्ठित रामकृष्ण मठ-मिशन शताब्दी से भी अधिक समय तक कैसे

बचा रह गया और इस ढंग से इसका विस्तार हुआ, इस पर रिसर्च करना चाहिए।'' अगर ठीक तरह खोज की जाए तो कोई सर्वत्यागी संन्यासी संगठक ही इस देश के श्रेष्ठतम मैनेजमेंट विशारद थे। बुद्ध, शंकराचार्य और विवेकानंद को समझे बिना इस देश में मैनेजमेंट चर्चा का कोई भी मतलब ही नहीं होता।

मैंने भी उस मंतव्य के अर्थ की कभी खोज की थी और एक वाक्य विवेकानंद की व्याप्ति और वैचित्र्य को समझा देगा।

अंत में वह विवरण मैंने सन् १९३२ की अंग्रेजी प्रबुद्ध पत्रिका 'भारत' में खोज ही लिया—'त्याग में बेपरवाह, कर्म में अनंत, प्रेम में सीमाहीन, भावावेग में उच्छल, आक्रमण में निर्दय, फिर भी ज्ञान में गंभीर और बहुमुखी, मगर सरलता में शिशु जैसा—ऐसे थे विवेकानंद!' जिन्होंने इस वाक्य की रचना की थी, उन्हें भी हम जानते-पहचानते हैं। उनका नाम है—सुभाषचंद्र बसु!

□

अस्ताचल के पथ पर

शरीर-स्वास्थ्य जब ठीक था तब स्वामी विवेकानंद में एक बहुत बड़ा गुण था—उन्हें कोई आसानी से गुस्सा नहीं दिला सकता था। कभी किसी व्यक्ति ने उनके सामने ही उनके विरुद्ध बातें कीं, उनकी निंदा कर डाली, तरह-तरह के प्रश्न पूछने लगा—लेकिन नाराज होना या भड़क जाना तो दूर की बात, स्वामीजी हँसते-मुसकराते उसके सवालों के यथोचित जवाब दे देते थे। यह मंतव्य स्वयं स्वामी अखंडानंद का है, जिसे स्वामीजी मजाक-मजाक में 'गैंजेस' बुलाते थे।

यही स्वामीजी जब गंभीर रूप से बीमार हो जाते थे तो निरे बच्चे बन जाते थे। परिव्राजक जीवन में स्वामीजी हृषिकेश में काफी बीमार हो गए। जरा स्वस्थ होने पर उन्होंने खिचड़ी खाने की इच्छा प्रकट की। प्रिय गुरुभाई गरवाल ने (स्वामी ब्रह्मानंद) खिचड़ी पकाई। उन्हें मालूम था कि खिचड़ी में अगर तीखी मिर्च न हो तो स्वामीजी को पसंद नहीं आती, लेकिन उनकी बीमारी का खयाल करते हुए खिचड़ी उतारते समय उन्होंने उसमें थोड़ी सी मिसरी डाल दी। मिर्चखोर स्वामीजी को वह खिचड़ी जरा भी अच्छी नहीं लगी। ऐसे में उन्हें खिचड़ी में एक सूत नजर आ गया। उस जमाने में मिसरी में दो-एक सूत भी होता था। स्वामीजी की भौंहें चढ़ गईं। खिचड़ी में सूत क्यों है? उन्होंने जानना चाहा। सबने बताया कि राखाल ने खिचड़ी में एक डेला मिसरी डाल दी थी। महा-विरक्त स्वामीजी ने गुरुभाई पर हमला बोल दिया—'साला, राखाल, यह तेरी करतूत है। तूने खिचड़ी में मीठा डाला है? दुर साला, तुझमें जरा भी अक्ल नहीं है।'

स्वामीजी के प्रसन्न मिजाज की भी सैकड़ों-हजारों कहानियाँ इधर-उधर बिखरी

पड़ी हैं। स्वामी तुरीयानंद (हरि महाराज) उनके प्रिय गुरुभाई थे। स्वामीजी के देहावसान के कुछ ही दिनों बाद हरिद्वार में उनकी एक साधु से भेंट हुई। साधु ने कहा, 'इतने-इतने साधुओं से मिला हूँ, मगर उनके जैसा साधु कहीं नहीं देखा। वे इतना-इतना हँसाते हैं कि पेट दर्द करने लगता था। हँसी के साथ-साथ वे ऐसी-ऐसी बातें कर जाते थे कि एकबारगी मन में दुबारा वैराग्य जाग उठता था। ऐसा यार साधु मैंने जीवन में कभी नहीं देखा।'

विश्व-विजय के बाद वापस लौटकर बेलूर मठ की प्रतिष्ठा के बाद सदा प्रसन्न और जीवंत विवेकानंद की और एक छवि स्वामी तुरीयानंद आँक गए हैं। 'नरेन का हर काम कितना चटपट होता था। पगड़ी बाँधता था, वह भी कितना चटपट··· और लोग जो काम करने में घंटों लगा देते थे, नरेन वह काम दो मिनट में कर डालता था और एक साथ पाँच-छह काम कर लेता था।' स्वामी तुरीयानंद ने इसी इनसान की भड़के हुए स्वरूप की छवि भी आँकी है। 'एक दिन वे गुस्से से बिफरते हुए मठ से बाहर निकल गए। जाते-जाते कह गए, 'तुम सब निरे छोटे लोग हो। तुम लोगों के साथ रहना असहनीय है। तुम सब अनुष्ठान, शास्त्र-निर्देश के बारे में आपसे झगड़ा करोगे···' लेकिन बात का अंत उन्होंने कैसे किया? उन्हीं छोटे लोगों को वे अपना सबकुछ दे गए।'

अन्य एक दिन भयंकर गुस्से में उन्होंने कहा, ''एक ही यात्रा में मुझे सबकुछ करना पड़ा। गाना-बजाना, सब अकेले ही करना पड़ा। बाकी किसी ने कुछ नहीं किया।'' हम सब पर तो वे गाली-गलौज बरसा ही रहे थे, ठाकुर पर भी उनका भारी अभिमान जाग उठा। वे उन्हें भी गाली देने लगे, ''पगला ब्राह्मण! उस मूरख का हाथ थामकर मेरा सारा जीवन ही व्यर्थ हो गया।''

गुरुभाई लोग उनके बारे में और भी कई-कई आश्चर्यजनक बातें लिख गए हैं। स्वस्थ स्थिति में स्वामीजी के शांत स्वभाव के बारे में। उन दिनों स्वामीजी अमेरिका में थे। वहाँ वे आत्मा की अजेयता और अमरता का उपदेश देते थे—मैं आत्मा हूँ, मेरा न जन्म है, न मृत्यु! मुझे भला किसका भय?

कुछेक 'काउब्वाय' ने उनकी परीक्षा लेने के लिए उन्हें अपने बीच आमंत्रित किया। स्वामीजी जब व्याख्यान दे रहे थे, उसी समय उन लोगों ने उनके कान, माथे पर 'डेड शॉट्स' (बेपरवाह गोलियाँ) बरसाना शुरू कर दिया। लेकिन स्वामीजी निर्भीक और अविचलित रहे। उनका व्याख्यान भी नहीं थमा। यह देखकर वे 'काउब्वाय' आश्चर्यचकित होकर उनके पास दौड़े आए और शोर मचाने लगे। ये ही हमारे 'हीरो' हैं।

स्वामीजी आखिरी दिन तक श्रम करते रहे। हमने देखा कि अंतिम बीमारी के समय भी सीने में तकिया दबाए हाँफ रहे हैं और इधर गरज-तरज रहे हैं। वे चीख-चीख कर कह रहे हैं—''उठो! जागो! क्या कर रहे हो?''

लेकिन बेलूर मठ में बड़े-बड़े लोगों के मान-अभिमान की होड़ लगी हुई थी। उन दिनों स्वामीजी की आँखों को नींद नहीं आती थी। रात-पर-रात निद्राहीनता में गुजर जाती थी। स्वामीजी के प्रियतम शिष्यों में स्वामी सदानंद गुप्त महाराज के नाम से लोगों में परिचित थे। किन्हीं दिनों वे हाथरस स्टेशन पर रेलवे कर्मचारी थे। कैसे वे भूखे, मस्तमौला संन्यासी को अपने क्वार्टर में लिवा लाए, उनकी सेवा की और यथासमय वैराग्य की दीक्षा ली, यह विवेकानंद-प्रेमियों को याद होगा। स्वामीजी के महानिर्वाण के करीब के समय में गुप्त महाराज बेलूर मठ में ही थे। उन दिनों स्वामीजी की सेहत टूटने लगी थी। एक दिन स्वामीजी गुस्से से आगभभूखा होकर अपने कमरे में बैठे हुए थे। मिजाज बेहद गरम! किसकी मजाल कि उनके सामने जाए। खाना तैयार करके कमरे में बावर्ची का तौलिया लपेटकर स्वामीजी के कमरे में उन्हें मनाया जाने लगा, 'नरम होइए, महाराज! गुस्सा छोड़ दीजिए।' स्वामीजी का पारा तब भी नीचे नहीं उतरा। 'मेहरबानी कीजिए! सारे कसूर माफ कीजिए।'

'जा साला, दूर हो जा! मैं नहीं खाऊँगा।'

सदानंद ने भी तब दाँत किटकिटाकर कहा, 'तुम भी मिलीटरी, हम भी मिलीटरी!' गुस्से से हाथ नचाते हुए उनके मुँह पर ही सुनाकर मैं हनहनाते हुए सीढ़ियों से नीचे उतर आया। जा साला, रहो भूखे, मेरा क्या?' लेकिन सभी जानते थे कि वह सब मुँहजुबानी बातें हैं। स्वामीजी बिना खाए बैठे रहें और उनके आसपास के बाकी सब लोग आहार कर लें, ऐसा रामकृष्ण संघ में किसी दिन भी नहीं हुआ।

मठ में स्वामी विवेकानंद ने खुद ही अनेक बार कहा कि जो लोग उनके विशेष प्रिय पात्र हैं, वे उन्हें ही ज्यादा डाँटते-डपटते हैं। यह बात जरा भी अतिरंजित नहीं है, क्योंकि उनके गुस्से के सामने सबसे ज्यादा पड़ते थे स्वामी ब्रह्मानंद और स्वामी सारदानंद! इसी सारदानंद को वे विदेश ले गए थे। काफी दिनों बाद उन दोनों की लंदन में भेंट हुई। दोनों के ही मन में एक-दूसरे के प्रति सीमाहीन प्यार। लेकिन सुनें, प्रत्यक्षदर्शी महेंद्रनाथ से स्वामी सारदानंद क्या कह रहे हैं।

'नरेन के खप्पर में पड़कर मेरे प्राण बिलकुल जाने-जाने को हो आए। कहाँ तो यह सोचकर घर छोड़ा कि अब मधुकरी करूँगा, एकांत में जप ध्यान करूँगा। लेकिन नहीं, उसने तो मुझे खप्पर में फेंक दिया। मैं न तो अंग्रेजी जानता था, न बातचीत का ढंग आता था फिर भी हिदायत मिल रही थी लेक्चर दें। लेक्चर दें। अरे आइए, मेरे पेट में कुछ है क्या? इधर नरेन इतना गुस्सैल हो गया है कि किसी दिन मुझे मार बैठेगा। चलो, कोशिश करूँगा। उठकर खड़ा हो जाऊँगा और मन में जो आएगा बोल जाऊँगा। अगर काम बन गया तो भला वरना सरपट भाग खड़ा होऊँगा और सीधे गाँव पहुँचकर ही दम

लूँगा। वहाँ साधुगीरी करूँगा। वही मेरे लिए भला होगा। ये कैसे उपद्रव में पड़ गया हूँ, रे बाप। कैसा झखमारी का काम है। अगर ऐसा पता होता तो यहाँ मैं आता भला? वह तो नरेन की बीमारी की खबर सुनी सो चला आया।'

उस बार लंदन में स्वामीजी अपने भाई महिम और सारदानंद के आकस्मिक बीमार पड़ जाने से काफी परेशान हुए थे। एक तो खुद ही वे परायों की दया, परायों के आश्रय पर निर्भर थे। सहाय-संबल कुछ भी नहीं था। उस पर से सारदानंद अंग्रेजी में व्याख्यान देने को राजी नहीं था। उन्हीं दिनों सारदानंद प्रबल मलेरिया ज्वर के शिकार हो गए। सारदानंद की धारणा थी कि स्वामीजी जो भी निर्देश करें वह उन्हें करना ही है। बुखार में छटपटाते हुए वे कमरे में टहलते रहे और महिम से कहते रहे, "देखो, महिम, नरेन तो नहीं छोड़ेगा। चाहे जैसे भी हो वे मुझसे लेक्चर दिलाकर ही मानेंगे।" उसके बाद उन्होंने महिम के सामने लेक्चर देने का रिहर्सल शुरू कर दिया और उनसे यह भी अनुरोध किया, "तुम बीच-बीच में हूँ-हाँ करते जाना।"

महिम को भी उस वक्त बुखार था। कुरसी पर बैठे-बैठे वे काफी तकलीफ से हाँ-हूँ करते रहे। इसके बाद दोनों ही बिस्तर पर पड़कर कमर तक कंबल ओढ़कर लेट गए, लेकिन सारदानंद कंबल के अंदर भी लेक्चर रटते रहे। लगभग पाँच बजे स्वामीजी उनके कमरे में आए। सारदानंद की लेक्चर दुहराते हुए सुनकर उन्होंने हँसकर उनको डपट दिया। सारदानंद चिंतामुक्त होकर सो गए। अगले दिन सारदानंद का बुखार जरा कम हुआ, लेकिन महिम अभी तक बुखार में बेहाल थे। वे लगभग घंटे भर तक बेहोशी की हालत में रहे। परेशान विवेकानंद ने विदेश में शायद लाचार होकर अपनी विशेष शक्ति का प्रयोग किया। भाई ने लिखा है—कमरे में आकर स्वामीजी ने जैसे ही सुना कि अब बुखार उतर गया है। उन्होंने कहा—"जा अब बुखार नहीं आएगा। नीचे बैठा-बैठा मैं 'विल-फोर्स' (इच्छा-शक्ति) जो दे रहा था।" सारदानंद उनका प्यार देखकर मुग्ध हो आए। उन्होंने स्वामीजी से लिपटकर रोते-रोते कहा, "मेरा मन चंगा कर दो। इस मन को ऊपर उठा दो।"

उसके बाद हँसते-हँसते स्वामीजी का वह मशहूर डायलॉग, 'दुर साला, डपोरशंख, उठकर बैठ! साले। तुझे मलेरिया बुखार जो है, देख वह तेरी क्या हालत करता है। छोड़ साले, तुझे लेक्चर देना होगा न, वरना तुझे मारूँगा लात और चौथे तल्ले की इस खिड़की से तुझे नीचे फेंक दूँगा। साला, तुझे 'वर्क हाउस' में फेरूँगा। तू नहीं जानता। कितना खर्च हुआ है।'

सिर्फ सारदानंद ही नहीं अपने भाई से भी स्वामीजी खास स्टाइल में बातें करते थे। वे चाहते थे कि भाई बैरिस्टरी न पढ़े, बल्कि सारदानंद और गुडविन के साथ

अमेरिका-यात्रा करे। स्वामीजी जैसे ही कमरे से बाहर चले गए, उनको अनुगत भक्त गुडविन उनकी नकल उतारते हुए महिम को धमकाने लगा—'मारूँगा घूँसा और दाँत तोड़ दूँगा, नाक भी तोड़ दूँगा, तू चल न अमेरिका! तीनों मिलकर अमेरिका चलें।'

इन सबमें जितना गुस्सा झलकता है, उससे कहीं ज्यादा मजा देता है। जीवन के प्रमुख समय में स्वामीजी काफी मजा देनेवाले इनसान थे। इसीलिए स्वामी अखंडानंद बार-बार कहते थे, "उनमें गुस्सा तो बिलकुल भी नहीं था। वे थे अक्रोध-परमानंद!"

राजस्थान के एक नउए ने स्वामी अखंडानंद से कहा था, "महाराज, आपके स्वामीजी की कोई तुलना नहीं है। इस तरह गुस्सा पीते हुए मैंने किसी को नहीं देखा। पंडित लोग उन्हें चिंतन विचार में परास्त करने आए थे, उनको अपमानजनक जवाब दे रहे थे और वे मुसकरा-मुसकराकर उन लोगों के सवालों के जवाब देते रहे। जो लोग उनकी निंदा करने आए थे, अंत में वही लोग उनके गुलाम बन गए।"

रोग-जर्जर यही व्यक्ति अपने आखिरी जीवन में कितने असहाय हो उठे थे, कैसे उनका धीरज जवाब दे जाता था, उसका भी विवरण उनके प्रिय शिष्य स्वामी शुद्धानंद और स्वामी अचलानंद (स्वामीजी के अंतिम संन्यासी शिष्य) थोड़ा-बहुत सँजो गए हैं। स्वामीजी की प्रधान समस्या थी—निद्राहीनता। एक बार उन्होंने अपने घनिष्ठतम शिष्य से कहा, "वत्स, तू मुझे गहरी नींद सुला सकता है? तू जो चाहेगा, मैं तुझे दूँगा।" उन दिनों उन्हें कभी नींद आती भी थी तो शारीरिक थकान बहुत ज्यादा होती थी। स्वामीजी ने अचलानंद से कहा, "होश सँभालने के बाद से ही मैं जिंदगी में कभी चार घंटे से ज्यादा नहीं सोया।" जब वे यह बात बता रहे थे, उस वक्त उनकी आँखों में बूँद भर भी नींद नहीं थी।

स्वामी अचलानंद ही बताते हैं—बीमार स्वामीजी जब उग्रमूर्ति धारण करते थे उस पल भी उनमें एक माधुर्य नजर आता था। उनमें और भी एक विशेषता थी। क्रोध करने के बाद पल भर में ही उनका उग्रभाव गायब हो जाता था। अगले ही पल वही प्रेमपूर्ण मधुर भाव आत्मप्रकाश करता था। कोई समझ भी नहीं पाता था कि अभी जरा देर पहले ही वे नाराज हो गए थे।

उदाहरण, सेवक कन्हाई पर बेभाव भड़क गए थे। हाथ में एक छड़ी उठाए उसके पीछे-पीछे घूमते हुए वे थककर बैठ गए। अगले ही पल उनका गुस्सा उतर गया। एक बार बारिश के समय ब्रह्मचारी लोग बारिश की टपकती हुई बूँदें पकड़ रहे थे। किसी कारण से स्वामीजी दो ब्रह्मचारियों को खूब डाँट रहे थे। उनका रौद्र रूप देखकर तरुण अचलानंद काँपने लगे। उनके हाथ से बारिश की बूँदों की बोतल गिर पड़ी। बस पल भर में स्वामीजी का गुस्सा भी पानी हो गया। उन्होंने कहा, "बच्चे, तू नर्वस हो गया? जा,

मेरे कमरे में एक दवा पड़ी है। वह दवा ले ले और सो जा।''

इसी तरह अपने प्रिय स्वामी तुरीयानंद को एक बार एक पत्र पोस्ट करने को दिया। हरि महाराज की आँखें लिफाफे पर लिखे पते पर गड़ गईं। स्वामीजी ने देख लिया। उन्होंने कहा, ''हरि भाई, तुम्हें वह पत्र मैंने डाक में डालने को दिया है उस पर लिखा ठिकाना पढ़ने को नहीं कहा। दूसरों को लिखे हुए पत्र पर लिखा पता, तुम क्यों पढ़ने लगे? तुम्हारी यह करतूत ठीक नहीं।'' उस मामले में छिपाने को कुछ भी नहीं था, स्वयं हरि महाराज ही कह गए हैं।

लेकिन इनसानों के लिए स्वामीजी के स्नेह का अंत नहीं था। स्वामी अचलानंद ने ही बताया—एक बालक ने फल का रस तैयार करते हुए एक बार काँच का महँगा गिलास तोड़ डाला। हर कोई उसे डाँट रहा है, यह सुनकर स्वामीजी ने कहा, ''ठाकुर के पास जब हम लोग गए थे, उन्होंने कितना-कितना प्यार देकर हमें अपना बना लिया था। ये लोग अपना घर-द्वार छोड़कर हमारे यहाँ आए हैं। इन लोगों को ऐसी भयंकर डाँट पिलाने से भला कैसे चलेगा? ये लोग भला यहाँ टिकेंगे? गिलास तो इसी तरह जाएगा। गिलास को हैजा या तपेदिक तो होगा नहीं।''

शताब्दी के अंतराल के बावजूद बेलूर मठ के प्राणपुरुष के आखिरी दौर की सारी घटनाएँ आज तक धैर्य के साथ संग्रहीत या लिपिबद्ध नहीं हुईं, हालाँकि स्वामीजी अंत्यलीला की विस्तृत और विश्वासयोग्य छवि आँकने के लिए इन सारी घटनाओं की अहमियत असीम है। दो-एक कहानी निश्चिंत मन से बयान की जाएँ तो असंगत नहीं होगा। स्वामी शुद्धानंद (मठ-मिशन के सभापति) सन् १८९७ में आलमबाजार मठ में शामिल हुए और स्वामीजी से मंत्र-दीक्षा ग्रहण की।

स्वामीजी की अंग्रेजी ग्रंथावली के वृहद् अंश के वे सार्थक बँगला अनुवादक थे। उन्होंने कहा है—एक दिन मठ के बरामदे में स्वामीजी वेदांत पढ़ने बैठे। ऐसे में उनके गुरुभाई ने आकर संन्यासी-ब्रह्मचारियों से कहा, 'चलो जी, चलो! आरती करनी है, चलो।' स्वामीजी ने झुँझलाकर कहा, 'यह जो वेदांत पढ़ा जा रहा है, यह क्या ठाकुर पूजा नहीं है? सिर्फ एक तसवीर के सामने दीये की बत्ती नचाने भर से और मंजीर पीटने भर से तुझे क्या लगता है, यही भगवान की यथार्थ आराधना है? असल में तुम लोग अति क्षुद्र-बुद्धि हो।'

ऐसी दुविधाग्रस्त परिस्थिति में वेदांत पाठ भंग हो गया और आरती की गई, लेकिन आरती के बाद स्वामीजी के गुरुभाई कहीं नजर नहीं आए। स्वामीजी उतनी सी देर में ही आकुल-व्याकुल हो उठे, 'कहाँ गया? मेरी गाली-गलौज सुनकर कहीं वह गंगा में कूद जाने के लिए तो नहीं चला गया?' काफी देर बाद गुरुभाई को छत से पकड़ लाया

गया। तब तक स्वामीजी का भाव बदल चुका था। वे उनको खूब-खूब लाड़-दुलार करने लगे।

हाँ, वे डाँट-डपट करते थे, बीमार शरीर में मान-अभिमान भी जागता था, लेकिन वे जिसे जितना प्यार करते थे, उसे उतना ही डाँटते थे और गाली-गलौज करते थे।

स्वामीजी ने इस बार बेलूर मठ में नियम बनाया कि दिन में कोई नहीं सोएगा। एक दिन घूमते हुए उन्होंने देखा कि स्वामी प्रेमानंद सो रहे हैं। स्वामीजी ने तत्काल ही अपने एक शिष्य को निर्देश दिया—'जा, उसे पैरों से घसीटकर फेंक आ!' खींच-तान की वजह से प्रेमानंद की नींद टूट गई। उन्होंने कहा, 'अरे, रुक जा! रुक जा! यह क्या कर रहा है?' उसी दिन शाम को ठाकुर आरती के बाद स्वामी प्रेमानंद कमरे के सामनेवाले उत्तरी बरामदे से जिस जगह पहुँचे, उस वक्त स्वामीजी वहाँ टहल रहे थे। गुरुभाई को देखकर स्वामीजी ने उनके युगल चरण से लिपटकर द्रवित-विगलित आँखों से देखते हुए कहा, 'मैं तुम लोगों पर कितना अन्याय··· कितना-कितना अत्याचार कर रहा हूँ।' इतना कहकर वे बच्चों की तरह रो उठे। उस दिन प्रेमानंद बड़ी मुश्किल से उन्हें शांत करने में सक्षम हुए, यह जानकारी हम सबको स्वामी चंद्रेश्वरानंद की स्मृति-कथा से उपलब्ध होती है।

स्वामीजी से किसी को भी छूट नहीं मिलती थी। अमेरिका से स्वदेश लौटने के बाद स्वामी सारदानंद हमेशा फिटफाट, साफ-सुथरे रहते थे। एक दिन हरि महाराज (स्वामी तुरीयानंद) की चटाई पर जूते समेत बैठे हुए थे। स्वामीजी ने यथासमय उन्हें फटकारकर कहा, 'हाँ रे सारदा, उन लोगों ने (अमेरिकी लोगों ने) क्या तुझे बिलकुल ही हजम कर लिया है? क्या कुछ सूँघा दिया था, जो तू हर मामले में उन लोगों जैसा हो गया है?'

जिस पर स्वामीजी सबसे ज्यादा निर्भर करते थे, उनके न रहने पर स्वामीजी जिस पर मठ का दायित्व अर्पित करके परम निश्चिंत हो गए थे, उनके बचपन के वही संगी राजा महाराज उर्फ स्वामी ब्रह्मानंद का किस्सा भी सुन लें। उनके साथ स्वामीजी का चिकित्सा-संवाद! स्वामीजी का पैर फूल गया था। समूची देह में पानी भर गया था। गुरुभाई लोग अतिशय चिंतित हो उठे। आखिरकार स्वामीजी वैद्य की दवा सेवन के लिए राजी हो गए।

शिष्य ने कहा, 'महाशय, यह भयंकर गरमी का मौसम है। उस पर से आप घंटे-घंटे चार-पाँच बार पानी पीते हैं। इस मौसम में पानी पीना बंद करके दवा खाना आपसे बरदाश्त नहीं होगा।'

स्वामीजी झट से बोल उठे, 'क्या बात करता है तू? जिस दिन दवा लेना शुरू

करूँगा, उस दिन सुबह-सुबह ही 'अब पानी नहीं पीऊँगा'—यह दृढ़ संकल्प लूँगा। उसके बाद पानी की क्या मजाल कि गले से नीचे उतरे? अरे, तब पूरे इक्कीस दिन जल महाशय कंठ से नीचे नहीं उतर सकेंगे। यह शरीर भी तो मन का ही रूप है।'

शरीर पर ऐसा निष्ठुर शासन आखिरकार संभव हुआ। हालाँकि वह इलाज सफल हुआ यह संदेहजनक था।

लेकिन समूची जिंदगी उनके शरीर को कितनी-कितनी यंत्रणा, कितनी पीड़ा सहनी पड़ी थी, इसका कोई अंत नहीं था। स्वामीजी ने खुद ही कहा था—परिव्राजक जीवन में एकाध दिन उपवास करके मैंने उपेक्षा ही की है। लेकिन कभी तीन दिनों से अधिक उन्हें उपवास नहीं करना पड़ा। 'उन दिनों उन्हें बाघ ही निगल जाए, इस इरादे से वे जंगल में जा बैठे थे, लेकिन जब बाघ भी उनसे मुँह मोड़कर चला गया तो उन्होंने दुःखी मन से कहा—बाघ ने भी मुझे खाने से इनकार कर दिया।

चलिए अब दुबारा उनके अस्वस्थ शरीर की तरफ लौटा जाए। डायबिटीज, विनिद्रा, दिल का रोग लिए जब वे कलकत्ता लौटे तो उन्हें बड़े डॉक्टर की शरण में जाना पड़ा था।

'युगनायक विवेकानंद' ग्रंथ में स्वामी गंभीरानंद ने संयोजन किया है : इसके कुछ दिनों बाद ही देवघर में स्वामीजी का जीवन संकटापन्न। 'किसी-किसी समय साँस की तकलीफ इतनी तीखी हो आती कि आँख-मुँह लाल हो उठता और वहाँ उपस्थित सकल लोगों को लगता था कि जीवन या प्राणवायु अब उड़ी या तब! स्वामीजी कहा करते थे—उस समय एक ऊँचे से तकिए पर टिककर बैठे-बैठे मृत्यु की प्रतीक्षा करते थे।'

समकालीन अवज्ञा, अपमान विवेकानंद को स्पर्श नहीं कर पाए, लेकिन उनकी सेहत टूट जाने के बाद उनका सारा कुछ मान-अभिमान और डाँट-डपट, सारा-का-सारा अपने प्रिय गुरुभाइयों और शिष्यों पर ही बरस जाता था। लेकिन वे सिर्फ डाँट-डपट ही नहीं करते थे, अपने को उजाड़कर दे भी डाला था।

जिन लोगों पर स्वामीजी का गुस्सा बरसता था, उन लोगों की क्या हालत होती थी? स्वामी ब्रह्मानंद ने एक बार कहा था, 'उनकी डाँट बरदाश्त न कर पाने की वजह से कितनी ही बार मेरा मन हुआ कि मठ छोड़कर चला जाऊँ।'

अब आखिरी वक्त दूर नहीं था। स्वामी अखंडानंद ने लिखा है—'अंत समय में स्वामीजी इनसानों के बर्ताव से हताश-निराश होकर जीव-जंतुओं में मगन रहने लगे। उनके पास ढेरों बत्तख, कबूतर, कुत्ते, बिल्ली और भेड़ वगैरह थे। उन्होंने बदस्तूर एक चिड़ियाखाना ही तैयार कर डाला था। अपनी सेवा के रुपयों में से डेढ़ सौ रुपए वे उन

जीव-जंतुओं पर खर्च कर देते थे। उनके बत्तखों में चीनी, बंबइया और आम बत्तख भी थे। कुत्तों के नाम—मेरी, टाइगर! भेड़ का नाम—मटरू। चीनी बत्तख का नाम उन्होंने यशोमती रखा था। लेकिन आश्चर्य की बात यह है कि स्वामीजी के निधन के साथ-साथ उनके सारे पशु-पक्षियों ने दम तोड़ दिया। वे जिसको भी जो दे गए थे, उसमें एक भी ज्यादा दिन जिंदा नहीं रहा।' स्वामीजी के निधन के बाद खोका महाराज (स्वामी सुबोधानंद) ने कई एक पशु-पक्षी अखंडानंद को सौंप दिए थे। स्वामीजी से छिपाकर एक बिल्ली कबूतर को खा गई। स्वामी शंकरानंद उस समय आश्रम में ही थे। उन्होंने बिल्ली को ऐसा घूँसा मारा कि उनका हाथ छिल गया था।

४ जुलाई, १९०२, बड़ी चुपचाप आई। स्वामीजी बीमार जरूर थे, मगर कोई भी नहीं समझ पाया कि अंत करीब है। प्रायः बिना नोटिस ही वे चले गए। जाने से दो दिन पहले आकार-प्रकार के जरिए वे बता गए कि उनका अंतिम संस्कार कहाँ किया जाए।

परहितार्थ दधीचि के आत्मत्याग की कथा सुनाते-सुनाते स्वामी अखंडानंद एक बार स्वामीजी का जिक्र खींच लाए—'सत्कार्य के लिए ही स्वामीजी इस मठ-मिशन का निर्माण कर गए। अगर यह बात नहीं होती तो जाने के दिन भी स्वामीजी इतना काम क्यों कर गए? काफी दीर्घ समय से स्वामीजी पत्रों में लिखते रहे थे—'माँ मुझे बुला रही है। मेरा काम अब पूरा हो गया है।' लेकिन कहाँ? अपने हाथ-पाँव समेटकर वे बैठे तो नहीं रहे। बहु-मूत्र का रोग, क्लांत! लेकिन उस दिन भी डेढ़ मील तक टहल आए, व्याकरण की क्लास ली, कामकाज न करने के लिए साधुओं को डाँटा।…' अंत में ध्यान में बैठे। जाने के दिन भी, मानो कार्यों का ज्वार उमड़ आया था।…

दो वर्षों से मौत की घाटी के ऊपर से शारीरिक-मानसिक यात्रा करते हुए स्वामी विवेकानंद मानो आखिरकार उत्तीर्ण हुए। एकमात्र वही लिख सकते थे—'असीम एकाकी हूँ मैं, क्योंकि मुक्त हूँ मैं! मैं मुक्त था, चिरदिन मुक्त रहूँगा।… आह! कैसा आनंद है…हर दिन उसे उपलब्ध कर रहा हूँ। हाँ-हाँ, मैं मुक्त हूँ, मुक्त! मैं अकेला हूँ। अकेला और अद्वितीय!… हाँ, अब मैं विशुद्ध विवेकानंद बननेवाला हूँ।

□□□